Strafrecht und Auslese

Eine Anwendung des Kausalgesetzes auf den rechtbrechenden Menschen

Von

Dr. Hans von Hentig

Mit 14 graphischen Darstellungen

Springer-Verlag Berlin Heidelberg GmbH

1914

ISBN 978-3-662-23045-9 ISBN 978-3-662-25010-5 (eBook)
DOI 10.1007/978-3-662-25010-5

Ursprünglich erschienen bei Julius Springer in Berlin 1914.
Softcover reprint of the hardcover 1st edition 1914

Meiner Mutter

Vorwort.

Aus einer kurzen Abhandlung, die ich im Frühjahr 1912 niederschrieb, und die ungefähr ein Jahr später in der Zeitschrift für die gesamte Strafrechtswissenschaft erschien, ist dieses Buch herauswachsen. Das gewaltige Material, das aus eigenen Beobachtungen und Überlegungen, aus der Statistik und aus der internationalen Literatur sich zusammenfand, hätte mir unschwer erlaubt, das Buch zu einem dicken Bande aufzublasen. Ich habe aber jede Bemühung daran gewendet, so einfach und knapp wie möglich zu sein.

Niemand empfindet mehr als ich die Unvollkommenheiten, die der jetzt vorliegenden Ausführung eines fruchtbaren Gedankens anhaften. Vielleicht finde ich später noch Gelegenheit, mich selbst zu erweitern und zu vertiefen. Der Grundgedanke aber wird, so hoffe ich und glaube ich, Widerspruch überleben, Zweifel überwinden und sich die Zustimmung seiner Freunde stets von neuem durch die praktische Arbeit verdienen, die allein über Wert oder Unwert einer Theorie entscheidet.

Statt mich in Diskussionen zu verlieren und die Literatur erschöpfend zu würdigen, habe ich mich an Tatsachen gehalten. In dem Wunsch, jede unnötige Wiederholung zu vermeiden und nur die neuesten Zahlen zu geben, habe ich mich auf wohlbekannte statistische Werke, wie die von G. v. Mayr, Mulhall, Prinzing, A. D. Webb, dann die Alkoholbücher von Hoppe und andere jedem Kriminalisten bekannte Schriften nicht gestützt, sondern fast ausschließlich die neueste amtliche statistische Literatur der meisten Kulturstaaten herangezogen. Eine große Anzahl von Daten habe ich neu berechnet, mit einer Ausnahme sind sämtliche Diagramme von mir gezeichnet und bisher nicht veröffentlicht worden.

Dieses reiche Material wird auch den Gegnern meiner Anschauungen nicht wertlos, es wird denen, die mir heute schon zustimmen oder morgen zustimmen werden, doppelt willkommen sein.

Während die letzten Bogen in die Druckerei gehen, erscheint W. v. Bechterews Schrift: „Das Verbrechertum im Lichte der objektiven Psychologie". Es ist von guter Vorbedeutung für den Gedanken, den ich verteidige, daß meine Anschauungen und die des hervorragenden Psychiaters trotz der verschiedenen Wege, die wir gehen, in wesentlichen Punkten sich berühren.

München, im Februar 1914.

v. Hentig.

Inhaltsverzeichnis.

Abkürzungen einiger amtlicher statistischer Werke.

(Die Jahreszahlen im Text bedeuten das Jahr des Erscheinens.)

Bayr. Stat. Jahrb. . .	Statistisches Jahrbuch für das Königreich Bayern, München.
Bayr. San.-Stat. . . .	Bericht über das Bayrische Gesundheitswesen, München.
Bayr. Just.-Stat. . . .	Bayrische Justizstatistik, München.
Bad. Stat. Jahrb. . .	Statistisches Jahrbuch für das Großherzogtum Baden, Karlsruhe.
Belg. Krim.-Stat. . . .	Statistique Judiciaire de la Belgique, Bruxelles.
Berl. Stat. Jahrb. . .	Statistisches Jahrbuch der Stadt Berlin, Berlin.
Deutsch. Just.-Stat. . .	Deutsche Justizstatistik, Berlin.
Deutsch. Krim.-Stat. .	Statistik des Deutschen Reiches, Kriminalstatistik, Berlin.
Deutsch. Stat. Jahrb. .	Statistisches Jahrbuch für das Deutsche Reich, Berlin.
Deutsch. Stat. Städtejahrb.	Statistisches Jahrbuch Deutscher Städte, Breslau.
Dubl. Pol.-Stat. . . .	Statistical Tables of the Dublin Metropolitan Police, London.
Engl. Gef.-Stat. . . .	Report of the Commissioners of Prisons and the Directors of Convict Prisons, London.
Engl. Irr.-Stat.	Report of the Commissioners in Lunacy, London.
Engl. Krim.-Stat. . .	Judicial Statistics England and Wales, Part I, Criminal Statistics, London.
Engl. Stat. Jahrb. . .	Statistical Abstract for the United Kingdom, London.
Els.-Lothr. Stat. Jahrb.	Statistisches Jahrbuch für Elsaß-Lothringen, Straßburg.
Franz. Gef.-Stat. . . .	Statistique Pénitentiaire, Paris.
Franz. Krim.-Stat. . .	Compte Général de l'administration de la justice criminelle, Paris
Irl. Gef.-Stat.	Report of the General Prison Board, Ireland, London.
Irl. Krim.-Stat. . . .	Judicial Statistics, Ireland, Part I. Criminal Statistics, London.
Ital. Gef.-Stat.	Statistica delle Carceri e delle Colonie per domiciliati coatti, Roma.
Münchn. Stat.	Münchner Jahresübersichten, München.
Preuß. Gef.-Stat. . . .	Statistik der zum Ressort des Königlich Preußischen Ministeriums des Innern gehörenden Strafanstalten und Gefängnisse, und der Korrigenden, Berlin.
Preuß. Stat. Jahrb. . .	Statistisches Jahrbuch für den Preußischen Staat, Berlin.
Österr. Gef.-Stat. . . .	Statistische Übersicht der Verhältnisse der österreichischen Strafanstalteu und der Gerichtsgefängnisse, Wien.
Österr. Krim.-Stat. . .	Die Ergebnisse der Strafrechtspflege in den im Reichsrate vertretenen Königreichen und Ländern, Wien.
Österr. Stat. Handb . .	Österreichisches Statistisches Handbuch, Wien.
Sächs. Stat. Jahrb. . .	Statistisches Jahrbuch für das Königreich Sachsen, Dresden.
Schott. Gef.-Stat. . .	Annual Report of the Prison Commissioners for Scotland, London.
Schweiz. Krim.-Stat. .	Die Ergebnisse der Schweizerischen Kriminalstatistik, Bern.
Schweiz. Stat. Jahrb. .	Statistisches Jahrbuch der Schweiz, Bern.
Württ. Stat. Jahrb. . .	Statistisches Handbuch für das Königreich Württemberg, Stuttgart.

Verzeichnis der graphischen Darstellungen.

Erstes Kapitel.

Wesen und Wirkung selektiver Prozesse.

§ 1.

Einer der ältesten griechischen Philosophen, Anaximander, stellt das Vergehen der Dinge dem Entstehen ebenso zur Seite wie der Untat die Strafe. Nach einer anderen wohlbekannten Vorstellung ist der Tod durch die Sünde in die Welt gekommen; ganz sind wir noch nicht der einst herrschenden Anschauung entfremdet, Krankheit des Körpers und des Geistes sei die Folge von Unsittlichkeit.

Das Denken unserer Zeit neigt dazu, den umgekehrten Weg zu gehen. Wie man früher das Naturgeschehen in Rechtsregeln band und menschliche Zielvorstellungen in die Lebensvorgänge hineintrug, die unverstanden und drohend sich vor dem Menschen aufrichteten, so beginnt man jetzt, die Resultate biologischer Forschung zur Untersuchung der Erscheinungen des sozialen Lebens heranzuziehen. Einst ließ man die Natur am Geschicke der Menschen teilnehmen; dreifach ist die Nacht verlängert, in der Herakles gezeugt wird, Athene hält die Eos zurück, um dem heimkehrenden Odysseus die erste Nacht in den Armen der Penelope zu verlängern; heftige Stürme durchwehen die Nächte, in denen Napoleon und Bismarck starben.

Jetzt bauen wir die organischen Prozesse nach rückwärts ab, schieben zwischen jede Etappe des Entstehens eine kausale Erklärung der Zusammenhänge und kehren diese Erkenntnis in eine Zielvorstellung um. Wir fangen an, mit Menschen ebenso umzugehen, wie wir es mit chemischen Elementen und physikalischen Kräften, wie wir es mit ihren lebenden Synthesen, Pflanzen und Tieren bisher taten. Wir geben den säkularisierten Menschen der Natur zurück und stellen ihn wieder in all die festen Zusammenhänge organischen Aufbaues und Abbaus hinein, aus denen ihn metaphysischer Aberglauben und dogmatische Überhebung gerissen hatten.

Aber noch ist die alte Scheu der Menschheit, die sogenannte Naturordnung mit ihrem Wissen zu durchbrechen und anzutasten, nicht ganz von uns gewichen.

Daß die Menschen ihre eigne Art umgestalten können, wie sie Rennpferde und Obstbäume züchten, will selbst der überwiegenden Anzahl der gebildeten Menschen gefühlsmäßig widerstreiten. Immer noch stehen wir ein wenig in der Anschauung drin, die Xerxes Unglück schickte, weil er sich vermaß, den Hellespont zu überbrücken, und Prometheus für seine befreiende Tat in Ketten legte. Dem gleichen Widerstreben begegnet der Versuch, tiefbegründete Vorstellungsgruppen der Menschheit an Erkenntnisformen zu messen und zn korrigieren, die auf induktivem Wege gewonnen, auf alle Erscheinungsformen organischen Lebens anwendbar sind.

Wir werden im Laufe dieses Buches mehrfach Gelegenheit finden, von den verschiedensten Gesichtspunkten aus darzustellen, warum es gerade auf strafrechtlichem Gebiet für die herrschende Meinung so schwer ist, sich von metaphysischen Teleologien loszulösen. Trotzdem wird uns kein Ausweg übrigbleiben, wenn die ungeheure Summe von Qualen, die das Strafrecht in Paragraphen geordnet Tag für Tag über die Menschheit ausstreut, einen Sinn haben soll, ebenso wie die Schmerzen, die wir unsern tierischen Mitgeschöpfen zufügen.

Der Versuch, die Stellung des Strafrechts zu einer biologischen Hypothese zu untersuchen, die trotz lebhafter Einwände eine außerordentlich fruchtbare Stütze der Entwicklungslehre bildet, der Versuch, alle Reaktionen des Strafrechts auf selektive Prozesse zu reduzieren, die den sozialen Typus Mensch in immer reineren Formen darzustellen bestimmt sind, darf umso mehr auf Beachtung rechnen, als ihm die Resultate der Experimente zur Seite stehen, die der Mensch seit langen Zeiträumen macht, um den sozialen Typus des Tieres zu fixieren. Darwins Theorie der natürlichen Auslese ist nichts anderes als die finalistische Projektion von Kausalitäten, die bei der Domestikation der Tiere und Pflanzen zur Beobachtung kamen. Ein Überblick über das Wesen und die Wirkung der Ausleseprozesse, die der Mensch an Tieren vornimmt und die er nur für kurze Zeit und oberflächlich mit metaphysischen Erklärungen maskiert hat, kann deshalb nicht unterbleiben, bevor wir uns der Eliminierung des asozialen Menschen bestimmter Ausprägung zuwenden. Wir werden bei Betrachtung der Haustiere und ihrer Zucht auch auf die Grenzen stoßen, die der Einwirkung des züchtenden Faktors gezogen sind; diese Erkenntnis wird uns bei der Untersuchung des Strafrechts und seiner Darstellung als eines verwickelten selektiven Mechanismus nicht verlassen dürfen.

§ 2.

„Niemand soll in einem Wald, Jagdgrund, einem Moor, einer Heide, einer Gemeindewiese oder Einöde (wo Stuten oder Stutenfüllen gehalten werden) einen Hengst laufen lassen, der über zwei Jahre alt und nicht über 60 Zoll hoch ist[1]).“ Dieses Gesetz, das Heinrich VIII. von England im Jahre 1541 erließ, hatte den Zweck, alle die Pferde aus dem Fortpflanzungsprozeß herauszunehmen, die infolge geringer Größe nicht imstande sein würden, die schwer gepanzerten Ritter zu tragen[2]). Bis zur Erfindung und Verwendung des Schießpulvers war der Besitz einer gutberittenen Reiterei für das Reich eine vitale Frage. Interessant ist es zu beobachten, wie das Pulver die Rüstung illusorisch machte und damit plötzlich die leichte Reiterei in eine ausschlaggebende Stellung erhob. Der veränderten Konstellation hat die Pferdezucht Rechnung zu tragen, die das schwere Ritterpferd verließ und sich von nun an in England bemühte, den schnellen, leichten Huntertyp zu züchten; dieser Typ wurde aus Spanien und von den Küsten des Mittelmeers importiert. Die Erfolge, die Cromwell mit seinen leichten Eisenreitern erzielte, sind bekannt.

Wir treffen hier auf eine Erscheinung, die auch das Strafrecht aufmerksamer Beobachtung darbietet. Die züchterische Auslese geht nach ganz bestimmten Gesichtspunkten vor sich, die sich durchaus nicht immer gleich bleiben. So sind seit der Erfindung des Gewehrs die gezähmten Stoßvögel fast ganz aus der europäischen Zucht verschwunden, über deren Abrichtung einst Kaiser Friedrich II. ein ganzes Buch schrieb. Ebenso hat ein veränderter Geschmack die Zucht des Pfaus in größeren Mengen aufgegeben, der zu Varros Zeiten auf den kleinen, Italien umgebenden Inseln gezogen wurde, und den man jetzt nur noch in den Parks des 18. Jahrhunderts, bei Chinesen und Orientalen sieht; während es im Altertum und noch im Mittelalter ein beliebter Tafelschmuck war, hat unsere wirtschaftlich denkende Zeit das Tier mit der häßlichen Stimme und der Zerstörungswut aus der Liste der Haustiere so gut wie entfernt.

„Das Altertum hat in der Domestikation von Haustieren nach verschiedenen Seiten hin Wege eröffnet, die seitdem nicht wieder

---

[1]) Zit. in James Wilson, The Principles of Stock-Breeding. London 1912, 4.

[2]) Hier sei erwähnt, daß es in Deutschland bis ins 17. Jahrhundert hinein wilde Pferde gab. Nach Ecker und Hehn mußte die Stadt Kaiserslautern noch im Jahre 1616 drei Wildpferdschützen anstellen, um die Felder vor Schaden zu bewahren. Hilzheimer, Die Haustiere in Abstammung und Entwicklung. Stuttgart 1909, 49.

betreten worden sind, und Resultate erreicht, die die heutige Welt wieder hat fallen lassen. In Ägypten war, wie die Monumente lehren, ein großer Wasservogel, der in unbestimmter Weise Reiher genannt wurde, zum zahmen Genossen des Menschen geworden, in Rom der Kranich, der Storch, der Schwan, von kleinerem Geflügel die perdrix, der turdus coturnix usw.[1])"

Je nachdem ein Tier von der augenblicklichen Kulturstufe als nützlich, schön oder heilig angesehen wird, wie verschiedene Tiere in Ägypten, die indischen Affen und die berühmten Tauben in Askalon, Cypern oder Venedig, erfährt es sorgfältige Erhaltung der Einzelindividuen durch den Menschen und erleichterte Fortpflanzungstätigkeit, während alle anderen Tiere ausgerottet werden. Ja selbst der Aberglauben spielt eine Rolle. In manchen Gegenden Englands herrscht der Aberglaube, schwarze Kälber aus einer weißen Rinderherde brächten den ansässigen Grundbesitzern Unglück. Deshalb tötet man alle schwarzen Kälber gleich nach der Geburt. Es ist klar, daß allmählich auf diese Weise die helle Farbe des Rindviehs sich immer mehr konsolidiert[2]).

Durch religiöse Vorschriften verbannt, wurde das Schwein als Haustier bei den Juden, den Parsen und in muhammedanischen Ländern kaum gepflegt, bei einer Anzahl von afrikanischen Stämmen werden keine Hühnereier gegessen[3]), und in Europa wird ein ganz unbegründeter Abscheu gegen den Genuß von Pferde- und Eselfleisch empfunden[4]), den unsere germanischen Vorfahren durchaus nicht geteilt haben. Alle diese in religiösen Traditionen oder abergläubischen Vorstellungen begründeten Anschauungen haben tief in die Zucht gewisser Haustiere und ihre Entwicklung eingegriffen. Wir werden später sehen, daß ähnliche Gefühlsrudimente den sozialen Ausleseprozeß des Strafrechts in sehr deutlicher Weise beeinflussen.

Der Domestikation der Tiere fehlte anfangs jedes Zweckbewußtsein. Heute noch können wir beobachten, daß unzivilisierte Völker mit Tieren in einer Art freundschaftlicher Symbiose zusammen-

---

[1]) Hehn, Kulturpflanzen und Haustiere in ihrem Übergang aus Asien nach Europa. 6. Aufl., Berlin 1894, 360/361.

[2]) Wilson, loc. cit. 28.

[3]) Eduard Hahn, Die Haustiere nnd ihre Beziehungen zur Wirtschaft des Menschen. Leipzig, 1896, 46.

[4]) Dieser Abscheu ist offenbar mehr theoretisch, denn Genuß von Pferdefleisch findet in Deutschland in weitem Umfang statt; in Bayern wurden z. B. Pferde geschlachtet:

1907	11 631	
1908	10 522	
1909	11 029	
1910	11 092	Bayr. San.-Stat. 1912, 136.

leben[1]), ohne irgendeine Eigenschaft des Tieres mit Bewußtsein auszunutzen[2]). Nur das Gefühl, Zuneigung oder Abneigung, durchsetzt von den erwähnten religiösen oder abergläubischen Anklängen reguliert das Verhältnis von Mensch und Tier. Erst allmählich bilden zufällige Erfahrungen ein Zweckbewußtsein heran, und aus dem Tierfreund wird ein Tierzüchter.

Mit der Aufnahme einzelner Tiere in das Wirtschaftsinventar des Menschen trat im Laufe der Zeit für diese ein tiefgreifender Milieuwechsel ein. Als ob die Tiere plötzlich in einer Welt ausgesetzt wären, in der sie weder für Nahrung, noch Witterungszuflucht, noch Schutz gegen Feinde zu sorgen hätten (ich dränge eine lange Entwicklung zusammen), so sistierten die selektiven Einflüsse, die eine Anzahl wertvoller Instinkte scharf erhalten, ja immer vorwärts getrieben hatten.

Neben dem Niedergang, der in der anormalen Ausbildung verschiedener Nutzorgane und Nutzfunktionen bestand, war besonders eine Degeneration der körperlichen Apparate auffallend, die den Sinnesfunktionen dienen, so das Hängeohr vieler Haustiere. Das Hängeohr beruht auf einer Verkümmerung der Ohrmuskulatur. Unter natürlichen Verhältnissen würde eine solche Verringerung des Orientierungsvermögens, wenn es nicht durch die Vervollkommnung anderer Sinnesorgane ausgeglichen wurde, eine baldige Ausmerzung des Tieres bedeutet haben. Für ein im Haushalt des Menschen lebendes Tier war die Motilität des Schallaufnahmeapparates ohne Wichtigkeit.

Auch psychisch war für manche Tiere mit der Domestikation ein Rückgang verbunden, soweit diese Fähigkeiten nicht zugleich die Nutzeigenschaft repräsentierten, die der Mensch in den Dienst seiner Zwecke stellen wollte. Das Schwein ist gegenüber dem Wildleben tief in seinen geistigen Leistungen gesunken, das Schaf ist schwer entartet, vom südamerikanischen Lama und Alpaca berichtet Mitchell[3]), daß die nicht domestizierten Tiere sehr viel intelligenter seien als die Haustiere.

Beim Menschen treffen wir auf ähnliche Erscheinungen. Wie beim Schwein die geistige Ausbildung nach Evans[4]) Worten nur seinen

---

[1]) Zwei psychologisch nicht wertlose Vermutungen sind über diesen Vorgang aufgestellt worden. Espinas sieht in der Aufnahme junger Tiere durch junge Frauen „ein Spiel mütterlicher Instinkte". Hahn meint, das Bedürfnis, einen Gefährten zu haben, an dem man alle Launen der Zärtlichkeit und Grausamkeit auslassen kann, sei ein allgemeiner Zug der Menschheit.

[2]) Reiches ethnographisches Material darüber bei Westermarck, The Origin and Development of Moral Ideas. London 1908, Bd. I, 493 ff. Nach Caesar, de Bello Gall. V. 12, hatten die Britanier zwar Gänse und Hühner, aßen sie aber nicht. Milch kannte man im alten Inkareich überhaupt nicht.

[3]) Chalmers Mitchell, The Childhood of Animals. London 1912, 218.

[4]) Evans, Evolutionary Ethics and Animal Psychology. New York 1898, 217.

Fettgehalt verringern würde, so können wir in den verschiedenen Typen, die im Laufe der Geschichte durch menschliche Auslesemechanismen angestrebt und teilweise auch verwirklicht wurden, bisweilen degenerative Züge nicht verkennen. Diese Rückschlagsphänomene kommen daher, daß anfangs die Domestikation des Menschen durch Sitte und Strafrecht genau wie die Tierzucht von über ihnen stehenden Individuen oder Menschenklassen vorgenommen wurde, die nicht auf die Darstellung und Festhaltung solcher Leistungen in erster Linie drangen, die der Allgemeinheit von Nutzen waren, sondern die für ihn, den König, den Priester, die herrschende Kaste eine Nutzleistung darstellten[1]). Das gleiche gegensätzliche Verhältnis herrschte zwischen dem Gesetzgeber jener Zeiten und dem Ideal eines Gesetzgebers, das die Natur als züchtendes Wesen aufgefaßt und den menschlichen Tierzüchter trennte und dem Darwin mit den Worten Ausdruck gegeben hat[2]): „Der Mensch liest zu seinem Vorteil aus, die Natur zum Vorteil der Wesen, die sie aufwachsen läßt".

Der Gesellschaftsbau jener Kulturen war durch eine scharfe Grenzlinie zerrissen[3]); kein Gefühl der gleichwertigen Zusammengehörigkeit, sondern Beherrschung und äußerste Ausnutzung hier, Unterordnung und Dienstbarkeit dort, waren die geistige Atmosphäre. Sklaven, Leibeigene und unterjochte Völker standen wirtschaftlich und rechtlich dem Haustier gleich und genossen nur soviel an Rechten, als sie für die Eigentümerkaste an Wert besaßen[4]). Haustiereigen-

[1]) As the man thus comes into play we can understand how it is, that domestic races of animals and cultivated races of plants often exhibit an abnormal character, as compared with natural species; for they have been modified not for their own benefit but for that of man. Charles Darwin, Animals and plants under domestication. London 1868, Bd. I, 4.

[2]) On the Origin of species by means of natural selection or the preservation of favoured races in the struggle for life. London 1859, S. 65.

[3]) „Was einem Beobachter der gesellschaftlichen Zustände Deutschlands am Anfange des 18. Jahrhunderts zuerst in die Augen fällt, ist der schroffe Gegensatz, der sich in bezug auf Sitten und Lebensweise, gesellschaftliche Ansprüche und moralische Anschauungen zwischen den vornehmen Klassen — den Höfen und dem Adel mit wenigen Ausnahmen — und dem übrigen Volke oder den sog. bürgerlichen Klassen kund gibt. Nicht genug, daß jene auf jede Weise sich in der Gesellschaft und im Staate über diese erheben, sie zurückstoßen und verachten, es hat geradezu das Aussehen, als gehörten beide nicht ein und demselben Volke an, so groß ist die Kluft, die in ihrer ganzen Bildung und Gesittung die einen von den andern trennt." R. Biedermann, Zeitschr. für Deutsche Kulturgeschichte. 1856, 89ff.

[4]) Der Züchter spricht sehr bezeichnend von einer „Futterdankbarkeit" des Tieres und meint damit den Zusammenhang von guter Ernährung mit der Milch-, Fleisch- und Arbeitsleistung des Tieres. Der Hausesel ist, in Europa wenigstens, der Typus der Frugalitätszüchtung mit allen ihren Nachteilen für den Züchter, er ist die Reinkultur des Subalternen.

schaften waren es auch, die man an ihnen pflegte: Genügsamkeit, Arbeitseifer, vor allem Gehorsam, der als Frömmigkeit sich den Lehren der Priester unterordnete und als Treue dem König, dem Herren zugute kam. Die herrschende Klasse hatte andere Regeln der Selbstbehauptung. Sie ergaben sich aus der Notwendigkeit, ihre Führer- und Unternehmerrolle durchzuhalten. Willensstärke, Ehrgefühl, vor allem Tapferkeit mußte die Moral der herrschenden Klassen sein, die dort, wo die priesterliche Funktion sich vom Heerführer und König abgetrennt hatte, einen hohen Grad von Durchgeistigung und Verfeinerung durch Unterwerfung unter gewisse Vorstellungskreise erfuhr.

Daß die Unterordnung für die Hauptmasse des Volkes die größte Tugend war, daß Auflehnung schwerstes Verbrechen, will uns wohl einleuchten, weil in unserer Erinnerung zahlreiche Beispiele aus der Geschichte haften. Wir brauchen deshalb nicht näher darauf einzugehen. Nur könnte man darauf hinweisen, daß nach dieser Seite hin orientierte Strafrechte den ganzen Charakter eines Volkes haben umwandeln können und müssen. Über die Peru-Indianer schreibt Fernando de Santillan an Philipp II.: „Auf der ganzen Erde gibt es keine so demütigen, folg- und arbeitsamen Menschen wie diese Indianer[1]).“ Wir wissen, daß das Strafrecht der Inka strikten Gehorsam gegen den Sohn der Sonne aufs höchste kultivierte.

Wir brauchen aber gar nicht soweit zu gehen. Auch der deutsche Volkscharakter, vor allem einzelner Gegenden, trägt in seiner unaufrichtigen Unterwürfigkeit, die ganze Nation in ihrer politischen Unreife deutliche Spuren einer Zucht[2]) des rein gehorsamen Menschen. Die innere Haltung auch des einfachen Engländers steht in einem nicht grundlosen Gegensatz dazu, und den Schluß mag die jüdische Rasse bilden. Sie hat sich in östlichen Ländern nur in einer Abart halten können, die wir charakterlos nennen, die aber doch die einzige Reaktionsart gegen übermächtige verfolgende und feindselige Umgebungen darstellt. In Deutschland und Frankreich, weniger in England, zeigt sich bei der jüdischen Rasse starkes Überwiegen der intellektuellen über Leistungen der erweiterten moralischen Sphäre etwa auf politischem Gebiet. Die Erklärung müssen wir von der

---

[1]) Brehm, Das Inkareich. Jena 1885, 83.

[2]) Für meine Gleichstellung von Mensch, Tier und Pflanze als Objekte einer planmäßigen Züchtung brauche ich dem naturwissenschaftlich Gebildeten keine nähere Erklärung zu geben. Ich möchte aber daneben darauf hinweisen, daß die Sprache schon längst zu dieser Aneinanderreihung gelangt ist. In Kreisen der Tierzüchter ist die Bezeichnung eines bösartigen Tieres als „Verbrecher“ allgemein verbreitet, und wenn man die Hexenprozesse des 16. und 17. Jahrhunderts in den Chroniken durchliest, trifft man bisweilen auf die Bemerkung, daß die oder jene Frau einen schlechten Leumund besessen habe, ein „alt Unkraut“ gewesen sei.

Geschichte erfragen. Das Unabhängigkeitsgefühl ist durch Jahrhunderte der Verfolgung aus der Rasse herausgezüchtet worden. Die Intellektualität der begabten Rasse dagegen brauchte nicht in Konflikte mit den Machthabern zu führen, sie konnte unauffindbar bleiben, sich erhalten und steigern.

Weniger leicht verständlich ist, daß es Strafrechte gegeben hat, die eine Abart des Gehorsams, die Frömmigkeit gepflegt haben und von einem gesunden Ausgangspunkt sich entfernend böse Irrwege gegangen sind.

Unter Frömmigkeit in diesem Zusammenhange ist das Gefühl der Abhängigkeit von einem oder mehreren göttlichen Wesen zu verstehen, deren vermeintlicher Wille die Formen des gesellschaftlichen Zusammenlebens bestimmt. Höchste Tugend ist Gehorsam gegen den göttlichen Befehl, schwerstes Verbrechen Trotz und Unbotmäßigkeit. Der beste Bürger ist der frömmste Beter. In einer solchen religiösen Fixation sah das alte Judäa den sozialen Typus; denn das Wohlergehen des Volkes war aufgebaut nicht so sehr auf dem Zusammenhalt der Bürger, als auf dem Konnex mit dem schützenden Gott[1]), dem Glauben an diesen Gott und einem widerspruchslosen Gehorsam. Hoch oben auf der Stufenleiter der Verbrechen stehen die Handlungen gegen den Glauben. Bei Götzendienst hatte der Bruder den Bruder, der Mann Frau und Kinder anzuzeigen[2])[3]).

So entstand in unerbittlicher Auslese, der auch der Stifter der christlichen Religion zum Opfer fiel, jener tiefreligiöse Typus des Juden, der aber zu einer festen staatlichen Bindung und einer energischen Defensive gegen kriegerische Angreifer nicht führen konnte. Wenn Jehovah versagte, war nichts mehr da, auf das sich der jüdische Staat hätte stützen können. Wie die Entwicklung der Kultur das schwere Ritterpferd zuerst wertlos machte und dann aussterben ließ, so hat die Frömmigkeit als selektives Prinzip beim jüdischen Volk und anderen Nationen, die die gleichen Wege gingen, versagt und die sozialen Gruppen im Kampf ums Dasein vernichtet.

Auch die Tapferkeit hat als selektives Hauptprinzip der Herrscherkaste sich nicht zu halten vermocht. Sparta und die brüchigen

---

[1]) Die Lehre Zoroasters hat religiöse Anschauungen sogar in das Verhältnis des Menschen zur Tierwelt hineinzutragen versucht. Die gesamte Fauna zerfällt in Tiere des Ormuzd oder des Ahriman, der Verkörperungen des guten oder des schlechten Prinzips. Die Parsen ließen diese Einteilung mit nützlichen oder schädlichen Tieren zusammenfallen.

[2]) Die höchsten Kultgüter verteidigten die großen Kulturvölker des Altertums durch eine legale Lynchjustiz. Im alten Athen bei dem Versuch, die Demokratie umzustürzen, in Ägypten bei Tötung eines heiligen Tieres und im alten Judäa bei Gotteslästerung.

[3]) Im Jahre 1644 wurden in Connecticut die Gesetze Gottes, wie sie Moses verkündet hatte, als Richtlinien für alle Gerichtshöfe erklärt. Die gleiche Geistesrichtung hat die kurz darauf erlassenen bekannten „Blue Laws“ diktiert.

Rechtsordnungen des Mittelalters könnte man hier als Beispiel anführen. Denn vom furchtlosen Rittertum zur Roheit war nur ein Schritt. „Die Kreuzritter hielten sich für privilegiert, jedem Wunsch und jeder Laune, die ihnen aufstieg, nachzugeben. Sie erkannten kein Eigentumsrecht an, sie empfanden keine Dankbarkeit für Gastfreundschaft, sie besaßen kein Ehrgefühl. Sie glaubten ihre Überlegenheit über die Mohamedaner dadurch zu beweisen, daß sie wehrlose Juden abschlachteten[1]). Die militärische Rechtsprechung erinnert in nicht wenigen Urteilen an jene Zeiten, die das energische und rücksichtslose Individuum hochschätzten, solange es sich nicht an seiner eigenen Kaste verging. Später wird darüber noch einiges zu sagen sein.

Nach einer Bemerkung von Jakob Grimm erinnern die Taten des Herakles anfangs an seinen göttlichen Vater; erst allmählich entwickelt er sich vom Kraftmenschen zum Streiter für Wahrheit und Gerechtigkeit. Dies ist auch der Weg, den oftmals irrend und rückwärts gewandt die Entwicklung des Strafrechts gegangen ist. Dabei ist nicht zu übersehen, daß die eben geschilderten Grundlagen gesellschaftlichen Zusammenlebens, der Gehorsam gegen königliches, göttliches und priesterliches Gebot und die Hochschätzung kriegerischer Eigenschaften auch starke Bestandteile sozialen Fühlens enthalten haben, ebenso wie ein Strafrecht, das zielbewußt den sozialen Menschen zu züchten sucht, immer noch Reste der alten theokratischen und feudalen Anschauungen mit sich führen wird. Aber es handelt sich hier um die leitenden Gesichtspunkte, nicht um Nebenzwecke, die im gegebenen Falle hinter dem Hauptprinzip zurückzustehen haben. Wir können hiernach als letzte zentrale Achse strafrechtlicher Selektion die Behauptung und Förderung der Eigenschaften annehmen, die wir vorerst etwas unbestimmt soziale nennen wollen.

Die alten Gesellschaftsformen, in denen eine rechtlich privilegierte Klasse sich als Eigentümer oder Nutznießer der unteren Volksschichten fühlte und das schwerste Verbrechen in einer Auflehnung gegen diese Unabänderlichkeit erblickte, müssen nicht recht lebensfähig gewesen sein; denn sie sind im Laufe der Zeit immer mehr durch andere Gesellschaftsstrukturen ersetzt worden oder sie wurden, wenn sie nicht von selbst diesen Regenerationsprozeß einzuleiten die Kraft hatten, von anderen Völkern überrannt und aufgezehrt. Sie machten Bildungen Platz, die weniger einem fast unaufhörlichen Kriegszustande, dafür um so mehr aber einem intensiven Arbeitsleben angepaßt waren. Man mußte auch allmählich zu der Erkenntnis vorgedrungen sein, daß nicht ein starres Herrschafts-

[1]) Pike, History of Crime in England. London 1873, Bd. 1, 164.

und Dienstverhältnis den Bedürfnissen der Gesellschaft am besten entsprach und daß es nicht Aufgabe des Strafrechts sein konnte, diese gesellschaftliche Struktur zu verewigen. Mit den bitteren Erfahrungen der Könige, Priester und herrschenden Klassen, die von den verachteten unteren Schichten aufs Schafott, in die Verbannung geschickt wurden, oder in Form von Säkularisationen, Konfiskationen oder Steuern um ihre Machtquellen, ihren Besitz gebracht wurden, kam der große Gedanke, daß Herrschaftsverhältnisse nur dann unerschütterlich sind, wenn die Besten der unteren Schichten in sie aufsteigen, die degenerierten Mitglieder der oberen Klassen aber abgestoßen werden können. Die Besten in sich aufnehmend, alles Verdorbene von sich weisend, wird die Oberschicht ihrer Führerrolle wie in Fels verankert sicher sein.

Damit mußten die alten Selektionsmechanismen zerfallen. Denn zum Bestand der Gesellschaft war jetzt nicht mehr Unterordnung vieler und Überordnung einzelner, sondern Einordnung aller notwendig. Eine Klasse benutzte nicht mehr ihre Macht, um durch gesetzliche Mittel Nutzleistungen für sich aus dem untergeordneten Menschenmaterial herauszuschlagen, jenem aber nur das zukommen zu lassen, was zur weiteren Existenz unbedingt erforderlich war. Nicht mehr zwei verschiedene Typen waren instinktives Zuchtziel, die herrschenden Klassen Züchter, sondern als ob ein unsichtbares Wesen erschienen sei, das hoch über allen Schichten der Gesellschaft stehend ihr Bestes uneigennützig erstrebte, so trat jetzt eine Eigenschaft in den Vordergrund, die eine Nutzleistung für die Gesamtgesellschaft darstellte, mit der ein jeder Mensch sich selbst und andern gleichzeitig nützte. So fügte sich der soziale oder der gerechte Mensch als Zielvorstellung in die Auslesemechanismen der Kulturvölker erst instinktiv und dann immer bewußter ein.

Unter einem sozialen Menschen ist das Individuum zu verstehen, das sich in die Bedingungen des gesellschaftlichen Zusammenlebens zu schicken weiß. Die Stellung des Menschen zu einer höheren Macht wird hierbei nicht berücksichtigt, auch nicht die Intensität seiner körperlichen Eigenschaften, sondern nur die bestimmte Ausbildung eines Teiles seiner Psyche, für deren Funktionen wir die verschiedensten Bezeichnungen haben und die wir von jetzt an kurz das soziale Gefühl nennen wollen.

Es erscheint eigentlich selbstverständlich, daß eine Ordnung gesellschaftlichen Zusammenlebens die Eigenschaft zu züchten allen Grund hätte, die ein solches soziales Leben ermöglicht, und alle Qualitäten zu unterdrücken oder zu vernachlässigen, die die Stellung des Menschen zu gesellschaftsfremden Faktoren zu verbessern geeignet sind. Man sollte denken, daß ein Schafzüchter alle Bemühungen den Tieren zuwenden wird, die gute Wolle tragen, nicht denen, die eine bestimmte Hornbildung oder Augenfarbe aufweisen. Diesen Weg konnte aber die Entwicklung so lange nicht gehen, als man das Gedeihen der Gesellschaft von göttlichem Schutz abhängiger dachte als von Bürgersinn, solange man den sozialen Organismus in zwei Teile zerriß, von denen der eine diente und der andere herrschte, ohne daß die Kraftverhältnisse dieser Rechtsverteilung entsprachen.

Sklaven und Leibeigene sind Scheltworte geworden. Das religiöse Ideal gehört dem Bereich wissenschaftlicher Forschung nur noch im geschichtlichen Rückblick an, das militärische Ideal hat sich auf den ihm gebührenden Raum zurückdrängen lassen müssen; übrig blieb der soziale Gedanke. Den blind gehorsamen, den frommen und den reinen Energiemenschen hat der soziale Mensch abgelöst. Ihn hat das Strafrecht in immer reinerer Ausprägung darzustellen, keine Hörigen, Mönche oder Ritter.

§ 3.

Wir haben in aller Kürze Hauptgesichtspunkte des selektiven Prozesses, als den wir alle strafrechtliche Wirksamkeit darstellen wollen, in ihrer historischen Entwicklung verfolgt und in ihrer schließlichen Fixierung festgelegt. Dabei wurde das Wort Auslese als etwas ganz Bekanntes und inhaltlich Gesichertes gebraucht. Ehe wir aber alle Funktionen des Strafrechts unter Anlehnung an diese Hilfshypothese der Deszendenztheorie auf einen solchen selektiven Vorgang zurückführen, müssen wir über Begriff und Wirkung der Auslese klar sein.

„Wenngleich der Mensch Variabilität nicht hervorrufen, ja sie nicht einmal verhindern kann, so kann er doch die Variation, die ihm die Hand der Natur reicht, nach seiner Wahl auslesen, erhalten und anhäufen, und auf diesem Wege ist er imstande, große Erfolge zu erzielen. Auslese kann methodisch und zielbewußt oder unbewußt und absichtslos vor sich gehen. Der Mensch kann eine jede neue Variation mit der bestimmten Absicht, die Nachkommenschaft zu verbessern und zu ändern, auf Grund einer vorgefaßten Zielvorstellung auslesen; und indem er neue Variationen aufhäuft, die oft so leicht sind, daß sie ein unerfahrenes Auge gar nicht zu entdecken vermag, hat er wunderbare Veränderungen und Verbesserungen hervorgebracht. Man kann auch zeigen, daß der Mensch, ohne irgendwelche Absicht oder irgendwelches Ziel, die Zucht zu verbessern, langsam aber sicher große Änderungen nur dadurch hervorruft, daß er in jeder neuen Generation die Individuen, die ihm am meisten gefallen, erhält und die vernichtet, die für ihn wertlos sind.“ [1])

---

[1]) Darwin, Animals and plants under domestication. London 1868, Bd. I, 2 und 3.

Vom aktiven Eingreifen des Menschen durch Vernichtung der Tiere und Pflanzen, die ihm Schaden brachten, von der Sperrung tierischer und pflanzlicher schädlicher Keimbahnen durch die systematische Ausrottungsarbeit des Züchters sprang Darwin zu dem großen Reich alles organischen Lebens über, in dem natürlich von Zielen und Absichten keine Rede ist. Er erklärte Erhaltung und Steigerung einer jeden Organismenart dadurch, daß die tüchtigeren Individuen im allgemeinen mehr Aussicht haben, ihre Keimanlagen den weiteren Generationen mitzuteilen. Er verglich die Natur einem Züchter, dessen einziges Züchtungsziel Lebensfähigkeit ist und der alles Untaugliche und Lebensschwache vernichtet. Dabei hat Darwin niemals vergessen, daß es sich bei der Aufstellung der Selektionstheorie nur um die Verwendung eines Bildes handle, und er hat seinen eigenen Ausdruck natural selection deshalb bemängelt, weil er zur Vermutung einer aktiven willkürlichen Auswahl verleiten könne[1]).

Die Darwinsche Theorie der Auslese hat die schärfsten Angriffe erfahren; wir brauchen uns mit Gründen und Gegengründen nicht zu beschäftigen. Denn wir wollen nicht so sehr die deszendenztheoretische Hypothese auf das Strafrecht anwenden, als jenen ganz klaren und unbestreitbaren Ausleseprozeß des Tierzüchters, dem Darwin seine biologische Theorie entnahm und dessen Effektivität täglich sich vor unsern Augen trotz aller Fortschritte der Erblichkeitslehre erweist

Darwin hat weiterhin von einer geschlechtlichen Zuchtwahl gesprochen und damit die Tatsache bezeichnet, daß bei der geschlechtlichen Fortpflanzung der höher entwickelten Lebewesen die kräftigsten und schönsten Männchen im Kampf um die im Weibchen verkörperte Fortpflanzungsmöglichkeit obsiegen und so imstande sind, sich am stärksten zu vermehren. Diese Lehre werden wir übernehmen, ihre Anwendung aber einem Ausdruck Schallmayers gemäß auf die sogenannte Fortpflanzungsauslese ausdehnen. Auch hier werden wir uns auf für und gegen nicht einlassen, sondern uns der unbestreitbaren Erfahrung erinnern, daß die Frauen im allgemeinen für einen gewissen männlichen Typus eine Vorliebe haben und dieser männliche Typus dadurch am stärksten zur Fortpflanzung herangezogen wird. Ob die Frauen der Kulturländer imstande sind, gerade den biologisch und sozial wertvollsten Mann zu erkennen und zur Fortpflanzung zuzulassen, die im Laufe der Entwicklung dem Geschlechts-

---

[1]) Darwin, Animals and plants under domestication 6. Die gemeinsame Abhandlung von Darwin und Wallace, die am 1. Juli 1858 von Sir Charles Lyell und Sir Joseph Hooker der Linnaean Society eingereicht wurde, führte den Titel: On the tendency of species to form varieties and on the perpetuation of varieties and species by natural means of selection. Der Ausdruck natürliche Auslese ist also erst eine Zusammenziehung.

verkehr immer mehr entfremdet ist, stellt ein Problem dar, das wir in einem der letzten Kapitel des längeren untersuchen werden[1]).

Im Jahre 1784 wurde eine Rasse von Seidenraupen in Frankreich eingeführt, bei der 100 von 1000 keinen weißen Kokon lieferten. Nach 65 Generationen hatte sorgfältige Auslese so gewirkt, daß nur noch 35 von 1000 einen gelben Kokon gaben[2]). Wenn es dem Menschen gelungen ist, hornloses Rindvieh (Suffolkcattle) und Pflaumen ohne Kern dadurch zu züchten, daß man eine günstige Variation aufgriff und festhielt, die gekernten Pflaumen und die gehörnten Rinder aber aus dem Fortpflanzungsprozeß ausschaltete, so weiß ich nicht, warum es nicht ebenso gelingen sollte, einen moralischen Menschenschlag systematisch zu züchten. Solange wir noch keine ganz genaue Kenntnis der Vererbungsgesetze haben, wird uns das grobe Mittel der Auslese diesem Ziel näher zu bringen haben.

Solange die Völker den Frieden ihres Zusammenlebens mit göttlichen Geboten, Sitten, moralischen Systemen und ausgebildeten Strafrechten zu schützen suchen, haben sie, so behaupte ich, dunkel tastend und ohne klares Ziel Ausleseprozesse gegen die Individuen eingeleitet, die sich nicht der Ordnung der Gemeinschaft beugten. Sie ließen sich vom Gefühl leiten, vom Aberglauben, von langen Erfahrungsreihen und anderen mehr oder weniger sicheren Führern. Die Ausleseprozesse, mit denen sie gegen die aufsässigen Naturen in ihrer Mitte vorgingen, waren unrein, am Ziel vorbeifahrend, zu schwächlich oder zu gewaltsam. Aber es waren Ausleseprozesse, und die Völker, deren Genie ihnen die richtigen Bahnen wies, vermochten das große Sterben der Völker am längsten zu überdauern.

Langsam sind wir immer schärferen Auslesezielen und immer rationelleren Auslesemethoden nähergerückt. Aber zäh klammert sich eine abergläubische und kindliche, von Instinkten und Gefühlen geleitete Vergangenheit an die Sohlen unseres Strafrechts an. Das allgemeine Rechtsbewußtsein steht noch in der Zeit der Hexenverfolgungen mitten darin. Wie das allgemeine Stimmrecht nimmt es die Entscheidung über Fragen, deren Verständnis ihm nicht selten vollkommen mangelt, in Anspruch.

Die folgende Untersuchung wird nach einem kurzen Ausblick auf Moral und Zivilrecht darzustellen suchen, wie sich die Funk-

---

[1]) Neuere Untersuchungen, die ich über die Kriminalität der Verwitweten und Geschiedenen angestellt habe, scheinen einwandfrei zu ergeben, daß solche sexualselektive Vorgänge von nicht geringer Stärke wirklich statthaben und die hohe Kriminalität dieser Personenklasse im wesentlichen darauf beruht, daß die minderwertigen Verwitweten und Geschiedenen nur schwer wieder heiraten.

[2]) Darwin, Animals and plants II, 199 nach Geoffroy St. Hilaire.

tionen des Strafrechts unter dem Gesichtspunkt der Auslese einordnen lassen, welche nützlichen Wirkungen die bestehende strafrechtliche Ordnung ausübt und wo sie einem rationellen Ausleseprozeß entgegensteht. Wir wissen alle, daß unsere strafrechtlichen Systeme mit einem Defizit arbeiten, dessen Höhe erst das 19. Jahrhundert alljährlich in erschreckenden Zahlen darstellte. Nachdem alle anderen Theorien Jahrhunderte geherrscht haben und Jahrhunderte lang im großen Ganzen versagt haben, darf eine neue allgemeine Theorie sich der Wissenschaft anbieten, die instinktiv in ihren besten Köpfen jetzt schon neuen Horizonten zuschreitet.

§ 4.

Wie im homerischen Griechenland Religion, Moral und Recht noch eins waren, so sind die Unterschiede zwischen Sitten und Gesetzen erst das Produkt einer langen Entwicklung. Ich habe in meinem „Wesen der Moral"[1]) die Sitte mit einer Art Urschleim verglichen, aus der sich alle soziale Beschränkung erhebt und ergänzt. Wollte man einer naturwissenschaftlichen Terminologie den Vorzug geben, so könnte man die Sitten die Dikeoblasten, die Rechtsbildner nennen. Denn die Sitten sind es zuerst, die veränderten Lagebedingungen des sozialen Organismus geeignete Reaktionen entgegensetzen, ihre Elastizität ist nicht mit schweren Formgestaltungen belastet. Auf die Sitten muß das Recht sich zurückziehen, wenn es die Fülle der Möglichkeiten, Unrecht zu tun, nicht mehr aufzuzählen vermag. Die Grenzen schwanken nach Zeit und Ort. Bald greift das Recht in Gebiete ein, die wir später seiner Herrschaft absprechen, bald werden Normen des Verhaltens der bloßen Verachtung überlassen, mit denen sich in andern Ländern der Strafrichter oder der Zivilrichter zu befassen hätte. Ein Gesetz des Solon verbot, Parfüm an Männer zu verkaufen, und es war in Athen eine strafbare Handlung, auf dem Markte eine Lüge auszusprechen[2]). Im Inkareich galt es für den Mann als eine Schande, sich im Spiegel zu beschauen, auf Müßiggang setzte das sog. Hausgesetz Prügelstrafe. Das gemeine Recht kannte die Polizeiübertretungen der Völlerei, wozu vornehmlich das Zutrinken gerechnet wurde, die Delikte des Fluchens und Schwörens[3]), des Konkubinats[4]) usw. Während man früher in Deutschland sich die Bäume beseelt dachte und mit den schwersten Strafen gegen jeden vorging, der sie verletzte, ließ

[1]) Hans Dankberg, Vom Wesen der Moral. Eine Physik der Sitten. Stuttgart 1910.

[2]) Thonissen, Le droit pénal de la république athénienne. Brüssel 1875, 403.

[3]) Heute noch in England (using improper language).

[4]) Konkubinat ist heute noch in Bayern Polizeiübertretung.

man die Tiere ohne Schutz gegen Quälerei; das moderne Recht zeigt erfreulicherweise die Tendenz, den strafrechtlichen Schutz der Tiere immer kräftiger auszugestalten. Tierquälerei bestrafte man übrigens schon im alten Athen, da man nach der Ansicht des Plutarch glaubte, Milde gegen Tiere bedeute auch Freundlichkeit gegen Menschen.

Die Sitten haben nun in unserer hoch differenzierten Gesellschaft die Eigentümlichkeit, sich den Interessen der besondern Gesellschaftsgruppen anzupassen und dadurch in einen gewissen Gegensatz zu geraten. Aber gerade durch diese Abspaltung von moralischen Zonen hat die moralische Anschauung für uns eine besondere Bedeutung und Schärfe erlangt. Der Arzt, der Jurist, der Offizier, der sich gegen die Standespflichten vergeht, kann kaum von der gesellschaftlichen Mißachtung kräftiger angefaßt werden, als der Fabrikarbeiter, den seine Kameraden wegen Streikbruchs meiden. Jeder solcher Verstoß gegen die Ehre ist bei der engen sozialen Gebundenheit und unserer weitgehenden Abhängigkeit von der Achtung des Nebenmenschen eine außerordentlich schwere Schädigung der Lebensinteressen. Ja die Wirkungen, die der verletzten Sittlichkeit zur Verfügung stehen, sind bisweilen stärker als das Eingreifen des Strafrechts. Es sei nur an die Verurteilung wegen eines Deliktes erinnert, das die Ehre intakt läßt oder im Gegenteil den Verurteilten als eine extrem sozial veranlagte Natur erscheinen läßt; und weiter an strafbare Handlungen, deren strafrechtliche Folgen gering und leicht ertragbar, deren moralisch vernichtende Wirkungen aber ungeheuer sind.

Moral und Zivilrecht stehen, wie ich schon vorhin sagte, in engstem Zusammenhang, da sich das Zivilrecht an einer Anzahl wichtiger Stellen von den guten Sitten oder Treu und Glauben oder der im Verkehr erforderlichen Sorgfalt oder anderen rechtsfremden Regeln den Umfang seiner Geltung erholt. Die Auslesewirkungen des Zivilrechts liegen nicht überall offen zutage. Dennoch stehen sie oft an Intensität den energischen Effekten des Strafrechts wenig nach. Auch das Zivilrecht hat die Aufgabe, mit den Mitteln der Gesellschaft dem sozialen Menschen gegenüber der physischen und psychischen Überlegenheit seiner Mitmenschen Raum und Frieden zu verschaffen. Das Zivilrecht hat nach einem sehr richtigen Wort Merkels in gewissem Sinne sein Terrain dem Strafrecht abgewonnen. Anstelle der repressiven Funktion ist im Laufe der Rechtsentwicklung immer mehr die deklarative Funktion getreten[1]). Im Grunde ist das Zivilrecht nichts anderes als ein großartiges System der Verbrechens-

---

[1]) Merkel-Liepmann, Die Lehre von Verbrechen und Strafe. Stuttgart 1912, 203.

prävention; es zieht Grenzen und Linien, deren Überschreitung an vielen Punkten in das Gebiet des Verbrechens führt. Durch eine möglichst klare Darstellung der Rechtsverhältnisse, durch Errichtung von Zäunen und Wegweisern im dunkeln Wald der Rechte und Pflichten, durch Reglementierung des Kampfes um die Güter des Lebens, um den Besitz einer Frau und um Nachkommenschaft beugt das Zivilrecht, soweit es geht, dem Proelium omnium contra omnes vor, und tritt zugunsten dessen ein, der den sozialen Typus des Menschen repräsentiert. Wie also das Zivilrecht in Zweifelsfällen sich auf die breite Basis des Sittlichen zurückzieht, so ist das Strafrecht mit Begriffen des Zivilrechts bis zum Rande angefüllt; andererseits gibt es Schuldformen, die wir im Zivilrecht kennen, zur Anwendung strafrechtlicher Normen aber nicht für geeignet halten. Wenn man das Strafrecht das ethische Minimum genannt hat, so könnte man das Zivilrecht einem feinmaschigen Sieb vergleichen, von dem noch ein großer Teil der antisozialen Elemente aufgefangen und ausgeschieden werden, die dem groben selektiven Mechanismus des Strafrechts entgangen sind.

Dieses Bild gewinnt Anschaulichkeit, wenn man die oft fließenden Grenzen von zivilrechtlicher Schadensersatzpflicht und krimineller Geldstrafe betrachtet. Besonders die Gesetzgebungen, die in weitestem Maße den moralischen Schaden berücksichtigen, sind imstande, die vorsichtigeren und versteckteren, aber darum nicht weniger gemeinschädlichen antisozialen Individuen zu treffen und somit in außerordentlich günstiger Weise den Frieden der Gesellschaft gegen raffinierte Störer zu schützen. Die selektive Ergänzungswirkung des Zivilrechts zeigt sich weiter in der Statuierung einer Ersatzpflicht aus Delikten bei allen den strafbaren Handlungen, die nur bei Vorsatz bestraft werden, ferner bei den Delikten, deren Strafbarkeit aus persönlichen Gründen wegfallen kann[1]), bei den Ehescheidungsgründen, die zum Teil strafrechtlich garnicht erfaßbar zu gesetzlichen Folgen führen können, die den schuldigen Teil in den tiefsten Wurzeln seiner moralischen und wirtschaftlichen Existenz verwunden. Ja das Zivilrecht knüpft Rechtsfolgen an Vorbereitungsformen rechtswidrigen Handelns, die das Strafrecht straflos läßt. Einen solchen entfernten Versuch, der sich einigermaßen mit den strafrechtlichen Begriffen des Unternehmens decken mag, finden wir in § 1566, §§ 2333, 2334 BGB: Ein Ehegatte kann auf Scheidung klagen, wenn der andere Gatte ihm nach dem Leben „trachtet“, der Erblasser kann dem Ab-

[1]) Begünstiger sind neben dem Begünstigten aus § 823 B.G.B. haftbar, soweit aus der Begünstigung ein Schaden erwächst. Ob Begünstigung straflos ist (StGB § 257, 2), ist zivilrechtlich unerheblich. Dernburg, Lehrbuch des bürgerlichen Rechts. Halle 1899ff., II, 2, 710.

kömmling oder dem Vater den Pflichtteil entziehen, wenn der Abkömmling oder der Vater dem Erblasser, dem Ehegatten oder einem anderen Abkömmling des Erblassers nach dem Leben „trachtet".

Die Entmündigung kann einer späteren Besprechung vorbehalten bleiben; wenn sie auch gegenwärtig ihren Platz im Zivilrecht noch hat, so wird sie später doch in ein Spezialgesetz wie der österreichische Entwurf von 1907[1]) oder in das Grenzgebiet des Strafrechts übersiedeln, zu dessen besten präventiven Maßregeln sie vernünftig ausgebaut und richtig gehandhabt gehören wird. Ich denke dabei nicht nur an irgendeine Form der Entmündigung von Eventualverbrechern, sondern auch an die kriminalpolitische Bedeutung einer Cura debilium. Die geistig Minderwertigen sind der Nährboden eines schmarotzerhaften, nur selten den Strafrichter beschäftigenden Verbrechertums, das von allen möglichen hilfreichen Formen des Betruges lebt, das den Geistesschwachen in allen seinen Rechtsbeziehungen, wirtschaftlich, geschlechtlich, ja häufig durch Überfallsheiraten und Kaufehen in seinem Namensrecht ausnutzt[2]).

Rein ist allerdings der Ausleseprozeß des Zivilrechts ebensowenig wie der des Strafrechts. An diesem und jenem Punkte sucht die biologische Überlegenheit die Monopolstellung des sozialen Menschen zu durchbrechen. Wer die im Verkehr erforderliche Sorgfalt außer Acht läßt, wer das Wesen der Ehe nicht verständig würdigt, wer sich bei dem Rücktritt von der Verlobung über die Tragweite eines wichtigen Grundes irrt, kann die sozialste Natur der Welt sein; der Mangel an Voraussicht oder Urteilskraft, der die Folge einer nicht ganz einwandfreien Gehirnanlage ist, wird ihn in Konflikte mit den Ansprüchen der Mitmenschen und in Schadenersatzverpflichtungen hineintreiben, die ihn wirtschaftlich und gesellschaftlich schwer schädigen können und die die Rechtsordnung rücksichtslos eintreibt. Ebenso kann die bloße Unvorsichtigkeit des Beschädigten die Verpflichtung zum Schadensersatz durch den Schuldner ganz oder teilweise löschen und auf diesem Wege künstlich den Schaden, den er durch einen andern erleidet, einem Unglücksfall gleichstellen.

Wenn man näher hinsieht, werden noch andere Eigenschaften zu Kriterien der Schadensersatzpflicht gemacht, die mit der sozial einwandfreien Gesinnung des Schädigers nichts zu tun haben. Nach § 831 BGB. Abs. 1 ist, wer einen andern zu einer Verrichtung be-

[1]) Nr. 1687 der Beilagen z. d. stenograph. Protokollen des Abgeordnetenhauses aus der 18. Session 1907.

[2]) Im Jahre 1912 fanden in Bayern 2269 Eheschließungen von Personen unter 40 Jahren statt, bei denen der Mann 5 Jahre und darüber jünger war als die Frau (1911: 2303). Ztschr. d. Königl. Bayr. Statist. Landesamts. Bd. 45 (1913) 599.

stellt, für widerrechtliche Schäden haftbar, die dieser in Ausführung der Verrichtung Dritten zufügt; aber nach Absatz 2 macht der Nachweis der Schuldlosigkeit den Besteller von dieser Haftung frei. „Eine widerrechtliche Schädigung muß begangen sein; daß der Täter selbst schuldhaft handelt, ist nicht gefordert. Der Auftraggeber haftet also auch, wenn sein Angestellter bei der Schädigung unzurechnungsfähig war“[1]). Schärfer noch als Dernburg präzisiert das Reichsgericht[2]). „Will der Besteller sich exkulpieren, so müssen Tatsachen angegeben werden, die dem Gericht darüber ein Urteil ermöglichen, ob die bestellte Person zu der ihr übertragenen Verrichtung nach ihrer Befähigung und Verläßlichkeit geeignet war .... Darum ist auch die Vernehmung eines Zeugen, der die subjektive Ansicht des Beklagten über die Eignung bestätigt, unzulässig“. Die Schadensersatzpflicht ist also hier — genau genommen — zweifellos von jeder sogenannten Willensschuld losgelöst. Besaß der Beklagte nicht Menschenkenntnis genug, eine objektiv geeignete Hilfsperson auszusuchen, so haftet er für deren widerrechtliche, schädigende Handlungen.

Neben der Bevorzugung des biologisch wertvollen Menschen, die nur eine Unregelmäßigkeit des Systems darstellt, praktisch aber gewöhnlich zu billigenswerten Resultaten führt, stehen die schweren antiselektiven Wirkungen der herrschenden Eigentumsordnung. Schallmayer sagt etwas durchaus Richtiges, wenn er bemerkt, daß unserer gegenwärtigen Rechtsordnung unnatürliche Vernachlässigung der biologischen Güter des Volkes und einseitige Berücksichtigung der wirtschaftlichen Privatinteressen zugrunde liege[3]). Ebenso ist es richtig, wenn er diese falsche Orientierung des Rechts auf die Rezeption des römischen Rechts zurückführt, in dessen späteren Erscheinungsformen die Ehe weit mehr eine wirtschaftliche als eine biologisch wertvolle Institution darstellte.

In der Tat werden wir uns in einem ganzen Kapitel mit dem Problem zu beschäftigen haben, in wie unheilvoller Weise die Starrheit unserer Eigentums- und Erbübergangsverhältnisse wirklich durchgreifende soziale Ausleseprozesse stört. Der Ernst dieser Frage wird vor allem dem nicht entgehen, der den Gang der Rechtsbildung in den modernen Kulturstaaten nicht nur von objektiven oder gar wissenschaftlich gesicherten Gesichtspunkten, sondern von Parteiinteressen, Machtfragen und Geldeinflüssen abhängig weiß.

Dabei wäre gerade der Augenblick des Erbfalls eine natürliche Cäsur im Leben des Kapitals. Aber unsere Rechtsordnung übergibt

---

[1]) Dernburg II, 2, 713. RGZ. 50, 60 „widerrechtlich bedeutet nur die objektive Widerrechtlichkeit“.

[2]) RGZ. 59. 205.

[3]) Schallmayer, Vererbung und Auslese. Jena 1910, 357.

an einem bestimmten Geburtstage jugendlichen Individuen zum Teil gewaltige Kapitalsmassen. Sind es Mädchen, um die es sich handelt, so verdeckt ihr Reichtum persönliche Eigenschaften, die sonst entscheidend bei einer Ablehnung mitgewirkt hätten. Diese Rasse, bestehend aus einem Mann, der um Geld heiratet, und einem Mädchen, das unter Umständen körperlich ganz minderwertig ist, pflanzt sich nun fort und ist im stande, seiner Nachkommenschaft erleichterte Aufzuchtsbedingungen zur Verfügung zu stellen. Handelt es sich um einen jungen Mann, dem ein großes Vermögen zufällt, so bedeutet dieser Reichtum, der mit biologischem oder sozialem Wert unmittelbar nichts zu tun hat, höchstens eine künstlich hergestellte günstige Umwelt umschließt, eine erhebliche Verbesserung gegenüber der Konkurrenz des besser Veranlagten und weniger Bemittelten[1]).

Der Staat hat kein Mittel, hier einzugreifen; der Erblasser kann zwar in bestimmten engbegrenzten Fällen den Pflichtteil entziehen und Interessenten können durch Erhebung der Anfechtungsklage (§ 2339ff. BGB) die Erbunwürdigkeit festzustellen suchen, die aber nur in Verfehlungen gegen den Erblasser und Verdunklung seines letzten Willens sich äußern könnte. Unser Erbrecht geht sogar so weit, das Recht auf Entziehung des Pflichtteils durch Verzeihung erlöschen zu lassen (§ 2337 BGB), und prämiiert damit den heuchlerischen Sohn, der dem Vater die Verzeihung entlockt. Diese Verzeihung unterliegt natürlich nicht den Bestimmungen über Irrtum, Drohung, Geistesstörung. Eine sehr hohe Erbschaftssteuer wäre das einzige Mittel, uns aus dieser Gefahr zu retten, die nicht nur in hohem Maße eine Frage der Rassenhygiene, sondern auch der Kriminalpolitik ist.

Zweites Kapitel.

Mittel und Formen strafrechtlicher Auslese.

§ 5.

„Die ausschließliche Befolgung einer bestimmten Theorie", so lesen wir in der Einleitung zu den erläuternden Bemerkungen des deutschen Vorentwurfs, „führt bei strenger Durchführung, selbst

[1]) Andererseits ist unbestreitbar, daß wir dem Besitz eines größeren Vermögens wertvolle Kulturleistungen verdanken. Weder Bentham noch Darwin hätten ihre Arbeiten zu Ende führen können, wenn sie nicht von Haus aus wohlhabend und unabhängig gewesen wären.

wenn sie von guten wissenschaftlichen Gründen gestützt wird, zu praktischen Unzuträglichkeiten. Die Zwecke der Strafe sind auch nicht lediglich aus einem Gesichtspunkt zu erfassen, sondern wie fast alle menschlichen Einrichtungen, aus mehreren: Vergeltung, Besserung, Schutz der Gesellschaft, Spezial- und Generalprävention liegen in ihr beschlossen" [1]).

Die Redaktoren des Vorentwurfs haben sich der modernen Richtung des Strafrechts nicht ganz verschließen wollen; sie glaubten, man könne einen Mittelweg gehen und meinten, es sei ein Mittelweg, wenn sie Feuer und Wasser, Vergeltungsstrafe und Schutzstrafe zusammenrührten. Sie erklären deshalb, die Strafe habe den verschiedensten Zwecken zu dienen. Zwar gute wissenschaftliche Gründe widersprächen einer solchen Vielheit von Ausgangspunkten, aber gute wissenschaftliche Gründe seien es nicht immer, die zu einem praktisch wirksamen Strafrecht führten.

Als die Redaktoren des Vorentwurfs ihren Vorschlägen einen Salat theoretischer Gesichtspunkte zugrunde legten, verkannten sie zweierlei. Erstens einmal den Begriff des Zwecks und dann das Wesen der Theorie. Daß sie mit einer Erörterung der Zwecke der Strafe eine Petitio principii aufstellten und den Wirkungskreis des Strafrechts von vornherein auf das alte Instrumentarium einschränkten, die sichernden Maßnahmen „begrifflich" nicht zum Strafrecht zählten, ist in diesem Zusammenhange nebensächlich.

Genau genommen hat die Strafe überhaupt keinen Zweck. Dinge können wir nur als Bedingungen oder Folgen zeitlich aneinanderreihen. Zwecke haben nur Menschen oder die höheren Tiere. Man kann also nur sagen, daß die Menschen mit der Einrichtung der Strafe verschiedene Zwecke, Vergeltung, Besserung, Abschreckung usw. verfolgen.

Suchen wir uns über den Begriff des Zweckes Klarheit zu verschaffen, so können wir folgende Definition geben. Zweck ist die Vorstellung von Veränderungen der Außenwelt, deren Eintritt wir durch Setzen geeigneter Bedingungen herbeiführen können. Verschiedene Zwecke verfolgen heißt demnach, Bedingungen setzen, durch die wir verschiedenartige Veränderungen realisieren, z. B. vergelten, abschrecken und dergleichen.

Theorie ist nun nichts anderes als ein logisches Ordnungsprinzip, als der Versuch, dem Chaos der Erscheinungen einen festen Rahmen zu geben. Kann man deshalb sehr wohl von den verschiedensten Gesichtspunkten ausgehen, um der Strafe den Charakter eines wirksamen Instruments zu verleihen, so ist dieser Weg doch die Form

---

[1]) DVE. Erl. Bem. S. IX.

des ungebildeten Menschen, die Dinge zu begreifen und sich und andern darzustellen, er ist durchaus untheoretisch. Die Theorie erstrebt ihrem innersten Wesen nach Einheit der logischen Erfassung von Tatsachenkomplexen, weil ihre Bestimmung Ökonomie des Denkens ist. Angenommen, wir wissen nun, daß wir in der Strafe das Mittel sehen, die verschiedensten Veränderungen in der Außenwelt hervorzubringen, zu bessern, zu vergelten, abzuschrecken und unschädlich zu machen, so wissen wir die Hauptsache immer noch nicht, nämlich das Verhältnis dieser Zwecke zueinander, und damit sind wir über die Voraussetzungen, nach denen wir die verschiedenen Kausalitäten in Gang setzen sollen, ganz im unklaren.

Eine richtige Theorie kann deshalb nur ein ganz einfaches Prinzip enthalten, dem sich aus Gründen besserer Übersicht andere Nebenzwecke vielleicht unterordnen, niemals aber in unbestimmter Weise gleichberechtigt koordinieren lassen. Logischer Polytheismus ist ein Widerspruch in sich, Widerspruch zum Wesen der Theorie, die in erster Linie Erscheinungen nicht erforscht, sondern Erscheinungsgruppen darstellt, in die alten Vorstellungsfelder einräumt und so zum Wiedergedachtwerden bereitstellt. Darstellungs-Ideal ist somit die einfachste Darstellungsform.

Die gewinnende Macht des Sühneprinzips oder der Theorie der Vergeltung lag nicht zum geringsten in der grandiosen Uniformität, mit der sie auch die entfernteste strafrechtliche Exklave umspannten. Vorbereitet durch uralte Vorstellungen wie den Zorn der erregten Gottheit oder die Verletzung königlicher Majestätsrechte durch den Rechtsbrechenden, unterstützt durch affektive Abwehrzustände, denen diese Theorien eine Art rationeller Bekleidung und pseudokausaler Umhüllung boten, waren sie tief in den psychischen Besitz des Volkes hineingewachsen. Die übliche Dreiteilung der modernen Strafrechtsschule in Unschädlichmachung, Abschreckung und Besserung ist aus den vorher angezeigten Gründen kein theoretisches Ideal, da sie nichts darüber sagt, wann unschädlich gemacht, abgeschreckt, gebessert werden solle. Die Antwort, je nach der Schwere der Schuld oder dem Grade der Gefährlichkeit, bringt uns auch nicht viel weiter; denn wann ist die Schuld am schwersten, welcher Mensch am gefährlichsten? Trotzdem liegt in dieser Einteilung ein gewaltiger Fortschritt, eine durchaus richtige Gruppierung der Tatsachen.

Das Strafrecht als Instrument sozialer Auslese aufzufassen, neben der Lehre von der Eugenik eine Theorie der Eusymbiotik aufzustellen, deren Entwicklung ich mit Zuversicht späteren Zeiten anvertraue, bietet eine Aufgabe, wie sie sich reizvoller und zukunftsreicher, aber auch schwieriger kaum vorstellen läßt. Trotzdem muß dieser Schritt gewagt werden. Denn immer mehr drängen die Naturwissenschaften das Strafrecht in den dunkelen Winkel unsicherer Kompromisse. Wenn zwei Wissenschaften wie das Strafrecht und die Psychiatrie sich so innerlich fremd gegenüberstehen — und die Gegensätze sind viel tiefer als der Außenstehende denkt — dann muß eine Wissenschaft in die Irre gegangen oder keine Wissenschaft sein; daß die Psychiatrie auf dem rechten Wege sei, dafür spricht von vornherein die Vermutung ihrer exakten Methoden, und daß das Strafrecht auch als Wissenschaft hinter seiner Zeit zurückgeblieben sei, müssen wir aus der Kümmerlichkeit seiner praktischen Erfolge schließen.

Will das Strafrecht die verlorenen Positionen zurückerobern, so muß es sich mit einem mutigen Sprung auf das feste Land exakter Methoden und induktiven Forschens retten. Hier auf dem Boden einer sozialen Aszendenztheorie finden wir den einheitlichen Gesichtspunkt, der uns erlaubt, jede Regung strafrechtlichen Lebens einer weitumfassenden, klaren und dabei doch elastischen Zielvorstellung einzuordnen. Wir werden zwar die übliche Einteilung in Unschädlichmachung, Abschreckung und Besserung aus Bequemlichkeitsgründen beibehalten, nur Abschreckung und Besserung zusammenziehen, es wird aber unschwer gelingen, alle diese zerstreut gedachten und verschiedenartig anmutenden Wirkungen des Strafrechts dem Gedanken einer sozialen Auslese zu unterstellen, Wert und Unwert der bestehenden strafrechtlichen Einrichtungen an ihm zu messen. Damit ist theoretisch eine Stärke der Position gewonnen, deren sich keine der alten und der modernen Prinzipienlehren rühmen kann, praktisch aber werden wir den Kampf gegen das in Paragraphen eingeteilte Verbrechen nicht mehr mit Feuersteinpfeilen und Bumerangs (nach einem Wort Evans) führen, sondern mit den modernsten Mitteln wissenschaftlicher Technik Menschen und mehr als das, menschlichen Keimen, zu Leibe gehen.

Unter Auslese pflegt man einen Akt sofortiger oder alsbaldiger Vernichtung lebensunfähiger Individuen durch die Mächte der Natur oder schädlicher Lebewesen durch die Hand des Menschen zu verstehen. Leise Wirkungen, die erst durch ihre Summierung bemerkbar werden und zur Erscheinung gelangen, werden meist einem Selektionsprozeß nicht zugezählt. Erst die weitsichtigen Darstellungsmethoden historischer Forschung oder statistischer Verarbeitung werden uns in steigendem Maße lehren, sofortige Wirkungen und starke Wirkungen zu unterscheiden. Dieser irrtümlichen Auffassung ist auch die Anwendung der Selektionstheorie auf das Strafrecht unterlegen. Sternberg[1]) bekämpft die „Brutalselektion“ und be-

---

[1]) Th. Sternberg, Die Selektionsidee in Strafrecht und Ethik. Berlin 1911, 15.

hauptet, „in der Konsequenz gelangten die Selektionisten bekanntlich zur Anpreisung der alten rohen Strafsysteme". So kommt es, daß der Vorschlag, das Strafrecht als ein Instrument sozialer Auslese aufzufassen und diesem Grundgedanken entsprechend aufzubauen, für jene strafrechtlichen Funktionen wohl zugegeben wird, die einen tödlichen Schlag für die Existenz des Betroffenen bedeuten. Den dünneren Wirkungen strafrechtlicher Repression spricht man eine selektive Bedeutsamkeit ab, obschon in manchen Fällen der Selbstmord eines scheinbar nur leicht Bestraften uns lehren sollte, wie vernichtend solche Strafe einen energielosen Charakter trifft. Unser heutiges System der kurzfristigen Freiheitsstrafen hat ferner zur Folge, daß nicht wenige Personen den größten Teil ihres Lebens in Gefängnissen, Zuchthäusern und Arbeitshäusern zugebracht haben, die niemals zu einer wirklich schweren Freiheitsstrafe verurteilt worden sind.

Ich werde den Versuch machen, alle Funktionen des Strafrechts, von den gewaltsamsten Wirkungen bis zu den leisesten Regungen, als selektive Prozesse darzustellen, und es wird wenig Mühe kosten, zu beweisen, daß keine Brutalselektionen, sondern eine möglichst überlegte und wissenschaftlich gesicherte Effektivselektion ihre Verteidigung finden soll. Nicht milde oder streng soll das Strafrecht sein, so wenig wie man eine ärztliche Behandlung in schmerzhafte und schmerzlose einteilen darf, sondern wirksam. Die Gesellschaft ist kein wohltätiger Verein, der gegründet ist, bestimmte Zwecke mit bestimmten Mitteln zu erreichen. Man verzeiht der Gesellschaft jedes Mittel, wenn sie imstande ist, ihren Fundamentalzweck, Erhaltung inneren und äußeren Feinden gegenüber, durchzusetzen. Die Frage aber, wie eine Gesellschaft zu erhalten sei, haben wir dahin beantwortet, daß dies einzig und allein durch Schaffung eines sozialen, eines gesellschaftserhaltenden Typus Mensch geschehen könne.

A. Elimination.

1. Individualelimination.

§ 6.

Wir werden gut tun, den Ausdruck Unschädlichmachung zu vermeiden und dafür die Bezeichnung Elimination zu wählen; denn ebenso wie der zu lebenslänglichem Zuchthaus Verurteilte ist das Individuum, das sich durch eine dreimonatliche Gefängnisstrafe hat abschrecken lassen oder der Jugendliche, auf den ein Verweis einen dauernden und bessernden Eindruck gemacht hat, für das Herrschaftsgebiet des Strafrechts unschädlich gemacht.

Der Begriff der Elimination muß gegenüber dem gewöhnlichen Umfang erweitert und in Individualelimination und Keimbahnsperrung gespalten werden. Diese Ausdrücke bedürfen näherer Bestimmung.

Es handelt sich um Individualelimination, wenn die Einzelperson künstlich Umweltsbedingungen unterworfen wird, denen sie sich nicht mehr anpassen kann, ohne in der Regel sogleich oder nach Verlauf einiger Zeit zugrunde zu gehen. Hierher gehören von unserem Strafensystem die Todesstrafe, die lebenslängliche Internierung im Zuchthause, weiter die lebenslängliche Detention in der Irrenanstalt und der Selbstmord; von aufgegebenen Strafmitteln die Friedlosigkeit der altgermanischen Rechte, die römische Interdictio, die Verbannung und Konfiskation des Vermögens im alten Athen.

Garofalo[1]) hat von einer élimination partielle gesprochen und damit die Entfernung aus einem Milieu gemeint, dem der Kriminelle nicht adaptabel ist, also die Deportation und ähnliche Maßregeln. Noch weiter geht die Einteilung Merkels[2]), der den Begriff der Unschädlichmachung in einem bestimmten Wirkungskreis (Aberkennung der Fähigkeit Ämter zu bekleiden usw.) nahelegte. Wir wollen nicht so weit gehen. Die Deportation z. B. wirkt bei der Art ihrer heutigen Durchführung nicht mit Sicherheit eliminierend. Nach der Behauptung von Lacassagne (sein Archiv 1913, Bd. 28, S. 325 ff.) befindet sich ungefähr die Hälfte der Deportierten in Freiheit im Mutterlande.

Eher könnte man von einer bessernden Wirkung der Deportation sprechen. Klimatische Einflüsse und ökonomische Umwälzungen treten hier zusammen, um einen sozialen Phänotypus auftreten zu lassen. So wurden in den Jahren 1787—1857 aus England 108715 schwere Verbrecher nach Australien deportiert, ohne daß die australische Kriminalität dadurch in ungünstiger Weise sich dem heutigen Beobachter darstellte. Die unglaubliche Sportleidenschaft des Australiers, in der er etwas von der ihm inhärenten Gewalttätigkeit verpuffen kann, und die erstaunliche Gleichmäßigkeit der wirtschaftlichen Verhältnisse müssen uns dieses Resultat erklären helfen. Denn es ist nicht einzusehen, warum Leute stehlen sollten, die als Arbeiter so viel verdienen, um das Leben eines wohlhabenden Europäers führen zu können, und warum Leute, die vom Fußball oder Cricket ermüdet nach Hause kommen und zum großen Teil abstinent sind, sich zu Körperverletzungen und anderen Gewalttätigkeiten hinreißen lassen sollten.

Auch Merkels Einteilung scheint mir zu weitgehend. Der Arzt oder der Rechtsanwalt, die durch ehrengerichtliches Urteil von der

[1]) Garofalo, Criminologie Paris. 1905, 279.

[2]) Merkel-Liepmann, Die Lehre von Verbrechen und Strafe. Stuttgart 1905, 279.

Ausübung ihres Berufes ausgeschlossen sind, mögen für den beschränkten Bezirk ihres offiziellen Wirkens unschädlich gemacht sein, von einer Elimination auf ärztlichem oder juristischem Gebiete kann keine Rede sein. Von einer niedrigeren Stufe sozialer Reihenfolge verwenden sie ihre Kenntnisse um so rücksichtsloser, als die wirtschaftliche Not und der soziale Zusammenbruch den Gedanken an Standesehre zu einem Luxus gemacht haben.

Betrachtet man die Mittel radikaler strafrechtlicher Elimination näher, so kann man sagen, daß die heutige Gesellschaft sich nur in verhältnismäßig sehr seltenen Fällen zu diesen durchgreifenden Maßregeln entschließt. Die Zahl der Verurteilungen zum Tode ist, wie die folgenden Zahlen zeigen, sehr gering. Natürlich ist die Zahl der Hinrichtungen noch viel geringer, in Österreich z. B. wurden von in den Jahren 1896—1909 ausgesprochenen 307 Todesurteilen nur 7 vollzogen[1]). Da aber die Umwandlungen fast stets in lebenslängliches Zuchthaus oder sehr schwere Zuchthausstrafen erfolgen, bleibt die eliminierende Wirkung bestehen.

Todesurteile 1910:

Deutschland	43
Frankreich	28 (10 hingerichtet)
England	28
Österreich (1909) . . .	36 (0 hingerichtet).

Auch die lebenslängliche oder mehr als 10jährige Freiheitsstrafe, von der man noch eine rasche eliminatorische Wirkung erwarten darf, ist nicht sehr häufig.

Zuchthausstrafen verhängt 1910:

	lebenslänglich		10 Jahre und mehr
Deutschland . .	3		(nur über 5 Jahre bekannt)
Frankreich . . .	98	(Travaux forçés	168
England	1	und réclusion)	19
Österreich (1909)	12		60 (1909).

Andere Länder zeigen sehr viel höhere Ziffern. In Italien gab es nach Garofalos Bericht[2]) am 31. Dezember 1900 3,041 lebenslänglich und 1,198 zu mehr als 24jähriger Zuchthausstrafe Verurteilte[3]).

---

[1]) Österr. Krim.-Stat. 1912, LXXXIX.

[2]) Garofalo loc. cit. 409.

[3]) Die Zahl der Hinrichtungen war im XVII. und XVIII. Jahrhundert ungeheuerlich groß. Ein Reiseschriftsteller erzählt: Die Galgen an den Landstraßen in Bayern stehen so dicht, wie anderswo Stundensteine und hängen fast immer voller Gehenkter. — Zschokke führt in seiner Bayerischen Geschichte an, daß in einem einzigen Amte binnen 28 Jahren 1100 Hinrichtungen stattgefunden hätten und daß man noch 1771 in München zwei Hinrichtungen wöchentlich im Durchschnitt gehabt habe.

(Zeitschrift für Deutsche Kulturgeschichte 1856. 414, 415.)

Noch kräftiger ist die eliminierende Wirkung der dauernd in Irrenanstalten internierten kriminellen Geisteskranken. Für Deutschland besitzen wir keine statistischen Angaben, wir wissen aber aus der englischen Kriminalstatistik[1]), daß sich dort im Jahre 1911 478 wegen Mordes internierte Geisteskranke und 173 befanden, die einen Mordversuch begangen hatten.

Besonders wichtig und vielleicht gerade deshalb, weil man seit seinem Verschwinden aus unseren Strafgesetzbüchern die Zusammenhänge zwischen Suicid und Kriminalität fast ganz vernachlässigt hat, ist die Elimination durch Selbstmord. Bevor ich aber dieser interessanten Frage nähertrete, muß ich noch kurz begründen, warum ich den Selbstmord als ein Mitglied der großen Familie der Kriminalität ansehe.

§ 7.

Abgesehen davon, daß noch heute der anglo-amerikanische Rechtskreis den Selbstmordversuch als ein Delikt auffaßt[2]), bestehen die engsten Wechselbeziehungen zwischen den psychischen Anlagen, die zur Kriminalität oder zum Suicid führen. Gerade der Ausdruck der deutschen Sprache Selbstmord und die technische Bezeichnung des englischen Rechtes felo de se[3]) scheinen besonders roh die Anschauung des Volkes zum Ausdruck zu bringen. Die ethische Parallele lehnen wir ebenso ab, wie wir ethischen Betrachtungsweisen bei der wissenschaftlichen Behandlung des Kriminalrechts nur einen Raum im historischen Teil einräumen. Ätiologisch dürfen wir der Gleichstellung eine gewisse Berechtigung nicht versagen; damit ist selbstverständlich nicht gesagt, daß es statthaft wäre, diesen ursächlichen Zusammenhängen auch auf die therapeutischen Methoden Einfluß einzuräumen.

Man kann nicht sagen, daß trotz zahlreicher Untersuchungen die Ätiologie des Selbstmordes recht klar gestellt worden ist. Wenn in den amtlichen Statistiken als Ursachen oder vorsichtiger als nächste Motive zum Selbstmord Lebensüberdruß im allgemeinen, körperliche Leiden, Geisteskrankheiten, Leidenschaften, Laster, Trauer, Heimweh, Kummer, Reue, Scham, Furcht vor Strafe, Ärger, Streit,

[1]) Engl. Krim.-Stat. 1913, 160.

[2]) Ebenso wurde Selbstmordversuch im alten Athen bestraft. Bekannt ist, daß Ajax sich nach Ansicht des Calchas durch seinen Selbstmord entehrt hatte und deshalb nicht hätte verbrannt werden sollen. In Rom galt der Grundsatz: mori licet cui vivere non placet. Nur für den Soldaten war Selbstmord ein Delikt.

[3]) Im 18. Jahrhundert gab es auch in England die Bezeichnung selfmurderer, die jetzt ganz verschwunden ist.

anderweitige Motive und unbekannte Motive angegeben werden, so kann man schon aus den zwei zuletzt genannten Rubriken, die ein Viertel bis ein Fünftel aller Selbstmordfälle auszumachen pflegen, erkennen, daß diese Einteilungen recht unsicher sind. Da aber alle diese Motive bei dem weitaus größten Teil der Bevölkerung nicht zum Selbstmord führen, muß irgendein endogener Faktor vorhanden sein, der bei der Berührung mit den genannten Reizen des Gemeinschaftslebens zu einer Entladung durch Selbstmord führt. Die Erklärungsweisen, die man bisher in grober und summarischer Weise an der Außenseite des psychischen Geschehens haftend gegeben hat, können nicht befriedigen. Die Priester aller Konfessionen haben der Sünde die Schuld gegeben; es war schon ein gewisser Fortschritt, als man am Ende des 18. Jahrhunderts die übermäßig hohen Abgaben, den erschwerten Lebenserwerb, die vermehrten Bedürfnisse, den Despotismus der Landesherren und Adligen im Zusammenstoß mit dem geschärften Ehrgefühl der Untertanen, in den höheren Klassen die überhandnehmende Verzärtelung, Schwärmerei und Romanlektüre, in den niederen Klassen den häufigen Branntweingenuß verantwortlich machte[1]). Noch vor wenigen Jahren hat ein verdiente Arzt den Zusammenhang von Selbstmord und kosmischen Einflüssen dadurch zu erklären versucht, daß er sagte, „die langen Tage des Sommers geben dem Menschen mehr Zeit, über ein verlorenes Leben nachzudenken“ [2]).

Auf diesem Wege konnte man nicht weiterkommen, man brauchte es auch gar nicht, da man stets eine gut passende Erklärung zur Hand hatte. Sehr viel weiter haben uns die pathologisch-anatomischen Untersuchungen Hellers[3]) gebracht. Da nach dem in Schleswig-Holstein geltenden Recht alle Selbstmörder an das anatomische Institut in Kiel abzuliefern sind, konnte Heller das interessante Resultat von 300 Sektionen von Selbstmördern vorlegen. Heller fand bei seinen Selbstmördern in 24,3 % der Fälle akut fieberhafte Krankheiten, in 47,6 % Alkoholismus, von den Frauen waren 10 % schwanger, 5,93 % menstruierend. Diese letzte Beobachtung stimmt mit englischen statistischen Resultaten überein, wonach für Frauen zwischen 15 und 20 und weiter zwischen 45 und 55 eine exzessiv hohe Selbstmordrate zur Feststellung kommt, Perioden, die sich auch

---

[1]) Aus einem Aufsatz im Deutschen Zuschauer, überschrieben: Ursachen häufiger Selbstmorde aus dem Jahre 1788 Zit. in Zeitschrift für deutsche Kulturgeschichte 1856, 412.

[2]) Prinzing, Trunksucht und Selbstmord und deren gegenseitige Beziehungen. Leipzig 1895.

[3]) Heller: Zur Lehre vom Selbstmord nach 300 Sektionen. Münchn. med. Wochenschrift 1900, S. 1653ff.

durch gesteigerte Mortalität, Psychosenausbruch und Kriminalität bemerkbar machen.

Heller konnte seine Befunde dahin zusammenfassen:

Keine pathologische Befunde	24 = 8 %
Mäßige, die Zurechnungsfähigkeit nicht direkt beeinflussende Befunde	64 = 21,3 %
Starke, die Zurechnungsfähigkeit nicht direkt beeinflussende Befunde	29 = 9,6 %
Mässige, möglicherweise die Zurechnungsfähigkeit beeinflussende Befunde	54 = 18 %
Starke, die Zurechnungsfähigkeit beeinflussende Befunde	129 = 43 %

Damit wären wir der Ätiologie sehr viel näher gerückt. Ursächlich für den Selbstmord ist also eine gewisse psychische Vulnerabilität, die in sehr vielen Fällen, nach Heller in beinahe der Hälfte aller Befunde, auf pathologische, anatomisch feststellbare Veränderungen zurückführt. Diese abnorme Reaktionsweise auf psychische Beanspruchung kann ganzen Rassen zu eigen sein; so ist die Selbstmordhäufigkeit, wie bekannt, nicht nur in Sachsen, sondern auch den Grenzgebieten, Schlesien, Provinz Sachsen, Böhmen außerordentlich hoch.

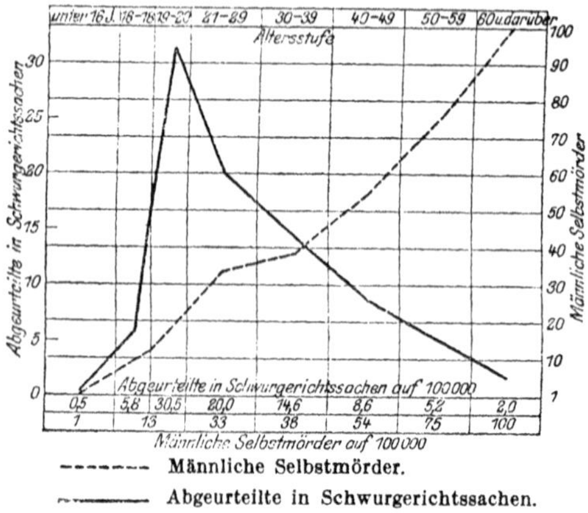

Fig. 1. Kriminalität und Selbstmord nach Altersstufen, berechnet auf je 100000 Einwohner der entsprechenden Altersstufe. Frankreich 1910. Nach den Zahlen in Franz. Krim.-Stat. 1912, XII und LVIII.

Man möchte geneigt sein, Selbstmord und Kriminalität als verschiedene Äußerungsformen ein und derselben psychischen Anlage aufzufassen, etwa wie die manischen und die depressiven Phasen des manisch-depressiven Irreseins, und man könnte für diese Auffassung Gründe anführen[1]). Die Kriminalität ist, wie später noch ausführlich gezeigt werden soll, in der Hauptsache ein Phänomen der Jugend, das mit größter Eindringlichkeit besonders

[1]) Siehe Fig. 1. Diese Figur scheint den statistisch-technischen Mangel zu haben, sich nur auf ein Jahr zu beziehen; sie könnte deshalb nur als vorläufiges Ergebnis angesehen werden. Daß die Kurve der Kriminalität eine Gesetzmäßigkeit zum Ausdruck bringt, beweisen aber die Berechnungen Galles,

bei Erstbestraften und Männern hervortritt, der Selbstmord nimmt mit steigendem Alter zu, wie folgende Zahlen erweisen:

Bayern 1901—1907 Altersgruppen:	Auf je 1 Million der Bevölkerung jeder Altersperiode treffen:
11—15	56
16—20	56
21—30	172
31—40	169
41—50	226
51—60	327
61—70	351
71—80	356
81 und darüber	421

(Bayr. San.-Stat. 1913, 17.)

Ganz die gleiche Erscheinung zeigt sich in Frankreich:

	Auf 100 000 Einwohner der entsprechenden Altersstufe	
Frankreich 1910:	Männer:	Frauen:
Unter 16 Jahren	1	0,4
16—20 „	13	7
21—29 „	33	13
30—39 „	38	11
40—49 „	54	15
50—59 „	75	21
60 Jahre und mehr	100	22

(Franz. Krim.-Stat. 1912, IX.)

Die auffällige Übereinstimmung mit der Progression der geistigen Erkrankungen, die ich in einer Kurve nach englischen Angaben in Fig. 2 zeige, ist unverkennbar.

Daß die Kriminalität ein so viel häufigeres Phänomen als der Selbstmord ist, erklärt sich aus der größeren (relativen) Stärke des Reizes zum Verbrechen, da die Hemmungen, die dem Selbstmord entgegenstehen, in der Regel natürlich stärker sein werden als der innere Einhalt gegen das Verbrechen. Die Schwankungen in der Selbstmordhäufigkeit und der Kriminalität der Jugendlichen stehen in einem

die einen 5jährigen Zeitraum umfassen (Ztschr. f. d. gesamte Strafrechtswissenschaft Bd. 35 [1913], 190, 191) und die Angaben der belgischen Kriminalstatistik für 1912 (Belg. Krim.-Stat. 1913, XXXIII). Die Selbstmordziffern stimmen mit den bayrischen Erfahrungen 1901—1907 und sächsischen Berechnungen (1906 bis 1911), Ztschr. d. Kgl. Sächs. Stat. Landesamts 1913, 277, überein. Die französischen Angaben haben den Vorteil, sich auf das gleiche geographische Gebiet zu beziehen und in gleiche Altersstufen zu zerfallen.

deutlichen Zusammenhang[1]). Maudsley[2]) hat das Verbrechen eine Art Fontanelle genannt, durch die ungesunde Triebe des Verbrechers nach außen entleert werden. Solche Individuen würden dem Irrsinn verfallen, wenn sie nicht Verbrecher würden, und sie erhalten sich dadurch frei von Irrsinn, daß sie Verbrecher werden. Wenn wir bedenken, daß der alternde Mensch rein körperlich nicht mehr die Kräfte zu einer erfolgreichen Attacke auf Rechtsgüter der Mitmenschen aufbringt und seine Kriminalität in Schwächlichkeiten, Verleumdung, Meineid, Giftmord und dergleichen erschöpft, dann werden wir im Selbstmord eine Art Ohnmachtskriminalität sehen, ein letztes Aufflackern des alt und müde gewordenen Zerstörungsdranges, mit dem eine leichte psychische Verletzung beantwortet wird.

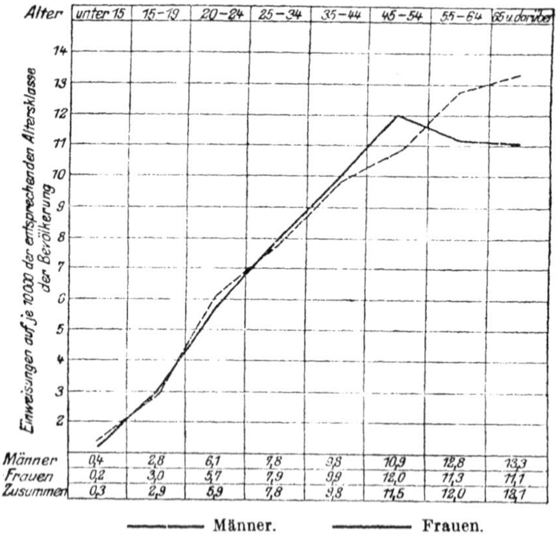

Fig. 2. Geisteskrankheit und Lebensalter, Einweisungen in Irrenanstalten auf je 10 000 der entsprechenden Altersklasse der Bevölkerung berechnet. England 1907—1911. Nach den Zahlenangaben in Engl. Jrr. Stat. 1913. II. 216/217.

§ 8.

Die Gleichstellung von Selbstmord und Kriminalität ging von gemeinsamen ätiologischen Grundlagen aus und suchte die Verschiedenheit der Erscheinungsformen durch eine Hypothese zu erklären. Leicht lassen sich aber auch im Äußeren Parallelen zwischen den beiden Phänomenen ziehen, bisweilen treten sie so nahe aneinander heran, daß nur der Zufall entscheidet, ob hier ein Suicid oder ein Allocid geschehen werde.

Eine große Anzahl von Selbstmorden ist auf Furcht vor Strafe zurückzuführen. Besonders die Statistik der Armeen spricht sich hierüber mit großer Deutlichkeit aus, da die militärischen Verhältnisse über Verfehlungen und deren Folgen keine Unklarheit lassen. Der

[1]) Entgegen der allgemeinen Ansicht hat der Selbstmord unter den betagten Personen mehr zugenommen als unter den Jugendlichen.

[2]) Maudsley, Die Zurechnungsfähigkeit der Geisteskranken. Leipzig 1876, 32.

Selbstmord aus Furcht vor Strafe ist immer die Reaktion einer schwer abnormen Psyche; denn abgesehen von der Todes- oder der lebenslänglichen Zuchthausstrafe gibt es keine, die für den Normalmenschen dem freiwilligen Lebensverlust gleichkäme. Bisweilen zeigt sich die Disproportion zwischen Selbstmord und letztem Motiv mit besonderer Deutlichkeit. So erzählt der letzte Preußische Strafanstaltsbericht (S. XCV), ein zu lebenslänglicher Zuchthausstrafe verurteilter Gefangener habe aus Furcht vor einer Disziplinarstrafe Selbstmord verübt, nachdem er 28 Jahre verbüßt hatte.

Systematisiert sich diese Furchtentwicklung, so kommen Verfolgungs- und Versündigungsideen. Hier ergeben sich häufig direkte Übergänge zur Kriminalität, da die geisteskranke Mutter oder auch der Vater ihre Kinder töten, um sie vermeintlichen Verfolgungen, dem Verhungern oder anderen Gefahren zu entreißen und nach vollbrachter Tat ihrem Leben selbst ein Ende machen[1]).

Die engen Beziehungen, die gerade zwischen Tötung und Selbstmord obwalten, können nur dem nicht auffallen, der sich an die Äußerlichkeiten der Begehungsformen hält und die psychologischen Konnexe übersieht. Schon andere, wie Ferri und Kurella, haben auf den Antagonismus aufmerksam gemacht, der sich in den verschiedensten Ländern zwischen Mord und Selbstmord zeigt. Gewöhnlich wird auf Italien und Irland hingewiesen, auf Länder mit hohen Mord- und sehr niedrigen Selbstmordziffern. Sehr interessant ist auch das Beispiel Korsikas. Korsika hat bekanntlich eine sehr lebhafte Tötungskriminalität, die auf die alte Sitte der Blutrache zurückführt. Dabei ist der Selbstmord in Korsika außerordentlich selten. Während durchschnittlich auf 100 000 Personen in ganz Frankreich im Jahre 1910 25 Selbstmorde, maximal im Departement Lot et Garonne 52 kamen, trafen auf 100 000 Korsen nur 5 Selbstmörder. Weiter drängt sich mit großer Schärfe das Verhalten der jüdischen Rasse auf. Ihrer geringen Kriminalität steht eine außerordentlich hohe Selbstmordziffer gegenüber[2]).

---

[1]) Eine Frau war aus Verzweiflung und Not mit ihren 3 Kindern ins Wasser gegangen, die Kinder waren ertrunken, sie selbst wurde gerettet, zum Tode verurteilt und zu lebenslänglichem Zuchthaus begnadigt. Seit 32 Jahren ist sie in der Anstalt. Kürzlich wurde ihr nahe gelegt, um Begnadigung zu bitten, eine barmherzige wohlhabende Frau wolle für sie sorgen. Sie lehnte ganz entschieden ab und bat, sie für den Rest ihres Lebens — sie ist 65 Jahre alt, herzleidend und arbeitsunfähig — in der Anstalt zu behalten. (Preuß. Gef.-Stat. 1912, XCII.)

[2]) Selbstmörder auf je 1 Million Personen der betreffenden Konfession berechnet:

Bayern 1901—1907:

Katholiken	103
Protestanten	223
Juden	241

(Bayr. San.-Stat. 1913, 18.)

Sachsen 1907—1912:

Katholiken	370
Evang.-Luth.	310
Juden	400
Dissidenten	6050

(Ztschr. d. Kgl. Sächs. Stat. Landesamts 1913, 284.)

Der Zusammenhang mit der relativen Häufigkeit geistiger Erkrankung und deren sehr schlechter Prognose bei den Juden ist unverkennbar[1]).

Wenn wir von einem Antagonismus sprechen, so handelt es sich wieder nur um eine Gegensätzlichkeit der Erscheinungsformen[2]). Die psychischen Ausgangspunkte sozial so verschieden auftretender und verschieden gewerteter Handlungsweisen liegen dicht beieinander. Ein geringes Minus an Energie und Willenskräften läßt einen Kriminaloiden (nach dem treffenden Ausdruck Lombrosos) nach einer schweren ehelichen Streitigkeit Hand an sich zu legen, statt die Frau über den Haufen zu schießen[3]) oder den Kaufmann, der in einer wirtschaftlichen Krisis sein Vermögen verloren hat und durch betrügerische Manipulationen sich retten könnte, zur Waffe greifen oder den Angstentladungstrieb eines Depressiven den Revolver gegen sich richten statt eines unbeteiligten Fremden.

In dem gleichen pathologischen Affektzustand, zu dessen Angriffsziel oft der Zufall eignes oder fremdes Leben bestimmt, kommen die häufigen Fälle zustande, die wir täglich unter der Überschrift: Mord und Selbstmord in den Zeitungen vorgesetzt bekommen und die fast immer nichts anderes sind, als Tötung auf ausdrücklichen Wunsch und Selbstmord. Psychologisch handelt es sich gewöhnlich nur um einen Doppelselbstmord. Nur will es oft das Unglück, daß der Partner, der den anderen Teil tötete und dann trotz seiner Verletzungen gerettet wird, seine Tat vor den Geschworenen zu büßen hat, die nur eine Freundlichkeit gegen die Geliebte, eine Art letzter quasisexueller Handlung war und die im Fall der Weigerung sofort auch durch einen Akt der Selbsttötung auf der anderen Seite ersetzt worden wäre.

Verschieden von dieser Form des Doppelselbstmordes, die bei einigen Begehungsformen, wie Ertränken oder Vergiften, gar nicht technisch unterschieden werden kann, verschieden aber auch von dem Selbstmord aus Furcht vor Strafe sind die Selbstmorde von Mördern unmittelbar nach der Tat. Teils findet hier Mord und

---

[1]) Internierte Geisteskranke in staatlichen geschlossenen Anstalten auf je 100 000 Personen der betreffenden Konfession berechnet:

Baden 1904—1910:

Katholiken	370	Juden	760
Protestanten	420	Andersgläubige	860

(Stat. Mitt. über d. Großherzogtum Baden 1913, 151.)

[2]) Daß solcher Antagonismus aus den gleichen oder jedenfalls sehr nahestehenden Krankheitsbedingungen entsteht, haben wir in letzter Zeit beim manisch-depressiven Irresein kennen gelernt, deren eine Erscheinungsform, das manische Stadium, infolge der motorischen Erregtheit sehr viel weiter ins Antisoziale hineinreicht als das andere.

[3]) Es besteht etwa das gleiche Verhältnis zwischen Selbstmord und Mord, wie zwischen Masturbation und Sittlichkeitsverbrechen.

Selbstmord in dem gleichen pathologischen Affektzustand statt, bilden also eine fortgesetzte Handlung im strafrechtlichen Sinne, so wie man eine Uhr stiehlt und gleich darauf einen Ring nimmt, teils ist der Mord nur durch den Entschluß psychologisch möglich geworden, daß der Selbstmord in den Fluchtplan, wenn ich so sagen darf, aufgenommen wurde[1]). Diese Fälle entgehen der Aufmerksamkeit des Publikums, weil sie mit dem befriedigten Gefühl der großen Masse enden, daß der Täter sich selbst „gerichtet" habe. Sie führen natürlich auch niemals zu den Gerichtsverhandlungen, durch die die Presse erst auf das aufgeregte Gemüt der Bevölkerung wirkt und nach deren Feststellung das ganze Wesen der Kriminalität beurteilt wird. Trotzdem sind sie nicht so selten. Auf 327 Mordfälle, die in den Jahren 1910 und 1911 die englischen Coroners beschäftigten, fielen 47 Morde, nach denen unmittelbar der Mörder Selbstmord verübte (14 %).

Daß der Selbstmord in einer großen Anzahl von Fällen nichts anderes darstellt als eine gehemmte, in ihrem Rückschlag den Träger dieser unglücklichen Anlage treffende Kriminalität, geht aus andern Momenten nicht weniger deutlich hervor. Ich stelle die Selbstmordziffern von Württemberg (1901—1910) und London (berechnet auf 10000 Selbstmorde 1865—1884) graphisch nebeneinander:

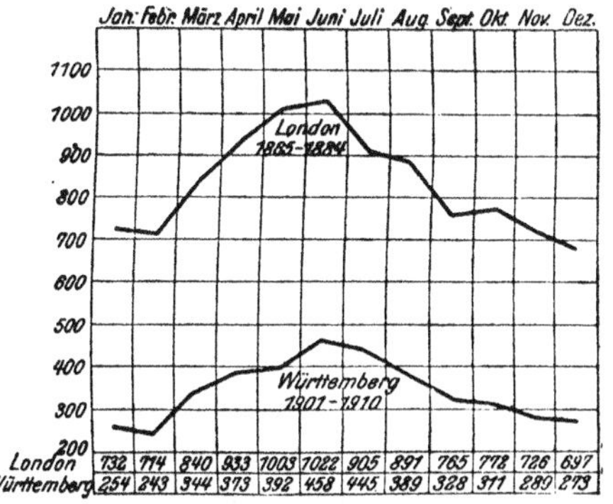

Fig. 3. Selbstmord und kosmische Einflüsse. London 1865—1884 und Württemberg 1901—1910. Nach dem statistischen Handbuch für d. Kgr. Württemberg, Jahrg. 1910—1911, Stuttgart 1912, 238. Nach Ogle, Journal of the Statistical Society, Bd. 49, 1886, S. 117.

Die Temperaturkurve des Selbstmordes zeigt demnach eine auffallende Übereinstimmung mit der entsprechenden Kriminalitätskurve; ferner ist es bekannt, daß viele Selbstmorde ebenso wie die von Irren ausgeführten Morde sich

[1]) Sehr böse pflegen nach meinen Erfahrungen die nicht so seltenen Fälle abzulaufen, in denen ein Minderwertiger, den sein Mädchen verlassen hat, sich vor ihr zu erschießen beschließt. Bisweilen kommt es dann zu höhnischen Worten des Mädchens, das an keinen Ernst glaubt; der Erregte richtet die Waffe auf die Spottende, erschießt zuerst sie, richtet dann die Waffe auf sich. Wird er nicht tödlich verletzt und gerettet, so erfolgt Anklage wegen Mordes, da niemand an seinen Selbstmord glaubt und der Ankauf der Waffe als „Überlegung" bei der Ausführung des Mordplans aufgefaßt wird.

durch Unzweckmäßigkeit und Grausamkeit auszeichnen. Die Unzweckmäßigkeit kommt natürlich nicht so sehr bei den Selbstmorden wie bei den Selbstmordversuchen zum Ausdruck, die statistisch recht schlecht erfaßbar sind[1]). Jacquart teilt Zahlen aus Brüssel mit (le Suicide, Bruxelles 1908, 38). In Brüssel kamen zur amtlichen Kenntnis an Selbstmorden und Selbstmordversuchen, berechnet auf 100000 Einwohner

1867—1875	35,0
1876—1884	45,5
1885—1892	55,6
1893—1900	55,9
1901—1906	55,3

Diese Zahlen gewinnen erst Bedeutung, wenn man weiß, daß auf je 100000 Einwohner trafen an Selbstmorden im Jahre 1910:

Deutschland	21,6	Berlin	35,0	Belgien: (Durchschnitt 1901—1905)	12,5
Frankreich	25,0	Dep. Seine	35,0	Brüssel: (Durchschnitt 1901—1905)	34,9
England	9,86				

Auf 100 Selbstmorde in Brüssel treffen demnach etwa 70 Selbstmordversuche; besonderes Interesse erhalten diese Zahlen aber, wenn man sie nach dem Geschlecht der Selbstmord-Versuchenden zerlegt. Wie ich nach Jacquarts Zahlen berechne, entfielen in Brüssel 1901 bis 1906:

auf 100 Selbstmorde von Männern 55,5 Selbstmordversuche
„ 100 „ „ Frauen 119 „

Daraus geht hervor, daß der Mann sehr viel häufiger aus normalpsychologischen Motiven zum Selbstmord schreitet und wenn er sich entschlossen hat, seine Absicht auch gewöhnlich mit zweckdienlichen Mitteln zur Ausführung bringt. Die Frau dagegen, die, wie später noch ausführlich gezeigt werden wird, im allgemeinen den schärfsten Windstößen des Daseinskampfes entzogen ist, die der Wogenschlag des politischen, sozialen und hauptsächlich wirtschaftlichen Lebens nur indirekt berührt, wird fast nur durch pathologische Zustände gröberer Art zum Selbstmord getrieben und vergreift sich bei diesem kranken Fluchttriebe leicht in der Wahl zweckmäßiger Mittel. Wird die Frau durch Tod des Mannes oder durch Scheidung aus ihrer geschützten Lage herausgerissen, so tritt sie sofort mit höheren Zahlen in der Statistik des Selbstmordes, des Irrsinns und der Kriminalität auf.

[1]) England, berechnet auf je 100000 der Bevölkerung

		Selbstmorde	Selbstmordversuche, die zur Kenntnis der Polizei kamen
Jahresdurchschnitt	1857—1865	6,65	2,34
„	1906—1910	10,09	7,11

Engl. Krim.-Stat. 1912 und 1913, 14 und 25.

Wie Kuré berichtet, gibt es in Japan Familien, von denen Vorfahren und Nachkommen im gleichen Lebensalter, in derselben Lage Selbstmord begangen haben, genau so wie es Familien gibt (Familie Zero, Jukes, Kallikak), die zum größten Teil aus Verbrechern, Geistesgestörten und Schwachsinnigen bestehen und deren nicht regenerierte Äste absterben. Nach Kuré[1]) gibt es in Japan ganze Familien, die durch Selbstmord ausgestorben sind. Diese Erscheinung könnte nur den in Verwunderung setzen, der nicht in dem Selbstmord ein aus der Wechselwirkung organischer Schwächezustände und sozialer Einflüsse erwachsenes Phänomen sähe: psychologisch bedingte Selbstmorde sind selten nicht minder als das normal-psychologisch bedingte und verständliche Verbrechen.

§ 9.

Ich nannte den Selbstmord die Kriminalität der Willensschwachen. Ein außerordentlich bezeichnender Fall hat sich kürzlich in Paris ereignet. Dort waren zwei Ehegatten in Streitigkeiten geraten und der Mann war längere Zeit von Hause fortgeblieben. Als er schließlich wieder zurückkam, wurde er mit schweren Vorwürfen empfangen. Da die Ehegatten einsahen, daß sie nicht mehr in Frieden miteinander leben könnten, beschlossen sie — nicht etwa, wie es das Natürlichste gewesen wäre, sich zu trennen oder sich scheiden zu lassen — sondern gemeinsam in den Tod zu gehen, und jagten sich einer nach dem andern eine Kugel in den Kopf. Es gibt kaum eine typischere Reaktionsweise als sie die Entschlußrichtung dieser Willensschwachen darbietet.

Daß in Übereinstimmung mit den Untersuchungen Hellers und neuerdings auch Ollendorffs[2]) der Selbstmord in der überwiegenden Anzahl der Fälle die Reaktionsweise pathologischer Naturen ist, geht auch daraus hervor, daß der Selbstmord bei höheren Tieren vorzukommen scheint. Kräpelin hat dies zwar in seinem Lehrbuch der Psychiatrie verneint, es sind aber doch von zuverlässiger Seite Beobachtungen veröffentlicht worden, die keinen Zweifel lassen, daß auch Tiere Selbstmord verüben. Über den dabei in Betracht kommenden Mechanismus ist nichts Bestimmtes zu sagen. Ich möchte aber zu bedenken geben, daß es sehr wohl möglich erscheint, daß Tiere unter dem Einfluß von Gesichts-, Gehörs- und häufig auch Geruchstäuschungen krankhafter Art sich selbst angreifen; oder daß sie in dem Bewegungsdrang eines Fieberdelirs sich durch mechanische Verletzungen an Bäumen, Steinen und Käfiggittern tödliche Wunden zufügen. Anders läßt sich auch gar nicht erklären, daß

---

[1]) Kuré, Jahrbücher für Psychiatrie 1898, 272.

[2]) Ollendorff, Krankheit und Selbstmord. Greifswald 1905.

z. B. in der französischen Kriminalstatistik für das Jahr 1909[1]) sich der Selbstmord eines Kindes von 28 Monaten registriert findet.

Ich will die allgemeine Behauptung der Presse übergehen, daß im Juni 1913 die berühmte Giraffe des Jardin d'Acclimatation in Paris, das größte jemals gefangene Exemplar, Selbstmord durch delirantes Anstoßen des Kopfes an der Käfigmauer verübte, da der Direktor die Nachricht mir gegenüber als unrichtig bezeichnete. Ich will aber die folgenden Behauptungen von Evans[2]) anführen.

„Es gibt eine Anzahl offenbar wohl bestätigter Berichte über Tiere, die vorsätzlich ihrem Leben ein Ende machen. Skorpione und Schlangen sind besonders leicht geneigt, sich selbst zu Tode zu stechen, wenn sie in Gefangenschaft gehalten werden. Einige Naturforscher behaupten, daß diese Tiere irre werden, bevor sie die tödliche Handlung ausführen. Aber es ist schwer zu entscheiden, ob sie sich die Wunden zufügen mit der ausdrücklichen Absicht, ihrem Leben ein Ende zu machen[3]), oder ob sie durch Versuche hervorgerufen sind, sich gegen einen imaginären Feind zu verteidigen. Mr. Holden von der Lick Sternwarte berichtet den Fall einer Klapperschlange, die nach mehreren erfolglosen Versuchen, aus der Gefangenschaft zu entkommen, sich in einer durchaus vorbedachten Weise zu Tode biß. Er ist überzeugt, daß dieser Selbstmord absichtlich war."

Am schwersten müssen aber die Mitteilungen des besten Kenners lebender Tiere überhaupt, des alten Hagenbeck ins Gewicht fallen, der in seinem Werk: „Von Tieren und Menschen" folgendes berichtet;

„Ein ganz besonderes Gebiet von Krankheiten der Tiere in der Gefangenschaft ist die Selbstverwundung der Tiere; man könnte sich auch krasser ausdrücken und von Tieren sprechen, die sich selbst auffressen. Solche Fälle treten stets nur bei Raubtieren ein, bei diesen aber wohl ohne Unterschied der Gattung. Zweimal erlebte ich es, daß gefleckte Hyänen, die bis zu diesem Augenblick durchaus wohl waren und sich normal verhielten, plötzlich mit lautem Geschrei — ich möchte sagen — über sich selbst herfielen und sich ganze Stücke aus dem Körper herausrissen. Dieser grauenhafte Vorgang ereignete sich so schnell und unerwartet, daß es unmöglich war, helfend einzugreifen. Beide Tiere hatten sich so entsetzliche Wunden beigebracht, daß sie unrettbar einem schnellen Tod verfielen. Männliche Löwen haben solche unerklärlichen Selbstverstümmelungen nie vorgenommen, dagegen erlebte ich zweimal ähnliches mit Löwinnen, die sich den Schwanz geradezu abkauten und

---

[1]) Franz. Krim.-Stat. 1911, 45.

[2]) Evans, Evolutionary Ethics and Animal Psychology. New York 1898, 227.

[3]) Das halte ich für ausgeschlossen. H.

abfraßen, soweit sie nur heranreichen konnten. Beide Tiere mußten bei dem ungeheuren Blutverlust und großer Schwäche getötet werden. Ein Königstiger, der sich einfach über seinen eigenen Schwanz hergemacht hatte, fraß diesen nur zur Hälfte auf und konnte noch mit großer Mühe gehalten werden. Es ist mir trotz sorgfältiger Beobachtung nie geglückt, die Ursache für diesen entsetzlichen Vorgang zu finden. Alle Tiere, von denen ich hier spreche, waren bis zum Augenblick des Ereignisses durchaus wohl[1]), hatten niemals die Nahrungsaufnahme verweigert, noch sonst irgendwelche Anzeichen einer Erkrankung gegeben. Meistens sieht man die Erklärung für solche Vorgänge in einer unerträglichen Schärfe des Blutes[2]), ich möchte aber beinahe der Ansicht den Vorzug geben, daß es sich um eine Erkrankung des Gehirnes handelt."

Aber noch sind die Wechselbeziehungen zwischen Selbstmord und Kriminalität nicht erschöpft. Man nennt den Tod des Sokrates Hinrichtung, nicht Selbstmord, wenngleich Sokrates den Schierlingsbecher sich selbst an die Lippen setzte. Auch die Übersendung der seidenen Schnur gehört zu den Tötungsmitteln, ihre Anwendung hat mit Selbstmord nichts zu tun. Ein aufsehenerregender Fall hat im Juni des Jahres 1913 eine Hinrichtung durch Zwang zum Selbmord ad oculos demonstriert; amtliche Erklärungen des österreichischen Landesverteidigungsministers haben den Vorgang bestätigt.

Der Oberst im Generalstab Redl hatte wichtige militärische Geheimnisse an eine fremde Macht verraten. Er wurde von Prag, seiner Garnison, nach Wien in ein kleines Hotel gelockt und dort von einer militärischen Gerichtskommission empfangen, die ihn sein Abschiedsgesuch unterzeichnen ließ. Die Kommission verließ dann das Zimmer des Obersten und schickte, nachdem sie einige Stunden im Vestibül des Hotels gewartet hatte, nachts 3 Uhr den Burschen in das Zimmer des Offiziers, der seinen Herrn erschossen auffand. Wie amtlich zugegeben wurde, war der Oberst vor dem Erscheinen der Kommission nicht im Besitze der Browningpistole gewesen, mit der er sich erschossen hatte. Ich habe diesen Fall so ausführlich dargestellt, weil er eine im Staatsinteresse erfolgte Hinrichtung ohne weiteres Verfahren durch Zwang zum Selbstmord enthält, wie sie unzweideutiger und sachlich gerechtfertigter, formell aber nicht unbedenklich sich schwerlich denken läßt. In der Regel werden Selbstmorde, zu denen der Täter auf suggestivem Wege gedrängt wird, nichts anderes als Mord sein; Näcke hat den Fall eines nervenkranken jungen Studenten

---

[1]) Wie häufig hört man ganz die gleichen Worte bei Selbstmorden. H.

[2]) Der Gedanke an Stoffwechselanomalien dringt ja auch in der Psychiatrie immer weiter vor. H.

berichtet[1]), von dem eine Frau, die seine Liebe erwiderte, verlangte, er solle Selbstmord verüben. Das tat er.

Es kommt aber auch umgekehrt vor, daß Individuen, die zu willensschwach sind, um Hand an sich zu legen oder die durch religiöse Motive daran gehindert werden, ihrem Triebe, aus dem Leben zu scheiden, dadurch Erfüllung zuteil werden lassen, daß sie strafbare Handlungen begehen, um hingerichtet zu werden. Man hat hier von indirektem Selbstmord gesprochen.

Ich habe zwei solche Fälle, den einen nach Maudsley, berichtet[2]). Im Mittelalter waren solche Fälle sehr viel häufiger, da dem Selbstmord starke religiöse Hemmungen entgegenstanden, im Mittelalter war aber auch die Möglichkeit, gerichtlich vom Leben zum Tode gebracht zu werden, sehr viel leichter. Einen interessanten Fall finde ich bei Pike (History of Crime in England II, 139).

Im Jahre 1649 waren in Lander in Berwickshire eine Anzahl Frauen wegen Hexerei angeklagt. Alle wurden für schuldig befunden und zum Scheiterhaufen verurteilt außer einer. Aber diese legte ein Geständnis ab und trotz aller Bemühungen blieb sie auf ihrem Geständnis bestehen. Im Augenblick der Exekution erklärte sie:

„Da ich gleich Gott im Himmel Rechenschaft ablegen muß, so erkläre ich hiermit, daß ich der Zauberei ebenso unschuldig bin wie ein Kind. Aber da niederträchtige Frauen mich angeklagt haben, und da ich ins Gefängnis als Hexe geworfen bin, von meinem Mann und meinen Freunden verstoßen, und da keine Hoffnung ist, daß man mich für unschuldig hält, wenn ich aus dem Gefängnisse komme, so verführte mich der Satan, dieses Geständnis zu machen, damit ich dieses Leben von mir werfen kann, dessen ich müde bin und dem ich den Tod vorziehe.“

Schließlich ist noch eine bunte Reihe von Übergangsformen zwischen Selbstmord und Kriminalität zu streifen. Es gibt gemeingefährliche Formen des Selbstmordes, wie die Vergiftungen mit Kohlenoxydgas oder die Tötung durch Explosivmittel; daß diese Formen sehr selten sind, ist ein Charakteristikum der Selbstmörderpsyche, die Zerstörungsdrang oft mit einer gewissen freundlichen Obhut für andere verbindet. So gibt es Selbstmörder, die durch große Schilder „Achtung Gas“ die Umgebung auf die drohende Gefahr aufmerksam gemacht haben. Weiter findet Selbstmord eine nicht so seltene Anwendung als Drohmittel. Mitleidige und ängstliche Mädchen werden dadurch leicht in die Lage gebracht, aus altruistischen

---

[1]) Gross' Archiv, 10, 165.

[2]) v. Hentig, Gerichtliche Verurteilungen als Mittel des Selbstmordes und der Selbstverstümmlung. Groß Archiv 54, 54/55.

Gründen dem Begehren junger Leute nachzugeben. Es handelt sich hier um eine legale Form der Notzucht, die um so bedenklicher ist, als sie bei impressionablen und gutmütigen Mädchen häufiger wirkt als bei berechnenden Frigiden.

Zuletzt sind noch die Fälle von Selbstmord zu erwähnen, bei denen der eigene Tod Vorbedingung des geplanten Erfolges ist. v. Mayr rechnet zwar die ethisch hochstehenden Selbstaufopferungen zur Erreichung eines höheren Zieles nicht zu den Selbstmorden[1]), er übersieht dabei, daß psychologisch zwischen dem Pionier Klinke, der sich für das Vaterland opfert und dem nihilistischen Attentäter, der für das Ziel, das ihm am höchsten scheint, sein Leben ruhig dahingibt, keine scharfen Grenzen bestehen. Es gibt eine ganze Anzahl Menschen noch, und gab noch viel mehr in religiös erregteren Zeiten, die im Zusammenhang mit mißverstandenen Ideen von einer besseren Welt Selbstmord begehen. Ich brauche gar nicht an die Welt des Islam erinnern, ich habe selbst eine Frau gut gekannt, die nur Selbstmord verübt hat, um sich mit ihrem verstorbenen Mann wieder vereinigen zu können. Auch diese morbiden Fälle von Gattenliebe streben einem höheren Ziele zu, gehören aber zweifellos zu den Selbstmorden; ebenso wie die Fälle, in denen eine Mutter die Kinder tötet, weil sie die Kleinen diesem Jammertal entziehen will, dem Morde[2]) zuzurechnen sind.

Man ist nach alledem wohl berechtigt, in dem Abtreten von Tausenden von Selbstmördern von der Lebensbühne einen Prozeß der Auslese kriminaloider Elemente zu erblicken. Diesem eliminatorischen Vorgang kommt um so mehr Bedeutung zu, als die Zahl der psychisch Vulnerablen, die alljährlich aus dem Leben scheiden, eine sehr beträchtliche ist und die Natur in genialer Weise die letzten Kräfte und den letzten Rest von Entschlußkraft dieser lebensuntauglichen Elemente dazu verwendet, die Gesunden von sich selbst zu befreien.

---

[1]) Osiander (Über den Selbstmord. Hannover 1813, 68) erzählt von einem blinden alten Pfarrer, den seine Frau mit unaufhörlichen Vorwürfen verfolgt. Er beschloß deshalb aus dem Leben zu scheiden. Um seine Frau, die er liebte, nicht schutzlos und aller Mittel bar zurückzulassen, kam er auf den Gedanken, sie zu töten und sich dann dem Gericht zu stellen, um durch fremde Hand das verhaßte Leben zu verlieren.

[2]) Die gleiche Anschauung wurde schon vor 100 Jahren zum Ausdruck gebracht. (Osiander, 1) „Selbstmord ist . . . jede vorsätzliche Herbeiführung seines Todes ohne tugendhaften Zweck". Damals waren im Anschluß an das Bibelwort: Niemand nimmt das Leben von mir, sondern ich lasse es von mir selbst, Zweifel entstanden, ob Jesus Selbstmord begangen habe. Durch die Bewertung des Selbstmordes nach dem Zweck suchte man diesen Bedenken zu entgehen.

§ 10.

Die Zahl der Selbstmörder erfährt durch die alljährlich tödlich Verunglückenden eine außerordentliche Vermehrung. Ich habe besondere Gründe, wenn ich Selbstmord und tödlichen Unglücksfall nebeneinanderstelle. Denn die Mehrzahl der Verunglückenden sind als fahrlässige Selbstmörder aufzufassen. Andere wieder verunglücken durch fremde, strafrechtlich nicht faßbare Schuld. Es bliebe nur eine geringe Zahl unberechenbarer Unglücksfälle übrig, wenn man alle die in Abzug brächte, die sich durch Anwendung der im Verkehr erforderlichen Sorgfalt vermeiden ließen[1]).

Auch nach der Seite der Kriminalität hin bestehen Verknüpfungen. Ich will davon absehen, daß auch die Verunglückungen die bekannte Sommerkurve zeigen und von den Wochentagen der Montag und Sonnabend, wahrscheinlich unter Alkoholwirkung, am schwersten belastet sind. Bisweilen entscheidet geradezu der Zufall, ob eine unvorsichtige Person tödlich verunglückt oder kriminell wird, ob der betrunkene Kutscher vom Bock fällt und überfahren wird oder ob er einen Passanten überfährt. Die allgemeine Ansicht geht zwar dahin, daß es Personen gibt, die andern gegenüber fahrlässig sind, auf ihre eigenen Lebensinteressen aber die größte Sorgfalt verwenden. Das mag ja die Regel sein, und diese Beobachtung hat durch die römischrechtliche Aufstellung des Begriffes der diligentia, quam suis seine Fixierung gefunden. Aber es gibt auch Menschen, die vom Normalmodell abweichen. Beim Selbstmord haben wir Individuen gefunden, die viel mehr geneigt waren, ihre eigenen höchsten Interessen als die Fremder zu verletzen. So kann man auch tödliche Unglücksfälle antreffen, in denen ein Individuum lieber selbst zugrunde geht, als das Leben anderer gefährdet.

Wie wir sehen, ist eine scharfe Trennung zwischen Kriminalität, Selbstmord und tödlichem Unglücksfall prinzipiell nicht gerechtfertigt. Hunderte von Leichen werden alljährlich in den großen Kulturstaaten aufgefunden, bei denen man niemals mit Genauigkeit feststellen kann, ob sie einer strafbaren Handlung oder einem Selbstmord er-

---

[1]) In einem älteren Bande der Bayrischen Statistik habe ich darüber einige Zahlen gefunden (Bayr. Stat. Jahrb. 1895, 242) und danach statistisch brauchbare 10jährige Durchschnitte berechnet. Verursacht wurden tödliche Verunglückungen 1884 bis 1893 durch

Zufall	in 2600	Anzahl der Fälle	= 16 %
eigne Schuld	„ 7168	„ „ „	= 45 %
fremde Unvorsichtigkeit . . .	„ 4003	„ „ „	= 26 %
(betrifft wohl hauptsächlich verunglückte Kinder usw.)			
fremde Schuld	in 176	Anzahl der Fälle	= 1 %
Unbekannte Veranlassung . .	„ 1865	„ „ „	= 12 %

legen sind. Ob ein Selbstmord oder ein tödlicher Unglücksfall vorliege, ist in vielen Fällen wiederum nie mit Sicherheit zu entscheiden. Alle Statistiken sind sich auch darüber nicht im Unklaren, daß häufig Selbstmorde von den Angehörigen als tödliche Unglücksfälle dargestellt werden; man braucht nur an die zahlreichen Jagdunfälle zu denken. Besonders in England, das nominell noch den Selbstmord als ein Delikt ansieht, sind solche Vertuschungen häufig und damit läßt sich zum Teil wohl auch die außerordentlich niedrige englische Selbstmordrate erklären. Doch auch andere Länder fälschen durch die gleiche erklärliche Scheu die Ergebnisse der Statistik. Die französische Kriminalstatistik weist ausdrücklich darauf hin[1]), die Statistik aller Länder bestätigt diesen Verdacht dadurch, daß sie regelmäßig Ertrinken als Hauptart der Verunglückung angibt[2]), eine Todesart, die selten sichere Feststellungen zuläßt, und die Schweizer Statistik[3]) hat ein reziprokes Verhältnis von tödlichem Unglücksfall und Selbstmord in den verschiedenen Kantonen aufgefunden, das sich nur durch die unrichtige Registrierung der Verwandten von Selbstmördern erklären läßt[4]).

Von dem Umfang der Auslesevorgänge, die Selbstmord und tödliche Unglücksfälle darstellen, macht man sich in der Regel keinen klaren Begriff. Dabei ist zu bedenken, daß Selbstmordversuche, die erst allmählich, oft durch Zwischentreten von Zusatzkrankheiten, zum Exitus führen[5]), daß ferner Unglücksfälle, die erst die Arbeitsfähigkeit vermindern, dadurch zu einer Unterernährung Anlaß geben und durch Verringerung der allgemeinen Widerstandskraft einen vorzeitigen Tod verursachen, nicht eingeschlossen sind. Es handelt sich nur um sofortige, radikale Ausleseprozesse. Im Jahre 1910 gingen durch Selbstmord oder tödliche Unglücksfälle zu Grunde:

	Selbstmord:	Tödlicher Unglücksfall:
Deutschland: . . .	10 628	18 085
England:	3 529	14 175
Frankreich:	9 819	12 291
Zusammen:	23 976	44 551

[1]) Franz. Krim.-Stat. 1912, LVIII.

[2]) Frankreich 1910 25 %. Bayern 1910 27,1 % der tödlichen Unglücksfälle.

[3]) Schweiz. Stat. Jahrb. Bd. 6, 1896, 46 ff.

[4]) Die englischen Coroners gaben im Jahre 1911 bei 2810 Leichen ein open verdict ab (Engl. Krim.-Stat. 1913, 127), konnten also nicht feststellen, ob der Tod durch Verbrechen, Selbstmord oder Verunglückung eingetreten war.

[5]) Neuerdings versucht man Selbstverletzungen, die erst innerhalb einer bestimmten Frist den Tod verursachen, bei Selbstmordzählungen zu verwerten. Auf diesen Zählungsmodalitäten beruhen zum Teil die großen Differenzen, die z. B. bei der Selbstmordhäufigkeit Bayerns oder Sachsens sich herausstellen.

In einem einzigen Jahre kamen also in nur drei großen Kulturstaaten allein 68527 Menschen durch Selbstmord oder Unglücksfall ums Leben. Sie erlagen damit einer Auslese ihrer psychischen Konstitution, ihrer nervösen Widerstandskräfte und Konzentrationsfähigkeiten, wenn man von der verschwindend kleinen Zahl von normalpsychologischen Motiven beim Selbstmord[1]) und von reinen Zufällen beim tödlichen Unglücksfall absieht. Dieser Ausleseprozeß ist so gewaltig, daß er in 15 Jahren allein in drei Ländern 1 Million Menschen dahinrafft, die nicht imstande sind, sich den komplizierten Formen des Kulturlebens anzupassen. Welche ungeheure Fülle von kriminellen Tendenzen damit unschädlich gemacht wird, die nur eine leichte zufällige Verschiebung des Objekts auf die Rechtsgüter anderer Menschen hätte stoßen lassen, ist nach den vorhergehenden Untersuchungen unschwer zu erraten.

Diese Form der sozialen Auslese weist Sonderheiten auf, die wir auch bei der Kriminalität wiederfinden werden, und zwar werden diese Zusammenhänge sich teils in Umkehrungen, teils als Parallelen präsentieren. Irrsinn, Selbstmord und tödliche Verunglückung sind in steter Zunahme begriffen, während die Kriminalität ein Phänomen darstellt, das sich zwar konzentriert und verschärft hat, seinem Umfange nach im allgemeinen aber im Rückgange ist. Wie Figur 4 zeigt, steht dieser Rückgang zur Zunahme der geistigen Erkrankungen in einem antagonistischen Verhältnis. Diese Bemerkung trifft wenigstens auf die Kriminalität zu, die in den Zahlen der Kriminal-

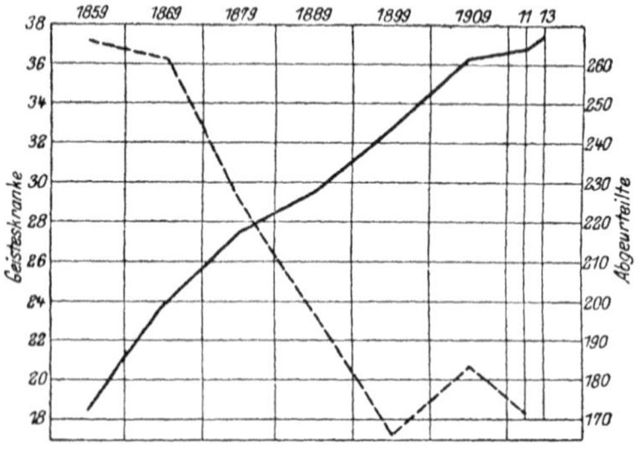

——— Geisteskranke und Idioten } berechnet auf je 10000 der Bevölkerung.
– – – – Wegen eines Verbrechens abgeurteilte Personen

Fig. 4. Geisteskrankheit und schwere Kriminalität in England. 1859—1913. Zusammengestellt nach den Angaben von Engl. Irr. Stat. 1913, II, 131 und Engl. Krim.-Stat. 1913, 9.

Die Zahlen für die Kriminalität beziehen sich auf die Zeiträume 1857—1861, 1867—1871 usw., sind aber graphisch unter die Jahre 1859, 1869 usw. gestellt.

---

[1]) Von dem 5jährigen Durchschnitt der in England und Wales internierten Geisteskranken (1907—1911) waren selbstmordverdächtig:

Von den Männern	14,9%
Von den Frauen	17,7%
Zusammen	16,3%

Engl. Irr.-Stat. 1913, II, 219.

statistik ans Licht der offiziellen Bestätigung tritt. Natürlich ist aber die lebendige Kriminalität ein Riese gegenüber den zwergenhaften Fixierungen der entdeckten, angezeigten, und überführten Welt des Verbrechens.

Zunahme des Selbstmordes, berechnet auf je 100000 Einwohner:

Deutschland[1]:		England[2]:		Frankreich[3]:		Belgien[4]:	
1893	21,2	1857—61	6,65	1840	9	1834—40	3,9
1910	21,6	1910	9,86	1910	25	1901—05	12,5

Wie man sieht, ist in allen Ländern der Selbstmord im Vorschreiten. Aber auch die tödlichen Unglücksfälle nehmen nicht ab. In Frankreich zwar läßt sich seit 1881 keine wesentliche Veränderung konstatieren, für München aber besitzen wir Zahlen, die einen erheblichen Anstieg verraten. Wir werden ja auch annehmen müssen, daß die Unglücksfälle besonders in den großen Städten am meisten Menschen wegraffen, wenn sie auch nicht immer sofort den Menschen vernichten und als tödliche bezeichnet merden. Auf 10000 Einwohner entfielen in München an Unfällen[5]):

1905	22,5		
1906	23,5	1909	30,4
1907	26,4	1910	31,1
1908	28,3	1911	37,4

Absolute Zahlen der tödlichen Unglücksfälle in München:

1906	115	1909	123
1907	147	1910	165
1908	116	1911	198

Zwei Sonderheiten charakterisieren ferner diesen Ausleseprozeß. Er greift mit besonderer Schärfe in die Existenz des Mannes ein. Weil die Frau in einer Art Haustierrolle lebt, weil sie mit unbedeutenden Ausnahmen in einem gemäßigten sozialen und wirtschaftlichen Klima lebt, wird sie lange nicht mit der gleichen Schärfe psychischen

[1]) Vierteljahrshefte zur Statistik des deutschen Reiches. 1912. I, 157. Überraschenderweise ist die Selbstmordrate der Männer in Deutschland gefallen (1893—1910 von 34,6 auf 33,2), dagegen erweist sich der Eintritt der Frau in das Erwerbsleben in einem sprunghaften Anstieg des Selbstmordes. (1893—1910 von 8,3 auf 10,3 berechnet auf je 100000 Frauen.) Nur auf ihrer Vermehrung beruht die leichte Zunahme der Gesamtzahlen.

[2]) Engl. Krim.-Stat. 1913, 14.

[3]) Franz. Krim.-Stat. 1912, LVIII.

[4]) Jacquart, Le Suicide. Bruxelles 1908, 24. „Les relevés de la première période ne méritent guère crédit."

[5]) Münchn. Stat. 1913, 18.

Auslesefaktoren unterworfen[1])[2]). Wir können zum Teil in dieser Beobachtung den Grund für die geringe psychische Differenzierung der Frau erblicken, die sicherlich nicht so sehr Kulturmensch ist wie der Mann[3]).

Auf je 1 Million im Beruf tätiger Personen treffen Selbstmorde:

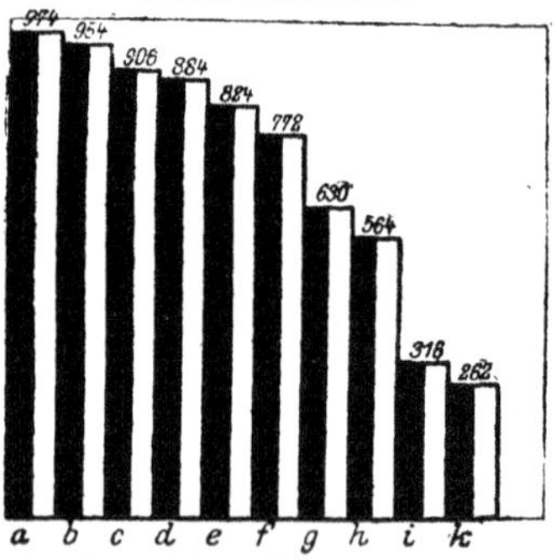

a Persönliche Dienstleistungen
b Kunst, Literatur, Presse
c Militär, Gendarmen, Schutzleute
d Beamte (ohne Bau-, Bahn-, Forstbeamte)
e Handel, Verkehr
f Gesundheitspflege, Krankendienst
g Bergbau, Baugewerbe, Industrie
h Erziehung, Unterricht
i Land-, Forstwirtschaft
k Kirche, Gottesdienst, Totenbestattung.

Fig. 5. Selbstmord und Beruf. Bayern 1891—1900. Nach den Angaben des Berichts über das Bayrische Gesundheitswesen. Bd. 38, München 1912, S. 19.

Den verhältnismäßig geringen Anteil der Frau am Selbstmord haben wir bereits früher gestreift. Noch weniger wird die Frau, wie die genannten Zahlen erweisen, von tödlichen Unglücksfällen betroffen[4]), der Anteil wäre verschwindend klein, wenn nicht zu den tödlichen Unglücksfällen die ganz kleinen Kinder ein sehr erhebliches Kontingent stellten, die natürlich in diesem Alter keine Unterschiede nach dem Geschlecht aufweisen können, da Mädchen und Jungen ganz den gleichen Gefahren ausgesetzt werden und weniger eignen fehlerhaften Anlagen erliegen als der Nachlässigkeit der Eltern. Mit dem Eintritt der Frau in das Erwerbsleben muß sie auch einem stärkeren Gehirnverbrauch unterliegen; ihr Anteil an den Geisteskrankheiten (Fig. 6), am Selbstmord, am Alkoho-

[1]) Im Jahre 1911 starben in Preußen (auf je 100000 Lebende berechnet) durch:

	Männer:	Frauen:
Unglücksfall:	66,7	16,9
Selbstmord:	31,9	9,9
Mord, Totschlag:	2,5	1,2
Zusammen	101,1	28,0

Preuß. Stat. Jahrb. 1913, 70.

[2]) In den einzelnen Rassen scheinen Verschiedenheiten aufzutreten. Der Pater Sinzig berichtet (Allg. Rundschau, 1913, 966) über eine in Rio de Janeiro in der Imprensa National von Dr. Hermeto Lima herausgegebene Arbeit über den Selbstmord in Rio de Janeiro, die auch die Selbstmordversuche umfaßt und die Jahre 1908—1912 betrifft. Der weißen Rasse gehörten 606 Männer und 369 Frauen, der schwarzen Rasse 151 Männer und 459 Frauen an.

[3]) Dieses Herabsteigen von der Entwicklungshöhe oder ein relativer Stillstand ist keine isolierte Erscheinung im Leben der Tierwelt. Bei den parasitischen Copepoden lebt das höchst primitiv organisierte Männchen als Parasit im Abdomen des Weibchens.

[4]) Auf 100 tödlich Verunglückte kamen 1910 in Frankreich 19 Frauen, in Bayern 24,4 Frauen. Die hohe Zahl der tödlich verunglückenden Frauen in England (1911 30% Engl. Krim. Stat. 1913, 127) ist wohl auf viele verheimlichte Selbstmorde zurückzuführen.

lismus wächst. Magnan und Filassier haben darüber Zahlenangaben gemacht. (Problems in Eugenics, London 1912, 357.) In St. Anne trafen auf 100 eingelieferte Kranke:

Jahr	Alkoholiker		Psychopathen auf alkoh. Grundlage		Zusammen	
	Männer	Frauen	Männer	Frauen	Männer	Frauen
1887	24,85	3,92	13,13	6,89	37,98	10,82
1911	18,51	7,11	20,64	9,94	39,16	17,04

Wichtiger noch ist die Erfahrung, daß die selektiven Einflüsse der tödlichen Verunglückungen ganz wie die Selbstmorde bestimmte Berufsklassen bevorzugen. Ich habe diese Gliederung nach Berufsgruppen für den Selbstmord auf Figur 5 graphisch dargestellt; bei den tödlichen Unglücksfällen ragen die Gruppen Handel und Verkehr, Bergbau, Baugewerbe und Industrie weit über die andern Berufe hinaus. Während also der Selbstmord hauptsächlich aus den Reihen der geistigen Arbeiter seine Opfer holt, werden von tödlichen Verunglückungen in erster Linie die Berufe betroffen, die Träger der modernen industriellen Entwicklung sind[1]).

Auf je 1000 Personen des entsprechenden Geschlechts und der entsprechenden Berufsgruppe entfielen in staatliche, geschlossene Anstalten erstmals Internierte:

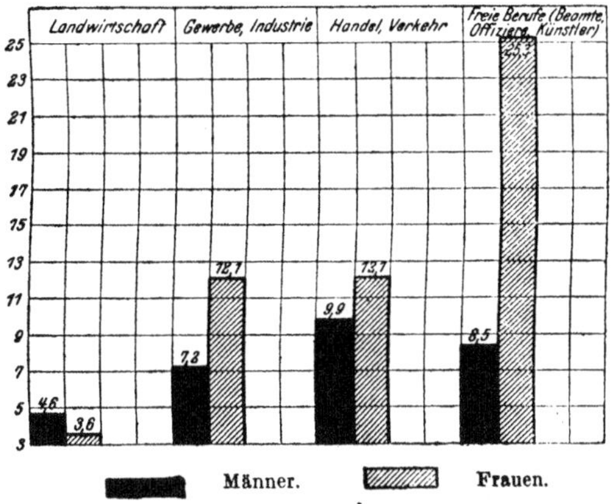

Fig. 6. Geisteskrankheit und erwerbstätige Frauen. Baden 1904—1910. Nach den Zahlenangaben in Statistische Mitteilungen für das Großherzogtum Baden, Bd. VI, 1913, 151.

Gewaltige und radikale Ausleseprozesse wirken durch Selbstmord und tödliche Verunglückung auf den Kulturmenschen. Er kann ihnen nicht entgegentreten, höchstens vermag er ihre Formen zu

[1]) Statistisch läßt sich nachweisen, daß von den deutschen Städten über 50 000 Einwohnern die Universitätsstädte Bonn, Halle, Heidelberg, Leipzig, dann die Orte Altona, Bremen, Dessau, Dresden, Elbing, Mainz, Zwickau, Plauen, alles rege Handels- und Industriestädte, eine sehr hohe Selbstmordziffer haben. Hohe tödliche Unglücksfallzahlen wiesen im Jahre 1910 auf (berechnet zur Zahl der Einwohner) Beuthen, Bochum, Bremen, Danzig, Dortmund, Duisburg, Essen, Flensburg, Gelsenkirchen, Halle, Hamburg, Heidelberg, Königsberg, Lübeck, die beiden Mülheim, Oberhausen, Posen, Rostock, Stettin, Zwickau. Stat. Jahrb. Deutsch. Städt. 1913, Band 19, 61 ff.

ändern. Denn alle diese Menschen lesen sich selbst aus dem Leben und dem Fortpflanzungsprozeß der Gattung aus[1]), noch mit kranken Gehirnen und defekten Sinnen treiben sie Rassenhygiene, auf ihrer Abstoßung beruht aller Fortschritt und alle Entwicklung.

2. Keimelimination.

§ 11.

Zwei mächtige geistige Strömungen trafen zusammen, um jener Form strafrechtlicher Reaktion das rege Interesse des Kriminalisten zu sichern, die ich vorhin Sperrung der Keimbahn nannte und über deren Bedeutung noch einiges zu sagen bleibt.

In erster Linie hatte man begonnen, den kriminellen Menschen nicht mehr als Zubehör und Anhängsel einer strafbaren Handlung, sondern die Tat als Projektion von etwas Konstanterem, der kriminellen Psyche zu betrachten; damit hatte sich die Aufgabe des Strafrechts erheblich kompliziert. Nicht mehr der juristische Tatbestand war mehr die Hauptsache, nicht mehr das mathematische Aufeinanderpassen von Tatbestandsmerkmalen und strafbarem Geschehnis, sondern der psychische Innenbestand des Rechtsbrechers, den die Veränderungen der Außenwelt, seine Handlungen, nur unklar und trüb wiedergaben.

War aber erst einmal der kriminelle Mensch in den Vordergrund getreten, so erweiterte sich die Fragestellung: wie führen wir einen erfolgreichen Kampf gegen den Verbrecher? zu dem Problem: wie werden wir der antisozialen Tendenzen[2]) Herr, die an die verschiedensten körperlichen Substrate gebunden, an die wechselnden Somata des Individuums geheftet in einer Art Seelenwanderung sich durch lange Generationen erhalten? Man hatte kaum die verbrecherische Tat verlassen und seine Bemühungen auf den kriminellen Menschen gerichtet; schon wurde man weiter getrieben, über den Einzelmenschen hinausgeführt, dessen Anpassungsformen an das Gemeinschaftsleben gesellschaftsfeindliche oder gesellschaftslästige Handlungen darstellten. Man dachte jetzt daran, dem Keimplasma zu Leibe zu gehen, das Individuen mit minderwertigen Gehirnen aus sich heraus aufbaute. Noch zu Galtons Zeiten glaubten viele Naturforscher, wie Galton

[1]) „Die Wahrheit ist, daß mir auf Erden nicht zu helfen war ...“ Heinrich von Kleist am Morgen seines Todes an seine Schwester Ulrike.

[2]) Ich gebrauche hier eine abgekürzte Sprechweise, denn natürlich sind die im Keime angelegten Tendenzen an und für sich weder sozial noch antisozial, es gibt kein Spermatozoon politikon noch sein Gegenteil, ebensowenig wie Anlage des Auges beim Embryo kurz- oder weitsichtig ist. Die Anlagen sind derart, daß sie in ausgewachsenem Zustande bei normaler Beanspruchung — hier also durch das Gemeinschaftsleben — in Gestalt von Kriminalität reagieren würden.

1860 in den Memories of My Life schreibt, daß alle körperlichen und einige geistige Eigenschaften bei den Tieren erblich wären, daß aber Gleiches vom Menschen nicht gelten könne. Dann ging man weiter und stellte die Erblichkeit einiger somatischer Eigenschaften fest und zwar geschah dies aus leicht erklärlichen Gründen zuerst bei pathologischen Veränderungen, die von den Ärzten in den verschiedenen Generationen verfolgt wurden [1]).

Schließlich konnte man sich der Beobachtung nicht verschließen, daß die Trennung zwischen somatischen und psychischen Eigenschaften ganz fehlerhaft war und daß man irrtümlicherweise auf der einen Seite organische Schwächen, auf der andern funktionelle Anomalien nebeneinanderstellte; entweder mußte man Herzschwäche und Gehirndefekte, oder Herzgeräusche und Fehlhandlungen zusammenhalten, nicht Organ und Funktion durcheinanderwerfen.

Noch ist die aufstrebende Vererbungsforschung nicht zu ganz eindeutigen Ergebnissen gelangt. Trotzdem werden wir eher berechtigt sein, an eine Vererbung krimineller Tendenzen zu glauben, als eine Regeneration, einen Rückschlag zum mittleren Typus zu erwarten, besonders wenn wir daran denken, daß nach einer oft gemachten Erfahrung Minderwertige eine besondere Neigung haben, sich mit andern minderwertigen Elementen zu paaren [2]) oder doch wenigstens nur bei Minderwertigen sich sexuell durchsetzen zu können. Es ist also viel eher vorauszusetzen, daß der degenerative Charakteranteil dominant als rezessiv sein wird. Der Wunsch, nicht nur das Individuum zu eliminieren, sondern den viel wichtigeren Keim zu treffen, hat auch schon zu praktischen Maßnahmen geführt, die allerdings zur Wichtigkeit der Frage und der Zahl der Vorschläge in keinem Verhältnis stehen.

Nun kann ja nicht bestritten werden, daß auch die gewöhnlichen strafrechtlichen Äußerungen, wie Todesstrafe oder eine längere Zuchthausstrafe, dann zu einer Sperrung der kriminellen Keimbahn führen können, wenn der Verbrecher in so frühen Jahren hingerichtet oder interniert wird, daß von einer erfolgreichen sexuellen Betätigung vor seiner Hinrichtung nicht die Rede sein kann; auch muß vorausgesetzt werden, daß lange Zuchthausstrafen unter Umständen auf

---

[1]) Eine Aufzählung der wichtigsten erblichen Mißbildungen, krankhaften Anlagen und Krankheiten des Menschen findet sich bei Gruber-Rüdin, Fortpflanzung, Vererbung, Rassenhygiene. München 1911, 78.

[2]) Neuerdings hat Goddard über eine Familie von Schwachsinnigen berichtet, bei der sich das Einheiraten und Dazwischenheiraten von geistig Minderwertigen untereinander aufs deutlichste zeigte. Goddard, The Kallikak Family. New York 1913, 19ff.

bestimmte Individuen dieselbe Wirkung haben[1]), die man bei gefangenen Sohlengängern, Elefanten und Raubvögeln beobachtet hat, deren Keimbildung schließlich ganz versagt[2]). Dieser Wirkung steht aber die deutliche Neigung und die berechtigte Neigung unseres Strafrechts gegenüber, von eliminatorischen Maßregeln bei Jugendlichen nach Möglichkeit Abstand zu nehmen; mit 18 Jahren oder in einer ähnlichen Altersstufe sind die Aussichten, daß der Jugendliche sexuell untätig geblieben und seine Art nicht schon fortgesetzt hat, nicht immer ganz sichere. Diese Aussichten werden sich verschlechtern, je mehr wir nach dem Süden heruntersteigen und je mehr, wie in England, frühe Heiraten von der Sitte begünstigt werden.

Das herrschende Strafrecht vermag also gegen die Weitergabe der schlechten Keime kaum etwas Wirksames zu tun.

Folgende Wege sind vorgeschlagen worden, um den minderwertigen Keim von der Weitergabe durch Generationen auszuschließen[3]):

1. lebenslängliche Segregation (oder während der zeugungsfähigen Periode),
2. Sterilisation,
3. Einschränkende Heiratsgesetze und Heiratssitten,
4. Zuchtmethoden, durch die minderwertige Keimanlagen eliminiert werden,
5. Allgemeine Verbesserung der exogenen Faktoren,
6. Polygamie,
7. Euthanasie,
8. Neo-Malthusianismus, künstliche Konzeptionshinderung,
9. Laissez-faire.

Nach einer Schätzung der Eugenic Section of the American Breeders Association[4]) waren im Jahre 1900 7000000 oder 10 % der Gesamtbevölkerung minderwertig und zwar gerade noch imstande, sich durchs Leben zu schlagen und sich Handlungen zu enthalten, die zu Verwahrungsmaßnahmen geführt hätten, aber vollständig ungeeignet, Eltern nützlicher Staatsbürger zu sein. Bedenklich lauten

[1]) In der Gaunersprache der schwäbischen Landstreicher bedeutete „krank machen" gefangen nehmen. Pfaff, Zeitschrift für Deutsche Kulturgeschichte 1857, 449.

[2]) Keimbahnsperrungen finden ferner statt bei den Personen, die in der Strafanstalt sterben oder erst nach Verlust der Potenz zur Entlassung kommen, bei tödlichen Verunglückungen und bei Selbstmord von Personen, die vor der Pubertät starben; in dieser Beziehung ist der zunehmende Selbstmord Jugendlicher nicht ohne rassenhygienischen und eusymbiotischen Nutzen. Weiter bei dauernden Internierungen in einer Irrenanstalt. Andere Formen der Selbststerilisierung sind religiöse Keuschheitsgelübde und Homosexualität.

[3]) Problems in Eugenics, Papers communicated to the first Eugenic Congress. London 1912, 464.

[4]) Problems in Eugenics, Papers communicated to the first Eugenic Congress. London 1912, 464.

auch die Zahlen für England[1]. Es kann also nicht geleugnet werden, daß Anlaß besteht, gegen diese fortschreitende Verschlechterung des Keimplasmas Maßregeln zu ergreifen.

Zwar fallen die endogenen ätiologischen Momente zusammen, die Geistesschwache, Unterstützungsbedürftige, Krüppel, konstitutionelle Minderwertige und Kriminelle dem gesunden und tüchtigen Teil der Bevölkerung zur Last legen; wir werden uns aber nur mit den Mitteln beschäftigen, die für die Prophylaxe der Kriminalität von Bedeutung sind; weiter werden die Mittel von der Diskussion zurückzustellen sein, die den geistigen Strömungen unserer Kulturstufe allzusehr widersprechen, um von einer nahen Zukunft ihre Verwirklichung erwarten zu können.

Das gegebene Mittel, bestimmenden Einfluß auf die Entschließungen eines minderwertigen Individuums zu nehmen, die seiner Fortpflanzung dienen sollen, scheint auf den ersten Blick die Entmündigung zu sein. Diese Institution des Zivilrechts leidet aber an ebenso schweren Mängeln wie seine Anwendung. Von Spezialfällen der Unfähigkeit, für sich selbst zu sorgen ausgehend, die dem Geiste des römischen Rechts entsprechend, wirtschaftliche Gefährdungen in erster Linie berücksichtigen, ist die Entmündigung niemals zu einer Einrichtung weiten Inhalts und kräftiger Wirkung geworden. Im deutschen Recht stehen Geisteskrankheit und Geistesschwäche nebeneinander, dann kommen zwei Spezialfälle der Geistesschwäche, nämlich Verschwendung und Trunksucht. Alle diese geistigen Defektzustände müssen aber bestimmte Wirkungen haben, um Entmündigungsgründe zu sein. Die Rechtsprechung hat diese Zusätze so einschränkend wie möglich ausgelegt. So kann ein Geistesschwacher, der sein ganzes Vermögen zugunsten irgendeiner Pseudowohltätigkeit, einer kirchlichen Stiftung oder dergleichen ausgibt, nicht entmündigt werden, weil diese Ausgaben keine Verschwendung sind, auch wenn er dadurch sich und seine unterstützungsbedürftige Familie der dringenden Gefahr des Notstandes aussetzt und öffentliche Körperschaften belastet. Nur der wegen Geisteskrankheit Entmündigte ist dauernd von dem Eingehen einer Ehe ausgeschlossen, da er handlungsunfähig und die Ehe ein vertretungsfeindliches Rechtsgeschäft ist. Die wegen Geistesschwäche, Verschwendung oder Trunksucht Entmündigten können mit Zustimmung des Vormundes eine Ehe eingehen und es ist gar nicht ausgeschlossen, daß bei unsorgfältiger Auswahl der Vormünder solche

[1] Die Kommission von 1908 schätzte den Bestand von geistig Minderwertigen auf 149628 Defekte, davon 66509 dringend Verwahrungsbedürftige. S. v. Hentig, Sichernde Maßnahmen vor dem Verbrechen, in Aschaffenburgs Monatsschrift Bd. 9, 277 ff.

Fälle wirklich sich zutragen[1]). Dieser inhaltlichen Einengung der Entmündigung entspricht eine ganz auffallende Atrophie dieses Instituts in der Praxis.

Im Deutschen Reich ergingen in den beendigten, amtsgerichtlichen Entmündigungssachen Beschlüsse auf Entmündigung[2]) wegen

	Geisteskrankheit oder Geistesschwäche	Verschwendung	Trunksucht:
1900	8 634	371	688
1903	4 827	234	976
1906	4 370	218	966
1909	3 746	229	1 193
1910	3 815	224	1 178
1911	3 767	240	1 220

Im Jahre 1911, für das die letzten statistischen Angaben vorliegen, war die Zahl der Entmündigungen wegen Geisteskrankheit geringer als im Jahre 1881, dem Ausgangspunkt der Reichsjustizstatistik (3958 Entmündigungen), trotzdem die Bevölkerung sich seit dieser Zeit um 20 Millionen Menschen vermehrt hat und mit dem BGB im Jahre 1900 die Geistesschwäche als neuer Entmündigungsgrund hinzugekommen ist. Die Zahl der wegen Verschwendung Entmündigten ist ebenfalls in dauernder Abnahme begriffen, obwohl der Nationalreichtum außerordentlich zugenommen hat und sicherlich nicht weniger verschwendet wird als vor 30 Jahren; dabei ist zu bemerken, daß die Entmündigungsbeschlüsse wegen Verschwendung einer reichlichen Wiederaufhebung unterliegen; im Durchschnitt der Jahre 1900—1910 kamen auf 1000 solche Entmündigungsbeschlüsse 365 Beschlüsse auf Wiederaufhebung der Entmündigung. Die Maßregel, die natürlich nur gegen wohlhabende Individuen statt hat, erhält durch die schnelle Wiederaufhebung einen pädagogischen Charakter. Die Entmündigung wird sofort bei dem Anschein von „Besserung" wieder aufgehoben. Woran man die Besserung einer Person erkennt, die gar nicht mehr über größere Geldsummen verfügen kann, wann und wie der Grund der Entmündigung, die Verschwendungssucht mit ihren Gefahren für den Entmündigten und seine Familie, weggefallen ist (BGB § 6), bleibt sehr schwierig zu sagen. Die Statistik zeigt aber, daß die Gerichte diese Möglichkeit sehr häufig annehmen.

---

[1]) Nach langer Mühe war es gelungen, einen chronischen Alkoholiker zu entmündigen. Ein Vormund wurde bestimmt. Es war der Besitzer einer Schnapskneipe. Jahresbericht der Trinker-Fürsorgestelle München, für das Jahr 1910, München 1911, S. 16.

[2]) Deutsch. Just.-Stat. 1913, 146.

Entmündigungen wegen Trunksucht haben zugenommen, sind aber schwerlich ausreichend zu nennen, besonders solange die Entmündigung das einzige Mittel ist, den Alkoholiker einer zwangsweisen Heilbehandlung zu unterwerfen. Die Anwendung ist sprunghaft und erstaunlich ungleichmäßig. Ich stelle die Zahlen für die Oberlandesbezirke München und Celle für die letzten 6 Jahre einander gegenüber.

Oberlandesgericht	Zahl der Gerichtseingesessenen	1906	1907	1908	1909	1910	1911
München . .	1 864 013	10	14	12	19	16	13
Celle	2 989 008	81	99	94	106	125	127

Obschon man gewiß nicht in München das Vorkommen von Trunksucht leugnen kann, sind in 6 Jahren nur 84 Personen, in Celle, das rund 60% an Gerichtseingesessenen mehr zählt und bei Münchener Verhältnissen also 134 Entmündigungen aufweisen sollte, 632 Personen durch Entmündigung einem Vormund unterstellt und derart in eine Heilanstalt einweisungsfähig gemacht worden.

Wie vollkommen in Bayern die Entmündigung wegen Trunksucht außer Übung gekommen ist, läßt sich gerade für diesen Bundesstaat sehr deutlich feststellen[1]), da wir in Bayern statistische Aufstellungen über die Zusammenhänge von Alkohol und Verbrechen besitzen; verurteilt wurden in Bayern wegen Verbrechen und Vergehen gegen Reichsgesetze

	Personen, die eine strafbare Handlung in Trunkenheit begingen:	Verurteilte gewohnheitsmäßige Trinker	Entmündigungen wegen Trunksucht
1910	8864	190	46
1911	7551	144	60
1912	8445	184	65

Die erstaunliche Vernachlässigung eines wichtigen Rechtsinstituts tritt noch schärfer hervor, wenn man bedenkt, daß kriminelle Handlungen nur eine von drei Entmündigungsbedingungen berühren. Hier handelt es sich nur um die Alkoholiker, die die Sicherheit andrer gefährden. Dagegen bleiben die Alkoholikerscharen, die ihre Angelegenheiten nicht zu besorgen vermögen oder ihre Familie der Gefahr des Notstandes aussetzen, ganz außer Ansatz. Die Ursache für diese Mißstände ist in dem Worte „kann" des § 6 BGB Satz 1, hauptsächlich aber in dem Zusatz von § 680, 4 ZPO zu suchen, daß

[1]) Zusammengestellt nach Bayr. Just.-Stat. 1911, 1912, 1913.

eine Mitwirkung der Staatsanwaltschaft nicht stattfinde. Denn daß die Ehefrau eines Trinkers diesen Antrag nur in ganz seltenen Fällen stellt und sich dadurch ernsthafter Lebensgefahr aussetzen wird, ist wohlverständlich. Will man die Entmündigung als prophylaktisches Mittel für eusymbiotische Zwecke wieder zur Anwendung bringen, so müssen alle Entmündigungsbedingungen nicht nach historischen Gesichtspunkten gruppiert, sondern wie es einzig und allein richtig ist, auf die breite Basis der Geistesschwäche gestellt werden, deren Symptome Verschwendungstrieb und Trunksucht sind. Ich treffe mich hier im großen und ganzen mit den Forderungen Dannenbergs[1]), der den Begriff der Geistesschwäche weitherziger ausgelegt haben will. Weiter aber dürfen Zustände geistiger Schwäche, in denen die Sicherheit anderer gefährdet ist, nicht dem Antragsrecht eingeschüchterter Verwandter überlassen bleiben[2]). Die jetzigen gesetzlichen Bestimmungen entstammen jenen Tagen, die den Alkohol nicht mit unserer Kenntnis betrachteten und die in Verschwendung ein Laster sahen, das man bei vernünftiger Überlegung und schlechten Erfahrungen leicht ablegen könnte. Das bürgerliche Recht kennt kaum einen Paragraphen, der fehlerhafter und besserungsbedürftiger wäre als der Entmündigungsparagraph.

Bestimmungen, wie sie schon in einigen amerikanischen Staaten zur Wirklichkeit geworden[3]) sind und wie sie Kinberg[4]) als Gutachten der Medizinischen Fakultät von Upsala mitteilt, werden in nicht allzu langer Zeit von unserer reifenden Erkenntnis in irgend einer Form gesetzlich verwertet werden. Auch nach deutschem Recht kann der Geisteskranke keine Ehe eingehen; oder richtiger gesagt, der Geisteskranke kann jederzeit eine Ehe eingehen, wenn er nicht entmündigt oder interniert ist, nur hat der andere Ehegatte das Recht, die Ehe anzufechten. Er muß dann beweisen, daß der andere Teil zur Zeit der Eheschließung schon geisteskrank war, denn

[1]) Dannenberg, Die Entmündigung als Mittel der Verbesserung der sozialen Hygiene. Bericht über den VII. Kongress für Kriminalanthropologie. Heidelberg 1912, 313ff.

[2]) In Preußen ist auch der Armenverband, der den Trunksüchtigen unterstützt hat, antragsberechtigt. Die Bestimmung kommt nur selten zur Anwendung. Weiter erlaubt das neue preußische Gesetz vom 1. Oktober 1912, den armenunterstützten Familienvater, auch wenn die Unterstützung ohne seinen Willen der Ehefrau oder den Kindern gewährt wird, für die Dauer der Unterstützung auch gegen seinen Willen in einer öffentlichen Arbeitsanstalt oder Trinkerheilanstalt unterzubringen.

[3]) Hans W. Maier, Die Nordamerikanischen Gesetze gegen die Vererbung von Verbrechen und Geistesstörung und deren Anwendung. Juristisch-psychiatrische Grenzfragen Bd. 8, S. 8ff.

[4]) Im Bericht über den VIII. Intern. Kongreß für Kriminalanthropologie. Heidelberg 1912, 377.

Scheidung wegen Geisteskrankheit ist infolge der zeitlichen Einschränkungen und der finanziellen Lastenverteilung[1]) ein Schritt, den man lieber nicht tut. Gewöhnlich sind dann auch schon Kinder da; vom eusymbiotischen Standpunkt aus ist also das Unglück nicht wieder gut zu machen[2]).

Ist bei einem Geisteskranken noch eine Möglichkeit vorhanden, ihn von dem ehelichen Geschlechtsverkehr fernzuhalten, so besteht für Syphilitiker, Alkoholiker und chronisch Kriminelle keinerlei gesetzliches Hinderungsmittel, künftige Generationen der Gesellschaft mit ihrer Keimverderbnis zu belasten. So gleicht die Gesellschaft einem Züchter, der einen bissigen Köter totschlägt, nachdem er Junge geworfen hat.

Von den vorgeschlagenen Maßregeln muß die wissenschaftliche Betrachtung noch der Sterilisation näher treten. Im Jahre 1912 besaßen 8 amerikanische Bundesstaaten[3]) Gesetze, die Sterilisation Minderwertiger oder Defekter zuließen oder zwangsweise anordneten.

---

[1]) Nach bürgerlichem Recht darf die Ehe wegen Geisteskrankheit erst dann geschieden werden, wenn die Krankheit während der Ehe drei Jahre gedauert und einen solchen Grad erreicht hat, daß die geistige Gemeinschaft zwischen den Ehegatten aufgehoben, auch jede Aussicht auf Wiederherstellung dieser Gemeinschaft ausgeschlossen ist. BGB § 1569. In Sachen der Unterhaltungspflicht ist der gesunde Ehegatte dem allein für schuldig erklärten gleichgestellt. § 1583. Die Regelung unseres Rechts ist sehr unglücklich und eugenisch ganz verfehlt. Nicht der Ehegatte hat so sehr ein Interesse, von dem Kranken loszukommen, als der Staat, beide zu trennen, dem die minderwertige Nachkommenschaft zur Last fallen wird. Wenn kein eigenes Vermögen da ist, sollte der Staat für den Kranken sorgen, dessen finanzielle Ansprüche jede weitere Heiratsaussicht für den gesunden Ehegatten zerstören können. Der Staat sollte aber auch weiter die Ehe nicht für ein Institut halten, dessen Bestand nur die beiden Kontrahenten etwas angeht. Wenn die Ehe nur aus einer geistigen Gemeinschaft bestünde, wie der § 1569 anzunehmen scheint, könnte man individualistische Rücksichten obsiegen lassen. Die Ehe ist weiterhin aber auch eine Gemeinschaft, aus der neue Menschen hervorgehen, deren Qualität den Staat auf das höchste interessiert. Deshalb ist die Ehe eines dauernd Geisteskranken eine Gefahr für den Staat und keine Einrichtung, deren Abbruch nach Möglichkeit hintangehalten werden soll. Diese Bemerkungen beziehen sich nicht auf Ehen, die wegen Alters auf Nachkommenschaft nicht mehr zu rechnen haben.

[2]) Dr. Mjöen hat dem norwegischen Storthing einen Gesetzentwurf vorgelegt, daß jeder Verlobte den Eltern des Partners ein amtsärztliches Attest vorzuweisen habe, er sei mit keiner Krankheit oder Schwäche behaftet, die die Gesundheit des Partners oder der Nachkommenschaft schädigen könne. Die Eltern oder Aufsichtspersonen haben vor Abschluß der Ehe sich schriftlich darüber zu erklären, daß sie die Gesundheitszeugnisse gelesen und Gelegenheit gehabt haben, dem Verlobten erforderlichenfalls Vorhaltungen zu machen. The Eugenics Review 1913, Bd. IV, Nr. 4.

[3]) Indiana (1907), Washington (1909), Californien (1909), Connecticut (1909), Nevada (1911), Jowa (1911), New Jersey (1911), New York (1912).

Außer in Indiana und Californien sind die Gesetze kaum in Wirksamkeit getreten,[1]) da sich Bedenken gegen die Verfassungsmäßigkeit erhoben, die zu einem Veto des Gouverneurs führten. Die Frage ob Vasectomy ein cruel and unnecessary punishment sei, ist jüngst von dem höchsten Gerichtshof des Staates New York[2]) verneinend beantwortet worden. Strafcharakter tragen nur die Gesetze von Washington und Nevada; sie bedrohen mit asexualisierenden Maßregeln gewohnheitsmäßige Verbrecher und solche Personen, die sich eines Sittlichkeitsverbrechens gegen Frauen, Kinder unter 16 Jahren und der Notzucht schuldig gemacht haben. Man kann nicht leugnen, daß sich in solchen gesetzgeberischen Versuchen noch Reste von Gefühlsbedürfnissen und Reaktionsformen vorfinden, die vergangenen Zeiten, z. B. den altgermanischen Volksrechten angehören. Eigentlich wäre man berechtigt, sie nicht den eugenischen oder eusymbiotischen Maßregeln zuzurechnen.

Rein den Zwecken der Rassenhygiene dienen die Gesetze von Indiana, Connecticut (hier dürfen auch therapeutische Gesichtspunkte in Betracht gezogen werden), Iowa, New Jersey und New York. In diesen Staaten stehen die geistig Minderwertigen als Objekte der Sterilisation im Vordergrund, Trunksucht (Iowa) und chronische Kriminalität werden nur als Symptome der geistigen Schwächezustände betrachtet.

Nun darf man nicht denken, daß sich Sterilisationen auf die Staaten beschränken, die eine gesetzliche Maschinerie besitzen. Sterilisationen aus gesundheitlichen Gründen sind in allen Ländern der Welt üblich und man würde erstaunt sein, wie viel Frauenärzte mit ihren Erfahrungen an die Öffentlichkeit treten würden, wenn erst einmal die soziale Indikation anerkannt werden sollte. Aus Anstalten der amerikanischen Staaten Pennsylvania, Kansas, Idaho, Virginia und Massachusetts sind eine große Anzahl solcher Operationen bekannt, und neuerdings haben Schweizer Ärzte[3]) den Mut gehabt, einige Fälle von Kastration und Sterilisation zu veröffentlichen und zur Diskussion zu stellen. Bei dem Mangel sicherer rechtlicher Grundlagen, bei den Bedenken, die man gegenüber der Zustimmung eines Geisteskranken haben muß und bei der Unzuverlässigkeit der juristischen Basis, die auch eine Zustimmung des Vor-

---

[1]) S. Problems in Eugenics London 1912, 465 ff., und Schallmayer in Mosse und Tugendreich, Krankheit und Soziale Lage. München 1913, 841 ff.

[2]) Journal of the American Institute of Criminology and Criminal Law 1913, S. 786.

[3]) E. Oberholzer, Kastration und Sterilisation von Geisteskranken in der Schweiz, Jur.-Psychiat.; Grenzfragen. Bd. 8, Halle 1911 und Hans W. Maier, VII. Kongreß f. Krim.-Anth. Heidelberg 1912, 322 ff.

mundes, ja selbst des Vormundschaftsgerichtes nicht restlos löst, sind die praktischen Maßnahmen der Schweizer Irrenärzte und ihre theoretischen Verteidigungsversuche höchster Anerkennung wert. Nicht mit Diskussionen über Menschenwürde, nur durch Experimente werden wir in dieser Frage vorwärts kommen.

Während in der Schweiz noch die Kastration hauptsächlich zur Anwendung kam und Ausfallerscheinungen neben der Abnahme der Libido nicht ganz fern gehalten werden konnten, wird die in Amerika von H. C. Sharp zuerst angewandte Vasectomie das System der inneren Sekretion nicht stören und so für den Mann wenigstens ein fast schmerzloses und unschädliches Mittel der Asexualisation darstellen. Die katholische Kirche steht diesen Bestrebungen feindlich gegenüber; sie bestreitet einem katholischen Arzt das Recht, aus sozialer Indikation zu operieren, dem katholischen Patienten, sich operieren zu lassen, dem Staat, eine solche Operation zu dulden. In Pennsylvanien wurde ein Sterilisationsgesetz durch katholischen Widerstand zu Fall gebracht. Die Gründe der Kirche liegen auf rein theologischem Gebiet; die Gesellschaft habe keine Befugnis, dem Individuum ein von Gott gegebenes Recht zu nehmen.

Der mehr eusymbiotischen Sterilisation steht die Asexualisation aus rein individuellen Gründen gegenüber. Ihr werden wir bei der Frage der Besserung noch begegnen.

B. Besserung.

1. Besserung durch Strafempfindungen.

§ 12.

Die Geschichte des Strafrechts zeigt den allmählichen Übergang von physischen Zwangswirkungen zu dem Versuch ökonomischer das Ziel zu erreichen, den Willen des kriminellen Menschen zurechtzurücken. Die Strafmittel vergangener Zeiten wie heute noch die primitiven Völker eliminieren den Täter, zerschlagen seine wirtschaftliche Existenz und verwunden dadurch seine Nachkommenschaft aufs schwerste, wenn man es nicht vorzog, sie gleichfalls auszurotten. Diese Methoden gelangen heute noch in dem Vernichtungskampf der Kulturvölker gegen niedere Rassen zur Anwendung; ich nenne als Beispiel die Ausrottung der Herero durch die Deutschen. Die Herero wurden in die Sandwüste gedrängt und gingen dort bis auf geringe Reste zugrunde. Das Altertum schritt besonders bei Verbrechen, die die Existenz des Staates zu bedrohen schienen, energisch vor. „Sie sind den Elf zu übergeben“ heißt es in dem Urteil gegen Archeptolemos und Antiphon, die wegen Hochverrats angeklagt, im alten Athen zum Tode verurteilt wurden, „ihre Güter sind zu konfiszieren; ihre Häuser sind dem Erdboden gleich zu machen; die Grundstücke, auf denen sie standen, sind mit einem Gitter zu umgeben, auf dem diese Inschrift zu lesen steht: Hier waren die Häuser der Verräter Archeptolemos und Antiphon ... sie sind für infam erklärt, sie und ihre Nachkommenschaft und wer eines ihrer Kinder adoptiert, soll selbst infam werden"[1]).

In dem alten anglo-saxonischen Recht, das König Knut aufhob, wurden, wenn gestohlenes Eigentum im Hause eines Diebes gefunden wurde, der Dieb, seine Frau und seine Kinder, selbst das Kind in der Wiege, als Teilnehmer an dem Verbrechen bestraft[2]). Wurde Ehebruch mit der Frau eines Inka begangen, so wurden nicht nur Verführer und Verführte, Kinder, Sklaven und Verwandte der Schuldigen, sondern auch die Bewohner der Stadt getötet, in der das Verbrechen begangen war[3]).

Noch im 16. Jahrhundert gibt Julius Clarus[4]) zu, daß es im öffentlichen Interesse liege, Strafen über Kinder und Enkel der Schuldigen zu verhängen. Dagegen hat Julius Clarus in einem ausführlichen Gutachten dargelegt, daß eine Strafverfolgung der Söhne Wilhelms von Oranien nicht mehr zulässig sei, da die Lex Quisquis durch die Gewohnheit aller Länder beseitigt sei[5]).

Von der Gruppenselektion rohester Form ging dann das Strafrecht zu partiellen selektiven Maßregeln über. Das Auftreten des Christentums drängte zwar die allzureiche Anwendung der Todesstrafe zurück, seine Wirkung war aber jene Einführung des Talionsprinzips, die die Ära der verstümmelnden Leibesstrafen einleitet. Die Roheit hielt damit ihren Einzug, die alte Friedlosigkeit, das alte Bussensystem verschwanden, die Fiktion eines menschlichen Daseins wurde aufrecht erhalten, das Individuum aber, mit ausgeschnittener Zunge, abgetrennter Oberlippe oder Nase in das Leben geworfen, dem es wehrlos bald erliegen mußte. Wenn man an einen Menschen denkt, dessen Arme oder Beine abgeschlagen waren, so wird klar, daß dieses Vorgehen des Strafrechts in der Mehrzahl der Fälle nichts anderes war als eine Körperverletzung mit tödlichem Ausgang; die Gerechtigkeit schrieb sich nur das Recht zu einer körperlichen Verstümmelung zu, den letalen Ausgang legte man den Kräften der Natur zu Lasten.

So war auch der Ersatz der Todesstrafe durch Leibesstrafen

---

[1]) Thonissen, Le droit pénal de la République Athénienne. Bruxelles 1875, 133.

[2]) Evans, The criminal prosecution and the capital punishment of animals. London 1906, 178.

[3]) Evans 179.

[4]) v. Möller, Julius Clarus von Alessandria. Breslau 1911, 115.

[5]) v. Möller 184.

nur eine Verlängerung, kaum eine Milderung des selektiven Vorgangs. Der Verstümmelte, der seinen Verletzungen über kurz oder lang erlag, war auf jeden Fall in seiner Arbeitsfähigkeit gemindert, für alle Zeiten war es ihm aufs höchste erschwert, auf ehrliche Weise sein Brot zu verdienen. So wurde er meist wieder zu strafbaren Handlungen gedrängt, um jetzt den schwersten strafrechtlichen Maßregeln anheimzufallen. Schon im Mittelalter mag man sich über die Wirksamkeit dieses Vorgehens nicht im unklaren befunden haben. Die Theorie griff darum schon damals zu dem Mittel, klammerte sich an den Gedankengang, den heute noch die Anhänger der Vergeltungstheorie in den Vordergrund rücken, wenn sie ihrer Lehre eine Art rationeller Unterlage geben wollen. In der Carolina findet man die Worte: „um mehr Forcht willen“ (Art. 81, 87 und andere), „durch etliche Leibesstrafen, als mit Zangenreißen oder Ausschleifung vor der endlichen Tötung mochte man die Strafe mehren“, um andere von der Begehung der Straftat abzuschrecken. Damit hatte man in die Gedankenwelt der Kriminalisten einen Gesichtspunkt eingeführt, der auf die Entwicklung des Strafrechts von unheilvollstem Einfluß gewesen ist.

Denn dieser Gesichtspunkt der Abschreckung blieb auch bestehen, als spät im 18. Jahrhundert sich in Europa die Freiheitsstrafen einzubürgern anfingen[1]); er wurde verfeinert, indem man nunmehr von einer Doppelfunktion sprach: der abschreckenden Wirkung des Strafvollzugs auf den Rechtsbrecher, der von weiteren strafbaren Handlungen abgehalten werden sollte, und dem abschreckenden Eindruck, den die Allgemeinheit aus dem Bestehen der Strafgesetze und ihrer kraftvollen Anwendung gewinnen sollte.

Zuerst soll von den abschreckenden Wirkungen die Rede sein, die den Kriminellen vor einem Rückfall bewahren sollen. Hier liegt das Hauptproblem, hier haben wir feste Objekte vor uns. Zwar haben Individual- und Kollektivprävention annähernd die gleichen psychologischen Fundamente, aber ihre kriminalpolitische Bedeutung

---

[1]) Es ist unbestritten, daß die Carolina noch keine Gefängnisstrafen, nur Untersuchungshaft kannte. Die Zuchthäuser, die mit dem Beginn des 18. Jahrhunderts errichtet wurden, verbanden die Funktionen von Armenhaus, Irrenanstalt, Waisenhaus, Leihhaus und einer Sicherungsanstalt gegenüber Kriminaloiden, wie Landstreichern, Arbeitsscheuen und Prostituierten. So wurden in das Pforzheimer Zuchthaus „eingenommen alle und jede in hiesigen Landen sich befindenden Unbändige, Ungehorsame, Halsstarrige, Böse und Lasterhafte, wie auch verschwenderische und liederliche Haushalter, so der Welt nichts nützen, sondern andern nur ein bös Exempel mit Fluchen, Spielen, Müßiggang und dergleichen geben.“ Stemmer, Zur Geschichte des Waisen-, Toll- und Krankenhauses, sowie Zucht- und Arbeitshauses in Pforzheim. Allg. Zeitschrift für Psychiatrie Bd. 70, 1913, 437.

ist kaum vergleichbar, so sehr man auch die Möglichkeit und die Wirksamkeit der Kollektivprävention übertrieben hat. Kennen wir zuerst die Grenzen der Abschreckung im kleinen und einzelnen, so ist dadurch ein Punkt gewonnen, von dem aus wir zur Kritik des Aberglaubens der Generalprävention übergehen können.

Kann man von einer Geschichte der Abschreckungstheorien sprechen? Oder muß man es, wie ich es vorher angedeutet habe, wirren religiösen Ideen und rücksichtslosen Ausbeutungssystemen politischer und wirtschaftlicher Macht zuschreiben, wenn das Strafrecht vergangener Zeiten und der Gegenwart Strafexzesse begeht, die eingestandenermaßen irrationell sind, den Täter weder vernichten noch ändern? Suchte man sich dadurch vor sich selbst zu rechtfertigen, daß man eine unkontrolllierbare Wirkung auf das Schemen der Allgemeinheit behauptete? Die Antwort mag in der Mitte liegen; jedenfalls bedeutet die Geschichte der Abschreckungspraxis gleichzeitig eine trübe Geschichte menschlicher Psychologie. Denn einstmals breitete man das Reich des Schreckempfänglichen auf Tiere und Kinder, Kranke und Unerschrockene aus. Einstmals und auch heute noch kam die spekulative Philosophie und wollte ihr Abschreckungsrüstzeug nach dem primitiven geistigen Modell des Normalmenschen zurechtschnitzen. Kein Wunder, wenn der Erfolg fernblieb.

Ich habe früher einmal den Vorgang der Abschreckung als Determination durch Erregung von Verlustvorstellungen definiert und die einzelnen Komponenten dieses psychischen Prozesses näher untersucht[1]). Das Material strömt dieser Frage aber so unendlich reich aus der Geschichte des Strafrechts, aus der Ethnologie, der Statistik und den Erfahrungen der Psychopathologie zu, das Problem ist so interessant und dabei kaum berührt, daß ich mich nicht zu wiederholen brauche, wenn ich die Abschreckung noch mit ein paar Worten streife und dabei besonders anf ihre Grenzen eingehe.

Die Tierprozesse des Mittelalters lehren, daß die Psychologie jener Zeiten die Tiere nicht nur für determinierbar hielt, was für die höheren Tiere ja in mancher Hinsicht zutrifft, sondern daß man den Tieren die Fähigkeit zumutete, ganz verwickelten Vorstellungen der Abschreckung zugänglich zu sein. Evans[2]) berichtet einen Fall

---

[1]) v. Hentig, Die psychischen Komponenten der Abschreckung. Schweiz. Zeitschrift f. Strafrecht 25, 355f.

[2]) Evans 157. — Daß die Schweine besonders Gegenstand von Tierprozessen waren, hatte seinen Grund darin, daß sie wie heute noch in Süditalien und Sizilien in Scharen die Ortschaften des Mittelalters heimsuchten. Unter dem Schutze des Heiligen Antonius zu Padua stehend, konnten sie sich ungehindert vermehren und beherrschten, Krankheiten verbreitend, in ungeheuren Scharen die Straßen der Städte.

aus Mortaign, in dem Schweine ein Kind gefressen hatten. Bei der Verurteilung wurde straferschwerend in Ansatz gebracht, daß die Tiere ihre Untat am Freitag begangen hatten. Bekannt sind die Bestimmungen des mosaischen Rechtes, die jedes Haustier, das einen Menschen getötet hatte, der Steinigung überlieferten und den Genuß seines Fleisches verboten, damit der Eigentümer durch den Schaden an seine Aufsichtspflicht erinnert würde. Diese Anordnungen waren nur die strafrechtliche Einkleidung eines ganz gewöhnlichen selektiven Zuchtmittels. Die Tierprozesse des Mittelalters wirkten selektiv, wenn man auch das Ausleseziel kein ganz reines nennen kann, man denke nur an den Basler Hahn, der ein Ei gelegt haben sollte. Das Mittelalter stellte sich die Tiere und ihr Seelenleben so vor, wie unsere Kinder sich ihre Märchentiere ausmalen, die sprechen können, zwischen schlecht und gut unterscheiden und Königen untertan in Tierstaaten leben. Noch Julius Clarus[1]) erzählt von Schweinen, die am Galgen hängen und Heuschrecken, Mäusen, Wegeschnecken und anderem Ungeziefer, gegen die man Prozesse führte und das Anathema verhängte[2]).

Sich an diese Tatsachen zu erinnern ist deshalb recht nützlich, weil sie uns erlauben, die Hypertrophie der Abschreckungsidee zu erkennen. Wir sind zu der Erwartung berechtigt, daß man in nicht allzulanger Zeit ebenso über die übertriebenen Erwartungen lächeln wird, die wir der abschreckenden Wirkung unserer Strafmittel zuerkennen, wie wir jetzt über Prozesse gegen Schweine und Heuschrecken lächeln.

Vom Tier bringt uns ein Schritt zum Geisteskranken und zum Geistesschwachen. Eine mühselige Entwicklung hat den Geisteskranken den Maßregeln des Strafrechtes entzogen; die Kategorie der Minderwertigen, die ich vorläufig ganz allgemein noch Geistesschwache nenne, würde sich den rein disziplinären Methoden des Strafrechts entziehen können, wenn nicht das Phantom der Kollektivprävention am Tore stände und sie wieder in das nutzlose Inferno zurückwiese.

§ 13.

Wenn wir das Problem in eine Nußschale zusammendrängen, so lautet es: Die Abschreckung des Täters vor weiteren Delikten

---

[1]) v. Möller, 109, 110.

[2]) Nach dem Koran ist jedes Tier für den Schaden verantwortlich, den es einem andern zufügt. Die Strafe erfolgt aber erst im künftigen Leben. Evans 171.

durch mehr oder weniger schwere Freiheits-, Vermögens- und Ehrenstrafen stellt sich als eine Verfeinerung des selektiven Prozesses dar. Die Auslese ist nicht brüsk und endgültig, sondern tastend, stufenweise, bedingt. Daß der normale Mensch imstande ist, einer solchen schmerzhaften Korrektur durch verändertes Handeln zu entsprechen, ist ohne weiteres zuzugeben. Denn kein Organ ist so sehr zu Allergie befähigt wie das Gehirn. Was hat aber mit dem Menschen zu geschehen, den ein Verlust an Freiheit, Vermögen oder Ehre nicht zu gesetzmäßigem Verhalten determiniert? Sind solcher Mentalität gegenüber Wiederholungen der erfolglosen Strafmittel geeignete Instrumente der Auslese oder was im Grunde das gleiche ist, geeignete Mittel des Gesellschaftsschutzes?

Es ist das Problem einer veränderten Schlachtfront gegen das Verbrechen überhaupt, an das wir rühren, wenn wir die Frage der Zurechnungsfähigkeit und der sogenannten geminderten Zurechnungsfähigkeit aufrollen. Hier stoßen die Auffassungen am schärfsten aufeinander, hier türmt sich aber auch am dichtesten ein Wust von Widerständen entgegen.

Nach der Graugans sollte ein Totschlag nur dann als der eines Wahnsinnigen angesehen werden, wenn der Täter sich selbst schon früher einmal solche Verletzungen zugefügt hatte, die den Tod oder einen Körperschaden hätten herbeiführen können und wenn die Dinggenossen dies bezeugten[1]. Nach einer solchen Bestimmung, die als einziges diagnostisches Zeichen der Geisteskrankheit den Selbstmordversuch kennt, versteht es sich von selbst, daß die meisten Geisteskranken ihre Tat haben büßen müssen. Die weitere Entwicklung ist von zwei Faktoren abhängig gewesen: Zuerst von dem populären Begriff der Geisteskrankheit, den die Richter neben oder im Gegensatz zu der medizinischen Wissenschaft hegten, und zweitens von den Bedürfnissen der Abschreckung. „Bestrafungen des Furiosus zu Prügeln oder zum Tode kommen vor“, berichtet Julius Clarus, z. B. bei Totschlag im Königspalast oder bei Verwundung des Königs, bei Schwanken in der Zeugenaussage, sind aber unzulässig“. Bekannt ist, daß bis zur französischen Revolution Kinder und Geisteskranke nach französischem Strafrecht wegen des Verbrechens der lèse majesté zum Tode verurteilt wurden.

Es ist merkwürdig, warum noch niemals der Versuch gemacht worden ist, die Straflosigkeit der Geisteskranken rationell zu begründen. v. Liszts Definition der Zurechnungsfähigkeit als der nor-

[1]) Wilda, Das Strafrecht der Germanen. Halle 1842, 644.

malen Determinierbarkeit[1]) ist eine kausale Erklärung, aber diese Erklärung, so ausgezeichnet sie ist, hängt überweit wie Riesenkleider über einer Kindergestalt von der mageren Figur der Unzurechnungsfähigkeit de lege lata herab. Denn sind wirklich die Unzurechnungsfähigen das gleiche wie die normal nicht Determinierbaren? Warum haben die geistig Kranken jene Ausnahmestellung im Strafrecht?

Auf seltsame Gedankengänge werden wir stoßen, wenn wir die Entwicklungsgeschichte der Unzurechnungsfähigkeit von ihren Anfängen an verfolgen, und es scheint, als hätten alle die Bücher, die über die Frage geschrieben worden sind, die Überlegungen, die Generationen von Richtern und Gelehrten anstellten, unter einem unbegreiflichen Bann gestanden, der sie alle bis auf wenige, ganz wenige Ausnahmen auf der Stelle festgehalten oder im Kreise herumgeführt hätte.

Da die Gesetze Europas jedem Menschen die Fähigkeit zusprechen, sich frei zum Guten oder Schlechten zu entscheiden, müssen alle Kausalitäten, die dieses Gewebe der Freiheit durchbrechen, die Schuld ausschließen. Die Erfahrung nun, daß geistig Kranke in ihren anormalen Willensäußerungen eine gesetzmäßige Konstanz zeigen, hat früh zu der Lehre gedrängt, daß im Gegensatz zum Gesunden der Wille des Kranken in einer bestimmten Richtung gebunden sei, dem Schuldbegriff, der Freiheit zur Voraussetzung hat, also nicht unterstehe. Es mag sein, daß praktische Erfahrungen nicht aus dem Spiele waren, jedenfalls war der Weg, den man ging, das Ergebnis rein spekulativer Philosophie.

Diese Entwicklung mußte aber bald halt machen. Neben die Kausalität Krankheit (oder Teufel, wie es noch oft geheißen haben mag) stellte man vorsichtigerweise Einschränkungen; wie man bald sah, waren Geisteskranke nicht durchweg der Leitung durch normale Motive unzugänglich. Die Psychiatrie stellte mit verbesserten Hilfsmitteln im scheinbar Gesunden die Anfangsstadien fortschreitender, diagnostisch sehr ungünstiger Krankheitsprozesse fest und mußte auch diese Zustände dem klinischen Begriff der Geisteskrankheit zuleiten. Das Laiengefühl der Rechtswissenschaft schreckte vor dieser Konsequenz zurück[2]). Denn frei schien der Wille dieser noch nicht er-

---

[1]) „La liberté morale n'est donc autre chose que la faculté d'être déterminé et de se déterminer par des motifs." Bonnet, Palingénésie I, 27. Zit. Gall et Spurzheim, Anatomie et Physiologie du système nerveux en général et du cerveau en particulier. Paris 1810, II, 69.

[2]) Laienhaft ist vor allem der Glaube vieler Juristen, der Psychiater sehe in fast jedem Kriminellen einen Geisteskranken und ließe sich häufig durch Simulanten täuschen. Nach meinen Erfahrungen gibt es mehr Menschen, die geistige Gesundheit als die Geisteskrankheit simulieren.

kennbar Kranken. Durch eine Inkonsequenz wurde der Gefahr begegnet. Die alte und bündige Anschauung, Geisteskrankheit lähme den freien Willen und schließe jede Schuld aus, wurde revidiert. Zusätze, die den Einfluß der Geisteskrankheit auf die Willensvorgänge zum Gegenstand hatten und die man nicht ganz richtig als die psychologischen Kriterien bezeichnete, siedelten sich in den Gesetzbüchern an und machten den Richter von den Schwankungen der Psychiatrie und dem Gutachten des Sachverständigen theoretisch wenigstens unabhängig.

Man darf sich nicht wundern, daß die zurückgedrängte freie Willensbestimmung auf diesem Gebiet wieder im Vorrücken war. Die Fortschritte der Psychiatrie waren viel zu rapide gewesen, um nicht der Rechtswissenschaft, die nun einmal an die alte Schuldauffassung sich gekettet hatte, Kopfschmerzen zu bereiten. Dazu kam, daß die praktischen Folgen einer Anschauung kaum weitgreifender sein konnten. Die Alternative war Schuld, Schlechtigkeit, absichtlicher böser Wille, Strafe und Repression auf der einen, krankhafter Zwang, Schuldlosigkeit, Straflosigkeit auf der anderen Seite, die entweder volle Freiheit oder Aufenthalt in einer Pflegeanstalt — seiner Dauer nach nur abhängig vom Heilerfolg — bedeutete.

Die Erfahrungen, die man mit dieser Theorie der Unzurechnungsfähigkeit machte, waren die trübsten. Der Grund lag in der schroffen Trennung, die Juristen und Psychiater zwischen ihren Tätigkeitsgebieten einhalten zu müssen glaubten. „Es ist aber nicht zu vergessen, daß Strafanstalten keine Kuranstalten sind," meint noch der deutsche Vorentwurf, „sondern daß in ihnen die Strafe vorherrschen muß", und die Psychiater ihrerseits haben oft genug den Fehler begangen, die Funktion der Irrenanstalt vom rein medizinischen Standpunkt aus festzuhalten. Dieses mangelnde Ineinandergreifen zweier Faktoren, die beide auf ihre Weise dem Gesellschaftsschutze, der sozialen Auslese zu dienen bestimmt sind, ist schuld daran, daß in großen Scharen Geisteskranke dem Strafvollzug übergeben wurden. Denn Richter und vor allem Geschworene, die nicht mit dem Kopf, sondern nach bestem Wissen und Gewissen mit dem Gefühl, mit der Angst urteilten, fingen an, im Psychiater den Beschützer jener Gemeingefährlichen, im Zuchthaus dagegen den sichersten Schutz gegen jene gefürchteten Individuen zu sehen. Nur so konnte die üble Redewendung der Psychiater von dem „Schutze" des Unzurechnungsfähigkeitsparagraphen entstehen, den sie dem Angeklagten zuzubilligen bereit wären, nur so konnten die Richter mit einem Schein von Berechtigung zu der Anschauung kommen, die Verurteilung eines Geisteskranken zu einer schweren Zuchthausstrafe wäre immer noch das geringere Übel gegenüber der Einweisung eines gemeingefährlichen

Individuums in eine Irrenanstalt, die ihn nach Ablauf der deutlichen Krankheitserscheinungen etwa bei einer periodischen Erkrankung, aus Platzmangel, auf Drängen der unterstützungspflichtigen Heimatsgemeinde oder aus sonst einem, dem therapeutischen Fortschritt beitretenden Grunde vorzeitig wieder auf die Gesellschaft loslassen würde.

Alle Vorschläge, die bisher gemacht worden sind, diesen schweren Mißständen der Theorie und der Praxis ein Ende zu machen, litten unter dem Fehler, daß sie dem Problem in ebenso einseitiger Weise zu Leibe gingen wie jene logisch unanfechtbaren, kriminalpolitisch aber nahezu wert- und wirkungslosen Anschauungen. Solange die Fragestellung nur zwischen Geisteskranken und Normalmenschen hin- und herschwankte, jedes andere Kriterium von sich wies, die bunte Mentalität der Menschen nach metaphysischen Begriffsfiguren abmaß und nur Schuldige und Schuldlose kannte, war kein Ausweg aus dem Dilemma zu finden.

Erst wenn wir das Problem erweitern, Einteilungsformen finden, die auf induktivem Wege gewonnen sind, und diese neuen begrifflichen Maßstäbe einer dauernden Kontrolle und Korrektur durch die Tatsachen der Erfahrung unterwerfen, werden wir zu Resultaten gelangen, mit denen ein künftiges Strafrecht kraftvoll und erfolgreich wird arbeiten können. Wie schwächlich und fehlerhaft im allgemeinen die jetzigen Systeme ihrer Aufgabe nachgekommen sind, die sozial unbrauchbaren Individuen schnell oder allmählich aus dem Leben der Gattung auszuscheiden, lehrt ein Blick auf die theoretischen Versuche, die jetzt angestellt werden, um die Lücken zwischen Unzurechnungsfähigkeit und voller Verantwortlichkeit begrifflich auszufüllen und dann — was unendlich viel wichtiger ist und worauf es im letzten Grunde nur ankommt — die Strafe durch anders geartete Maßregeln zu ersetzen.

Zwei Probleme sind es, die hier im Vordergrund stehen; vielleicht auch ist die Zweiteilung nur eine Zaghaftigkeit aufdämmernder, noch nicht ganz geklärter Erkenntnis; denn die Trennung von geistiger Minderwertigkeit, die wir geminderte Zurechnungsfähigkeit heißen, und fixierter Kriminalität, die die Vorentwürfe unter der milden Bezeichnung des gewohnheits- oder gewerbsmäßigen Verbrechertums kennen, wird in Zukunft sich verflüchtigen und einer zusammenfassenden Anschauung Platz machen.

§ 14.

Der Begriff der geminderten Zurechnungsfähigkeit hat eine seltsame Geschichte. Vor ungefähr 10 Jahren flackerte die Streitfrage plötzlich wieder auf und gebärdete sich, als handle es sich um einen modernen Gedanken. Dabei kannten die meisten deutschen Partikulargesetze die verminderte Zurechnungsfähigkeit als Milderungsgrund (Bayern, Württemberg, Sachsen, Baden, Braunschweig, Nassau, Hamburg), und wer Kahls[1]) Abhandlung über diese Frage durchliest, die in ihrem historischen Teil musterhaft ist, wird sich wundern, was für ein guter Bekannter der Begriff einer geminderten Zurechnungsfähigkeit den Denkgewohnheiten früherer Kriminalisten war.

Woher dieses plötzliche Interesse? Daß es krankhafte Zustände gäbe, die die Widerstandsfähigkeit eines Menschen gegen gewisse Reize schwächten, daß erblich belastete oder entartete Menschen in ihrer freien Willensbestimmung doch nicht so ganz uneingeengt waren, daß es schließlich Individuen gab, die zuerst wegen Geisteskrankheit entmündigt, dann von einem Strafgericht als zurechnungsfähig verurteilt, einen Monat darauf von einem anderen Gericht wegen Unzurechnungsfähigkeit freigesprochen wurden, wußte man schon längst, auch daß die verschiedenen wissenschaftlichen Anschauungen der psychiatrischen Gutachter sich oft widersprachen und so den Richter hilflos als Beute unverstandener medizinischer Fremdworte ließen Diese Erfahrungen in den Kosmos strafrechtlicher Begriffe einzuordnen, machte nun keine allzu große Mühe. War die Entscheidung zwischen Schuld und Unschuld, Zurechnung und Nichtzurechnung, Strafe und Straflosigkeit schwierig gewesen und in der Hauptsache zugunsten einer Repression mit Strafmitteln ausgefallen, so trug man weniger Bedenken, die Entscheidung zwischen voller und milder Strafe mit Verständnis zu treffen.

Die Gedankenbahn, auf der man hinschlich, entsprach der üblichen Konstellation. Weil man annahm, daß durch die pathologischen Vorgänge der Wille eines Kranken in einer bestimmten Richtung gebunden und dadurch eine schuldbegründende Freiheit der Willensentschließungen nicht zugelassen sei, hatte man den Geisteskranken freigesprochen. Er stand in jeder Beziehung unter dem Zwange seiner Krankheit. Leicht gelangte man von diesem Standpunkt zur geminderten Zurechnungsfähigkeit. Konnte man unter den Komponenten der strafbaren Handlungen kausale Bedingtheiten, also solche Handlungsantriebe entdecken, die das Individuum erfahrungsgemäß unter den gleichen Umständen zu den gleichen motorischen Entladungen drängten, wie erbliche Belastung, gerechter Zorn, bittere Not usw., so ließ man diese Kausalität neben der Freiheit der Willensbestimmung strafrechtlich nicht ohne jeden Einfluß sein. In der Mentalität des Menschen erkannte man

---

[1]) Vergleichende Darstellung des deutschen und ausländischen Strafrechts. Allgem. Teil I, 1 ff.

also einzelne kleine Provinzen an, die nicht unbedingt der souveränen Wahlfreiheit des sittlichen Menschen untertan waren, sondern auf bestimmte Reize der Außenwelt in der Regel stets mit den gleichen Reaktionen antworteten[1]). Not, Verführung, schlechte Erziehung boten kausale Erklärungen krimineller Handlungen; sie engten die schuldbegründende Freiheit des Willens in bestimmten Richtungen ein und fanden in der Praxis und den Werken der Gesetzgebung als mildernde Umstände Aufnahme. Den gleichen Einfluß räumte man endogenen Faktoren ein, die zu rechtswidrigen Aktionen prädisponierten, ohne nach dem damaligen Stande der Wissenschaft sich als Geisteskrankheit auszuweisen. Den starken Trieben der Selbsterhaltung[2]) schenkte als normaler Reaktionsweise schon in frühester Zeit das Gesetz Beachtung. Neben ihm war für die Freiheit des sittlichen Willens kein Raum, Notwehr, Notstand und Zwang kam deshalb eine strafrechtliche Bedeutung zu.

Bald aber trennte man wieder mildernde Umstände und geminderte Zurechnungsfähigkeit. Denn in der Praxis ergaben sich ernsthafte Mißstände. Während nämlich Notlage, Aufregung, Verführung, Reue, offenes Geständnis und der Versuch, den angerichteten Schaden wieder gutzumachen, unbedenklich zu einer Milderung der Strafe führen konnten und in der Mehrzahl der Fälle nicht zu einem Rückfall führten, weil diese Klasse von Individuen relativ harmlos, in ihrem Verhalten motivierbar und nur durch außergewöhnlich ungünstige äußere Umstände auf die Bahn des Verbrechens gedrängt war, machte man mit einer milden Bestrafung der vermindert Zurechnungsfähigen sehr schlechte Erfahrungen. Diese Klasse von Personen, vor allem die Degenerierten, die Hysteriker, Epileptiker und Alkoholiker, zeigten sich jeder bessernden Wirkung durch die Strafe, erst recht durch die kurze und milde Strafe unzugänglich. In ununterbrochenem Strome durchfluteten sie die Strafanstalten, um nach kurzem Leben in Freiheit wieder dorthin zurückzukehren.

---

[1]) Das sonst so indeterministische Reichsgericht hat sich in einer neuerlichen Entscheidung (RGStr. 47, S. 77) bei der Frage des Rücktritts vom Versuch zu den folgenden deterministischen Anschauungen hinreißen lassen: „Nun gibt es gewisse Umstände, die einen so zwingenden Grund für die Umwandlung des Willens, einen so stark wirkenden Beweggrund für ihn abgeben, daß nach der Auffassung des gewöhnlichen Lebens diese Einwirkung das Gefühl der freien Wahl, der den Willen gestaltenden seelischen Reize, aufhebt und dann von einem ‚freiwilligen' Verhalten nicht mehr gesprochen werden kann . . ." Allerdings handelt es sich hier darum, durch eine Annahme der Bedingtheit des Willens die Straflosigkeit des § 46 StGB. von dem Angeklagten fern zu halten und seine Verurteilung herbeizuführen.

[2]) Den Trieb religiöser Selbsterhaltung hat die christliche Kirche in den Anfangszeiten unumwunden anerkannt und den Selbstmord gebilligt, der geschah, um dem Zwang des Abfalls vom Glauben zu entgehen.

Man hatte die Zurechnungsfähigkeit halbiert und demgemäß auch die Strafe verringert. Man beurteilte dem üblichen Schema entsprechend die Schuld milder und hatte doch die allergefährlichsten Individuen vor sich. Diese Erfahrungen mögen dazu beigetragen haben, die geminderte Zurechnungsfähigkeit im zweiten Entwurf eines Strafgesetzbuches für den norddeutschen Bund zu streichen. Die Frage trat erst wieder in den Vordergrund, als die moderne Strafrechtsschule in den sichernden Maßnahmen ein strafrechtliches Repressivmittel in Vorschlag gebracht und alsbald auch im norwegischen Gesetz und den Entwürfen der Schweiz, Deutschlands und Österreichs durchgesetzt hatte, das die Lücke zwischen unverdienter Strafe und unverdienter Freiheit auszufüllen sehr geeignet schien.

Die Erfahrungen, daß die gemindert Zurechnungsfähigen[1]) in der Regel den abschreckenden Wirkungen der Strafe unzugänglich waren, verlangten Berücksichtigung. Um die geeignete Behandlung dieser schwierigen Elemente zu finden, konnte man nicht von irgendeinem methaphysischen Prinzip wie der Willensfreiheit ausgehen, sondern man mußte auf induktivem Wege nach allgemeinen Regeln vorzudringen suchen. Fest stand, daß im allgemeinen die Strafe diesen Individuen gegenüber wirkungslos war. Diese Defektmenschen

---

[1]) Zu den Zuständen geminderter Zurechnungsfähigkeit rechne ich nur die Degenerierten (einen Sammelbegriff, den die Psychiatrie voraussichtlich noch in schärfer umgrenzte Schwächezustände und Krankheitsbilder auflösen wird), Hysterie, Epilepsie und chronischen Alkoholismus, weiter Pubertät, Gravidität, Geburt, Laktation, Puerperium, Senium und Klimakterium, Zustände, die man gewöhnlich als physiologische ansieht, die aber doch nichts anderes sind, als Hervortreten defekter Reaktionsweisen in physiologischen, besonders scharfen Beanspruchungsstadien und die dem Versagen des Individuums, das bei wirtschaftlichen Krisen kriminell wird oder Selbstmord verübt, durchaus parallel zu stellen sind. Den akuten Rausch und die Affektzustände weist Kräpelin mit Recht in das Gebiet der mildernden Umstände. Aschaffenburgs Monatsschrift Bd. I.

Dies ist eine grobe systematische Einteilung, die aber ganz dem Wechsel unserer wissenschaftlichen Anschauungen untersteht. Gelänge es etwa chemotherapeutisch der Epilepsie beizukommen, so hätte diese Nervenkrankheit sogleich aus dem Bereich der verwahrenden Maßnahmen in das Gebiet der Heilbehandlung hinüberzuwechseln. Sehr schwer ist zu sagen, wie die physiologischen Evolutions- und Involutionsprozesse zu behandeln sind, denn sieht man genauer hin, so ist die Hauptmasse der schweren Kriminalität ein Exzeß der Pubertätszeiten. Ich fürchte, die Interessen des Gesellschaftsschutzes werden diesen anormal reaktiven Individuen gegenüber ein scharfes Vorgehen verlangen und vor Verwahrungsmaßnahmen auch in den normalen Pausen nicht zurückschrecken dürfen.

Die im Rausch oder in schweren Affektzuständen begangenen Delikte gehören in das Gebiet der bedingten Verurteilung, der Schutzaufsicht, gegebenenfalls auch einer empfindlichen Bestrafung, wenn dieses Mittel Aussicht auf Erfolg verheißt.

fürchteten weder die drohende Strafe noch fürchteten sie die verbüßte Strafe. Sie waren weder durch reine Vorstellungen noch durch solche Verlustvorstellungen motivierbar, die durch eigene schmerzliche Empfindungen eine besondere Intensität hätten gewinnen müssen. Diese Individuen waren unverbesserlich, soweit ihr Zustand unverbesserlich war. Ihnen gegenüber blieb also nichts anderes als Verwahrung auf längere Zeit übrig, nötigenfalls Verwahrung auf Lebenszeit.

Das war der einzig richtige Weg. Die Schweiz ging ihn[1]), der deutsche Vorentwurf und der österreichische Entwurf aber ließen die Vergangenheit mit hineinreden und behielten die Strafe neben der Verwahrung bei. „Die Verwahrung gemindert Zurechnungsfähiger wird verhältnismäßig selten vorkommen, meint der DVE (Begr. 238), schon weil die Strafe dazwischen liegt, deren Wirkungen eine demnächstige Verwahrung oft erübrigen werden.“ In diesen Worten prägt sich die ganze irrtümliche Anschauung des deutschen Vorentwurfs aus, die auf den Ausführungen Kahls fußt. Wenden wir uns lieber Tatsachen zu, um uns ein gesichertes Urteil bilden zu können.

Nach dem Bericht von Thomas Holmes im Howard Association Report (1912, 65) waren von 700 Sträflingen des Parkhurst Prison im Jahre 1911, 120 certified weakminded. Diese 120 Individuen hatten 91 Zuchthausstrafen und 1306 Gefängnisstrafen verbüßt. 62 waren vor dem 20. Lebensjahr bestraft worden. Außer den Epileptikern, den geistig Minderwertigen, den körperlich Unbrauchbaren gab es noch eine Klasse von Personen, die als unfit for prison discipline bezeichnet werden. Die Zahl der Neueingelieferten wird in ganz England auf 400 Personen alljährlich veranschlagt. Die Gesamtzahl dieser Klasse von Sträflingen schätzt man auf ungefähr 2000, annähernd also den 10. Teil der gesamten Strafanstaltsbevölkerung Englands.

Auf dem Hohenasperg befindet sich eine Invaliden-Abteilung. Diese dient bestimmungsgemäß dazu, solche Gefangene aufzunehmen, denen gegenüber „wegen durch Alter oder körperlicher Gebrechen herbeigeführter Arbeitsunfähigkeit, wegen geistiger Schwäche oder sonstiger geistiger Defekte eine den Grundsätzen der Hausordnung entsprechende Behandlung nicht durchführbar erscheint“, ausschließlich der Geisteskranken. In Preußen ist beim Zuchthaus in Brandenburg und in

[1]) Man kann Thormann nicht unrecht geben, wenn er (Protokoll der zweiten Expertenkommission Bd. I, 139, Zürich 1912) behauptete, praktisch bliebe schließlich kaum ein Unterschied zwischen der Behandlung Unzurechnungsfähiger und gemindert Zurechnungsfähiger übrig, trotzdem Art. 14, 2 grundsätzlich von Strafe spricht. Bestimmt und treffend hat Hafter (ebendort 140) den Lieblingsgedanken von Stoos, die Heilbehandlung der Strafverbüßung vorauszuschicken — und wie man hinzufügen darf — womöglich die Behandlungszeit auf die Strafzeit aufzurechnen (Art. 18), verteidigt.

Insterburg eine Abteilung für geistig Minderwertige errichtet worden. Weitere befinden sich im Bau.

Man sieht, die Praxis der Strafanstalten glaubt nicht an eine Wirkung des Strafvollzuges[1]). Soweit es im Rahmen von Verwaltungsmaßnahmen möglich ist, suchen die Gefängnisverwaltungen die geistig Minderwertigen zu sondern und in besonderen Abteilungen zu verwahren. Die Grundsätze der Hausordnung, wie die Verordnung vom Hohenasperg sagt, werden aufgegeben, der reine Verwahrungszweck tritt in den Vordergrund.

Sehr fein und scharf spricht die Lady Inspector der englischen Strafanstalten Mary Gordon von ihren Erfahrungen[2]):

„Ein deutlicher Beweis für die wirklich defekte Geistesanlage dieser Gefangenen liegt in ihrer Lebensführung, in ihren persönlichen und polizeilichen Schicksalen und ihren Strafregistern. Die Geschichte dieser Menschen ist gewöhnlich monoton in ihrer Übereinstimmung. Diese Individuen beginnen ein Leben von Unordnung und Landstreicherei im Alter von 16 bis 20 Jahren, das heißt sobald ihre Eltern sie nicht mehr ernähren und beherbergen und sie auf ihre eigenen Kräfte angewiesen sind. Man kann sie nicht veranlassen, hintereinander zu arbeiten, und sie weisen jede Chance zurück, die sich ihnen bietet. Viele sind außerstande auf ehrliche Weise oder andere Art sich den notwendigsten Lebensunterhalt zu erwerben.

Oft ist es schwer, ohne nähere Untersuchung den Grad ihres Defektes festzustellen. Ihre Schulbildung mag gut sein und sie selbst mögen ganz aufgeweckt und verschlagen aussehen. Körperliche Degenerationszeichen bieten sich seltener dar, als man erwarten sollte. Aber in einer nicht geringen Anzahl von Fällen scheint ein Stillstand der Allgemeinentwicklung stattgefunden zu haben, der sich in einer verlängerten „Jugendlichkeit“ oder weiter in einem leichten Grade von Infantilismus manifestiert. Selten ist die sogenannte Frühreife. Nähere Untersuchung zeigt häufig, daß sie abnorm gemütlich reagieren; nicht selten zeigen sie die typische Unempfindlichkeit des Vagabunden für materielle Bequemlichkeit.

Infolge dieser Defekte mangelt ihnen der Wunsch an dem Gemeinschaftsleben ihrer Mitmenschen teilzunehmen und durch andauernde Arbeit nach Gewinn zu streben. Außer diesen Defekten oder infolge dieser Defekte scheinen sie mit andern Mängeln be-

---

[1]) Ich habe auf Grund der im Preuß. Stat. Jahrb. 1913, 522 angegebenen Zahlen nach einem 5jährigen Durchschnitt (1907—1911) berechnet, bei wie vielen rückfälligen Zuchthausgefangenen der Rückfall nach der Entlassung durch das Urteil der Anstaltskonferenz für wahrscheinlich gehalten wurde. Von 2554 Gefangenen waren es 2315, also 90%.

[2]) Engl. Gef.-Stat. 1912, I, 36, 37.

haftet zu sein, mit Exzentrizitäten, Perversionen und Lähmungserscheinungen, die nicht sehr ausgeprägt zu sein brauchen und die von den gröberen Störungen verdeckt sein können. Aber alle diese Zustände zusammengenommen entwaffnen sie im Kampf ums Dasein, machen sie unfähig, für sich oder ihre Angelegenheiten zu sorgen und sollten in Verbindung mit ihrer Lebensführung ausreichen, sie als aufsichtsbedürftig erscheinen zu lassen.

Es ist bezeichnend für ihren Zustand, daß viele unverbesserliche junge Gefangene durchaus nicht der schlechtesten Umgebung oder Erziehung teilhaftig geworden sind. Mädchen dieser Art entlaufen häufig und leben in gewöhnlichen Logierhäusern, indem sie entweder selbst entweichen oder von ihrer Familie verlassen werden. Sie vagabundieren umher, sind obdachlos, aber sie sind häufig nicht imstande, auch nur durch Prostitution oder Diebstahl sich weiterzuhelfen. Bisweilen sind sie nahe am verhungern und erdulden jede Mühseligkeit, jede Art von Ausnutzung. Bisweilen werden sie nach fernen Städten mitgeschleppt und dort im Stich gelassen, so daß ich die gleichen Individuen in weit entlegenen Gefängnissen antraf. Zu diesen Fällen gehören die meisten der unglücklichen Frauen, die einen großen Teil ihres Lebens in Gerichtsgefängnissen zubringen und die mit 50 Jahren genau das gleiche Leben wie mit 20 führen.

Bei meiner letzten Inspektionsreise im Norden fand ich in einem Gefängnis 4 Frauen, alle ärztlich festgestellte Schwachsinnige und gänzlich außerstande, für sich selbst zu sorgen. Zusammen hatten sie 68 Strafen erlitten. Die jüngste mit 21 Jahren hatte 13 Vorstrafen und war seit ihrem 18. Lebensjahre eine unverbesserliche Trinkerin. Man erzählte mir, daß sie im Gefängnis ein sehr gutmütiges, kindliches und unschuldiges Mädchen von gutem Betragen sei.

Bei meiner letzten Inspektionsreise fand ich in einem Gefängnis des Südens 4 weibliche Gefangene, die alle ärztlich festgestellte Schwachsinnige waren.

A = 22 Jahre alt hatte 11 Vorstrafen,
B = 26 Jahre alt hatte 16 Vorstrafen,
C = 34 Jahre alt hatte 59 Vorstrafen (Vater im Arbeitshaus, Mutter in der Irrenanstalt),
D = 46 Jahre alt hatte 83 Vorstrafen.

Die Vorstrafen dieser 4 Frauen betrugen zusammen 169."

Diese Ausführungen haben mich zu immer ausführlicherer Wiedergabe verleitet, weil hier eine Frau von größter Erfahrung ihrem Arbeitsgebiet mit einer seltenen Auffassungsgabe und tiefen Einsicht gegenübersteht. Wie ärmlich klingt dagegen das Urteil eines Geist lichen aus einem preußischen Weiberzuchthause: „So verhält sich oft ganz offenkundig ihr Kriminellwerden zu Unkirchlichkeit und Gottentfremdung wie die Wirkung zu Ursachen[1]).“

Mary Gordons Ausführungen treffen den Kern der Frage. England hat im Jahre 1913 durch ein großzügiges Gesetz Vorsorge getroffen, geistig Minderwertige aller Spielarten durch Internierung vor Ausbeutung und Schädigung durch eigene unkontrollierbare Handlungen zu schützen.

Mental Deficiency Act 1913, sect. 1. d., der die kriminellen Minderwertigen betrifft, lautet: Es können verwahrt werden „Moral imbeciles; that is to say, persons who from an early age display some permanent mental defect coupled with strong vicious, or criminal propensities on which punishment has little or no deterrent effect,“ wenn sie nach Sect. 2 strafgerichtlich verurteilt sind, in einer Strafanstalt sich befinden oder gewohnheitsmäßige Trinker sind. Damit ist zum erstenmal die Empfänglichkeit für Strafwirkungen zum Kriterium strafrechtlicher Reaktion erhoben und der einzig mögliche Standpunkt eingenommen, der Geisteskranken, sogenannten gemindert Zurechnungsfähigen und den Gewohnheitsverbrechern gegenüber am Platze ist. Ob ein Kranker chirurgisch, psychotherapeutisch oder etwa medikamentös behandelt werden soll, entscheidet sich nach der Möglichkeit der Heilwirkung auf diesem oder jenem Wege. Nur Kurpfuscher haben Allheilmittel, weil sie überhaupt kein richtiges Mittel besitzen. Auch das Strafrecht ist bisher einseitig gewesen; es hat geglaubt mit dem Satz „keine Strafe ohne Schuld“ ein höchstes Ziel erreicht zu haben und war damit nur auf dem selbstverständlichen Standpunkt: „Keine Strafe ohne Ursache“ angelangt. Der Leitspruch des Sicherheitsrechts der Zukunft wird „Keine Strafe ohne Zweck“ lauten und damit in klarer Weise das Gebiet der Strafe und seiner heilenden oder sichernden Surrogate abgrenzen.

§ 15.

Wir haben schon gesehen, wie geistige Minderwertigkeit und gewohnheitsmäßiges Verbrechertum, fixierte Kriminalität, wie ich es nennen möchte, sich vielfach berühren. Wenn wir von gemindert Zurechnungsfähigen sprechen, so greifen wir auf die körperlichen Unterlagen der kriminellen Handlungen zurück, die wir neben den antisozialen Reaktionen und ihren leichteren Spielarten, wie wirtschaftlichem Niedergang, Prostitution, Ehescheidung, politischen Extra-

[1]) Preuß. Gef.-Stat. 1912, CVIII.

vaganzen und religiösen oder antireligiösen Exzessen noch aus anderen krankhaften Symptomen, etwa den Anfällen der Hysteriker, den Dämmerzuständen der Epileptiker, der Neuritis des Alkoholikers entnehmen.

Geistige Minderwertigkeit kann aber auch nur der Grund sein, daß Individuen, die mehrfach mit dem Gesetz in Konflikt geraten sind und seine vernichtende Hand gespürt haben, nicht imstande sind, diese schmerzlichen Erfahrungen für sich nutzbar zu machen und inhibitorische Vorstellungen von solcher Stärke zu bilden, daß sie der Triebhaftigkeit ihrer Impulse gewachsen sind. Die Psyche dieser Menschen vermag nicht durch Aufnahme korrigierender Erinnerungsbilder das Mißverhältnis auszugleichen, das zwischen den Tendenzen des Individuums und den Reaktionen einer natürlichen oder gesellschaftlichen Umwelt besteht und ihr Dasein bedroht.

Es wird bei dieser Anschauung vorausgesetzt, daß die moralischen Hemmungen Funktionen des Großhirns sind, wie Intellekt und Empfindung. Schon Maudsley hat verwundert gefragt, warum man denn einem jeden Menschen ein gewisses Maß von moralischer Widerstandsfähigkeit zuschreibe, nicht aber auch von Verstandestätigkeit. Zwar kennen wir nur die funktionelle Seite des moralischen Gefühls, wie wir nur die Kriminalität und die Mehrzahl der geistigen Erkrankungen als funktionelle Störungen zu Gesicht bekommen. Wenn wir aber Erscheinungen rein funktionelle nennen, so ist damit nur gesagt, daß uns das somatische Substrat unbekannt ist, etwa wie man früher den Blitz nur von seiner funktionellen Seite her kannte und der Gottheit zuschrieb. Je feiner eine psychische Funktion ist, je höher sie in der Reihe phylogenetischer Entwicklung steht, um so weniger wird die körperliche Grundlage sich unsern jetzigen Untersuchungsmitteln offenbaren. Und doch können wir ohne Überhebung sagen, daß eines Tages, und vielleicht gar nicht so spät, die Natur sich ihres Schleiers wird berauben lassen müssen und wir erkennen werden, daß das Organ des moralischen Sinnes ebenso vom ernährenden Blutstrom abhängig ist, an seiner Gesundheit teil hat und an seinen Giften krankt wie jeder andere differenzierte Zellkomplex.

Ich erinnere an die Erfolge der Forschungen über innere Sekretion. Schon gelingt es, dem Menschen die freie Willensbestimmung durch Schilddrüsenpräparate zu injizieren, die Heilbehandlung kongenital luetischer moralisch tiefstehender Kinder hat in manchen Fällen auffallende Besserung gezeitigt, die Erfolge der Psychotherapie auf moralischem Gebiete sind bekannt. Die Nachreife vieler anscheinend hoffnungslos verdorbener Jugendlicher beruht auf nichts anderem als einem physiologischen Entwicklungsprozeß[1]).

Der deutsche Vorentwurf steht noch auf dem alten Standpunkt und unterscheidet zwischen gewissen krankhaften Zuständen des geistigen und intellektuellen Lebens und bloßen Verwirrungen geistig gesunder Menschen (Begr. 232). Dadurch gelangt er zu einer Wiederholung des Fehlers, der bisher das Fiasko der meisten Strafgesetzgebungen verschuldet hat, zu der Überschätzung der Wirkungen der Strafe, zu dem Glauben, den unsere Zeit der Narkose und Anästhesieen schon längst hätte fallen lassen sollen, daß eine Schmerz-Einwirkung immer weh tue, und man einen nicht empfundenen Schmerz nur zu verstärken brauche, um ihn dem Bewußtsein aufzuzwingen. Zu der gefährlichen Verallgemeinerung schließlich, daß man mit Schmerzdrohung und Schmerzzufügung den Willen eines jeden Menschen hierhin und dorthin drehen könne.

„Ein Insasse, der Mobiliar in einem Erregungsanfall zertrümmerte, weil eine einfache Hausregel nicht geändert werden konnte, die zu seinen indolenten Methoden nicht paßte“, so berichtet Dr. James P. Sturrock, der leitende Arzt der schottischen Kriminal-Irrenanstalt in Perth (Schott. Gef. Stat. 1913, 69), „machte mir klar, daß er nicht getrieben werden könne, wenn er sich auch führen ließe“. Begleiten, fügt Sturrock hinzu, würde der bessere Ausdruck gewesen sein, da diese Klasse von Menschen nur den Weg geführt werden kann, den sie zu gehen sich entschlossen haben[2]).

Eine Strafe, die nicht in einer oder der andern Weise den Betroffenenen eliminiert, soll abschrecken, das heißt, den Bestraften auf psychischem Wege unschädlich machen, durch die geschaffenen

---

[1]) Der Zusammenhang von Schädeltrauma und Charakteränderung hat früh schon die Ärzte frappiert. Gall berichtet den Fall Mabillon; dies war ein äußerst unbegabter Mensch, der nach einer schweren Kopfverletzung die glänzendsten Fähigkeiten entwickelte. Interessanter liegt der ebenfalls von Gall erwähnte Fall eines Mannes, der vier Stockwerke tief gestürzt war. Er zeigte von diesem Augenblick an auffällige geistige Regsamkeit. Im Gegensatz zu seiner gesteigerten Intellektualität aber brach er moralisch zusammen, zeigte von jetzt an einen schlechten Charakter und wurde kriminell (Anatomie et Physiologie usw. Paris 1810. Bd. II, 21/22).

[2]) . . . „doch mußte davon gesprochen werden, weil die große Masse der Gebildeten, sogar Zoologen und Tierpsychologen in dem Aberglauben lebt, es liege in der Art, wie Pferde gezäumt und geschirrt, mit Zügel, Peitsche und Sporn geführt werden, ein unfehlbarer Zwang für das Tier, dem menschlichen Willen zu gehorchen, und sein ganzes Tun sei Folge dieses Zwanges. Weit gefehlt. Wäre nicht so viel guter Wille und verständige Einsicht in den Pferden wirksam, man würde sie wohl quälen, strafen, ja vernichten, aber nicht ihren Willen bezwingen können.“ v. Unruh, Leben mit Tieren. Stuttgart 1909, 60.

und bereitgehaltenen Unlustvorstellungen den Widerstreit der Motive zu gunsten rechtmäßigen Handelns entscheiden. Dieser Vorgang, der der Erfahrung beim normalen Menschen entnommen ist, spielt sich bei einer großen Anzahl der Kriminellen nicht in der erwarteten Weise ab. Warum keinerlei Strafe ihre Neigungen zu unterdrücken vermag, das ist eine Frage, der wir später noch näher treten werden. Halten wir uns an die Tatsache, daß es solche Menschen ohne Strafempfänglichkeit gibt, die kurze Zeit nach der Entlassung aus der Strafanstalt wieder bei kriminellen Handlungen betroffen werden.

Das Strafrecht, das auf dem Schuldprinzip aufgebaut war, hat bisher diesen anormalen Erscheinungen ratlos gegenüber gestanden. Die Folge war, daß die Kriminalität sich zusammenzog und konzentrierte und jene erschreckenden Rückfallzahlen in den Kriminalstatistiken erschienen, von denen gleich die Rede sein soll.

Man möchte denken, die Tatsache des Rückfalls hätte genügt, um aufs deutlichste zu erweisen, daß Strafe dieser Klasse von Menschen gegenüber nicht die geeignete Maßregel sei; auch brauchte man keinen Mißgriff zu befürchten, denn das Experiment war viel zu oft wiederholt worden, um nicht ein ganz eindeutiges Resultat gegeben zu haben. Washington, Indiana und der Staat New York haben auch die natürlichen Konsequenzen gezogen und lebenslängliche Detention für den immer wieder rückfälligen Verbrecher eingeführt, Frankreich und Portugal haben die Deportation, Neu-Süd-Wales und Neu-Seeland kennen die Detention Rückfälliger auf unbestimmte Zeit, England, Norwegen die Festhaltung nach verbüßter Strafe auf höchstens 10 oder 15 Jahre. Der Schweizer Entwurf von 1908 bringt gegen gemeingefährliche, vielfach rückfällige sichernde Maßnahmen in Vorschlag, die 20 Jahre nicht übersteigen dürfen (Art. 31)[1]).

Der deutsche Vorentwurf bleibt auch hier seinen Grundsätzen treu. Er will gegen gewohnheitsmäßige und gewerbsmäßige Verbrecher mit schweren Zuchthausstrafen vorgehen (bei Verbrechen nicht unter 5 Jahren, bei Vergehen 2—10 Jahre) und diese Strafen in besonderen Anstalten vollstrecken, wahrscheinlich um die anderen Zuchthäusler nicht zu verderben. Von allen auf Besserung gerichteten Maßnahmen ist abzusehen (Begr. 367); dabei können diese Unverbesserlichen, die der Vorentwurf spöttisch immer die sogenannten Unverbesserlichen nennt, nach zwei, bei Verbrechen nach fünf Jahren wieder auf die Gesellschaft losgelassen werden. Der Begriff der Unverbesserlichkeit ist vielleicht wirklich hier nicht am richtigen Platz,

---

[1]) Von der II. Expertenkommission beibehalten, Protokolle der II. Expertenkommission Zürich. 1912, 259.

da es sich nur um Unempfänglichkeit gegen Strafwirkungen handelt und die Besserung, die man auf den verschiedensten Wegen anstreben kann, hier nur infolge mangelnder Determinierbarkeit durch Schmerzzufügung ausbleibt.

Ob diese Individuen krank sind oder nicht, kann für das Strafrecht gleichgültig sein. „Krankheit ist Abweichung von der Norm, Norm das Optimum der Anpassung an die Umgebung“[1]). Fehlende oder geringe Anpassung an die soziale Umgebung unterstehen dem medizinischen Krankheitsbegriff nicht, wenn gleichzeitig nicht noch andere Anpassungsstörungen an das natürliche Milieu auftreten. Die Medizin bildet ihre Begriffe, um die Einwirkung natürlicher Medien auf den Menschen als Schädigung, als Krankheit, kausal festzustellen und durch Eingriff in diese Kausalität zu heilen. Der delinquente nato leidet an einem Defekt, für den man nur eine „Heilung“ finden könnte, wenn man die exogenen Faktoren in ebenso einfacher Weise umstellen und verändern könnte, wie wir es bei den Kranken mit Wärme, Feuchtigkeit, Luft, Sonne, Elektrizität tun. Wir können teilweise die Umgebung an die organischen Schwächen eines Kranken anpassen, wir können aber den fixierten Kriminellen nicht aus der seine Psyche belastenden Reizsumme herausnehmen. Das einzige, was übrig bleibt, ist eine dauernde Einstellung in ein solches Milieu. das seiner kriminellen Aktivität möglichst wenig Nahrung bietet und die Äußerungen seiner antisozialen Natur auf einen ganz kleinen, gegen jeden Angriff wohl gerüsteten Bezirk einschränkt. Das einzige, was wir mit dem Unverbesserlichen machen können und müssen, ist Detention auf unbestimmte Zeit.[2]) Erst wenn die endogenen Momente durch pathologische oder physiologische regrediente Prozesse sich geändert haben, wird an eine probeweise Entlassung zu denken sein.

Der deutsche Vorentwurf ist anderer Meinung. Er meint, daß die Häufigkeit der Rückfälle nicht allein mit der Unwirksamkeit der in Anwendung gebrachten Strafen zu erklären ist, daß sie vielmehr daneben auch auf tieferliegende, in den gegenwärtigen wirtschaftlichen und gesellschaftlichen Verhältnissen begründete Ursachen zurückgeführt werden müsse. (Begr. 333/334.) Ist schon diese Argumentation nebelhaft und schief, so müssen die folgenden Ausführungen des Vorentwurfes durch schärfsten Widerspruch zurückgewiesen werden:

„Die vermeintliche Wirkungslosigkeit der Strafe, so führt der Vorentwurf aus (Begr. 359/360), kann es nicht rechtfertigen, sie durch

---

[1]) v. Hansemann in Archiv f. soziale Hygiene Bd. 8, 1913, 238ff.

[2]) Gefährliche Gegenstände werden eingezogen und unbrauchbar gemacht, gefährliche Individuen werden bestraft und entlassen.

eine Maßnahme polizeilichen Charakters zu ersetzen, wie es die sichernde Verwahrung ihrem Wesen nach ist. Daraus, daß die bisher erlittenen Strafen den vielfach Rückfälligen nicht von neuen Straftaten abgehalten haben, ist nicht zu folgern, daß die Strafen nicht von ihm als ein wirkliches Strafübel empfunden worden sind. Und wäre dies selbst der Fall, so könnte daraus kein Grund dagegen entnommen werden, das Strafübel von neuem zu verhängen, das das Gesetz ohne Rücksicht auf die relative Empfindlichkeit des von ihm Betroffenen vorschreibt."

Der österreichische Vorentwurf hat die Psyche des Richters sehr fein beurteilt, wenn er darauf hinwies, daß sich der Richter zu sehr an die einzelne Tat bei der Strafbemessung hält, daß das Mitleid sich gegenüber diesen Individuen regen wird, die zum Teil keineswegs durch eine ungewöhnliche kriminelle Energie zu strengen Strafen sozusagen herausfordern, und daß dieser Konflikt zwischen Schutzbedürfnis und Vergeltungstrieb nur zu leicht zu gunsten der vergeltenden Auffassung gelöst werden wird (Erl. Bem. 82). Diese Bemerkung des Vorentwurfs der Nachbarmonarchie findet in unzähligen Vorkommnissen der Praxis ihre Stütze. Der österreichische Vorentwurf gibt selbst die Strafliste eines Mannes wieder, der zu 2 Kronen Geldstrafe verurteilt wurde (11. Bestrafung), der 3 Wochen strengen Arrest erhielt (6. Bestrafung wegen Diebstahls) und dessen 17. Verurteilung 5 Tage Arrest wegen leichter körperlicher Beschädigung bildete (Erl. Bem. 79). Dr. G. Beck berichtet den Fall eines Mannes[1]), der 48 mal innerhalb 20 Jahren von dem nämlichen Gerichte bestraft wurde. Im Januar des Jahres 1913 wurde der Arbeiter James Orpin von den Bedfordshire Geschworenen wegen Wilderei zu 18 Monaten Gefängnis mit Arbeitszwang verurteilt. Dieser Mann war 65 mal wegen Wilddieberei gerichtlich vorbestraft[2]).

Detention auf unbestimmte Zeit wird dann auch gar nicht als eine absolut neue Maßregel erscheinen, wenn man in Erwägung

[1]) Dr. G. Beck, Die Ergebnisse der zeitlich abgemessenen Beschränkung der Freiheitsstrafen in ihrer Anwendung auf vorbestrafte Rechtsbrecher unter besonderer Berücksichtigung der jugendlichen Rechtsbrecher. Zeitschrift für schweizerische Statistik. 47. Jahrg. 1911. 198.

[2]) A. C. Heath, On Punishment. London 1913, 18. Ein schwer hysterischer Bauernknecht, der nach jeder Verhaftung in Stuporzustände verfiel und der am Tage nach einer Verurteilung wegen Wilderei im Oberbayerischen Gebirge wieder beim Wildern ertappt wurde, erklärte dem beobachtenden Arzte, man könne ihm den Kopf abschlagen, er werde aber wieder in den Wald gehen. Unklare kommunistische Gedankengänge stellen sich einer moralischen Färbung dieser Handlungen entgegen, die sehr schwer auszurotten sind. Ich würde vorschlagen, solche Individuen Jäger werden zu lassen, da es gleich unrationell erscheint, solche Naturen milde zu bestrafen oder auch durch harte Bestrafungen zu vernichten.

zieht, daß ein Teil der gemeingefährlichen rückfälligen Kriminellen in Wirklichkeit dauernd interniert ist. Nur ganz kurze Freiheitspausen sind zwischen die einzelnen Freiheitsstrafen eingestreut. Wo diese Zwischenräume sich auf längere Zeit erstrecken, da ist nicht das einwandsfreie Verhalten, sondern mangelnde Ergreifung durch die Polizei, körperliche Krankheit oder der Aufenthalt in einer Irrenanstalt die Ursache der weißen Flächen auf den Straflisten.

Die erläuternden Bemerkungen zum österreichischen Vorentwurf führen einen solchen Fall an: Der betreffende Mann wurde im Jahre 1870 mit 15 Jahren zum erstenmal wegen Diebstahls verurteilt. In den 37 darauffolgenden Jahren (bis zum November 1907) wurde er weitere 20 mal zu insgesamt

2 Monaten 12 Tagen Arrest,
7 „ 1 Woche strengen Arrest,
36 Jahren $1^1/_2$ Monaten schweren Kerkers

verurteilt. In 17 Fällen war das Delikt Diebstahl. Welche Unsumme von Mühe und Geld die 21 Arretierungen des Mannes, die 21 Gerichtsverhandlungen gekostet haben, wie viel unentdeckte Diebstähle er in den wenigen Tagen seiner Freiheit begangen haben mag, ist leicht auszudenken.

Statistisches Material über den Rückfall besitzen wir in überaus reichem Maße; ich verfolge seit Jahren die Statistiken Deutschlands, Englands, Frankreichs, Österreichs, Belgiens und der Schweiz. Folgendes sind ganz kurz die Ergebnisse einer solchen Übersicht.

1) Das Rückfallsverbrechen ist in starkem Vorschreiten begriffen[1]). Wo, wie in Frankreich, dies nicht der Fall zu sein scheint, spielen andere Momente störend hinein, so die zahlreichen Amnestien, die schwebende Untersuchungssachen niederschlagen und Vorbestrafungen aus dem Strafregister löschen. So gibt es eine große Anzahl Rückfälliger, die — juristisch — nicht vorbestraft sind.

---

[1]) England, Zuchthausgefangene.

	Vorbestraft:	
Berichtsjahr 1902/03	78,32 % Männer	67,74 % Frauen
„ 1912/13	87,00 % „	66,66 % „

Engl. Gef.-Stat. 1913, I. 22.

Preußen, Zuchthausgefangene, Männer.

	Vorbestraft:	Mehr als 3 mal:	mit mehr als 1 Jahr:
Berichtsjahr 1890/91	84,89 %	65,49 %	34,07 %
„ 1911/12	88,06 %	74,20 %	60,64 %

Preuß. Gef.-Stat. 1913. XXI.

2. Je früher ein Individuum erstmals bestraft worden ist, um so größer ist in der Regel die Zahl der Rückfälle[1]).

3. Je stärker Verurteilte mit Vorstrafen belastet sind, um so häufiger tritt der Rückfall ein[2]).

4. Je stärker der Verurteilte mit Vorstrafen belastet ist, um so schneller wird er wieder rückfällig[3]).

Alle diese Beobachtungen können nur dadurch einen Wert gewinnen, daß wir mit ihrer Hilfe der Frage näherzukommen suchen: Welches sind die Ursachen des Rückfalls? Dieser Frage ist der deutsche Vorentwurf nicht nähergetreten; er hat die altbekannte Literatur zusammengetragen, die Steigerung der Strafe in der Gerechtigkeit begründet (Begr. 351) und es für ein Gebot praktischer Zweckmäßigkeit erklärt, ein Übel, das größeren Umfang und festeren Bestand gewonnen hat, mit stärkeren Mitteln zu bekämpfen. Ob wir ein stärkeres Mittel oder ein anderes Mittel anwenden sollen, können wir gewöhnlich nur entscheiden, wenn wir die Natur des zu bekämpfenden Prozesses genau kennen. Alles andere ist krimi-

---

[1]) Von den im Jahre 1909 in Österreich wegen Diebstahls verurteilten Jugendlichen, die bereits vorbestraft waren, wurden innerhalb Jahresfrist wieder 61,4 % rückfällig, bei Totschlag und schwerer Körperverletzung 49,7 %. Österr. Krim.-Stat. 1912, CXLVII.

[2]) Es erlitten im Deutschen Reich eine neue Verurteilung innerhalb der nächsten 10 Jahre von den im Jahre 1900:

erstmals Verurteilten	23,0 %,
einmal „	50,0 %,
2—4 mal „	67,7 %,
5 mal und öfter „	84,7 %.

Deutsche Krim.-Stat. 1912, I, 6.

[3]) Es erlitten die erneute Verurteilung innerhalb der beiden nächsten Jahre im deutschen Reich:

erstmals Verurteilten	39 %,
schon einmal „	45 %,
2—4 mal „	49 %,
5 mal und öfter „	54 %.

Deutsche Krim.-Stat. 1912, I, 6., siehe dazu Fig. 7. Die Anstiege in der Kurve der alten Rückfälligen sind aller Wahrscheinlichkeit nach auf die immer länger werdenden Freiheitsstrafen zurückzuführen, die nicht durch psychischen Zwang, sondern durch physische Einwirkung den Rückfall verhindern. Die Beckschen Zusammenstellungen sind deshalb besonders interessant, weil sie sich auch auf Übertretungen beziehen.

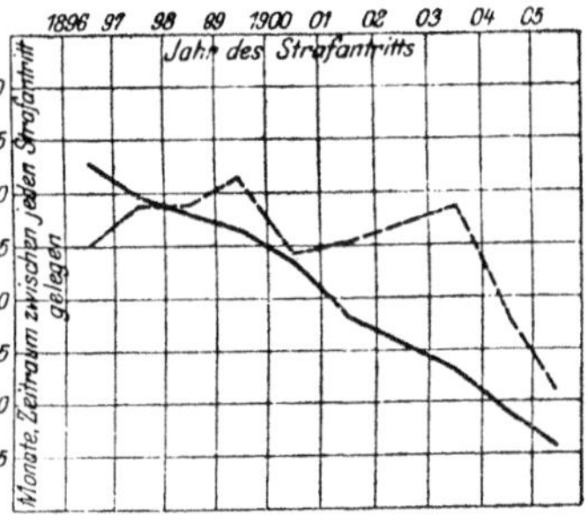

——— Männer, die innerhalb des statistischen Zeitraums (1896—1905) erstmals bestraft und wieder rückfällig wurden.

- - - - Männer, die vor Beginn des statistischen Zeitraums bestraft wurden, ihre letzte Verurteilung aber in ihm erlitten.

Fig. 7. Die Progression des Rückfalls. Schweiz, Kanton Bern 1896—1905. Durchschnittliche Zeiträume, in denen sich bei Rückfälligen die Internierungen wiederholen. Zahlenangaben nach G. Beck, Zeitschrift f. Schweiz. Statistik, Bd. 47, 1911, 176.

nalpolitischer Dilettantismus schlimmster Sorte, ein Kurpfuschertum, das wir in allen anderen Lebenslagen auf das schärfste ablehnen würden.

Die Ursachen des Rückfalls hat die Schweizer Kriminalstatistik[1]) von 1900 zu erfassen versucht. Aber diese sonst so ausgezeichnete Zusammenstellung steht noch mitten in alten und dunstigen Auffassungen. Nach ihr waren die „Ursachen“ für den Rückfall von 12977 während der Jahre 1892—1896 in der Schweiz Inhaftierten:

Moralische Verkommenheit	26,6 %,
Trunksucht	23,2 %,
Ausschweifung	12,2 %,
Armut	8,5 %,
Genußsucht	5,5 %,
Habgier	4,2 %,
Prostitution	4,1 %,
Streitsucht	2,4 %,
Arbeitsscheu	2,3 %,
Häuslicher Streit	1,7 %.

Es folgen Verschwendung, Rache, Vagantität, Leichtsinn, Verführung, mangelhafte Erziehung, Trägheit und Hass (1,3—0,5 %).

Natürlich können wir mit Ursachen wie moralische Verkommenheit, Ausschweifung und Prostitution nicht arbeiten. Wir bleiben damit zu sehr auf der Oberfläche der Erscheinungen, wir verwechseln zeitliche Aufeinanderfolge oder zeitliches Zusammenfallen mit Ursächlichkeit. Mit einer Frage können wir uns als Antwort nicht zufrieden geben; denn Arbeitsscheu, Trunksucht und Leichtsinn sind komplizierte Zusammensetzungen und noch lange nicht die psychologischen und sozialen Einheiten, deren kausale Verbindung mit dem Phänomen des Rückfalls für uns dann von Bedeutung sein könnte, wenn wir durch Umstellung dieser Faktoren in die Lage kämen, auch das Resultat abzuändern.

Man hat gar nicht oder selten daran gedacht, daß der Rückfall nicht nur den gesellschaftsschädlichen Handlungen angehört, sondern eine ganz allgemeine Erscheinung der normalen Psychologie ist. Nur ziehen wir terminologisch eine scharfe Grenze, über die auch unsere Anschauungen selten hinwegzuschreiten wagen. Ganz allgemein und flüchtig definiert ist Rückfall die Wiederholung einer Handlung trotz schlechter Erfahrungen. Es ist ganz klar, daß ein Individuum, das nicht imstande ist, schmerzhafte Erfahrungen durch Bildung energischer inhibitorischer Vorstellungsgruppen psychisch zu

---

[1]) Schweiz. Krim.-Stat. 1900, 35/36.

verwerten, in hohem Grade in seiner Lebensfähigkeit herabgesetzt ist. Nehmen wir v. Hansemanns breite Definition des Krankheitsbegriffes, die mir besser scheint als die Ribberts[1]), so ist Krankheit Abweichung von der Norm; Norm aber das Optimum der Anpassung an die Umgebung. Wir haben ein Recht, auch die Anpassung an die gesellschaftliche Umgebung hierherzustellen, die wie jede andere Anpassung durch die Funktion eines Organs, hier des Gehirns vor sich geht. Insofern kann man also den Rückfall eine krankhafte Erscheinung nennen, vorausgesetzt, daß nicht zu seinen Bedingungen Umstände gehören, die die in Aussicht stehende Minderung der Lebensinteressen des Rückfälligen an Intensität übertreffen. Unsere verwickelten sozialen Verhältnisse lassen solche Fälle nicht so selten eintreten; derartige Rückfälle, die einer geänderten Reizkonstellation Rechnung tragen, können als normale Reaktionen angesehen werden. Ein Teil der unter „Armut" angegebenen Rückfallsursachen könnte hierher gerechnet werden. Ließe sich ein großes Material von Rückfälligen mit allen Hilfsmitteln der Wissenschaft genau untersuchen, so wäre bald festgestellt, daß diese Klasse von Menschen nicht nur auf sozialem Gebiet, sondern in allen Lebensbeziehungen rückfällig, unbelehrbar ist. Ja vielleicht würde man erkennen, daß erst die Unfähigkeit, sich auf andern Daseinsgebieten anzupassen, diese Menschen kriminell und immer wieder kriminell werden läßt.

Die mittlere Lebensdauer der Prostituierten beträgt 25 Jahre; nach Merrick treiben die Londoner Prostituierten ihr Gewerbe im Durchschnitt 3 Jahre und 6 Wochen, bis sie sterben[2]). Man sollte denken, daß diese Mädchen, die scheinbar ihren Vorteil so gut zu wahren verstehen, zwar der Prostituierung verfallen könnten, aber in kürzester Zeit dieses Leben von Betrug, Ausnutzung und schwerstem Risiko aufgeben würden. Das Gegenteil ist der Fall.

Wir kennen die rückfälligen Selbstmörder, die rückfälligen Unvorsichtigen und die rückfälligen Gutmütigen. Die Bezeichnungen wechseln, aber die Unbelehrbarkeit bleibt immer die gleiche. Die Neigung, gute Handlungen zu wiederholen, trotzdem sie für den Geber von schwerem Nachteil sein können, nennen wir nicht rückfälligen Edelmut. Psychologisch handelt es sich um ganz die gleichen Defekte, die den Gewohnheitsverbrecher immer wieder ins Zuchthaus führen.

Der Geistliche[3]) von Camp Hill, der englischen Verwahrungs-

---

[1]) Ribbert, Die Bedeutung der Krankheit für die Entwicklung der Menschheit. Bonn 1912, 2.
[2]) Kurella, Die Naturgeschichte des Verbrechers. Stuttgart 1893, 125.
[3]) Engl. Gef.-Stat. 1913, II, 136.

anstalt für gewohnheitsmäßige Verbrecher, hat den Lebenslauf von 100 „Habituals“ untersucht. Er kam zu diesen Ergebnissen:

Durchschnittliches Alter bei der ersten Verurteilung .	19,87 Jahre
„ „ „ Verurteilung zur Verwahrung	40,25 „
Durchschnittliche Anzahl von Jahren Gefängnis und Zuchthaus	19,09 „
„ „ „ strafbaren Handlungen .	17,1.

Ich sprach davon, daß die Gründe, die zum Rückfall treiben, stärker sein können als die aus schlechten Erfahrungen sich ergebenden Gegengründe, und daß diese Art des Rückfalls als eine normale Reaktion des Individuums angesehen werden müsse.

Gegen diese Bedingungen des Rückfalls können wir mit Schmerzzufügungen nicht ankämpfen; die schwersten Zuchthausstrafen, selbst die vom deutschen Vorentwurf vorgeschlagenen Schärfungen der Strafe durch hartes Lager und magere Kost, können gegen diese Faktoren nicht aufkommen, sie könnten selbst dann nicht im Streit der Motive obsiegen, wenn die Menschen, um die es sich hier handelt, ruhig denkende, mit Motiven umgehende Wesen wären.

Die englische Central Association for the Aid of dicharged Convicts berichtet[1]):

878 entlassene Zuchthäusler wurden im vergangenen Jahre von der Vereinigung in Empfang genommen. Sie entstammten fast alle der Arbeiterklasse und waren nur für solche Arbeit geeignet. Aber 340 von ihnen waren nicht imstande, schwere Arbeit zu verrichten, und 84 waren über 60 Jahre alt. 76 waren zwischen 50 und 60 und 169 zwischen 40 und 50. Eine viel größere Zahl war wahrscheinlich über 40, denn ein Zuchthäusler nennt sich gern jünger. Die Schwierigkeit, für diese älteren Leute eine Beschäftigung zu finden, ist dadurch sehr vergrößert worden, daß in einigen der größten Gewerbe ein Minimallohn eingeführt ist und neue Maschinen aufgestellt wurden, um den Ansprüchon der Versicherungsgesetze zu genügen. Weiterhin hatten 314 dieser Leute mehr als eine Zuchthausstrafe verbüßt, über $80\,^0/_0$ waren zum mindesten einmal vorher im Gefängnis gewesen; viele waren fast die ganzen letzten 20 Jahre im Gefängnis gewesen, einige wiesen über 60 Vorstrafen auf.“

Auf die rein körperlichen Unterlagen der Kriminalität, vor allem der rückfälligen Kriminalität, werde ich in einem späteren Kapitel noch ausführlicher zu sprechen kommen. Hier sei nur erwähnt, daß nach meiner Berechnung von den rückfälligen in preußische Zuchthäuser eingelieferten Verbrechern $30\,^0/_0$ nicht Soldat

[1]) Engl. Gef.-Stat. 1913, I. 112.

gewesen waren (jährlicher Durchschnitt des Zeitraums 1907 bis 1911[1]).

So zerteilt sich die große Masse der Rückfälligen in drei Hauptgruppen. Erst einmal die Kriminellen, die unter normalen Lebensverhältnissen rückfällig werden. Hierher gehören die Berufsverbrecher auf dem Gebiet der Eigentumsdelikte (Diebe, Einbrecher, Betrüger, Hehler, Falschmünzer) und die Desequilibrierten und Perversen, die Brandstifter, die hysterischen Schwindler, Sittlichkeitsverbrecher und die Leute, die man Vollstreckungsnegativisten nennen könnte (§ 113, 114 StGB.). Es ist deutlich erkennbar, daß zwischen ihnen und den gemindert Zurechnungsfähigen eine scharfe Grenzlinie unmöglich gezogen werden kann. Sie sind gesichert zu verwahren. Dann kommen die Kriminellen, die infolge körperlicher oder geistiger Schwäche immer wieder auf verbrecherische Handlungen oft harmloser Art als Erwerbsform zurückfallen. Zwischen ihnen und den Berufsverbrechern, die ich oben nannte, findet ein reger Austausch statt. Je nach ihrer Gefährlichkeit und Aktivität sind diese unter Schutzaufsicht zu stellen, mit geeigneter Arbeit zu versehen, in Freiheit oder in einer Anstalt zu beaufsichtigen. Und schließlich kann man mit Strafe die rückfälligen Individuen wieder dem sozialen Leben zu gewinnen trachten, deren Rückfall starken äußeren Einflüssen zuzuschreiben ist und die als besserungsfähig angesehen werden können. Der Hauptkampf um diese Klasse von Gelegenheitsrückfälligen muß aber in die strafrechtliche Behandlung der Jugendlichen verlegt werden. Hier schon muß eine scharfe Auswahl in Adaptale und Inadaptale stattfinden und die dritte Klasse von unechten Rückfälligen zum Aussterben bringen.

Welch ein wichtiges Problem für die nächste Zeit durch das gewohnheitsmäßige Verbrechen dargestellt wird, zeigt der Umstand, daß gerade dieser Punkt den bisherigen strafrechtlichen Methoden ganz unerreichbar war. Die ruhige Energie unserer Maßnahmen muß der zielsicheren Entschlossenheit eines Teils dieser schädlichen Individuen gleichkommen. 1700 strafbare Handlungen hatten 100 Insassen von Camp Hill begangen, die gerichtlich festgestellt waren. Wie viele

[1]) Die Zahlenangaben für die einzelnen Jahre finden sich Preuß. Stat. Jahrb. 1913, 522. Man bemerke, daß psychische Störungen nur selten den Militärärzten auffallen, die hier in Betracht kommenden Untauglichkeitsgründe also fast alle auf rein körperlichem Gebiet liegen. Andererseits waren von den im Jahre 1911 in Österreich verurteilten 8735 Militärpersonen 1235 des Lesens und Schreibens unkundig, also 14,1 % (Österr. Stat. Handbuch 1912, 333). Diese Zahl ist ganz außergewöhnlich hoch. Sie bedeutet nicht, daß die Soldaten wegen ihrer geringen Bildung sich leichter strafbar machten, sondern daß geistig minderwertige, von denen hier ein Leistungsgebiet, der Intellekt, meßbar ist, unter den Kriminellen sehr stark vertreten sind.

unentdeckt und unbestraft geblieben sind, kann sich nur der vorstellen, der diese Klasse von Menschen kennt.

Wir sahen, daß sich die ätiologischen Wurzeln des Rückfalls nach drei Seiten hin verfolgen lassen, deren Wirkungen aber selten isoliert auftreten, sondern ineinander überspielen: Auf psychische Defektanlagen des Menschen, auf starke Momente des äußeren Anreizes und schließlich auf die fehlerhafte Behandlung dieser Persönlichkeiten in den Strafanstalten. Hier wird der Wille des Kriminellen gebrochen; seine Arbeitskraft verrostet, er wird mehr daraufhin dressiert, ein bequemer Sträfling zu sein, als später ein ehrliebender, gesund reagierender, mit leisen Mitteln dirigierbarer Mensch in der Freiheit. Kurz gesagt, seine Defektanlage wird verstärkt. Und da die wirtschaftlichen Verhältnisse in der Regel für den entlassenen Sträfling ungünstigere geworden sind als vorher, da sein Ehrgefühl durch brutale Disziplinarmethoden stumpf gemacht und seine Hoffnungen in den endlosen wirklichen Nächten und den noch längeren Nächten des Dunkelarrestes aus der Realität verjagt und in die Phantasie hineingedrängt worden sind, so mangelt ihm jedes Augenmaß. Sein Selbstgefühl rettet sich in wahnhafte Gebilde hinein, er hält sich für unschuldig, für verfolgt und reagiert in unsinnigster Weise. Der Sträfling geht aus der Strafanstalt hinaus, um nach kurzer Zeit wieder rückfällig zu werden. Er muß rückfällig werden, weil er der gleiche blieb oder schlechter wurde und weil die Dinge um ihn sich härter und unfreundlicher gestalteten.

Für die starke Zunahme des Rückfalls möchte ich noch eine andere Erklärung geben, die auch für die Wahl der Rückfallsbekämpfung von Bedeutung sein muß. Wir wissen, daß die Fortschritte der Medizin in einem starken Rückgange der Mortalität zum Ausdruck kommen. Während im Jahre 1861 im Gebiete des heutigen Deutschen Reiches auf 1000 Einwohner 26,2 Gestorbene kamen, sind die entsprechenden Zahlen 18,2 für das Jahr 1911 [1]). Die Sterblichkeit ist demnach in Deutschland um nahezu 30 % in den letzten 40 Jahren herabgestürzt [2]).

Die natürliche Folge einer solchen Mortalitätsabnahme ist eine Verlängerung der durchschnittlichen Lebensdauer. In Bayern z. B. [3]) betrug die durchschnittliche Lebensdauer:

	1876	1891/1900	1900/1910
Beim Manne . .	33,5	37,91	42,18
Bei der Frau . .	36,7	41,06	45,38

[1]) Deutsch. Stat. Jahrbuch. 1913, 22.

[2]) Engl. Stat. Jahrbuch 1913, 408. Es trafen Todesfälle in Großbritannien auf je 1000 Lebende:

1898	17,5
1912	13,3.

[3]) Zeitschrift des Kgl. Bayr. Stat. Landesamts Bd. 45. 1913, 615.

Zu dem gleichen Ergebnis gelangen wir auf anderem Wege. In Preußen betrug das Durchschnittsalter aller Gestorbenen[1]):

	Männer	Frauen
1881/85	25,9	27,7
1901/05	28,3	31,2
1910	30,8	34,4

Wenn die Menschen in den Kulturstaaten durchschnittlich überhaupt länger leben, so leben auch die Kriminellen länger. An den bayrischen Feststellungen gemessen, haben die männlichen Kriminellen in den letzten 35 Jahren nicht nur beinahe 9 Jahre im Durchschnitt an Lebensdauer gewonnen, in denen sie ihren Kampf gegen die Gesellschaft fortsetzen können, sie haben auch Zeit gewonnen, mehr Nachkommen zu erzeugen und auf diese minderwertigen Nachkommen längere Zeit ihre verdorbenen Anschauungen, ihre schädlichen Suggestionen, ihre tiefe Unzufriedenheit und ihren Haß gegen die Gesellschaft wirken zu lassen. Weiter haben diese Individuen dadurch die Möglichkeit gewonnen, ihre Erfahrungen antisozialer Richtung, ihr technisches Können, ihren verbesserten Umgang mit Polizei und Gericht in erhöhtem Umfange auszunutzen. Es scheint also nicht mehr so verwunderlich, wenn wir sehen, daß das Antlitz des Rückfallverbrechens immer schärfere Züge annimmt. Denn ebenso wie eine Verlängerung der Lebensdauer einer Generation hunderttausende von Arbeitsjahren mehr schenkt und auf unsere besten Kulturleistungen befruchtend wirkt, so muß auch die Kulturwidrigkeit einer höheren Stufe der Entwicklung entgegengeführt werden.

Aber nicht nur eine Erklärung der Ursachen des Rückfallverbrechens und seiner Zunahme liegt in diesen Beobachtungen, ich möchte darin auch eine kräftige Stütze der Forderungen sehen, die eine von Grund auf veränderte Behandlung des Rückfälligen in Vorschlag bringen. Konnte man früher hoffen, mit harten Strafen wenigstens den Unverbesserlichen für einen erheblichen Teil seines Lebens in sicherer Verwahrung zu halten, so ist diese Hoffnung durch Heraufrücken der Sterblichkeitsgrenze sehr gemindert worden. Der Kriminelle überlebt in der Regel heute um eine größere Anzahl von Jahren selbst schwere Strafen. Daraus müssen Übelstände erwachsen, die jetzt schon in den Kriminalstatistiken sich andeuten und die sich von Jahr zu Jahr verstärken werden. England hat diese Schwierigkeiten wohl begriffen und gesetzliche Schritte getroffen, nach der Verbüßung der Strafe gewohnheitsmäßige Verbrecher noch in Verwahrung zu halten[2]); die Schweiz und Österreich bringen ähnliche

[1]) Preuß. Stat. Jahrbuch 1913, 48.

[2]) s. v. Hentig, Ein Besuch in Camp Hill, der englischen Verwahranstalt für gewohnheitsmäßige Verbrecher. Schweizerische Ztschr. für Strafrecht 1913.

Maßregeln in Vorschlag. Eine andere Lösung des Problems scheint ausgeschlossen; wenn die kriminellen Tendenzen lebenskräftiger geworden sind, muß auch das Strafrecht zu Reaktionen greifen, die sich seiner selektiven Funktion klarer bewußt sind. Da wir verlangen, daß Strafe nur da zur Anwendung kommen soll, wo sie Wirksamkeit verheißt, da aber experimentell bei diesen Individuen festgestellt worden ist, daß sie Strafwirkungen gar nicht oder höchst unvollkommen zugänglich sind, bleibt nur eine sichernde Verwahrung übrig, die allein in der Unschädlichkeit des Verwahrten ihre zeitliche Begrenzung findet.

Wir müssen uns endlich daran gewöhnen, an die Unverbesserlichkeit mancher Krimineller zu glauben. Wir müssen diesen Weg gehen, weil es immer noch eine große Zahl von Rechtsbrechern geben wird, denen unser Optimismus, unsere Hilfsbereitschaft, unsere Bemühungen und unser Geld zugute kommen können. Es wäre Unrecht, wollten wir unsere Anstrengungen und unsere berechtigten Hoffnungen nicht auf den Punkt konzentrieren, wo wir Erfolg erwarten können, und es wäre unrationell, dort helfen zu wollen, wo jede Hilfe vergeblich ist. Wollen wir wirkliches Mitleid mit diesen unglücklichen Individuen zu Worte kommen lassen, so können wir nichts Besseres tun, als diese Klasse von Menschen mit schweren moralischen Defekten allmählich aussterben zu lassen. Dann brauchten Gesetz und Richter nicht mehr zu Notwehrexzessen gegen diese Stiefkinder der Natur zu greifen, die nur mit Furcht, Schreck und Bestürzung unserer hilflosen Unkenntnis entschuldigt werden können.

2. Besserung durch Strafvorstellungen.

§ 16.

Es war früher von den Prozessen gegen Tiere die Rede, die man durch verwickelte Vorstellungen der Abschreckung für bestimmbar hielt. Eigentlich gehörte die Besprechung dieser kriminalhistorischen Erscheinungen in diesen Abschnitt, und es wird gut sein, mit wenigen Worten eine scharfe Grenze zwischen den beiden Wirkungen zu ziehen, die man beide Abschreckung nennt, psychologischen Zwang, Prävention heißt.

Die Individualprävention, die Abschreckung des kinetischen Kriminellen durch den Strafvollzug oder dessen Surrogate, bedeutet Determination durch Erregung von Verlustvorstellungen, die sich aus wirklich erlittenen Schmerzempfindungen gebildet haben.

Die Kollektivprävention, die Abschreckung potentieller Krimineller durch die sichere Voraussicht einer möglichen Bestrafung, bedeutet hingegen Determination durch Verlustvorstellungen, die sich aus entfernteren Erinnerungsbildern, etwa akustischen Eindrücken oder optischen Wahrnehmungen zu mehr oder weniger deutlichen und gegenwärtigen Vorstellungen entwickelt haben.

Aus dieser flüchtigen psychologischen Analyse geht hervor, daß die abschreckenden Vorstellungen, die etwa bei der Generalprävention auftreten, in der Regel sehr viel weniger tief im Bewußtsein verankert sein müssen als die Verlustvorstellungen, die sich unmittelbar durch schmerzhafte Erfahrungen der Psyche eingeprägt haben.

Den psychologischen Voraussetzungen entsprechen die Erfahrungen des Rechtslebens. Bei den Hunderttausenden von Kriminellen, die jährlich vor Gericht stehen, hat die Generalprävention versagt, von dieser Armee des Verbrechens aber ist nur ein Bruchteil den Abschreckungsvorstellungen unzugänglich, die sich durch direkte Strafeinwirkungen ihnen aufgedrängt haben. Um so mehr muß es in Erstaunen setzen, daß alle Vorschläge, die unwirksamen Bestrafungen von Alkoholikern, Gewohnheitsverbrechern und vermindert Zurechnungsfähigen durch sichernde Maßnahmen zu ersetzen, von dem DVE. (Begr. 229), aber auch von dem ÖVE. mit dem Hinweis abgelehnt werden, die Generalprävention sei gefährdet und dürfe nicht erschüttert werden. Die Vorentwürfe folgen damit nur dem deutlichen Bestreben der klassischen Strafrechtsschule, die Ohnmacht und den Mißerfolg der herrschenden Strafmethoden mit dem Hinweis auf günstige Folgen zu verteidigen, die sich jedem exakten Nachweis entziehen. Denn die Wirkungen der Generalprävention sind statistisch kaum erfaßbar, sie gehören dem Reich des Glaubens, nicht dem des Wissens an.

Im alten Rom war es Sitte, alljährlich ein Fest zu feiern, bei dem die Nachkommen der Gänse, die das Kapitol gerettet hatten, mit Juwelen geschmückt, herumgetragen wurden. Man schlug aber auch einen Hund ans Kreuz, der für die mangelnde Wachsamkeit seiner Vorfahren büßen sollte[1]).

Hieronymus Rosarius erzählt[2]): Et nos ab Agrippina Colonia Duram versus equitantes in illa vesta silva vidimus duos caligatos lupos non secus quam duos latrones furcae suspensos, quo similis poenae formidine a malefecio reliqui deterreantur.

Tierstrafen, Selbstmörderstrafen, Irrenstrafen und Kinderstrafen erzählen uns von dem Aberglauben der Völker an die Abschreckungsfähigkeit von Lebewesen, denen der psychische Aufnahmeapparat für die abschreckenden Vorstellungskomplexe entweder ganz fehlt oder verstümmelt ist. Taube glaubte man beeinflussen zu können, indem

---

[1]) Evans, The criminal prosecution and capital punishment of animals. London 1906, 177.

[2]) Evans, ibid. 252.

man immer lauter schrie, Blinde, indem man sie mit den stärksten Scheinwerfern bestrahlte. Die reine Abschreckungswirkung zeigen die Todesstrafen, die mit irgend einer weiteren Schmerzzufügung kombiniert sind. Heute noch können dem zu Tode Verurteilten in Deutschland die bürgerlichen Ehrenrechte aberkannt werden (StGB. § 32; ebenso die DEV. § 45 und OeVR. § 33). Der DVE. betont sogar vorsichtig, daß neben der Todesstrafe auf „dauernden" Verlust der bürgerlichen Ehrenrechte erkannt werden kann. Nach dem österreichischen StGB. vom 27. Mai 1852 verliert der zum Tode Verurteilte außer einer Anzahl von Ehrenrechten seine Pension und wird des Adels für verlustig erklärt (§ 27).

Nach reinen Abschreckungsprinzipien wird auch die Militärgerichtsbarkeit gehandhabt. Bekanntlich gibt es nirgends Gerichte, die sich so wenig um das Gutachten Sachverständiger kümmern wie Militärgerichte. Es kommt nicht selten vor, daß der Sachverständige die freie Willensbestimmung für ausgeschlossen erklärt, die Gerichte aber doch zu schweren Strafen verurteilen. Da der normale Soldat sich auch durch leichte Strafandrohungen von Vergehen gegen die Disziplin abhalten läßt und in der Disziplinargerichtsbarkeit dem Vorgesetzten fühlbare, wirksame und dabei harmlose Strafen zur Verfügung stehen — ich erinnere nur an die so gefürchtete Entziehung des Urlaubs — so können sich die schweren und vernichtenden Bestrafungen, die häufig von den Militärgerichten verhängt werden, nur gegen die bedenklichen Elemente. die Minderwertigen, Psychopathen, Impulsiven und Degenerierten[1]) richten, die auch durch die härtesten Strafandrohungen sich nicht abhalten lassen werden, Ausschreitungen zu begehen, die Disziplin zu gefährden und sich zu Widersetzlichkeiten hinreißen zu lassen. Dieser Bruch mit dem Nimbus der Disziplin kann aller schwersten Bestrafung zum Trotz auf die Psyche der andern Soldaten nicht ohne bedenklichen Einfluß bleiben. Also auch hier, wo künstliche Zusammenhänge durch besonders energische psychische Zwangsmethoden erhalten werden sollen, und wo Generalprävention scheinbar noch am meisten Berechtigung hat, versagt eine Anschauung, die auf Normale zugeschnitten und nach ihrer Empfänglichkeit berechnet, von Anormalen und vom Unempfänglichen wirkungslos abgleitet. Das römische Recht sprach den Soldaten frei, der einen Offizier, qui stuprum inferre voluit, tötete. Solche Fälle finden sich häufig erwähnt[2]). Dagegen berichtet Gall[3])

---

[1]) Die Kriminalstatistik für das Deutsche Heer und die Kaiserliche Marine zeigt unter den Verurteilten eine erstaunliche Menge von Vorbestraften, wenn man die Jugend der Leute berücksichtigt (im Heer 1912 gegen 45%).

[2]) Mommsen, Römisches Strafrecht. 1899, 620.

[3]) Gall, Anatomie et Physiologie du système nerveux. Bd. II, 400.

den Fall eines Soldaten, der Frau und Kinder tötete, die von einem Leutnant mit Liebesanträgen verfolgt wurden. Er wurde vom Kriegsgericht zum Tode verurteilt; zur Verschärfung der Strafe durfte er die Tröstungen der Religion nicht empfangen[1]).

Die reichlichsten Erfahrungen über die kollektivprävenierende Kraft der Strafe haben die Strafgesetzgebungen der verschiedenen Völker mit der Todesstrafe und den verstümmelnden oder besonders schmerzhaften Strafen (Prügel) machen können. Wie ich schon andeutete, hat man besonders die Todesstrafe durch Verschärfungen abschreckend gestalten wollen. Heute noch ist in Frankreich die Hinrichtung öffentlich. In Preußen (Berlin) läßt der Polizeipräsident eine jede Hinrichtung durch rot gedruckte Anschläge dem Publikum zur Kenntnis bringen. In einigen Armeen, z. B. der französischen Kolonialarmee, ist es Sitte, nach einer standrechtlichen Erschießung sämtliche Truppen mit klingendem Spiel an der Leiche des Exekutierten vorbeidefilieren zu lassen.

Die semitischen Völker begnügten sich mit der Gewißheit, ein antisoziales Element durch Hinrichtung unschädlich gemacht zu haben. Die zum Tode Verurteilten wurden im alten Ägypten durch ein berauschendes Getränk in humaner Weise betäubt; die gleiche Sitte finden wir im alten Judäa[2]). Es ist nicht unwahrscheinlich, daß dem sterbenden Jesus ein solcher Trank gereicht worden ist. Wir aber pflegen den zum Tode Verurteilten, der krank und stumpf ist, wieder zur Schmerzempfänglichkeit heran.

Bekanntlich ist der alte Kampf um die Berechtigung der Todesstrafe wieder aufgeflackert. Wenn man die Fälle einer Verurteilung

---

[1]) Vom Kriegsgericht der 31. Division in Saarbrücken wurde am 20. November 1913 der Ulan F. B. zu einem Jahr einen Tag Gefängnis und erneuter Versetzung in die zweite Klasse des Soldatenstandes verurteilt, und zwar wegen Fahnenflucht, Beharrens im Ungehorsam, Erkennengeben des Ungehorsams, Widersetzung und Beleidigung einer militärischen Wache. Der Angeklagte war zweimal desertiert, das erstemal zu acht Monaten Gefängnis verurteilt worden, benahm sich bei der zweiten Verhandlung so auffällig (versuchte sich aus dem Fenster zu stürzen), daß die Verhandlung vertagt und der Ulan zur Beobachtung seines Geisteszustandes in das Militärlazarett eingeliefert wurde. Dort hatte er sich von dem Wachhabenden nach dem Klosett führen lassen, die Aborttüre verriegelt, auf den ausdrücklichen Hinweis des Gefreiten, daß ein Verschließen der Klosettür laut Dienstvorschrift unzulässig sei, erst verschlossen gehalten, dann plötzlich geöffnet, dem Gefreiten ungebührliche Worte zugerufen und die Tür schnell wieder verriegelt. Alles das bei der Beobachtung auf seinen Geisteszustand im Militärkrankenhaus. Die Folge, außer wegen Fahnenflucht, Anklage wegen Beharrens im Ungehorsam, Erkennengebens des Ungehorsams, Widersetzung und Beleidigung einer militärischen Wache und Verurteilung des offenbar Kranken zur Mindeststrafe.

[2]) Thonissen, Etudes sur l'histoire du droit criminel des peuples anciens. Bruxelles, 1869, I, 157.

zum Tode zählt, die ich auf Seite 25 angegeben habe, so wird man der ganzen Frage keine übergroße Bedeutung zumessen können. Immerhin muß die abschreckende Kraft der Todesstrafe auf die weitesten Kreise der Bevölkerung (als ob diese nur aus sprungbereiten Mördern bestünde) dazu herhalten, die Beibehaltung der Todesstrafe stützen zu helfen.

Als im Jahre 1832 in England das Gesetz dem Oberhaus zur Beratung vorlag, wodurch die Todesstrafe für Urkundenfälschung, Falschmünzerei und Diebstahl abgeschafft wurde, sprach Lord Ellenborough im Hause der Lords die folgenden Worte: „Die erlauchten Herren werden einen Augenblick innehalten, ehe sie einer Maßregel zustimmen, die mit Gefahr für die Sicherheit des Eigentums geradezu geladen ist. Die gelehrten Richter stimmen darin überein, daß Gerechtigkeit und öffentliche Sicherheit gebieterisch verlangen, aus diesem Teile des Strafrechts dürfe die Todesstrafe nicht gestrichen werden. Meine Herren, wenn wir diesen Entwurf Gesetz werden lassen, so werden wir nicht wissen, wo wir stehen — wir werden nicht wissen, ob wir uns auf unserem Kopf oder unseren Füßen befinden“[1]).

Die Statistik ist diesen Fragen auch nachgegangen und hat in den Ländern, die die Todesstrafe abgeschafft haben, eine Zunahme der Tötungsdelikte nicht feststellen können. Interessant ist das Beispiel Italiens, das bekanntlich eine sehr hohe Quote an Morden und Totschlägen aufweist. Die folgende Statistik ist von Professor Ruata (Perugia) aufgestellt (Cit. Heath 28). In Italien wurde die Todesstrafe im Jahre 1889 abgeschafft:

1889	13,3	1895	12,4	1901	9,8
1890	12,0	1896	12,3	1902	9,8
1891	13,0	1897	12,7	1903	9,4
1892	14,4	1898	11,8	1904	9,1
1893	14,1	1899	11,2	1905	8,5
1894	12,7	1900	10,8	1906	7,8

Die Zahlen beziehen sich auf je 100000 Einwohner und geben die Verhältniszahlen der Tötungsdelikte an.

Die Prügelstrafe hat sich ebenso ungeeignet zur Abschreckung erwiesen. Ich glaube aber nicht, daß die kühle Absicht der Abschreckung so sehr im Vordergrund der Erwägungen bei den Anhängern der Prügelstrafe steht. Es handelt sich vielmehr, wie ich glaube, um impulsive Leute, die eine Neigung zu heftigen Reaktionen

---

[1]) C. Heath, On Punishment. London 1913, 37/38: In England wurde im Jahre 1833 ein Junge im Alter von neun Jahren wegen Einbruchs zum Tode verurteilt. Während dieses Urteil aber nicht ausgeführt wurde, gelangte im Jahre 1843 in Stirling ein 84 Jahre alter Mann namens Allen Mair zur Exekution (Heath 40).

haben und die hinterher sich durch Anführung der Kollektivprävention vor sich selbst und andern zu rechtfertigen suchen[1]).

Garofalo hat mit Recht den psychischen Zwangstheorieen von Feuerbach und Romagnosi entgegengehalten, die entfernte Möglichkeit einer Strafe könne nie die gleiche Wirkung haben wie ein sicherer Nachteil[2]). Aber weiter, selbst wenn diese Folgen ganz feststehende wären, so läßt die mangelnde Voraussicht, eine der Grundeigenschaften des Kriminellen, den nahen Vorteil über den

---

[1]) Siehe die überaus interessante Petition der Leiterinnen englischer Zwangserziehungsanstalten um Beibehaltung der Prügelstrafe gegenüber den Zöglingen. In England ist körperliche Züchtigung der Mädchen in den Straferziehungsanstalten nicht unbedingt verboten. In den Musterhausordnungen aber, die der Staatssekretär des Innern für diese Anstalten herausgegeben hat, ist die Anwendung von körperlicher Züchtigung ganz untersagt. Die Hausordnungen, die in letzter Zeit neuverfaßt oder revidiert worden sind, haben sich nach diesen Vorschriften richten müssen. Dem parlamentarischen Komitee für Zwangs- und Straferziehungsanstalten ging nun eine Petition von sieben Leiterinnen von Mädchenanstalten zu, in denen es heißt:

„Das Komitee wird uns darin zustimmen, daß die Aufrechterhaltung der Disziplin die Grundlage aller bessernden Erziehung oder jeder nützlichen Belehrung ist und sein muß. Diese Frage kompliziert sich in unseren Anstalten durch die Gegenwart von Kindern, die als unverbesserlich aus den Zwangserziehungsanstalten entlassen worden sind und die zu uns in der Erwartung gesandt werden, daß sie auf irgendeine Weise bei uns strenger als bisher behandelt werden sollen.

Wir stellen unsern Antrag hauptsächlich in dem Interesse der Kinder in unseren Anstalten, aber wir müssen auch hinzufügen, daß ein unablässiger Kampf, durch moralische Überredungsmittel allein Gehorsam und Folgsamkeit durchzusetzen und aufrecht zu erhalten, eine schwere Beanspruchung unserer psychischen Kräfte und der unserer Wärterinnen bedeutet, die unsere Arbeit sehr viel ermüdender macht als sie sein brauchte. Die Ermattung und die Niedergeschlagenheit, die durch solche Versuche herbeigeführt wird, kann nicht leicht beschrieben werden und muß unsere gesamte Leistungsfähigkeit beeinflussen.“ Report of the Departemental Comittee on Reformatory and Industrial Schools. London 1913, 28.

Ich hätte die Petition nicht so ausführlich wiedergegeben, wenn sie nicht in interessanter Weise die Mentalität der Anhänger der Prügelstrafe beleuchtete. Die Vorsteherinnen der englischen Anstalten machen gar kein Hehl daraus, daß die körperliche Züchtigung ihrem heftigen Reaktionsbedürfnis entsprechen würde, und daß die Überwindung, in dieser Weise nicht reagieren zu können, ihre Nervenkräfte verbraucht. Da die Aufgabe der Straferziehungsanstalten aber nicht die ist, die Nerven ihrer Leiterinnen zu schonen, sondern die Kinder zu bessern, und wenn dies nicht möglich, sicher zu verwahren, da diese Kinder in ihrem Leben schon soviel Prügel bekommen haben, daß keine Anstalt das Maß übertreffen kann, zeigt uns die Petition, daß es ungeeignete Anstaltsleiterinnen gibt, wie es zu allen Zeiten Völker und Gesetzgeber gegeben hat, die nicht imstande waren, die Beherrschung selbst zu zeigen, die sie von kindlichen und unvollkommenen Gehirnen erwarteten und erzwingen wollten.

[2]) Garofalo, Criminologie 268.

fernen Schaden den Sieg davon tragen. Ich habe früher einmal darauf hingewiesen, daß die himmlischen Strafen, die von weiten Kreisen der Bevölkerung als ganz sichere Folgen angesehen werden, nicht imstande sind, in jedem Fall hindernd in die Entschlußbildung einzugreifen. Nach dem Tode drohten dem Inder, der ein Verbrechen begangen hatte, die schwersten Strafen als verwandelte Tiere[1]). Bei Ketzerei konnte nach kanonischem Recht noch gegen den Verstorbenen ein Strafprozeß anhängig gemacht und das Anathema über ihn verhängt werden[2]). Diese kriminalhistorische Reminiszenz hilft uns die Wirkungslosigkeit der beabsichtigten Abschreckung in einem Bilde zu verstehen. Wie man Ketzer durch das drohende Anathema vom Abfall zurückhalten wollte, so soll die Strafe Unabschreckbare und schwer Abschreckbare beeinflussen.

Verläßt man schon den Kriminellen selbst und legt man sich die Frage vor, ob nicht eine an sich unwirksame Strafe drohende fremde embryonale Kriminalität im psychischen Keime ersticken könne, so darf man diese weitgehende Fragestellung auch auf die nachteiligen Folgen ausdehnen, die, losgelöst von dem rechtbrechenden Individuum, in weiten Wellenkreisen sich ausdehnend die Gesellschaft berühren.

Die erschreckenden Roheiten des deutschen Bauernkrieges, die Brutalitäten der französischen Revolution, die Gefühllosigkeiten der populären Lynchgerichte in alter und neuerer Zeit sind nichts als verstärkte, massenmäßige, wohlbekannte und doch schlechtverstandene Nachahmungen strafgesetzlicher Prozeduren. Pike[3]) erzählt; „Häufig konnte man in dieser Zeit die Beobachtung machen, daß die Aufständischen ihren Opfern die Köpfe abschnitten“.

„Daß große Verbrechen stets ihre Nachahmungen finden, ist auch heute eine alltägliche Erfahrung. Das Enthaupten und Vierteilen von Hochverrätern hatte ohne Zweifel seines Eindrucks auf die Phantasie aller Bevölkerungsklassen nicht verfehlt. Die öffentlichen Hinrichtungen noch einmal zu spielen, die sie von früher Jugend auf durch Hörensagen oder auch durch Augenschein genau hatten kennen lernen, war eines der ersten Impulse des siegreichen Mob. Jetzt waren sie es, die das Kommando führten und sie betrachteten ihre Feinde als Hochverräter[4]).“

---

1) Thonissen I, 64.

2) G. Katz, Grundriß des kanonischen Strafrechts. 1881, 56.

3) Pike II, 336. Von der englischen Bauernrevolte unter Wat Tyler im Jahre 1381.

4) Osiander (Über den Selbstmord. Hannover 1813, 67) berichtet von einem Soldaten, der den Königsmörder Ankerström hatte hinrichten sehen (27. April 1792) und auf den der „abschreckende“ Vorgang solchen Eindruck machte, daß er sogleich hinging und seinen Freund erstach, um auch so feierlich hingerichtet zu werden. Man tat ihm den Gefallen aber nicht, sondern verurteilte ihn zu lebenslänglichem Gefängnis in Ketten.

Der von Pike (II 399) berichtete Fall des Zollwächters William Gally, der von dem erregten Pöbel auf entsetzliche Weise zu Tode gepeitscht wurde, spricht von den Wirkungen der Prügelstrafe. Wenige abgeschreckt und viele verroht zu haben, das war der Effekt der überstrengen Strafen gewesen.

§ 17.

Noch haben wir die Generalprävention in das Schema unseres Selektivprozesses einzureihen und die Ergebnisse unserer Untersuchungen zusammenzufassen.

Wir hatten nicht nur in den strafrechtlichen Maßregeln, die Leben und Zeugungskraft vernichteten, soziale Ausleseprozesse erblickt, wir hatten auch den leichteren Strafen selektive Funktionen zugeschrieben. Dabei ließen wir uns von dem Gedanken leiten, daß wie im Leben der Völkergruppen die selektiven Einflüsse sich nicht explosiv in der Regel und nicht unzweideutig äußern, sondern schrittweise, in allmählicher Häufung der Wirkungen auftreten. Daß Zufälligkeiten der Konstellation sich ausgleichen, nur scheinbare Lebensuntauglichkeit sich korrigiert, wirkliche Inferiorität sich vertieft.

Dies ist auch das Vorgehen des Strafrechts bei den strafbaren Handlungen, aus denen es nicht schon bei der ersten Tat die völlige Unbrauchbarkeit des Individuums erschließt. Der Rechtsbrecher wird zwar in physischer, moralischer und wirtschaftlicher Weise bis zu einem bestimmten Grade geschädigt, aber diese Einbußen sind nicht so vernichtend, daß nicht eine wirklich gesunde, kräftige und einwandfreie Natur imstande wäre, sich diesen einmaligen Schmälerungen, diesen künstlich ins Ungünstige veränderten Umweltbedingungen anzupassen. Ist das Individuum durch die ihm zugefügten Schmerzen und die daraus gebildeten Vorstellungskomplexe determinierbar, ist es abschreckbar, so wird es in der Regel sich weiter ohne allzugroße Mühe behaupten können. Ist dagegen die erhoffte abschreckende Wirkung ausgeblieben, begeht der Mensch erneute strafbare Handlungen, so leitet das Strafrecht durch eine weitere verstärkte Strafe oder durch eine Summe von strafenden Maßnahmen einen schädigenden Prozeß ein, der mit größerer oder geringerer Deutlichkeit, in längerer oder kürzerer Zeit zu einer Elimination des Individuums führt.

Noch dünner, feiner und mit bloßem Auge kaum erkennbar sind die selektiven Wirkungen, die man unter der Bezeichnung Kollektivprävention zusammenfaßt. Hier haben wir das erste Sieb, das soziale und unsoziale Naturen in ganz grober und vorläufiger Weise trennt. Bei jedem Menschen, der eine strafbare Handlung begeht, hat die Kollektivprävention bereits versagt. Eine rein psychische Determinierbarkeit fehlt also dem Individuum, das zum erstenmal vor dem Strafrichter erscheint. Nun mögen tiefergreifende Einwirkungen zeigen, ob sie kräftige inhibitorische Vorstellungen zu bilden und weitere kriminelle Exzesse zu verhindern imstande sind. Versagt auch dieses stärkere Mittel, so geht das Strafrecht vom Zögern, von Vorsicht und Sparsamkeit mit Menschenleben, deren soziale Eignung sich nicht auf den ersten flüchtigen Blick erkennen läßt, zu vernichtenden Schlägen über. Jetzt erst läuft die selektive Maschinerie des Strafrechts, die bisher nur ruckweise arbeitete, mit vollem Dampf.

So bauen sich auf langsamen und leisen Wirkungen Prozesse von immer größerer selektiver Intensität auf. Millionen von Menschen lassen sich durch die Furcht vor Strafe determinieren, Hunderttausende durch die abgesessene oder abgezahlte Strafe bestimmen, aus Tausenden aber, die sich unempfänglich für Kollektivprävention wie für Individualprävention zeigen, setzt sich das große Heer der Rückfälligen zusammen. Diesen Personenkreis greift, wie wir gesehen haben, neben den schweren Verbrechern das Strafrecht mit seinen energischsten Mitteln an und verschlechtert ihre Lebensbedingungen zur Unerträglichkeit.

Eine solche progressive Ausleseverschärfung wird aber, von den herrschenden Strafrechtsystemen, nicht rein durgeführt. Die Unzurechnungsfähigen, die gemindert Zurechnungsfähigen und die Gewohnheitsverbrecher erfahren eine grundverschiedene Behandlung, trotzdem ihnen eine kriminaltechnisch besonders wichtige Eigenheit gemeinsam ist: Die Indeterminierbarkeit durch Strafdrohungen und Strafwirkungen. Statt von dieser Erfahrung auszugehen und nutzlose Einwirkungsversuche auf derartig organisierte Individuen aufzugeben, behält das Strafrecht sein altes Rezept bei. Nur die Unzurechnungsfähigen haben im Laufe der Zeit eine Sonderstellung zu erringen und beizubehalten vermocht. Die gemindert Zurechnungsfähigen dagegen sollen erst bestraft und dann verwahrt werden, die Gewohnheitsverbrecher will der DVE. mit geschärften Strafen für das soziale Leben zurückerobern; als Grund wird in erster Linie die Einwirkung auf die rechtnehmende Bevölkerung, also Rücksicht auf die Kollektivprävention angegeben. Auch spricht der DVE. nur von sogenannten Unverbesserlichen und deutet dadurch an, daß er immer noch von der Strafe eine Wirkung auf die Gewohnheitsverbrecher erhofft.

Diese Regelung wird ebenso Schiffbruch erleiden, wie es die bisherigen Systeme erlitten haben. Man kann sich, wie ich sagte, einem Tauben nicht dadurch verständlich machen, daß man ihn immer lauter anschreit. Individuen, die wir einem klinisch bekannten Krankeitsbilde einordnen können, Defekte und Psychopathen, deren Minderwertigkeit sich aus ihrem ganzen psychischen Bilde ergibt, Personen, die — von außen gesehen — weder krank noch minderwertig sind, aber jene schwere geistige Störung aufweisen, die sich in mangelnder Korrekturfähigkeit durch schmerzhafte Erfahrungen kundgibt, sind mit dem unnötigen Experiment der Strafe zu verschonen. Statt diese Personen, die die Natur zu psychischen Dickhäutern geschaffen hat, immer tiefer mit Nadeln zu stechen, worauf sie nur mit seelischer Schwielenbildung antworten, hat man an Stelle der psychischen wirkungslosen Einwirkung die einzig noch mögliche, die physische Absperrung zu setzen. Kurable Personen sind einem Heilverfahren, inkurable einer sichernden Verwahrung zu unterwerfen. Die Freiheit kann nur den Personen wiedergegeben werden, deren Gefährlichkeit durch Ablauf der Krankheit, physiologische Schwächungsvorgänge wie körperliches Siechtum oder Alter erloschen ist.

Die Bedenken, die sich aus der fehlenden kollektivpräventiven Kraft solcher strafrechtlicher Behandlungsmethoden ergeben, sind zu vernächlässigen. Denn Geisteskranke[1]), die meisten Geistigminderwertigen und die Gewohnheitsverbrecher sind diesen abschreckenden Wirkungen gar nicht zugänglich. Der psychisch intakte Mensch aber wird sich durch die vorgeschlagenen, schwer in die Freiheit des Individuums eingreifenden Heil- und Verwahrungsmaßregeln, die sich zum Teil auf Lebenszeit erstrecken werden, sicherlich von rechtswidrigen Handlungen abhalten lassen. Weiter aber möchte ich betonen, daß wichtiger vielleicht noch als die abschreckende Wirkung der Strafe der Wegfall jener ungeheuren Summe von suggestiven kriminellen Aktionen das Verbrechen in einer seiner am wenigsten bekannten und gewürdigten Ursachen treffen wird. Nehmen durch eine langjährige oder lebenslängliche Verwahrung aller der Elemente, die durch Strafe nicht beeinflußbar sind, die Zahl der Gerichtsverhandlungen usw. erheblich ab, so verschwindet auch mit dem erstarkenden moralischen Sinn der Gesamtbevölkerung der Anreiz zum Verbrechen auf suggestible Gemüter, es tritt eine negative Abschreckung ein. Wenn schließlich die Wirkung auf die Bevölkerung eine Strafmaßregel zu rechtfertigen vermöchte, die auf den Täter selbst ohne Wirkung bleibt, so könnte man ebensogut zu diesem Mittel greifen und durch energische Bestrafung Unschuldiger den Strafgesetzen einen breiten Platz in der Beachtung der großen Menge einräumen. Ein solches Vorgehen wird allgemein abgelehnt

---

[1]) Maudsley hat sich mit Recht die Frage vorgelegt, warum denn das gefürchtete Irrenhaus noch keinen Kranken abgehalten hat, irrsinnig zu werden.

werden; darum ist es besser, wir halten uns an das Individuum, das wir vor uns haben, und suchen die Gesellschaft vor ihm zu schützen, als daß wir einen Schuß ins Dunkle abgeben. Finden wir für alle wirklichen Kriminellen die richtige Behandlung, so brauchen wir uns um die „would-be-criminals“ nicht so sehr zu sorgen wie die herrschende Richtung des Strafrechts, die darüber Gegenwart und Wirklichkeit vergißt.

3. Besserung durch Erziehungsmittel, verändertes Milieu, Heilmethoden.

§ 18.

Als Verfeinerungen und Verzögerungen des selektiven Prozesses stellen sich auch die Maßregeln dar, die der „Besserung“ des Kriminellen im engeren Sinne dienen sollen. Ehe die Gesellschaft sich ein abschließendes Urteil über den Charakter des Rechtsbrechers bildet und die entsprechenden Reaktionen zur Anwendung bringt, wird der Versuch gemacht, durch Eingriffe in die endogenen, seltener in die exogenen Bedingungen seiner Gesellschaftsfeindlichkeit ihn dem geordneten Gemeinschaftsleben zurückzugewinnen.

Plato und Aristoteles schrieben dem Strafrecht in erster Linie Aufgaben der Besserung, dann erst der Abschreckung zu; die Idee der Vergeltung hatte in ihren Gedanken keinen Platz. Zwar scheint auf den ersten Blick zwischen Abschreckung und Besserung ein weiter Riß zu klaffen, bei näherer Betrachtung zeigt sich aber, daß diese beiden Vorgänge psychologische Verwandte sind.

Abschreckung definierten wir als Determination durch Erregung von Verlustvorstellungen. Es handelt sich also um eine psychotherapeutische Einwirkung besonderer Art, um eine künstliche Einfügung von Unlustempfindungen (Individualprävention) oder Unlustvorstellungen (Kollektivprävention) in das natürliche Gewichtsverhältnis der Motive.

Psychische Beeinflussungen kommen auch bei den Methoden der Besserung in Frage, wenn wir von den selteneren Fällen rein somatischer Therapie absehen. Verschieden von der Abschreckung ist nur das Mittel der Psychotherapie, die Stelle der schmerzhaften Einwirkungen nehmen bei der Besserung systematische Bemühungen ein, durch Arbeit, Sauberkeit, Gewöhnungszwang, ein weitverzweigtes System von kleinen Vorteilen und kleinen Nachteilen, durch Pflege des Intellekts, Kontrolle der Gefühlsreaktionen und Willenserziehung, schließlich durch die Dauersuggestion der Besserungsfähigkeit den Kriminellen abschreckungsfähig, durch bloße Strafandrohung determinierbar zu gestalten. Diese kurze psychologische Analyse sagt uns schon allerlei, sie begrenzt den Kreis der Personen, für die bessernde Maßregeln in Betracht kommen. Es sind dies eben nur Individuen, die den besprochenen Einwirkungen psychisch zugänglich sind; daneben wollen allerdings auch die Maßregeln nicht vergessen sein, die durch Eingriffe in die Funktion des Gehirns auf direktem Wege oder indirekt durch körperliche Therapie dem Menschen die Fähigkeit normaler Determinierbarkeit wiedergeben. Dieses Gebiet ist ja langsam immer weiter und heller geworden; an das Problem der inneren Sekretion knüpfen sich Erfolge und Hoffnungen, die Psychiatrie zieht immer schärfer die Grenzen zwischen heilbaren Geistesstörungen und unheilbaren Psychosen.

In einem früheren Abschnitt habe ich gesagt, daß wir uns daran gewöhnen müssen, den Begriff der Unverbesserlichkeit in die Denkgewohnheiten der Kriminalisten einzuführen und dadurch an Kraft und Geld für die Individuen zu sparen, denen geholfen werden kann. Diese Kriterien haben natürlich mit der Einteilung in schwere und leichte Delikte ohne weiteres nichts zu tun. Ein Mörder kann besserungsfähig, ein Landstreicher unverbesserlich sein. Diesen Konsequenzen wird sich auch das Strafrecht der Zukunft nicht entziehen können; dem lebenslänglich verurteilten Mörder wird Gelegenheit gegeben werden, durch bedingte Entlassung die Änderung seiner psychischen Konstellation zu erweisen, der unverbesserliche kleine Dieb, der Vagabund und Bettler aber wird physisch durch Festhaltung und Arbeitszwang auf Lebenszeit, wenn es sein muß, von den Quellen der Verführung, der er immer wieder wehrlos erliegt, ferngehalten werden müssen.

Wenn wir uns fragen, warum die moderne Schule nicht den Siegeslauf, auf dem sie sich wissenschaftlich in fast allen Kulturländern befindet, auch in den Köpfen der rechtnehmenden Bevölkerung angetreten hat, so muß darauf geantwortet werden, daß die Voranstellung des Besserungsgedankens einen Hauptteil der Schuld trägt. Die grosse Masse der Ungebildeten und der Halbgebildeten steht den modernen strafrechtlichen Methoden bei uns mit dem kaum verhüllten Gefühl der Unsicherheit und Beängstigung gegenüber. Sie glauben, daß es der Geist schwächlicher Milde ist, wenn die modernen Strafrechtler und Psychiater die ethischen Färbungen von den Erscheinungen der Kriminalität streifen und das Verbrechen aus mangelhaften Gehirnen und widrigen äußeren Umständen mit der gleichen Gesetzmäßigkeit emporwachsen lassen wie die großen Raubtiere auf Jagd ausgehen und die Blumen des Sumpfes aufsprießen. Die Menge verwechselt kausale Erkenntnis und lässige Energielosigkeit. Zwischen Furcht und Mitleid schwankend in diesem Drama des Lebens verlangt die Menge gleichzeitig die individuellste Freiheit und den reichlichsten Schutz gegen die individuelle Freiheit gefährlicher anderer Wesen. Die modernen Methoden der Besserung genügen dem Reaktionsbedürfnis der Bevölkerung nicht; auf die unvermeidlichen Irrtümer und Fehler, auf die nicht seltenen Erfolglosigkeiten dieser Behandlungsweisen stürzt sich stets das Schutzbedürfnis des Haufens. Fürsorgezöglinge, die auf die Verbrecherlaufbahn geraten sind, periodisch Geisteskranke, die entlassen worden sind und während eines neuen Anfalls kriminell werden, dies alles wird als Gegenbeweis gegen die Besserungsfähigkeit der Jugendlichen und die Voraussicht der Psychiater angeführt.

Dabei wird nicht bedacht, daß die Irrenärzte nicht anders handeln können, solange die Auffassung besteht, daß die Irrenanstalten reine Heil- und Pflegeanstalten sind. Vergessen wird, daß mit gesetzmäßiger Regelmäßigkeit Besserungsversuche bei Jugendlichen in einer bestimmten Anzahl von Fällen vergeblich sind. Deshalb muß doch erst einmal der Versuch gemacht werden, die jugendliche Psyche zurückzurücken, ehe gröbere Mittel zur Anwendung kommen.

Gelingt es uns, die Bevölkerung zu überzeugen, daß unsere Methoden im Grunde einen viel sichereren Schutz gegen die kriminellen Elemente in ihrer Mitte bedeuten, daß kühle nüchterne Überlegungen fern von jeder Aufwallung des Mitleids oder der Empörung an der Arbeit sind, den Kampf gegen das Verbrechen auf rationelle und erfolgreiche Weise zu führen, so wird auch die Abneigung gegen diese Methoden der Besserung schwinden. Denn wir wollen den Verbrecher nicht aus einem Gefühl der Teilnahme an seinem unverdienten Los vor der Gesellschaft in saubere Erziehungsanstalten, luftige Irrenhäuser und die berühmten „Sanatorien" retten, sondern die Gesellschaft mit einem Minimum von Mühe und Geld und einem Maximum von Sicherheit vor ihren gemeingefährlichen Mitgliedern schützen.

Allerdings werden wir bei dieser Aufgabe keinen Bundesgenossen verachten, jedes erfolgreiche Mittel soll willkommen sein. Eine einzelne Methode wie die Bestrafung soll nicht vorherrschen und nur deshalb, weil sie gefühlsmäßig befriedigt, über die Fälle hinaus zur Anwendung kommen, in denen sie Erfolg verspricht. Treffen wir auf Kriminelle, die wir durch eine erziehliche Behandlung, durch Versetzung in ein anderes Milieu oder durch medizinische Therapie dem sozialen Leben adaptieren können, so werden wir es ebenso unbedenklich tun, wie wir nicht zögern werden, die Strafunempfänglichen und Unerziehbaren mit weiteren nutzlosen psychischen Einwirkungsversuchen zu verschonen und zu rein physischen Schutzmitteln überzugehen. Wo wir nach Kräpelins Wort[1])

[1]) Kräpelin, Die Abschaffung des Strafmaßes. Leipzig 1880, 36.

kausale Therapie treiben können, werden wir es auf die oder jene Weise tun. Ist aber diese psychische Kausalität unserer Einwirkung entzogen und in ihren antisozialen Tendenzen endgültig fixiert, so werden wir diesem chronischen Zustande durch eine chronische Verwahrung Rechnung tragen.

Es entspricht der bisher festgehaltenen Methode, ehe wir uns für ein paar Augenblicke mit Besserung und ähnlichen Vorgängen beschäftigen, von unseren tierischen Mitgeschöpfen auszugehen.

„Manches, was ich hier schreibe," so erzählt Hagenbeck[1]), „wird vielen Leuten paradox erscheinen. Die Raubtiernatur ist in der Volksmeinung mit Hinterlist, Wildheit und Grausamkeit verbunden. Aber die Tiere sind nicht grausam. Die Natur hat sie darauf angewiesen, in der Freiheit lebendes Fleisch zu erjagen und sie müssen töten, um leben zu können.

Wir vergessen nur zu leicht, wie viele Millionen Tiere zur Nahrung der Menschheit geschlachtet, erjagt und aus dem Meere gefangen werden müssen, und daß man auch dem Menschen, der seine Mitgeschöpfe töten muß, um seinen Nahrungsbedarf zu decken, den Vorwurf der Grausamkeit machen könnte. Wie wir, liebt auch das Raubtier seine Jungen, es kann zärtlich, dankbar, anhänglich und treu sein. Freilich stößt man auf manchen Rowdy, aber dann ist es entweder ein wildgefangenes Exemplar oder ein Opfer schlechter Erziehung. Alle Raubtiere ohne Ausnahme sind, wenn man sie jung erhält und richtig behandelt, zu erziehen wie Haustiere. Die sogenannte „wilde" Natur kommt nicht zum Durchbruch, wenn man es nicht darauf anlegt, die Tiere in Wut zu versetzen, und das kann man auch mit Tieren, die von Hause aus zahm sind. Was durch Zähmung wilder Tiere zu erreichen ist, darüber habe ich wohl nach und nach mehr Versuche angestellt als irgendeiner der Mitlebenden. Natürlich muß man auch das richtige Verständnis und eine vorurteilsfreie Liebe zur Tierwelt besitzen. Dann wird man auch beobachten können, daß in jedem Tier wie im Menschen gut und böse verteilt sind und daß das Gute sich entwickeln und das Böse sich unterdrücken läßt."

Ich habe dem alten Praktiker der Tierdressur so lange das Wort gelassen, weil ich glaube, daß seine Ausführungen auch auf die Frage der Besserungsfähigkeit des Menschen einiges Licht werfen, zu der wir jetzt kommen.

Der optimistische Glaube an die Besserungsfähigkeit, der von jeher dem Volke eigen war und sich in Märchen verrät — die Königstochter im König Drosselbart verändert ihr Wesen von Grund

---

[1]) Hagenbeck, Von Tieren und Menschen. Berlin 1909, S. 211.

auf durch schlechte Erfahrungen —, wurde durch das Christentum und seine Lehren verstärkt und theoretisch begründet. Da nach der christlichen Lehre Sünde und Unrecht in einer fehlerhaften Willensorientierung bestand, den ein metaboulisches geheimnisvolles Etwas bald hierhin, bald dorthin bewegte, so ergab sich für den rechtsbrechenden Menschen eine Besserungsfähigkeit ohne Regeln und Grenzen.

Dieser ebenso sympathische wie fruchtbare Gedanke krankte aber an dem Fehler, daß er in allen Menschen vertretbare Sachen, gleichgeartete Kinder Gottes sah.

Dabei darf nicht außer Acht gelassen werden, daß wir unter Besserungsfähigkeit etwas anderes verstehen als die Moraltheologie und selbst die neueren Besserungstheorien, die den Verbrecher durch Modalitäten des Strafvollzuges an das soziale Leben wieder anpassen wollen. Denn für uns unterscheidet sich Besserung und Individualprävention nur durch das Mittel des Anpassungsversuches, auf der einen Seite die psychischen Einwirkungen durch Schmerzzufügung, auf der anderen das systematische Training der Psyche, die den Einwirkungen der Kollektivprävention zugänglich gemacht werden soll und dem sich künstliche Umweltveränderungen oder direkte körperliche Heilversuche zur Seite stellen können.

Die Kirche hielt nun, wie mancher überspannte Apostel strafrechtlicher Philanthropie, einen jeden Menschen für besserungsfähig, „wenn er nur wolle“. Man gelangte auf diesem Wege zu der Überschätzung des psychischen Phänomens der Reue, die ja heute noch bei der Strafzumessung unserer Richter eine allzu ausgedehnte Rolle spielt. Man vergaß, daß zwischen der Einsicht in das Unrechte einer Tat und wirklicher geordneter Lebensführung eine weite Strecke Weges liegt, und daß es eine ganze Anzahl Menschen gibt, die, ohne geradezu an Zwangstrieben zu kranken, doch ihre Schulderkenntnis nicht aktiv werden lassen können. Der sozial wichtige Kern des Menschen ist aber nicht Erkenntnis, sondern jener komplizierte Mechanismus, den ich anderen Ortes in einem altgewohnten einfachen Bilde die motorische Seele des Menschen genannt habe. Normalerweise sind Vorstellungsmassen und motorischer Apparat gekuppelt. In zahlreichen Fällen fehlen aber diese Verbindungen, und es würde nichts helfen, wollte man die Intensität der Vorstellungen allein verstärken. Nur durch eine dauernde Behandlung, durch den Anbau von Gewohnheiten muß die mangelnde Verbindung hergestellt und ihr Gebrauch eingeübt werden.

Unserer eingeengten Auffassung der Besserung entspricht es, daß wir dem erwachsenen, immutabel gewordenen Menschen mit Versuchen nur in wenigen Fällen nahen werden, die eine gewisse Elastizität und Bildungsfähigkeit der Psyche zur Voraussetzung haben.

Natürlich können wir den ausgewachsenen Menschen auch durch Veränderung der exogenen Faktoren „bessern", wir können Erwachsene durch körperliche Therapie psychisch gesund machen und kriminell immunisieren, wie die Irrenpflege, die Chirurgie und die Gynäkologie uns Tag für Tag lehren: jenen wichtigsten und meist auch nachhaltigsten Teil der Besserung, der nicht durch Schaden klug, sondern durch Beispiel und Übung gut macht, können wir als Regel nur für die Jugendlichen vorschlagen.

Über diese Frage ist schon soviel geschrieben worden; ich selbst habe mich so häufig darüber geäußert, daß ich nur auf die Hauptpunkte der von mir vertretenen Auffassung eingehen will.

Wir wissen, daß die Entwicklung der massivesten und kompaktesten Bestandteile des menschlichen Körpers, der Knochen, erst um das 20. Lebensjahr, bisweilen noch später zum Abschluß kommt. Vergleicht man damit die Auffassung, daß der jugendliche Mensch für die strafrechtliche Beurteilung in Deutschland schon vom 12. Lebensjahr an fertig sein kann, so gewinnen wir damit einen Maßstab für die Stärke der Reformbewegung in Sachen des Jugendstrafrechts. Sie geht von der Erkenntnis aus, daß die kompliziertesten und phylogenetisch jüngsten Teile der menschlichen Organisation auch erst am spätesten zur Reife gelangen können und daß der Charakter eines Menschen nur mit großer Vorsicht zur Grundlage von lebenswichtigen Maßregeln, wie schweren Freiheitsstrafen oder Freiheitsstrafen überhaupt gemacht werden kann, ehe nicht der organische Träger dieses Charakters, das Gehirn, ausgewachsen ist.

Ich habe kürzlich noch eine andere Auffassung zu entwickeln gesucht[1]).

Wenn wir die Länge der Jugend bei den niedrigstehenden und den höher entwickelten Tieren vergleichen, so sehen wir sogleich bedeutende Unterschiede. Die Amöbe hat überhaupt keine Jugend, die kleinen südamerikanischen Affen brauchen 2—3 Jahre, Gorilla, Orang Utang und Schimpanse 8—12 Jahre, um ausgewachsen zu sein. Die Jugend der niederen Menschentypen dauert ungefähr 15 Jahre; der zivilisierte Mensch aber ist weit längere Zeit jung. Bei sehr bedeutenden Männern ist oft die Beobachtung gemacht worden, daß sie in auffälliger Weise noch bis ins höhere Alter die charakteristischen psychischen Eigenschaften der Jugend zeigten, eine seltene Aufnahmefähigkeit für neue Ideen, intellektuelle Vielseitigkeiten, überraschende Interessiertheit.

Chalmers Mitchell hat sich in seinem Buche über die Jugend der Tiere die Frage vorgelegt, welchen Zweck eigentlich die Entwicklungszustände haben, die wir Jugend nennen und die wir optisch in einem gewissen Abschnitt von der Geburt an verfolgen können.

[1]) v. Hentig, Junge Tiere u. kriminelle Jugendliche. „Der Tag", 22. Jan. 1913.

Die Antwort lautet, daß die Jugend für die höheren Tiere ein Stadium der Anpassung darstellt. Instinkttiere wie die Protozoen sind niemals jung. Sie brauchen nichts zu lernen, weil sie nichts lernen können. Sie haben nur eine Reaktionsform. Versagt diese, so geht das Tier zugrunde; der Hauptschutz liegt in der ungeheuren Reproduktionsfähigkeit der Gattung.

Anders die höheren Tiere, vor allem Vögel und Säugetiere. Sie springen nicht in voller Ausrüstung ins Leben. Den letzten, entscheidenden Teil seiner Entwicklung tritt dieser Typus aus dem sicheren Versteck des Mutterorganismus in den Wirbel der Außenreize und gewinnt dadurch Möglichkeit und Zeit, seinen nur halbstarren Zustand an die wechselnden Bedingungen der Umwelt anzupassen; gerade dadurch, daß der höhere Tiertypus nicht durch die unbeweglichen Instinkte an ganz bestimmte Umweltformen gebunden ist, wird er einer viel größeren Varietät von Daseinsbedingungen gegenüber lebensfähig gemacht. Jugend ist also beim höheren Tier nicht so sehr Wachstumsperiode als der Versuch einer möglichst sicheren Lebensanpassung, als Herstellung der Bereitschaft, den Reizen der Außenwelt durch geeignete mechanische Apparate und nervöse Leistungen in erfolgreicher Weise zu begegnen.

Damit Vögel, Säugetiere und Menschen diesen gefahrvollen Adaptierungsprozeß durchlaufen können, wird ihnen Sicherheits- und Nahrungssorge von den Eltern abgenommen; ihre Kräfte werden entlastet und für den großen experimentellen Einfühlungsvorgang in die Umwelt bereitgestellt, der mit der Reife physiologisch einen gewissen Abschluß erreicht und psychologisch allmählich verhärtet.

Kinder und junge Tiere spielen erst „Leben", damit Muskeln, Sinne und Nerven in tausend frohen und schmerzhaften Erfahrungen dem späteren wirklichen Lebensgeschäft gewachsen zu sein lernen.

Daher ihr Zerstörungsdrang, ihre Spielwut, der Leichtsinn, die Roheit, die grenzenlose Neugier und Wißbegierde, die Labilität aller Stimmungen und Gefühle, ihre Wahrheitsliebe aus Eitelkeit und ihre Verlogenheit aus Furcht, alles Kaulquappeneigenschaften, die zur Umbildung und Sublimierung bestimmt sind.

Wenige Schritte führen von dieser Erkenntnis zur Kriminalität des jungen Menschen. Ist die Jugend wirklich die Zeit, in der der junge Mensch allmählich das Instinktleben Stück für Stück durch Vorstellungsmassen eigenen Erwerbes zu ersetzen und zu bereichern sucht, tastet er sich mühsam an den scharfen Kanten des Lebens vorbei, gestaltet sein Zustand, der psychisch Entwicklungsperioden angepaßt ist, die lange Zeiträume zurückliegen, die Lage des Jugendlichen besonders gefährlich, so müssen wir für die Beurteilung des kriminellen Jugendlichen und seine strafpolitische Behandlung neue Gesichtspunkte gewinnen.

Zur Anpassung des jungen Tieres an den verhältnismäßig langsamen Wechsel der Umwelt tritt für den jungen Menschen, der seiner Mentalität nach halb Steinzeitmensch, halb australischer Buschmann die Lebensbühne erklimmt, die Notwendigkeit, neben seinem Körper, für den meist ein Familienverband sorgen wird, sein psychisches Zentralorgan einer sehr schwierigen sozialen Atmosphäre zu adaptieren.

Der junge Mensch ist von Natur ein Semi-Krimineller. Jedes Kind ist in gewisser Weise moralisch minderwertig. Die Überproduktion an Kräften, die ihm die Natur in dieser Vorbereitungszeit zu seiner experimentellen Orientierung gegeben hat, führt das normale Kind nahe an die Grenze des Verbrechens. Das Kind spielt „Verbrechen", wie es „Leben" spielt.[1]) Das Kind nimmt, aber stiehlt nicht, es schlägt, aber begeht keine Körperverletzung, es wirft ein Streichholz in die Scheune, doch begeht es keine Brandstiftung.

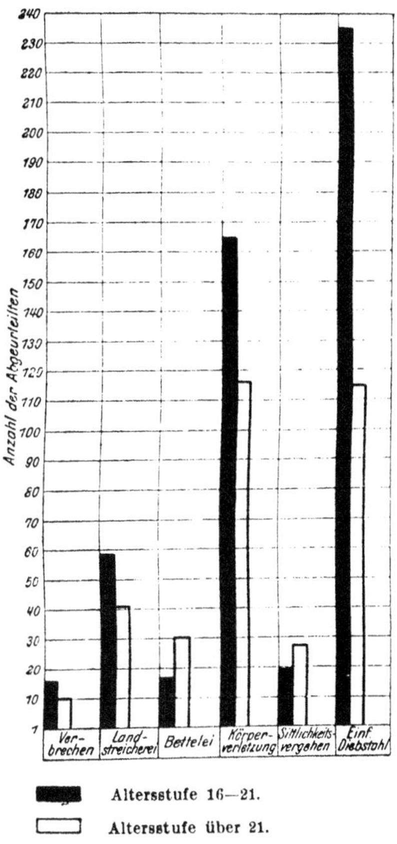

Fig. 8. Der Anteil der Jugendlichen an der Gesamtkriminalität. Frankreich 1909. Berechnet auf je 100000 Personen einer jeden Altersstufe. Nach den Angaben der Franz. Krim.-Stat. 1911, XXXIII.

Im Deutschen Reichstag ist ein Gesetzentwurf zur ersten Lesung gekommen, der trotz mancher Fortschritte die Gefängnisstrafe gegen Jugendliche beibehalten will. Wir haben gesehen, daß der Mensch die längste Jugend hat, weil er in einer langen, mühseligen Arbeit sich den kompliziertesten Formen einer natürlichen und vor allem einer sozialen Umwelt anpassen muß, und daß er nur auf einer Art experimentellen Weges durch stete Anhäufung von Erinnerungsbildern, durch Fehlhandlungen und schmerzhafte Erfahrungen zur Reife, zu einem Charakter gelangen kann.

[1]) s. Fig. 8. Übereinstimmend damit die Berechnungen Galles (Z. f. d. ges. Strafrechtswissenschaft Bd. 35, 1913, 192 ff.), die deutsche Verhältnisse und einen 5jährigen Zeitraum umfassen (1905—1909).

Entgegen allem Gerede von der Frühreife unserer Kinder ist mit dem Fortschritt der Kultur und dem psychischen Aufstieg der Rassen die Jugend immer länger geworden, wenn wir uns an die typischen Eigenschaften der Jugend halten, nicht nur ihre Assimilationsfähigkeit an technische Neuerungen und wirtschaftliche Umwälzungen betrachten, die im Grunde für ihre Jugendlichkeit gerade bezeichnend ist. Wie also durch die Steigerung des Freiheitsgefühls Gefängnisstrafen von gleicher Länge in den letzten 100 Jahren eine Verschärfung erfahren haben, so bestrafen wir, obschon wir die gleiche Altersgrenze festhalten, in Wirklichkeit immer jüngere Kinder.

Begeht darum ein Jugendlicher eine strafbare Handlung, so ist es falsch, durch eine Gefängnisstrafe sein weiteres Leben zu belasten, wäre auch bei ihm alle Einsicht der Welt vorhanden, seine tiefe Verdorbenheit festgestellt und scheinbar jede Hoffnung vergeblich; in einer vollzogenen Gefängnisstrafe liegt für den Jugendlichen die sichere Gewähr, daß er bald wieder rückfällig werden wird; denn das Schwerste an dieser Strafe, die soziale Erschütterung, fühlt er nicht, solange es sich als abschreckendes Motiv seinem Charakter einfügen könnte, und bleischwer hängt es sich an seine Sohlen und zieht ihn immer tiefer, wenn er erwachsen den Aufstieg in die Welt der anständigen Menschen wieder versuchen will.

Die Entwicklung wird sich auch nicht aufhalten lassen. In Amerika, in England werden die energischsten und erfolgreichsten Versuche gemacht, den Kriminaloiden in der Zeit der psychischen Plastizität für das soziale Leben zu erobern. Das belgische Gesetz vom Jahre 1912 wird bald nicht mehr das einzige sein, das auf dem Kontinent für Kinder unter 16 Jahren anstelle der kurzfristigen Freiheitsstrafe die langfristige Erziehungsdetention setzt und die Aufsichtspflicht von Eltern und Vormündern wie der englische Children Act 1908 strafrechtlich unterstreicht.

Ich gebe nur noch ein paar Zahlen aus der letzten deutschen Kriminalstatistik und lasse sie selbst für sich sprechen: Von 1000 gegen Jugendliche erkannten Gefängnisstrafen entfielen auf Strafen von

	1909	1910
2 Jahren und mehr	5	6
1 bis unter 2 Jahren	18	14
3 Monaten bis 1 Jahr	114	114
1 bis unter 3 Monate	176	166
8 Tagen bis unter 1 Monat .	251	253
4 bis 7 Tagen	210	218
1 bis 3 Tagen	226	228

Man braucht nur hinzuzufügen, daß von beachtenswerter Seite seit langem die Abschaffung der Freiheitsstrafe unter 8 Tagen auch gegen Erwachsene überhaupt verlangt wird, um die Effektivität der herrschenden Methoden mit der genügenden Schärfe beurteilen zu können. Ich selbst möchte noch weiter gehen und jede Gefängnisstrafe unter einem Monat für gefährlich und unnötig, für eine Brutstätte des Rückfalls halten.

Eine interessante Kombination von Abschreckungs- und Besserungstendenzen haben wir in der bedingten Verurteilung (Begnadigung) und gleichzeitig ausgesprochener Schutzaufsicht vor uns. Man trieb keine falsche Psychologie, als man den Jugendlichen weder mit der Strafanstalt vertraut machen, noch ihn bloß erschrecken, noch einer langjährigen, in leichteren Fällen sehr kostspieligen und unnötigen Erziehungsinternierung überantworten wollte. So kam man zu einer Vereinigung von abschreckendem Strafurteil, bedingt aufgeschobenem Strafvollzug und Erziehungsaufsicht. Die Schutzaufsicht rechnet mit dem gedankenlosen Leichtsinn der Jugend, ihrer Suggestibilität und ihrem Freiheitsdrang zugleich. Sie ist fern und nahe zugleich, der beste Freund des aussichtsreichen und der rücksichtsloseste Beurteiler des hoffnungslosen, jugendlichen Rechtsbrechers. Ich glaube, daß wir von dieser Art der kriminalpolitischen Selbstverwaltung noch große und nachhaltige Erfolge werden erwarten dürfen.

Die Besserungsmaßregeln, die wir bislang besprachen, richteten sich gegen die psychische Plastizität des Individuums. Kriminalität ist aber ein Produkt von Anlage und Reizen der Außenwelt. Kriminalität läßt sich zwar in geringerem Maße und mit geringerer Nachhaltigkeit, aber doch fraglos in manchen Fällen auch durch Entfernung der exogenen Faktoren bekämpfen. Es versteht sich von selbst, daß es nur dann Zweck hat, sich mit der Frage der Außenreize zu beschäftigen, wenn solche stimulierenden Einflüsse nicht zu den normalen Tatsachen des Lebens gehören. Wir können einen Quärulanten nicht dadurch zur Ruhe bringen, daß wir Gerichte und Beamten abschaffen. Wir können nur diejenigen äußeren Faktoren zu entfernen suchen, die einen normalen oder wenigstens einen annähernd normalen Menschen in kriminelle Exzesse hineinzuzerren vermögen.

Solche Änderungen sind in selteneren Fällen absichtsvoll durchgeführt worden, wir können aber verfolgen, wie wirtschaftliche und technische Umwälzungen die Kriminalität beeinflußt und in nicht wenigen Fällen ganz zum Aussterben gebracht haben. Wenn man also auch übertriebene Forderungen ablehnen muß, so wird man doch zugeben, daß die Erfahrungen der Wirtschaftsgeschichte und der sozialen Reformen in manchen Fällen zu einem absichtsvollen und bedachten Experiment ermuntern möchten.

Es ist bekannt, in welchem Maße die Straßenbeleuchtung der

großen Städte die öffentliche Sicherheit gesteigert hat. England, das im 18. Jahrhundert das Eldorado der Schmuggler war, ist durch den Freihandel diese Art von Kriminalität ganz losgeworden. Die Ehescheidung, der Mutterschutz, die bargeldlosen Verrechnungsmethoden, die Durchgangswagen der Schnellzüge gehören hierher. Schließlich ist eine jede Verbesserung der Polizei eine solche günstige Milieuänderung.

Im Bericht des Generalinspektors der Strafanstalten von New Süd-Wales lesen wir: Die allgemeine Verbreitung der Bildung hat in hohem Maße den rechtlichen Sinn der Bevölkerung beeinflußt. Dieser Tatsache sind andere Faktoren zur Seite getreten. Arbeit in Hülle und Fülle zu guten Bedingungen hat die Reihen des Gelegenheitsverbrechers gelichtet, einer Klasse von Menschen, die deutlich unter dem Einfluß gesellschaftlicher Zustände stehen.

Während im Staate New Süd-Wales die Bevölkerung von 447620 (1867) auf 1695088 (1911) stieg, also um 278%, ist die Zahl der Insassen der Strafanstalten von 1899 (1867) auf 1363 (1911), also um 28% gesunken. Wäre die Zahl der Sträflinge der Bevölkerung entsprechend gewachsen, so müßten am 31. Dezember 1911 über viermal so viel Sträflinge im Gefängnis gewesen sein als sich wirklich dort befanden[1]).

Die Deportation, die einige Länder wie Rußland, Portugal und Frankreich gegen schwere Verbrecher zur Anwendung bringen und die in England in der Form von Auswanderungserleichterungen einstigen Borstalzöglingen gegenüber neuerdings wieder geübt wird, bedeutet neben dem Sicherungszweck in vielen Fällen nichts anderes als die Überführung in einen Komplex von Bedingungen der Außenwelt, dem der Kriminelle sich leichter anzupassen imstande ist als den Milieuverhältnissen eines modernen Industriestaates, in denen er entweder ganz zugrunde geht oder in seiner Art sich anpaßt. Kräpelin[2]) hat sehr fein darauf hingewiesen, daß auch in anderen Ländern Europas eine allerdings nicht strafrechtlich geordnete Form der Deportation besteht, indem junge Leute, die sich in Europa nicht mehr zu halten vermögen, nach anderen Erdteilen, hauptsächlich Amerika, auswandern und dort ihr Fortkommen suchen. Wie mir ein Sachverständiger, der Gelegenheit hatte, in San Franzisko eine große Anzahl früherer deutscher Offiziere kennen zu lernen, mitteilte, spalten sich die Emigranten schon nach kurzer Zeit in zwei deutlich erkennbare Lager. Die eine Hälfte ist nicht imstande, sich den fremden Verhältnissen zu assimilieren, wird weiter kriminell,

---

[1]) Howard Association Report London 1912, 59.
[2]) Kräpelin, Abschaffung des Strafmaßes 46.

verfällt Alkoholexzessen und geht schnell zugrunde. Dem andern Teil gelingt es, sich emporzuarbeiten, in dem fremden Leben Fuß zu fassen, Fehler des Temperaments und Ungleichheiten der Lebensweise zu mildern oder zu sublimieren und gewöhnlich mit einer guten Heirat in die soziale Oberwelt wieder einzutreten.

Der Einwurf liegt nahe, ob denn ein Prinzipal seinen Lehrling dadurch „bessere", daß er ihn nicht mehr mit 100000 Mark zur Bank schicke und ihn dadurch der starken Versuchung von Unterschlagungen aussetze. Ein Bild soll auf diese Frage antworten: Der Charakter eines Menschen ist wie eine geladene, aber gesicherte Pistole. Ein gewöhnlicher Stoß genügt nicht, um die Waffe zum Schuß zu bringen. Ein außerordentlicher Schlag aber mag imstande sein, trotz der Sicherung die Pistole zum Abfeuern zu bringen.

Wir dürfen uns den Menschen nie im luftleeren oder gesellschaftsleeren Raum denken, sondern müssen seine Handlungen nur als Produkt der Einwirkung von bestimmten äußeren Faktoren auf seine psychische Reaktionsfähigkeit auffassen. Hier liegt auch der Unterschied zwischen dem Delinquente nato, wie ihn Lombroso heute auffassen würde, und dem Augenblicksverbrecher. Zwar ist kein Mensch ohne weiteres als Verbrecher, als Heiliger, als Feigling oder Held in die Welt gesetzt. Angeboren ist aber die psychische Organisation, und wir können, ohne uns zu unbedacht an eine Metapher zu verlieren, das vielgenannte und wenig verstandene Wort des genialen Italieners wieder aufnehmen und vom geborenen Helden und geborenen Verbrecher sprechen, wenn wir darunter die Reaktionsform seines psychischen Apparats auf durchschnittliche Umgebungsreize begreifen. Ein „geborener" Sittlichkeitsverbrecher kann also durch frühe Heirat, durch großes Vermögen, das ihm die Befriedigung aller Perversionen auf legalem Wege gegen Entgelt gestattet, nach außen hin als ein ehrenwerter Mann erscheinen[1]). Die frühe Heirat, sein Geld aber sind abnorme Reizkonstellationen, ebenso abnorm wie etwa intensiver Hunger einen andern zum Diebstahl, oder eine außerordentlich freche Beleidigung einen ganz intakten Menschen zu einer gefährlichen Körperverletzung

[1]) Niemand wird bestreiten, daß es geborene Selbstmörder, d. h. psychisch außerordentlich vulnerable Individuen gibt, die auf Ansprüche des Kulturlebens von mittlerer Stärke keine andere Reaktion als Davonlaufen, als Flucht durch Selbstmord zur Verfügung haben. Durch Verringerung der Reizquellen und der Fluchtmöglichkeiten auf ein anormales Minimum kann man den Selbstmord aber fast ganz verhindern. Im Jahrfünft 1907 bis 1910 wurden in englische Irrenanstalten jährlich durchschnittlich 21685 Kranke aufgenommen; davon waren 3542, also 16,3%, selbstmordgefährlich. Im Jahre 1912 wurden aber in allen englischen öffentlichen Irrenanstalten nur 13 Selbstmorde verübt. Nur 6 dieser Kranken galten für suicidal. Engl. Irr.-Stat. 1913, I, 20. II, 219.

hinreißt. Für Sittlichkeitsdelikte bilden die Schäden unseres Wohnungswesens eine starke Reizkonstellation, besonders wenn diese Verhältnisse auf körperlich und psychisch nicht ganz intakte Individuen wirken.

Als Beispiel führe ich ein paar Fälle an, die Dr. Käthe Mende im Bericht der deutschen Zentrale für Jugendfürsorge, Berlin 1913, 81 und 83 veröffentlicht hat:

In einem Zimmer mit Küche muß der lungenkranke Vater mit der 13jährigen Tochter aus Mangel an Bettstellen in einem Bett schlafen und dicht daneben steht die Bettstelle, in der die Mutter mit der andern Tochter schläft.

Eine Frau, deren Mann im Gefängnis sitzt, schläft mit ihren 4 Kindern von 1 bis 12 Jahren in einer fensterlosen Kammer mit 2 Betten. Zwei der Kinder sind epileptisch, eines ist lungenkrank. Aus Mangel an Kissen kann die Frau das lungenkranke Kind auf der im anstoßenden Zimmer stehenden Chaiselongue nicht schlafen lassen.

In einer andern Wohnung von Zimmer und Küche wohnen in fürchterlicher Enge zusammen: Mann und Frau, beide Trinker und 7 Kinder unter 14 Jahren, davon 2 lungenkrank, eines epileptisch, alle rachitisch.

Eine Witwe bewohnt im Keller einen Arbeitsraum, Kammer und Küche, mit ihren 4 Töchtern von 12 bis 18 Jahren und drei unehelichen Enkeln von $^1/_2$ bis 3 Jahren; zwei der Töchter sind schwer lungenkrank, außerdem ist die Wohnung ganz verschmutzt und voll Ungeziefer.

In einem Kellerraum, dessen einzige Möblierung aus einem großen und einem kleinen Bett besteht, wohnt ein Mann mit einem Mädchen und ihren 2 Kindern. Hier wie in einer andern (Einzimmer-)Wohnung ohne Zubehör, in der ein Mädchen mit ihren 2 Kindern und ihrem Schlafburschen wohnt, bleibt den Kindern (das ältere ist ein 13 jähriges Mädchen) nichts verborgen, was da vorgeht. Ähnlich in der Wohnung von Zimmer und Küche, in der eine eheverlassene Frau mit ihrem Zuhälter in einem Bett, ihre 4 Kinder von 7 bis 12 Jahren im zweiten Bett bzw. auf dem Erdboden schlafen und in der andere Männer aus- und eingehen.

Die verwitwete Mutter bewohnt mit einem Schlafburschen und ihren 5 Kindern von 8—17 Jahren ein Zimmer und Küche; die beiden ältesten Töchter haben bereits seit Jahren Verkehr mit Männern, die 16jährige hat 2 uneheliche Kinder.

Man müßte, scheint mir, den geborenen Verbrecher nicht an die Spitze, sondern in die Mitte stellen, unter ihm den Gelegenheits- und Zufallsverbrecher, über ihm die Individuen einordnen, die nicht wie der geborene Verbrecher auf normale Außenreize mit kriminellen Handlungen antworten, sondern die Menschen, die auf eine anormal günstige und schwache Beanspruchung hin noch kriminell reagieren. Man hat bisher wenig bedacht, daß z. B. jedes Delikt gegen das Eigentum, das ein reicher Mann begeht, den Ausdruck der größten Perversion, der allerschwersten kriminellen Anlage darstellt, und daß wirkliche ernsthafte Ausschreitungen von Studenten sehr viel strenger bestraft werden sollten, als die von Bauernburschen oder Fabrikarbeitern. Aber unsere Rechtsprechung steht im Banne einer falschen Autoritätsauffassung; dabei haben die herrschenden Klassen ein höheres

Interesse daran, ihre Reihen von allen Defekten und Schmarotzern gründlich frei zu halten, als eine Bloßstellung zu fürchten. Denn keine künstlichen Ansprüche, nicht Roß, nicht Reisige von Gesetzes-Paragraphen und Verfassungstiteln, nur wirkliche Tüchtigkeit eigner Nerven und Muskeln sichert auf die Dauer einer Klasse die Führung im sozialen Kosmos.

Wir sprachen von geborenen Verbrechern und von einer Besserung durch Milieuumstellungen. Dem delinquente nato gegenüber würden solche Versuche zwecklos sein, nicht aber beim Gelegenheitsverbrecher eines Sinnes entbehren.

Der Augenblicksverbrecher ist auf normale Willensreize der Umgebung abgestimmt und erliegt nur exzeptionellen, überstarken Schlägen. Die Rechtsordnung hat jedes Interesse daran, solche außerordentlichen Versuchungen von schwachen Menschen fernzuhalten, den Armen nicht erst schuldig werden zu lassen. In weiterem Sinne von einer Besserung zu sprechen, wenn durch künstliche Umweltsänderungen gefährdete Individuen dem sozialen Leben wiedergegeben werden, halte ich für einwandfrei[1]).

Unsere Zeit bessert aber noch anders als durch psychische Einwirkungen und Entfernung äußerer Reize. Die Behandlung der geisteskranken Kriminellen in den Heil- und Pflegeanstalten geht von dem richtigen Gesichtspunkt aus, daß Kriminalität und Geistesstörung nur Äußerungen ein und des gleichen Zustandes sind und daß sie mit einer Besserung des körperlichen auch verschwinden werden.

Ich habe bereits die Erfolge der Chemotherapie bei Kretinismus und Syphilis gestreift. Man denke ferner an die Besserung des psychischen Status bei manchen chirurgischen Eingriffen in das Gehirn, an die Therapie des Alkoholismus, über den später noch einiges zu sagen sein wird, an gynäkologische Eingriffe und die dauernde Besserung mancher Sittlichkeitsverbrecher bei Sterilisation aus sozialer Indikation. v. Sury[2]) hat einige interessante Fälle berichtet: 33 jährige imbezille Nymphomane, die sich wiederholt schwängern ließ, wurde vor 11 Jahren mit vorzüglichem Erfolge sterilisiert, lebt seitdem auf freiem Fuß und verdient ihren Unterhalt selbst. 22 jähriger Exhibitionist, viermal wegen dieses Delikts betraft, operiert und seitdem nicht mehr rück-

[1]) Ich gehe darin soweit, daß ich es für richtig halten würde, z. B. einem Renten-Quärulanten trotz offenbaren Mangels an Berechtigung gegebenenfalls eine kleine Rente zuzubilligen, um auf diesem Wege die psychogene Neurose zum Stillstand zu bringen. Es wird billiger sein, ein solches Individuum durch diese Medizin gesund zu machen, als ihn in einer öffentlichen Heilanstalt längere Zeit zu verpflegen, und die Rechtsruhe wird durch diese Art der Therapie eines Kranken mehr gewinnen als durch äußerliche Konsequenz und jahrelange Belästigungen der Gerichte.

[2]) v. Sury, Vierteljahrsschrift für gerichtl. Medizin. 1913, 171.

fällig. 19 jähriger Gärtner, wiederholter Notzuchtsversuch. Wurde ebenfalls operiert, nachdem er vorher 5 Jahre interniert werden mußte. Der Erfolg war gut. Der Mann arbeitet seitdem auf freiem Fuße und läßt sich kein Sittlichkeitsdelikt mehr zuschulden kommen.

Eines der stärksten und sichersten Besserungsmittel, dessen Verabreichung aber nicht in Menschenhand steht, sind die Altersveränderungen der Zelle. Die Richter tragen wohl bisweilen, instinktiv vom Mitleid erfaßt, dem Alter des Kriminellen bei der Strafausmessung Rechnung. Bei Jubiläen und Regierungsantritten greifen die Justizverwaltungen manchmal auf die Länge der verbüßten Strafzeit bei lebenslänglich Verurteilten zurück. Von rationellen Gesichtspunkten sind wir aber noch fern. Im Berichtsjahre 1911 starb in einem preußischen Zuchthaus ein zu lebenslänglicher Zuchthausstrafe verurteilter Gefangener im 84. Lebensjahre. Er hatte 51 Jahre Zuchthaus verbüßt[1]). Der amtliche Bericht nennt den Fall „fast" tragisch. Im gleichen Jahre wurde ein 82 jähriger, nicht vorbestrafter Mann zur Verbüßung von 2 Jahr Zuchthaus wegen vorsätzlicher Brandstiftung eingeliefert[2]).

Drittes Kapitel.

Die Objekte der Auslese.

§ 19.

Bisher haben wir von den Auslesemechanismen des Strafrechts im allgemeinen gesprochen. Dabei ließ sich nicht umgehen, daß wir gewisse Typen des Kriminellen andeuteten, da die Behandlungsmodi die Persönlichkeit des Rechtsbrechers zum Ausgangspunkt hatten. Wenn wir jetzt die lebenden Objekte der Auslese näher betrachten, so bezieht sich diese Untersuchung nicht so sehr auf die großen grundlegenden Einteilungsformen des verbrecherischen Menschen, die wir für die praktischen Zwecke des Strafrechts ganz natürlicherweise nach dem Maßstab der möglichen Einwirkungen zu bilden suchen, sondern auf Unterscheidungen, die nach ganz anderen Gesichtspunkten getroffen werden. So sehr es Ideal eines Strafrechts wäre, rein die Persönlichkeit des Verbrechers seinem Urteil und seinen Maßregeln zugrunde zu legen und damit jenen gewaltigen dunkeln Teil des

[1]) Auf den gleichen Fall scheint sich trotz der leichten Zahlendifferenzen die Mitteilung eines katholischen Zuchthausgeistlichen zu beziehen, alle Gestorbenen seien nach guter Vorbereitung aus dem Leben geschieden, nur ein 86 jähriger Greis, der schon 50 Jahre im Zuchthaus gesessen hatte, habe den Empfang der Sterbesakramente abgelehnt, weil er angeblich unschuldig bestraft war. Preuß. Gef.-Stat. 1913, CXV.

[2]) Preuß. Gef.-Stat. 1913, XCV.

unangezeigten, nichtüberführten und vor allem unentdeckten Verbrechertums seinen Behandlungsmethoden zu unterstellen, so ist doch aus Gründen der Rechtssicherheit die Existenz von objektiven Tatbeständen oder deren Andeutungen unumgänglich[1]).

Teils ist es geschichtlich verständlich, teils haben Erwägungen gesetzestechnischer Natur dahin geführt, daß die strafrechtlichen Systeme der Kulturvölker als zentrale Achse ihres Gesetzesaufbaues das vollendete, von einem unmittelbaren Täter in Bewegung gesetzte rechtswidrige Geschehen gewählt, und erst von hier aus die Tathandlung erweiternd, den Versuch, und die Täter-Einheit ausdehnend, die Teilnahme geschaffen haben. Weiter wurde die psychische Relation zwischen Individuum und rechtswidriger Handlung verfeinert, dem Vorsatz die Fahrlässigkeit zur Seite gestellt und die Bedeutung des Irrtums untersucht. Schließlich begann man die Mehrheit von kriminellen Handlungen, mochten sie nun durch eine Verurteilung getrennt sein oder ohne strafrechtliches Einschreiten sich aneinandergereiht haben, zu der Persönlichkeit des Rechtsbrechers als Rückfall oder reale Konkurrenz in Beziehung zu setzen und mit geeigneten strafrechtlichen Maßnahmen zu erwidern.

Die Theorie pflegt die eben berührten Varietäten des Verbrechens unter den verschiedensten Gesichtspunkten zusammenzufassen.

Der Grundgedanke dieser Arbeit erlaubt die Subsumierung in zwanglosester und einfachster Weise. Innerhalb der großen Masse der rechtsbrechenden Individuen, die einer Strafbehandlung zugänglich erscheinen — denn alle andern Kriminellen sind zu entfernen —, werden je nach der Form der Objektivierung ihres gesellschaftsfeindlichen Trieblebens soziale Typen unterschieden. So entsteht eine Skala der auszulesenden Menschen, die wir nicht nur der Natur ihrer Handlungen, sondern der Art ihrer Beteiligung, ihrer innerlichen Stellungnahme zu einer rechtswidrigen Handlung oder einem Handlungsrest entnehmen[2]).

---

[1]) Kräpelin und seine Schüler sind in erfolgreicher Weise bemüht gewesen, die Krankheitsbilder der Geistesstörungen nach ätiologischen Gesichtspunkten zu ordnen. Die gleiche Aufgabe harrt des Strafrechts. Sie ist beim Kriminellen durch die Buntheit und die ungemein verschiedenen Stärkegrade der exogenen Momente kompliziert, aber sicherlich möglich, ja notwendig, wenn wir mit Prognose und Therapie des Kriminellen nicht ganz im Dunkeln umherfahren wollen.

[2]) Nicht mit Unrecht weist der DVE.-Begr. 198, 199 bei der Frage der Schuld auf die Wichtigkeit der gesetzlichen Regelung dieser Probleme hin: „Es handle sich um die wichtigsten und allgemeinsten Fragen des Strafrechts überhaupt, welche dessen gerechte Anwendung auf den einzelnen Fall vornehmlich bestimmen und daher für die Wirkung des Strafrechts von viel größerer und allgemeinerer Bedeutung sind als die Formulierung der einzelnen Tatbestände“. Man kann noch weiter gehen; diese Fragen bestimmen hauptsächlich nicht nur die gerechte Anwendung auf den einzelnen Fall, sondern die Anwendbarkeit der einzelnen Tatbestände überhaupt.

Blicken wir uns auf dem weiten Gebiet menschlicher Triebäußerungen um, so sehen wir motorische Aktionen, die ohne psychisches Korrelat ablaufen, wie Reflexe und Instinkthandlungen, und wir treffen in der phylogenetischen Entwicklung ansteigend auf psychisch angereicherte Äußerungen der verschiedensten Stärke. Die bewußte motorische Tendenz eines bestimmten Vorstellungskomplexes nennen wir Willen; da erfahrungsgemäß die einzuleitende Kausalität den größten Grad von Exaktheit und Intensität aufweist, die, von deutlichen Vorstellungen ausgehend, sich in kräftigen motorischen Impulsen verwirklicht hat, so betrachten wir als die Handlung *κατ' ἐξοχήν* die Willenshandlung.

Die objektive Psychologie lehrt[1]), daß zwischen Empfindungen und Vorstellungen und deren assoziativer Verknüpfung kein Raum für die Annahme eines besonderen Willensvermögens ist. Jede Vorstellung besitzt im Gegenteil motorische Tendenz, wenn auch das motorische Element durch negative Gefühlstöne unterdrückt werden oder durch die geringe Intensität der Vorstellung zu Bewegungsrudimenten abblassen kann. Ist aber die Vorstellung sehr kräftig, ist sie weiter sehr gefühlsbetont, treten dazu die Bewegungsempfindungen, die jedes Minimum motorischen Geschehens uns zur Kenntnis bringen, nehmen wir ferner die assoziative Einheit der Ich-Vorstellungen und bringen wir diesen Ich-Komplex und den Vorstellungsinhalt der zukünftigen Handlung in eine zeitliche Beziehung, so ist damit die Willenshandlung in ihre Komponenten zerlegt.

Diese Zerlegung, die wir Ziehen verdanken, ist unschwer auf den strafrechtlichen Vorsatzbegriff angewandt. Das Strafrecht behandelt die vorsätzliche Handlung deshalb als die schuldhafteste Handlung, weil die intensive Vorstellung des Verbrechens trotz der entgegenstehenden gefühlsmäßigen und intellektuellen Widerstände so überwiegend von positiven Gefühlstönen begleitet war, daß wir darin eine schwere kriminelle Anlage zum Vorschein kommen sehen. Die Eliminierung eines besonderen Willensvermögens verbietet jede Annahme einer „Schuld“; wir sind aber sehr wohl imstande, auch ohne diese Hypothese den Begriff des Vorsatzes aufrecht zu erhalten und strafrechtliche Reaktionen auf ihm zu begründen.

Die strafrechtliche Natur des Vorsatzes ist durch zahlreiche Untersuchungen gefördert, die Fahrlässigkeit aber ist immer ein Stiefkind des Strafrechts gewesen und es erscheint wünschenswert, mit einigen Worten darauf einzugehen.

In erster Linie muß festgehalten werden, daß die Termini Wille,

---

[1]) In Deutschland hauptsächlich Ziehen.

Absicht, Überlegung, Vorsatz [1]), Bewußtseinsinhalte bezeichnen, wie sie neben jeden natürlichen Handlungen einherzugehen pflegen. Mit dem Begriff der Fahrlässigkeit wird ein teleologisches Moment hineingetragen und die Unerwünschtheit eines gewissen Erfolges angedeutet, dessen Eintreten die Strafdrohung zu verhindern sucht. Wir sprechen nun bei gewissen sozialfeindlichen Erfolgen von Fahrlässigkeit, obgleich wir auch auf andern Gebieten des Lebens Geschehnisse antreffen, die in Verbindung mit einem sofortigen oder zu erwartenden schweren Nachteil für den Betroffenen die Bezeichnung seines psychischen Verhaltens als eines fahrlässigen sehr wohl rechtfertigen würden. Wir sprechen nicht von fahrlässigen Selbstmorden, sondern von Unglücksfällen, wir hören niemals von einer fahrlässigen Gottlosigkeit, sondern nur von Irreligiosität sprechen. In beiden Fällen handelt es sich um sichere oder vermeintliche Schädlichkeiten, die man in der Regel weder dem bewußten Willen noch dem Zufall zur Last liegen kann.

Und doch sind die Handlungen des Arbeiters, der dem Getriebe zu nahe kommt und die Handlungen des Individuums, der ohne Glauben an Gott stirbt, Willenshandlungen. Nur die Übersicht über die lange kausale Kette ist es, die fehlt, die nicht mit voller Deutlichkeit vor das Bewußtsein zu treten und motivbildend einzuschreiten vermag. Der primitive Mensch wird kaum fahrlässig handeln, da er nur Vertrautheiten der Kausalität handhabt; alles andere ist für ihn und seine Umgebung Zufall, Unerklärliches, Unvermeidbares. Der Kulturmensch hat sich aber komplizierte Kausalitäten geschaffen, technische Wunder, die „furchtbar werden, wenn sie der Fessel sich entraffen“, Kräfte, die man nur dann loslassen darf, wenn man sie sicher beherrscht und von denen man sonst ganz die Finger lassen muß. Der Begriff der Fährlässigkeit ist letzten Grundes ein Kind der Technik.[2])

Die alte Streitfrage, ob Fahrlässigkeit ein Willens- oder Verstandesfehler [3]) sei, und die man mit schrecklich vielen leeren Worten hin- und hergezerrt hat, erledigt sich nach dem, was wir ganz kurz von dem Standpunkt der physiologischen Psychologie über das Willensvermögen angedeutet haben, von selbst.

Eine fahrlässige Handlung liegt dann vor, wenn der motorisch geladene Vorstellungskomplex nicht alle Veränderungen der Außenwelt umfaßte, die in der Regel die Folgen der Anfangshandlung

[1]) Über die Farblosigkeit des Wortes Vorsatz beklagt sich bitter Binding, Grundriß des deutschen Strafrechts. Allg. Teil. Leipzig 1913, 120.

[2]) So kann die unerwünschte Erzeugung eines unehelichen Kindes für den Arzt einen Fall des dolus eventualis darstellen, für den Gebildeten Fahrlässigkeit, für den einfachen Mann Zufall sein.

[3]) Die Carolina sagt in Art. 134 „aus unfleiß oder unkunst und doch unfürsetzlich“.

sein müssen, sondern die negativen Gefühlstöne auf eine kürzere Strecke einwirken ließ, als sich das wirkliche künftige Geschehen später erstrecken wird. Es handelt sich also um einen Defekt der Ideen-Assoziation. Ganz einfach gesagt, besteht Fahrlässigkeit darin, daß die einmal eingeleitete, anfangs nicht rechtswidrige Kausalität der mangelnden Voraussicht des Individuums entgleitet und in einem rechtswidrigen Erfolge mündet.

Dieser Voraussicht eine feste Umgrenzung zu geben ist unschwer. „Die im Verkehr erforderliche Sorgfalt“ nimmt den Durchschnittstypus der Intelligenz als Maßstab, den bonus pater familias. Eine andere Regel ist auch kaum möglich. Wenn die Individuen nur angewiesen sein sollten, die diligentia quam suis zu vertreten, — und damit ist doch schließlich der höchste subjektive Maßstab angegeben — so wären die übelsten Individuen sowohl von zivilrechtlicher wie strafrechtlicher Haftung frei und ein gesetzliches Asylrecht für die Unvorsichtigen und Leichtsinnigen in unserer Mitte geschaffen.

Der DVE. hebt in § 60 hervor, daß der Täter zu der Aufmerksamkeit nicht nur verpflichtet, sondern auch imstande gewesen sein müsse. Damit sei die Anlegung eines objektiven Maßstabes (die Forderung einer „Durchschnittssorgfalt“) verboten. Als Gründe für diese Regelung gibt die Begründung an (214): „dieser offenbar mit dem Determinismus zusammenhängende Standpunkt, von dem aus man folgerichtig zur Straflosigkeit der Fahrlässigkeit überhaupt oder doch mindestens der nicht bewußten Fahrlässigkeit gelange, entspreche weder dem Volksbewußtsein noch der Erfahrung des Lebens, die auf allen Gebieten der menschlichen Betätigung zeige, daß Anforderungen an die Anspannung der geistigen Kräfte und die Aufmerksamkeit des Individuums mit Recht gestellt und von diesen nicht erfüllt werden, obwohl sie hätten erfüllt werden können, sowie daß es für das Maß des zu Fordernden auch im praktischen Leben einen aus der Kenntnis des Individuums zu entnehmenden Maßstab gibt“. Die Deduktionen des DVE. gehen offenbar fehl. Inhalte des Volksbewußtseins sind als Begründung nicht verwendbar; daß es für das Maß des zu Fordernden auch im praktischen Leben einen aus der Kenntnis des Individuums zu entnehmenden Maßstab gebe, ist teils unrichtig, teils kein Gegenbeweis, denn wenn es das industrielle Leben oder andere spezialisierte Verhältnisse manchmal auch können, so kann das soziale Leben seine Minimalforderungen nicht ermäßigen. Die Gesellschaft hat keine leichtere Arbeit für Arbeitslose und Untaugliche auf moralischem Gebiete, weil es gerade diese Art und dieser Grad der Leistung ist, die ihren Bestand sichert und erhält.

Zur Straflosigkeit der Fahrlässigkeit gelangen wir aber nicht. Denn wir wollen nicht den Willensfehler bestrafen, sondern versuchen, die mangelnde Voraussicht durch schmerzhafte Erfahrungen nicht zu verschärfen — das wäre häufig nicht möglich — sondern assoziativ die betreffenden unübersehbaren Kausalitäten, etwa den Schuß, die eidliche Versicherung, den Umgang mit entzündbaren Stoffen mit Unlustgefühlen zu versehen und ihre Handhabung ganz zu verhindern oder auf sichere Länge zu beschränken. Die Bestrafung der Fahrlässigkeit ist der typische Fall des Strafens ne peccetur. Quia peccatum est zu strafen, wäre sinnlos und nur mit einer kühnen Konstruktion des Schuldprinzips, die jenseits jeder Psychologie steht, möglich.

Weiter aber hat die Bestrafung des Fahrlässigen selektive Bedeutung. Den Hunderten, die durch eine Explosion ihr Leben verlieren, kann es gleichgültig sein, ob der Täter vorsätzlich oder fahrlässig gehandelt hat. Die Gefährdeten haben nur das eine Bedürfnis, den Menschenschlag allmählich vermindert zu sehen, dessen Intelligenzdefekt ihn achtlos die Hände an solche Energiemengen legen läßt. Zu Tausenden rafft unser industrielles Leben, der Verkehr und der Sport die Unvorsichtigen durch Unglücksfälle hinweg. Viel größere Menschenmassen noch stößt mangelnde Voraussicht langsam in niedere soziale Schichten herab und erstickt sie frühzeitig in ungünstigen Umweltverhältnissen. Sie alle tragen ebensowenig Schuld an ihrem Defekt wie die Individuen, die das Strafrecht in ihren Lebensbedingungen in Gestalt der Strafe mindert. Ich glaube, wenn wir eine Rückfallstatistik der Fahrlässigkeit hätten, wir würden sehen, daß es ebenso viele Unverbesserliche der Fahrlässigkeit gibt wie Unverbesserliche des Vorsatzes.

Daß wir Individuen, deren triebhafte Aktivität die durch Strafdrohung und durch Strafvollzug erstrebten Hemmungen nicht zu Worte kommen läßt, mit deutlichen oder leisen Mitteln zu eliminieren suchen, ist wohlverständlich; daneben aber sehen wir, daß die Gesellschaft mit der Zunahme technisch komplizierter, leicht in Bewegung gesetzter und schwer aufgehaltener Kausalitäten, mit der erweiterten Kenntnis der Natur von pathogenen Mikro-Organismen ein immer stärkeres Interesse daran hat, Personen ohne Voraussicht von diesen Gefahrquellen fernzuhalten und, wenn sie nicht selbst fernbleiben, sie psychisch oder physisch außerstand zu setzen, Energiemengen leichten Sinnes zu handhaben. Der entlassene Lokomotivführer und der entzogene Fahrschein des Automobillenkers, die Zurücknahme der Erlaubnis zur Herstellung, zum Vertrieb und zum Besitz von Sprengstoffen (Sprengstoffgesetz § 4) dienen neben verhältnismäßig schweren Strafen dieser Aufgabe. (Fahrlässige Tötung DVE. § 219) Gefängnis bis zu 3 Jahren, bei Berufspflicht bis zu 5 Jahren, fahrlässige Störung der Eisenbahnbetriebssicherheit (§ 183) bis zu 3 Jahren, ebenso fahrlässige Brandstiftung DVE. § 189, 4 Jahre; fahrlässige Schiffsstrandung DVE. § 191 3 Jahre und fahrlässige Brunnenvergiftung DVE. § 192 Gefängnis bis zu 3 Jahren)[1].

Nach Sprengstoffgesetz § 5 droht Todesstrafe dem, der durch vorsätzliche Anwendung von Sprengmitteln den Tod eines Menschen herbeiführt, wenn der Täter einen solchen Erfolg hat voraussehen können. Man darf sich durch die vorsätzliche Anwendung nicht darüber täuschen lassen, daß es sich um einen fahrlässig herbeigeführten Erfolg handelt. Denn die ersten Glieder der Kausalität werden auch bei fahrlässigen Delikten stets vorsätzlich herbeigeführt, nur daß dieses Anfangsstadium in der Regel nicht wie in diesem Falle ein delictum sui generis bildet, sondern strafrechtlich farblos ist.

Die immer mehr zunehmende Anzahl der Gefährdungsdelikte, die sich als vorsätzliche darstellen, (z. B. OeVE. § 304 Gefährdung durch eine Geschlechtskrankheit, Gefängnis bis zu 3 Jahren) bedeutet nur eine gesetzestechnische Verfeinerung der alten Fahrlässigkeitsfrage.

§ 20.

In engem Zusammenhang mit der Frage der Fahrlässigkeit steht das Problem des Irrtums im Strafrecht. „Der Staat straft nicht wegen der Verletzung von Rechtsnormen, meint der OeVE. (Erl. Bem. 32), sondern wegen der Schädlichkeit und Gefährlichkeit von Handlungen. Dieser ist sich aber der Zurechnungsfähige und schulhaft handelnde Mensch bewußt oder zum mindesten hätte er das Bewußtsein haben können“. Und mit aller Schärfe sagt es der Text des OeVE. § 10: Unkenntnis des Strafgesetzes schließt das Verschulden des Täters nicht aus.

Vom Standpunkt des Schuldprinzips aus kann die Irrtumsfrage keine Lösung finden; es wäre bei konsequenter Durchführung ganz selbstverständlich, daß der, der das Strafgesetz nicht kennt, auch keine Strafe erleide, wie es ja das Hannoversche Kriminalrecht von 1840 auch legislativ durchgeführt hat. Die Fiktion, jedermann solle die Gesetze kennen, ist in diesem Umfang lächerlich; ebensogut könnte das Gesetz die Fiktion aufstellen, jedermann solle imstande sein, mit einem Arm 50 Pfund 30 mal zu heben. Dem ungeheuren Wirrwarr von Gesetzen gegenüber sind selbst die meisten Juristen rustici. Es kann auch nicht einen Augenblick davon die Rede sein, irrige

[1] Wegen fahrlässiger Tötung, fahrlässiger Körperverletzung, fahrlässigen Falscheides, Gefährdung eines Eisenbahntransportes und fahrlässiger Brandstiftung wurden im Jahre 1910 in Deutschland 9333 Personen verurteilt; der Personenkreis ist also nicht unerheblich.

Auslegung des Gesetzes sei der Schuld zuzurechnen, wo Oberlandesgerichte und Reichsgericht, selbst die einzelnen Senate des Reichsgerichts über Fragen der Auslegung ganz verschiedener Meinung sind.

Der Vorschlag des DVE., die alte Unterscheidung zwischen strafrechtlichen und nichtstrafrechtlichen Irrtümern gesetzlich zu verewigen, ist vollkommen verfehlt. Kein böserer Rückschritt wäre denkbar in Formalismus und äußerste Rechtsunsicherheit. Es ist unrichtig, daß alle Versuche, eine bessere Lösung zu finden, vergeblich gewesen sind[1]).

Richtig stellt das norwegische Strafrecht in § 57 die Qualität des Irrtums in den Vordergrund. Hier können wir die Brücke zu der Persönlichkeit des Täters schlagen. Hier können wir auch die sonst kaum lösbare Beweisfrage entscheiden. Die Objekte des Irrtums, Materien des Strafrechts oder anderer Rechtsgebiete, sagen uns gar nichts, die Genese des Irrtums aber gibt uns ein ziemlich deutliches Bild und verrät uns, ob sein Urheber aus einer sozial einwandfreien oder gesellschaftsfeindlichen Psyche zu der Diskrepanz zwischen Vorstellungsbild und Handlungswirklichkeit gelangte.

Verträgt sich auch der Satz iuris ignorantia nocet nicht mit dem Schuldprinzip, so können wir ihn mit unserer Auffassung von der selektiven Funktion des Strafrechts wohl vereinigen. Natürlich müssen wir dabei die Unterscheidung von Irrtümern, die sich auf das Strafrecht und Irrtümern, die sich auf Gebiete nichtstrafrechtlicher Natur beziehen, fallen lassen. Wir könnten ebensogut einen Menschen im gewöhnlichen Leben danach beurteilen, ob er sich über Metall- oder Papiergeld, ob er sich über physikalische oder chemische Fragen irrt. Diese Basis ist zwar sehr einfach und leicht aufzufinden, für eine psychologische Unterscheidung aber unbrauchbar und bar eines jeden Zusammenhanges mit dem Kern des Problems, dem rechtswidrig handelnden irrenden Menschen.

So leicht wie der Vorentwurf und die herrschende Doktrin machte man es sich vor 50 Jahren in Deutschland noch nicht. Damals schloß das sächsische Recht die Entschuldigung durch Rechtsirrtum nicht unbedingt aus, das oldenburgische, hannoversche und das württembergische Strafrecht ließen bei unüberwindlicher schuldloser Unwissenheit die Strafbarkeit entfallen. Die Doktrin erblickte ganz richtig in der Frage nach dem Wissen und Wollen des Täters eine Tatfrage, die man nicht im voraus entscheiden konnte[2]) und Schwarze hat treffend bemerkt[3]), daß die Straflosigkeit von Kindern

[1]) DVE. Begr. 217.

[2]) Schwarze, Kommentar zum Strafgesetzbuch für das Deutsche Reich. Leipzig 1872, 246.

[3]) Schwarze 246.

und Taubstummen nicht deshalb eintrete, weil ihnen der Wille fehle, die Tat zu begehen, sondern weil das Bewußtsein der Strafbarkeit in ihnen noch nicht entwickelt sei. Unbestreitbar befinden sich große Teile unserer Bevölkerung gewissen Gesetzesvorschriften gegenüber in der Lage von unwissenden Kindern.

Die Unterscheidung eines entschuldbaren und eines unentschuldbaren Irrtums muß zwar die psychologische Aufgabe des urteilenden Richters wesentlich erschweren; einen weiteren Spielraum kann man sich für die freie Beweiswürdigung des Richters schwerlich denken, aber auch kaum eine schönere Aufgabe für die Rechtsprechung, Fragen, die bisher nach mechanischen begrifflichen Maßstäben abgetan wurden, in vorsichtigem Eingehen auf die Einzelheiten des Falles, die Psyche des Täters und die höchsten Aufgaben der Gesetzgebung zu entscheiden.

Der anglo-amerikanische Rechtskreis urteilt nach dem Gesichtspunkt des reasonable mistake, einzelne Urteile deutscher Gerichte haben meinen Vorschlag aufgenommen[1]). Nur die Regelung Norwegens — nach freiem richterlichen Ermessen ordentliche, gemilderte oder keine Strafe — wird den bunten und verschiedenartigen Entstehungsgründen des strafrechtlichen Irrtums Rechnung tragen können[2]), nicht die Milderungen mit der Versuchsstrafe (DVE. § 61, 2) und die gemilderte Strafe des OeVE. § 57, 4, wenn der Täter in dem durch bestimmte Tatsachen begründeten Glauben, zu der Tat berechtigt zu sein, handelt.

Daß bei einem Irrtum über Tatumstände das Vorstellungsbild des Täters der richterlichen Beurteilung zu unterliegen hat, versteht sich ohne weiteres von selbst. Beweisschwierigkeiten können an der grundsätzlichen Richtigkeit dieser Regelung nichts ändern.

Zwanglos springen wir von diesem Satze zur Frage des Versuches über.

§ 21.

Wenn wir von dem Grundsatze ausgehen, daß das Vorstellungsbild des Täters die Grundlage der richterlichen Beurteilung zu bilden habe[3]), so können wir bei der Frage nicht schwanken, welche Strafe der Versuchshandlung entgegenzusetzen sei. Dem Zufall eine ausschlaggebende Rolle bei der strafrechtlichen Behandlung einzuräumen, ihm eine mildernde Bedeutung zuzusprechen, nachdem man sich mit Recht bemüht hat, dem unglücklichen Zufall nach Möglichkeit keine

---

[1]) v. Hentig, Der strafrechtliche Schutz des literarischen Eigentums. Berlin 1912, S. 77.

[2]) Schon im kanonischen Recht wurde die aus Rechtsirrtum begangene Handlung milder bestraft.

[3]) OeVE. Erl. Bem. 31.

strafrechtlichen Folgen zu geben[1]), ist nicht angängig, denn die Frage des Versuchs ist das Negativ des Erfolghaftungsproblems. Der OeVE. verrät uns, warum die Vorentwürfe mit der Durchführung des Schuldprinzips nicht ganz ernst machen zu können glauben und mit den kühnsten Konstruktionen die Erfolgshaftung wieder etablieren. Der OeVE. (Begr. 26) spricht von „dem durch das Herbeiführen eines schwereren Erfolges stärker erregten Reaktionsbedürfnisse". Für die mildere Bestrafung des Versuches würde dementsprechend nach dem deutschen Vorentwurf das weniger erregte Reaktionsbedürfnis ins Gewicht fallen. Den milder zu bestrafen, dessen kriminelle Absichten nur der Zufall nicht hat zur Ausführung kommen lassen, ist aber nur Sache von Leuten, die hinter der deutlichen Welt der groben Erscheinungen nicht den Menschen und seine gefährlichen Anlagen erkennen. Es ist nicht einzusehen, warum die verschiedensten Strafgesetzgebungen nur bei Hochverrat und einigen wenigen andern Delikten[2]) den richtigen Weg gehen.

Frankreich, Österreich, England, Japan und der Schweizer VE. § 22, Satz 2 eröffnen dem Richter die Möglichkeit, das versuchte Verbrechen im allgemeinen wie die vollendete Handlung zu bestrafen. Die Rechtsgelehrten Athens verlangten für den Versuch die gleiche Strafe wie für das vollendete Verbrechen[3]), dem römischen Recht fehlt für den Versuch das technische Wort[4]), bei Privatdelikten waren die Versuchshandlungen straflos, bei den öffentlichen Delikten knüpfte sich die Strafe an den irgendwie betätigten Entschluß. In der italienischen Praxis des Mittelalters hatte sich im Gegensatz zum römischen Recht und im Anschluß an die germanische Auffassung im allgemeinen die Lehre von der Straflosigkeit des Versuches ausgebildet. Clarus zitiert ein Urteil des Mailänder Senates vom 3. Juni 1547[5]). Ein gewisser Pietro Vecarieto war zu einem jungen Mädchen ins Bett gestiegen und hatte sie an der Brust berührt, ihr aber weiter nichts getan. Sie verzieh ihm und er wurde freigesprochen. Nur bei den schwersten Delikten kamen vielfach Ausnahmen vor[6]). Da die Praxis schwankte, konnte der Richter allenfalls bis zur vollen Strafe des Verbrechens hinaufgehen, vorausgesetzt, daß ein Fall des actus proximus maleficio vor-

[1]) DVE. will erhöhte Strafe wegen eines bestimmten Erfolges nur da zulassen, wo der Erfolg von dem Täter wenigstens in gewisser Weise verschuldet worden ist. DVE. Begr. 221.

[2]) § 80 StGB., § 153 Gew.-Ord., StGB. §§ 81, 82, 105, 114, 122 Abs. 1, 159, 357. Sprengstoffges. § 9, Sklavenraubgesetz § 1.

[3]) Thonissen 73.

[4]) Mommsen 95.

[5]) v. Möller 110.

[6]) v. Möller 111.

lag. Ebenso wie dem römischen Recht fehlt es der germanischen Rechtssprache an einem den Versuch bezeichnenden Ausdruck[1]). Die beiden germanischen Rechte, in denen der Versuch am ausgebildetsten hervortritt und die sich dadurch auffallend von den ihnen verwandten Rechten unterscheiden, sind das isländische und das salfränkische[2]). Deutlich ist bei diesen Gesetzen der Gedanke der Erfolghaftung ausgesprochen, so im skandinavischen Uplandsgesetz, das z. B. eine Brandstiftung, wenn kein Schaden geschieht, mit keiner Buße bedroht[3]). Im übrigen halfen sich die germanischen Rechte bei häufigen Delikten durch Aufstellung eigener Tatbestände, so das westgotische Gesetzbuch, das den versuchten Diebstahl als Verletzung des Hausrechtes behandelt[4]). Das kanonische Recht bestrafte den sogenannten beendeten Versuch in der Annahme, daß die Vollendung des Verbrechens nur durch eine rechtliche Bestimmung unabhängig vom Willen des Täters gehindert worden sei; z. B. ein Diakonus heiratet ein Weib; diese Ehe ist rechtlich ungültig, so daß in Wahrheit zwischen dem Diakon und dem Weib keine wirkliche Ehe geschlossen ist; er wird aber doch als Bigamos bestraft[5]) (propter affectum intentionis cum opere subsecuto).

Wie wir einen tollwütigen Hund, der nach einem Menschen geschnappt hat, ebenso behandeln wie den, der einen Menschen gebissen hat, so muß eine Strafgesetzgebung, die nicht nach der Denkweise gewöhnlicher Leute an der Gegenwart klebt, den Versuch ebenso bestrafen, wie die vollendete Handlung[7]). Für die geringere oder größere Eignung des Täters lassen sich innerhalb der weiten Strafrahmen der Strafgesetzentwürfe Abstufungen finden. Wer die Psyche des Kriminellen als Kriterium der strafrechtlichen Selektion betrachtet und in den äußeren Handlungen nur Ansatzpunkte der Beurteilung sieht, die aus Gründen der Rechtssicherheit und nur aus diesem Grunde nicht fehlen dürfen, der vermag dem Versuch keine selbständige strafrechtliche Stellung zuzuweisen. Der Täter versucht nicht sozial oder antisozial zu sein. Er ist eines oder er ist es nicht. Seine strafrechtliche Behandlung bemißt sich nach seinen Qualitäten. Ein Strafrecht, das Glück oder Unglück noch kennt, gleicht dem Züchter, der die schwarzen Kälber tötet, weil ein solches

---

[1]) Wilda 599.

[2]) Wilda 600.

[3]) Wilda 607.

[4]) Wilda 606.

[5]) Katz 24.

[7]) Auch bei Belohnungen schätzen wir den Versuch gering ein. Es hat noch nie ein Mensch die Rettungsmedaille bekommen, der trotz größter Lebensgefahr einen Mitmenschen zu retten versuchte, infolge eines unglücklichen Zufalls aber nur die Leiche bergen konnte.

am Todestage seiner Frau geboren wurde. Ein Strafrecht, das Zufälle in Rechnung stellt[1]), ist von einem vollkommenen strafrechtlichen Selektionsmechanismus noch weit entfernt[2]).

Man hat sich seit jeher alle Mühe gegeben, den strafbaren Versuch von der straflosen Vorbereitungshandlung abzugrenzen. Die Formulierung des StGB., die dem C. p. entlehnt ist, spricht bekanntlich von einem Anfang der Ausführung, und sondert dadurch Versuchs- und Vorbereitungshandlung in ziemlich scharfer Weise. Dabei muß von der Erwägung ausgegangen sein, daß sich Versuchs- und Vorbereitungshandlung sachlich nur sehr wenig unterscheiden, nur eine praktische Rücksicht, die Rechtssicherheit (etliche scheinliche Werke, die zur Vollbringung der Missetat dienstlich sein mögen. CCC. Art. 178) eine Trennung und entsprechend verschiedene Behandlung der Gebiete erfordert, die hier zu dem Begriff der vollendeten Tat in wenig erkennbarem, unsicheren, dort in nicht anzuzweifelndem Zusammenhang stehen. Die Objektivation des kriminellen Willens muß in irgendeiner, von harmlosen Unternehmungen. des gewöhnlichen Lebens scharf abgrenzbaren Weise erfolgt sein. Wie formell diese notwendige Abgrenzung ausgeführt wird, ist sachlich ohne Bedeutung, Lücken lassen sich durch Aufstellung von besonderen Tatbeständen ergänzen. Von unserem Standpunkt kann nur der subjektiven Theorie Berechtigung zugesprochen werden. Sollen die Vorstellungsbilder entscheiden, so kann die von den Anhängern der objektiven Theorie verlangte teilweise Tatbestandsverwirklichung entfallen, immer vorausgesetzt, daß für die Vollendungsabsicht des Individuums geeignete Anhaltspunkte vorliegen. Vor den Augen einer Gottheit schließt sich der Spalt zwischen Vorbereitung, Versuch und Vollendung. Diese Unterscheidungen des

[1]) Das Unsinnige des glücklichen Zufalls trat durch folgenden Fall in helles Licht: Im November 1913 wurde gemeldet, daß der vom Schwurgericht Frankfurt a. M. zu 12 Jahren Zuchthaus verurteilte B. R. in der Preußischen Klassenlotterie 30000 M. gewonnen habe.

[2]) Wie unglaublich formell selbst unsere höchsten Gerichte vorgehen, zeigt folgender Fall: Ein junger Mann hatte einem kleinen Mädchen unter die Röcke gefaßt, war aber wider Erwarten nicht auf den nackten Körper gestoßen, sondern nur auf eine Turnhose, die das Kind zufällig anhatte. Als er sich anschickte auch diese aufzuknöpfen, sagte das Kind ängstlich: „Was machen Sie mit mir?“ worauf er von dem Mädchen abließ.

Die Vorinstanz hatte nur versuchte Nötigung zur Unzucht angenommen, weil der Täter durch Berührung des nackten Körpers sich eine sinnliche Befriedigung habe verschaffen wollen, er dazu aber nicht gekommen sei. Das Reichsgericht hielt „diese Betrachtungsweise an sich rechtlich für möglich“. Während aber die Strafkammer straflosen Rücktritt aus § 46, 1 StGB. ausgeschlossen hatte, erklärte das Reichsgericht die Anwendung von § 46, 1 unter Umständen für zulässig (RGStr. 47, 77).

Strafrechts sind Teile der Magna Charta des Verbrechers nach Liszts bekanntem Worte. Eine Magna charta bewilligen wir aber dem Verbrecher nicht aus Mitleid oder sonst einer philanthropischen Regung wir müssen sie aufstellen zum Schutz gegen die sinnliche Gebundenheit, die Irrtümer und die drohende Lynchjustiz der Gesellschaft, deren Macht größer ist als ihre Psychologie.

Im engsten Zusammenhang mit dieser Frage steht der Streit um die Strafbarkeit des Versuchs mit untauglichen Mitteln und am untauglichen Objekt. Die Gegner des Reichsgerichts sprechen beim absolut untauglichen Versuch der Handlung jede objektive Bedeutung ab, als wenn eine Handlung neben der tatsächlichen Schädigung irgend eine andere Bedeutung hätte als die, ihren Urheber zu kennzeichnen. Beim relativ untauglichen Versuch wird die objektive Theorie unlogisch; wenn auch eine objektive Gefahr für das angegriffene Rechtsgut nicht eingetreten ist, so wird „gleichwohl den Bedürfnissen des Rechtslebens und den Anschauungen des Volkes Rechnung getragen" [1]).

Nur eine reine Durchführung der subjektiven Theorie wird den berühmten Bedürfnissen des Rechtslebens, die im DVE. so oft als schärfste Gegensätze zu den Ergebnissen der Wissenschaft auftreten, Rechnung tragen. Ich gehe aber noch weiter als das Reichsgericht [2]), das in konsequenter Weise bei der Anwendung „in der realen Wirklichkeit nicht vorhandener Mittel" die Strafbarkeit ausgeschlossen hat. Denn erstens ist die reale Wirklichkeit ein nach den Fortschritten unserer Erkenntnis sehr schwankender Begriff und dann ist die reale Wirklichkeit, um die es sich bei der Beurteilung der sozialen Eignung eines Menschen handelt, in eben den Vorstellungskreisen dieses Individuums zu suchen, nicht in den Realitäten der Wissenschaft. Die früheren deutschen Gesetzgebungen machten den Versuch, den absolut untauglichen Versuch nach psychologischen Kriterien zu unterscheiden. So erklärte der bayerische Entwurf von 1831 in § 47, daß keine Strafe eintrete, wenn der Versuch wegen völliger Untauglichkeit der aus Einfalt für tauglich erachteten angewendeten

---

[1]) DVE. Begr. 287. So oft das Schuldprinzip den deutschen Vorentwurf im Stiche läßt, wie hier oder bei der Frage des Rechtsirrtums oder der Erfolghaftung, so wird er inkonsequent und meint frischweg „aber damit würde man einem praktischen Bedürfnisse nicht gerecht werden" (Begr. 222), „in diesem Falle sei eine Fiktion der Schuld ein Gebot der staatlichen Selbsterhaltung" (Begr. 216), eine dem Schuldprinzip entsprechende Regelung würde „weder dem Volksempfinden noch den Forderungen der Generalprävention entsprechen". Man sieht, daß der Vorentwurf zwar die strenge Anknüpfung an das historisch Gewordene, von der er (Einleitung, IX) spricht, nicht vermissen läßt, daß er aber dabei, um nicht absurd zu werden, theoretisch ganz und gar in die Brüche geht.

[2]) RGStr. 33, 321.

Mittel mißlungen ist; Strafe dagegen war nach Art. 48 dann vorgesehen, wenn der Versuch mißlang, weil aus Irrtum oder Verwechselung statt des tauglichen ein untaugliches Mittel angewendet war. Die gleiche Unterscheidung fand sich im alten Luzerner Gesetzbuch Art. 38 und im neuen von 1907 § 30[1]).

Auch die Lisztsche Theorie der konkreten Gefährlichkeit möchte ich ausschließen, so bestechend sie ist. Denn die Handlungen des Menschen zwar können im einzelnen Falle von konkreter Gefährlichkeit oder dem Gegenteil zeugen, der Täter aber ist entweder konkret gefährlich oder er ist ungefährlich. Ungefährlich können wir aber nicht immer den nennen, der einen andern totzubeten versucht. Denn er mag diese Äußerungsform seiner kriminellen Disposition wegwerfen und stärkeren Zauber anwenden, der mit den Ergebnissen der Naturwissenschaft in besserem Einklang steht. Für die allzuweit gehenden praktischen Konsequenzen dieses Satzes wird im zukünftigen Strafrecht die bedingte Verurteilung[2]) oder eine Bestimmung, wie die des Schweizer Entwurfs von 1908[3]) bereitstehen. Strafbarkeit des Versuchs am untauglichen Objekt und mit untauglichen Mitteln kennen das dänische Recht, das Strafrecht des Staates New York und das neue norwegische Gesetzbuch.

Das geltende deutsche Recht und die Vorentwürfe geben dem Rücktritt vom Versuch strafaufhebende Kraft. Eine Art des Rücktritts vom vollendeten Delikt kennt der OeVE. § 57,5, „wenn der Täter vor dem Beginn der Verfolgung den drohenden Schaden abwendet oder den angerichteten Schaden gut macht", so ist dieses Bemühen als gesetzlicher Strafmilderungsgrund anzusehen (ebenso SchVE. 1908 Art. 50). Vom Standpunkt der selektiven Funktion des Strafrechts läßt sich gegen diese Regelung wenig einwenden. Denn wenn auch diese Bestimmung aus Klugheitsgründen entstanden ist, so wird doch regelmäßig das Individuum, das noch im letzten Augenblick Erwägungen der Vorsicht zugänglich ist, der Schonung wert sein. Dem objektiven Erfolg einer verhinderten oder wieder gut gemachten Schädigungshandlung wird also ein Pluswert in der sozialen Konstitution des Täters entsprechen.

Der DVE. billigt dem Rücktritt bei den Tatbeständen, die Vor-

---

[1]) „Die Strafe des Versuchs wird nicht ausgeschlossen, wenn dieser mißlungen ist, weil aus Irrtum oder Verwechslung anstatt der beabsichtigten tauglichen Mittel ein untaugliches Mittel oder weil das taugliche in unzureichender oder unzweckmäßiger Art angewandt worden ist.

Wenn aber der Versuch wegen völliger Untauglichkeit der aus Einfalt für tauglich erachteten angewendeten Mittel mißlingen mußte, so ist derselbe bloß korrektionell zu bestrafen."

[2]) DVE. § 83.

[3]) Art. 22 Abs. 2. Strafmilderung nach freiem richterlichen Ermessen.

bereitungs- oder Versuchshandlungen dem vollendeten Verbrechen gleichstellen, keine straftilgende Wirkung zu. Dieses war im geltenden Recht die auf die Autorität von Liszt und Lilienthal gestützte communis opinio, auch das Reichsgericht neigte ihr zu. Formell unanfechtbar steht diese Auffassung doch mit dem rein praktischen Zweck der Straflosigkeit des Rücktritts vom Versuch im Widerspruch, zur Abwendung eines drohenden Erfolges anzutreiben.

Diesem Gedanken, den Täter zum Rücktritt zu bewegen, trägt der OeVE. in § 17 Rechnung. Neben dem Abstehen von weiterer Tätigkeit verlangt er aber noch weiter die Unbrauchbarmachung der Werkzeuge und Mittel der verbrecherischen Tätigkeit. Ich brauche nur auf den Hochverrat hinzuweisen. Der DVE. droht auch bei Rücktritt vom unbeendeten Versuch mit Todesstrafe, selbst bei gemindert Zurechnungsfähigen und Gehilfen, da deren mildere Beurteilung auf der Versuchsstrafe beruht; der OeVE. aber gibt unter den genannten Umständen dem Zurücktretenden Straffreiheit[1]). Die deutsche Vorschrift bedeutet eine direkte Gefahr für das Leben des Staatsoberhauptes, denn die auf jeden Fall drohende Todesstrafe wird auch den schwankenden Täter mit voller Kraft seinem Ziele zutreiben[2]).

Letzten Grundes ist es nicht recht begreiflich, wie überhaupt die Straflosigkeit des Rücktritts vom Versuch irgend welchen Zweifeln begegnen kann. Nur eine immens formalistische Auffassung konnte hier zu Schwierigkeiten führen. Die Versuchshandlung stellt in Reinkultur die symptomatische Handlung, nicht einen realen Schädigungsakt dar. Sie gibt uns nur eine Kennzeichnung des Charakters des Kriminellen, weil ja äußere Umstände — bei der normalen Versuchshandlung wenigstens — die gerade Linie zwischen Absicht und Objektivierung unterbrochen haben. Hat nun das Individuum die Ausführung der beabsichtigten Handlung freiwillig aufgegeben, oder hat er die Versuchshandlung im Keime erstickt, so haben wir den Beweis, daß die Person sich spät zwar — aber für den Frieden der Gesellschaft noch früh genug — zur Rechtlichkeit hat determinieren lassen. Vom Standpunkt eines freien Willens aus sind diese Individuen überhaupt des höchsten Lobes wert; denn sie haben nicht mühe- und verdienstlos das Gute aus Innen heraus getan, sondern sind nach schwerem Kampfe der Versuchung Herr geworden.

Der Grund für die seltsam schwerfällige Behandlung des Problems

---

[1]) Das geltende österreichische Recht droht die Todesstrafe (StGB. § 58) gegen die Urheber, Anstifter, Rädelsführer und alle, die mitgewirkt haben, etwas zu unternehmen, wodurch die Person des Kaisers an Körper, Gesundheit oder Freiheit verletzt oder gefährdet werden soll.

[2]) Schon im alten Inkareich würdigte das Gesetz diese Gesichtspunkte. Rücktritt vom Versuch bei Landesverrat machte straffrei. Brehm 204.

liegt darin, daß die herrschende Lehre dem rechtswidrigen Geschehnis eine Eigenbedeutung beilegt. Ein Geschehnis, dessen moralischer Kern in dem Verstoß zwar nicht gegen ein Rechtsgut, aber hier wenigstens gegen die Rechtsordnung liegt, ist begreiflicherweise nicht ungeschehen zu machen. Ganz anders, wenn man die Versuchshandlung wie die vollendete Handlung nur als Symptom der kriminellen Psyche auffaßt; hier wird man mit Notwendigkeit dazu gedrängt, ein übles Symptom an einem günstigen, die Versuchshandlung an dem Rücktritt zu korrigieren und für das Einschreiten des Strafrechts keine Veranlassung zu sehen.

§ 22.

Das geltende Recht sucht die strafrechtliche Reaktion gegen eine Mehrheit von Personen, deren Handlungen in bedachter Beziehung zu einem verpönten Erfolge stehen, nach einer Methode zu gliedern und abzustufen, die ich die optische nennen möchte. Um den am deutlichsten sichtbaren Kern eines Geschehnisses, die verbrecherische Erfolgshandlung, werden die übrigen Anteilhandlungen herumgruppiert. Dem Gewicht der Handlungen folgen die Täter. Die Hauptreaktion wird gegen den Urheber der Erfolgshandlung gerichtet, denn er setzte das Endglied der kausalen Kette in Bewegung und ihn trifft das am heftigsten erregte Reaktionsbedürfnis. Wie die Sonne eines Planetensystems, umstellen den Erfolgstäter die topographisch mehr oder weniger naheliegenden Erfolgsbedingungen und ihre Urheber.

Innerhalb der kausalen Zwischenglieder erfolgt die Unterscheidung nach dem Schwergewicht des Einflusses auf den Willen des Haupttäters. Wer zur strafbaren Handlung bestimmt, ist Anstifter. Gehilfe, wer die Ausführung erleichtert. Gewisse Rechte, z. B. das geltende österreichische StGB. § 60, 61, kennen auch eine Mitschuld dessen, der die Verhinderung des Hochverrats oder die Anzeige unterläßt. Die nachträgliche Unterstützung ist als Begünstigung oder Hehlerei strafbar. Diese Delikte sind im modernen Recht in den besonderen Teil verwiesen, obgleich kein Zweifel bestehen kann, daß in einer großen Anzahl von Fällen die Sicherheit von Begünstigung oder die Wahrscheinlichkeit, die strafbarerweise erlangten Gegenstände durch Verhehlung verwerten zu können, im Ergebnisse der Anstiftung vollkommen gleichkommt. Die Rechtsprechung des Reichsgerichts neigt immer mehr ähnlichen Gedankengängen zu.

Die psychologische Zerlegung rechtfertigt weder die spitzfindige Unklarheit der herrschenden Teilnahmelehre, noch vermag sie zu billigen, daß das „Gesetz durch Aufstellung seines Teilnahmebegriffs die Dinge aus ihrem natürlichen Zusammenhang gerissen hat, indem es seine sogenannten Teilnehmer zum Verbrechen eines andern in Beziehung gesetzt hat, statt zu der von ihnen selbst beabsichtigten Rechtsverletzung“ [1]) oder mit andern Worten: Statt jeder dem Erfolg zustrebenden Handlung Eigenbedeutung als Kriterium ihres Urhebers zu geben, wird der Anteil am Enderfolg nach dem objektiven Gesichtspunkt des Einwirkungsmittels auf die schließliche Summation und Objektivierung der kriminellen Tendenzen abgemessen und dem Anstifter oder Gehilfen zugerechnet. Wie weit diese rage de l'ordre geht, kann man daraus ersehen, daß nach deutschem Recht der Mittäter zu den Teilnehmern gerechnet wird, obwohl klar ist, daß bei der Mittäterschaft von einer Zentralhandlung, von der die übrigen Aktionen abhängig gedacht werden könnten, nicht die Rede ist.

Der sogenannte Gehilfe, der nach § 49 StGB. stets milder bestraft werden muß, wird in einer nicht geringen Anzahl von Fällen seine besondere Gefährlichkeit hinter Gehilfenhandlungen verstecken [2]). Die Gehilfen strafbarer Handlungen gehören oft jener besonders bedenklichen Klasse von Individuen an, die ihre kriminellen Triebe in verhältnismäßig großer Sicherheit vor Entdeckung spazieren führen (näheres darüber Kap. 5). Es gibt ein gewerbsmäßiges Gehilfentum, durch das erst gewisse Formen des Verbrechens existenzfähig werden. Dieses Gehilfentum finanziert erst moralisch einen Teil des Kriminalitätsgeschäfts. Die prinzipiell mildere Bestrafung des Gehilfen halte ich für verfehlt. Der geringeren Gefährlichkeit und den aus der Persönlichkeit sich ergebenden Milderungsgründen wird die Elastizität des Strafrahmens ausreichend Rechnung tragen, wie dies im englischen und französischen Recht seit jeher geschieht und wie es auch in Deutschland bei der Mittäterschaft zu geschehen pflegt. Halte ich

---

[1]) Motive zum norwegischen Gesetzbuch Berlin 1907. Übers. von Bittl 166.

[2]) S. OeVE. Erl. Bem. 38. Das kanonische Recht kannte zwar generell gleiche Strafe für Täter und Teilnehmer. Einzelne Ausnahmen finden ihre Begründung in der Natur des konkreten Falles. Bisweilen werden Mittäter und Gehilfen härter, bisweilen milder bestraft. Katz 21. Mir ist folgender Fall bekannt: In einer kleinen Stadt nördlich von München kommt ein Bauer zu einem früheren Gendarm, der sich als Rechtskonsulent niedergelassen hatte und bittet, eine Beschwerdeschrift an den Landgerichtspräsidenten für ihn zu verfassen. Ein Amtsrichter habe ihn bei einer Zivilverhandlung heftig angefahren. Er fürchte, wenn er selbst schreibe, einen Verstoß zu begehen. Der Konsulent erklärte sich bereit. — Nach kurzer Zeit erhielt der Bauer Mitteilung, daß gegen ihn Anklage wegen Beamtenbeleidigung erhoben sei. Das Schriftstück, das er, ohne es weiter anzusehen, unterschrieben hatte, war voll der gröbsten Beschimpfungen des Amtsrichters gewesen. Er wurde zu einer kurzen Gefängnisstrafe verurteilt. Der Konsulent aber stellte sich als paranoischer Querulant heraus und wurde auf Grund des § 51 freigesprochen.

diesen Weg theoretisch für den richtigsten, so kann doch der praktische Vorteil nicht unerwähnt bleiben, der in einer grundsätzlichen Einfachheit und Verständlichkeit des Gesetzes in unserer Zeit der Laienrichter besteht, ein Grund, der schon bei der Frage des Versuchs hätte angeführt werden können, da er auch dort Anwendung findet.

Im alten Athen wurden zur Zeit des Demosthenes alle Teilnehmer gleich bestraft. Andocides will selbst die gleicher Strafe unterwerfen, die von einem Verbrechen Kenntnis haben und es billigen[1]). Dieselbe Regel galt im alten Athen für den Hehler[2]). Ja man dehnte den Teilnahmebegriff weit aus. Päderastie gegen Entgelt wurde im alten Athen schwer bestraft, konsequenterweise drohte auch dem Bestrafung, der bezahlte und einen anderen mißbrauchte[3]). Rechtlich betrachtet kannte das römische Recht nur eine Mittäterschaft; alle bei einer deliktischen Handlung beteiligten Personen wurden so bestraft, als ob sie die Tat allein begangen hätten[4]). In der Spätzeit wurde sogar die Fürbitte für den Majestätsverbrecher als Mitschuld bestraft[5]) und in Ausweitung des Begünstigungsbegriffs war Mittäter beim Morde, wer den Täter verbarg[6]).

Im alten Ägypten wurde als Teilnehmer eines Mordes angesehen und wie der Haupttäter mit dem Tode bestraft, wer einem Überfallenen nicht half. Die germanischen Rechte kannten den Urheber, welcher die Tat wirklich vollführte, „der mit Schneide und Schwert den Erschlagenen schlug oder mit dessen Blut seine Waffen rötete“; weiter den nächsten Gehilfen, z. B. den, der beim Totschlag den Erschlagenen festhielt, die ferneren Gehilfen, z. B. diejenigen, die an Ort und Stelle, wo die Tat geschah, in feindlicher Absicht zugegen waren, um erforderlichenfalls dem Täter Beihilfe zu leisten, und schließlich die mehr psychologischen Teilnehmer, worunter die gehören, die dem Täter Mittel und Wege zur Vollführung des Verbrechens gezeigt oder in ihm den Gedanken erweckt oder ihn darin bestärkt haben[7]). Sehr streng war die Auffassung der germanischen Rechte über die Begünstigung. Die Aufnahme des Diebes in sein Haus machte den Gastherrn zum Mitschuldigen nach ripuarischem Recht[8]). Überaus scharf waren auch die Bestimmungen gegen Gefangenen-

---

[1]) Thonissen 74.
[2]) Thonissen 184.
[3]) Thonissen 328.
[4]) Mommsen 101.
[5]) Mommsen 541.
[6]) Mommsen 101; Dig. 29, 5, 3, 12.
[7]) Wilda 611—612.
[8]) Wilda 635.

befreiung. Diese Härten finden unschwer ihre Erklärung in der mangelnden Ausbildung der Staatsgewalt und einer polizeilichen Exekutive.

Das mittelalterliche Recht Italiens kannte eine obrigkeitliche Teilnahme, wie Möller[1]) sie nennt. Wer ein Verbrechen mit seiner Autorität deckte, statt dagegen einzuschreiten, ist strenger als der Täter zu bestrafen, wenn es sich um ein schwereres Verbrechen handelt. So der Prälat, der zusieht, wie ein Prediger in seiner Diözese Ketzereien verkündet. Oder der Herr einer Stadt oder eines Dorfes, der die Straßenräuber nicht verfolgt. Bei leichteren Delikten ist er nur wie der Täter zu bestrafen. Auch gab es nach italienischem Recht eine nachträgliche Teilnahme. Wenn ein Ehebruch verübt wurde und der nicht beteiligte, aber verdächtige Ehemann die Tat auf sich nahm, und dadurch das verübte Verbrechen genehmigte, so war er strafbar. Auch das modernste Strafrecht könnte nicht weiter gehen, als es die so unklassisch denkenden Juristen des Mittelalters hier gewesen sind.

Die Gleichstellung von Anstiftung und Haupttat gehört dem geltenden Recht an. Die Anstiftung einer Person, die zwar eine objektiv strafbare Handlung begonnen hat, wegen Unzurechnungsfähigkeit[2]) und dergleichen aber nicht bestraft werden kann, hat zu dem Begriff der mittelbaren Täterschaft geführt. Diese Konstruktion sollte ursprünglich als Notweg durch die Ungangbarkeit des Begriffs: Akzessorische Natur der Teilnahme führen. Im Hintergrund dieser Begriffsbildung steht aber mehr. Mit ihr ist der entwicklungsfähige Gedanke aufgetreten, daß der Schwerpunkt der kriminellen Aktivität in einer Anzahl von Fällen gar nicht beim Ausführenden, sondern auf der Seite des „akzessorisch“ Handelnden liegt. Deshalb nähern der OeVE. § 61, der SchVE. Art. 50 die Situation des angestifteten Unmündigen, von angestifteten Abhängigen oder Untergebenen dem Notstand und bestrafen den Anstifter schärfer, der OeVE. den Angestifteten milder. Ich glaube aber, daß damit nicht alles geschehen ist. Menschen, die sich überhaupt zu einer strafbaren Handlung anstiften lassen, sind zwar inaktive Naturen, Willensschwache, aber deshalb nicht weniger gefährliche Individuen. Sie sind Werkzeuge in der Hand aktiver und energischer Verbrecher, und ihre Harmlosigkeit ist von eben den gleichen Zufällen des Zusammentreffens

---

[1]) v. Möller 115.

[2]) Nach angelsächsischem Recht gehörte zu diesen Anstiftungsunfähigen die Ehefrau. Wilda 633.

Der scholastische Sinn des Mittelalters verstieg sich zu den äußersten Konsequenzen. Konnten deshalb die Teilnehmer an einem Morde nachweisen, daß der Täter gestorben war, so war eine Verurteilung nicht möglich. Pike I, 309.

abhängig wie die Exzesse des Alkoholikers, der in nüchternem Zustande der beste Mensch der Welt ist. Ich möchte deshalb die Anregung geben, rückfällige Angestiftete, soweit Schutzaufsicht keinen Erfolg verspricht, statt fruchtloser Strafen in sichernde Verwahrung zu nehmen. Nähere Beobachtung wird stets bei dieser gefährlichen Klasse von Individuen geistige Schwächezustände feststellen, die sich in strafrechtlicher Beziehung schon in der anormalen Suggestibilität geäußert haben. Auf diesem Wege wird man auch den psychischen Epidemien besser zu Leibe gehen können, die in steigendem Maße unsere Zivilisation erschüttern. Die Suffragettenbewegung ist ein Beispiel; sie besteht aus einem Dutzend von Anstiftern und Tausenden von Angestifteten.

Unsere Auffassung bringt es mit sich, daß wir die Regelung des österreichischen und schweizerischen Vorentwurfs (§ 14, 3, Art. 23, Satz 2) und Norwegens — Bestrafung der versuchten Anstiftung bei Verbrechen — auf das lebhafteste billigen und vom Standpunkt einer kräftigen selektiven Wirkung des Strafrechts befürworten.

§ 23.

Das deutsche StGB. hat in ziemlich willkürlicher Weise eine Handlung oder eine Mehrheit von Handlungen, die in einem bestimmten Erfolge ausmünden, zu dem Tatbestand eines Verbrechens verarbeitet. Weder mit der Einheit der Willensbetätigung, noch mit der Einheit des Erfolges, auch nicht mit der Identität der Zeit und des Orts kommen wir restlos aus. Der Begriff des Dauerverbrechens beruht auf der ausschließlichen Berücksichtigung der äußeren Geschehnisse und ihrem Verhältnis zu einer bestimmten Fassung von Tatbeständen. Gehen wir davon aus, daß wir die strafbare Handlung nur als Maß des Individuums ansehen, so fällt diese Unterscheidung in sich zusammen und wir müssen den Motiven zum norwegischen StGB. (zu § 62—64) folgend, die „ganze Scheidung zur Sache des Ermessens werden lassen, das sich zunächst auf den durch die sämtlichen Umstände hervorgerufenen Gesamteindruck gründen wird"; denn eine Willensäußerung ist es, der dauernde Veränderungen in der Außenwelt entsprechen, und dieser einmaligen Handlung kommt entscheidende Bedeutung zu.

Der österreichische Vorentwurf, der Schweizer vom Jahre 1908, und das norwegische neue Strafgesetzbuch sehen auch für den Fall der sogenannten Idealkonkurrenz in gleicher Weise wie bei der Realkonkurrenz erhöhte Strafe vor. Diese Erhöhung, die gleichzeitig eine Vereinfachung der gesetzlichen Bestimmungen zuläßt, erscheint begründet, wenn man überlegt, daß in diesem Fall etwa bei dem von den Motiven zum norwegischen Gesetz zitierten Zusammentreffen von Blutschande, Notzucht und Bigamie Hemmungen verstärkter Art von dem Täter überwunden werden und damit seine lebhaftere kriminelle Belastung erwiesen ist. Die Richtigkeit der Gründe des norwegischen Gesetzes[1]), die auch von den erläuternden Bemerkungen des OeVE. übernommen worden sind, die Strafverschärfung bei Eintritt unbeabsichtigter Folgen oder bei Höhe des Schadens im Verlauf vorsätzlicher Delikte enthalte eine Anerkennung des Prinzips, gebe ich nicht zu. Denn diese Reste der Erfolgshaftung führen nicht auf die Persönlichkeit des Täters zurück, während bei Verletzung mehrerer Rechtsgüter durch eine einzelne Handlung — der Täter verübt gleichzeitig eine Körperverletzung und eine Sachbeschädigung durch Überschütten mit einer Säure — der Angriff auf eine Summe rechtlich geschützter Objekte die Stärke der kriminellen Triebhaftigkeit verrät.

Zu einer materiellen Handlungseinheit faßt unser Recht das gewerbsmäßige, das geschäftsmäßige und das gewohnheitsmäßige Verbrechen zusammen, aus einer Mehrheit von strafbaren Handlungen, die durch keine gerichtlichen Verurteilungen auseinandergehalten sind, bilden wir eine prozessuale Handlungseinheit auf Grund des Begriffes der Realkonkurrenz. Strafbare Handlungen, die gerichtlich abgeurteilt sind und von erneuten Delikten gefolgt werden, führen zu den Strafverschärfungsgründen der Vorbestrafung oder des Rückfalls. Die herrschende Auffassung, daß die Summe mehrerer Verbrechen durch die Summe der entsprechenden Einzelstrafen zu schwer bestraft sei, während Rückfall und wiederholte Bestrafung durch Verschärfung von Strafmaß und Strafart geahndet werden, findet keine Stütze in der Redensart, die Strafe „erscheine" zu hoch, wohl aber in der Überlegung, daß real konkurrierende Handlungen oder Gewohnheits- oder Gewerbsmäßigkeit nur ein mehrfaches Versagen der kollektivpräventiven Kraft der Strafe aufzeigen, während der Rückfall erweist, daß auch der Strafvollzug, die Individualprävention, versagt habe. Scharfe selektive Maßregeln sind deshalb hier angezeigt, während sie beim Zusammentreffen mehrerer strafbarer Handlungen noch aufgeschoben und durch leichteres Vorgehen ersetzt werden können.

Das Verfahren der Inquisition nahm dann schon strafverschärfenden Rückfall an, wenn der der Ketzereien überführte, früher in schwerem Verdacht (Suspicio vehemens) gestanden hatte. „Selbst in solchen Fällen, wo kein vollständiger Beweis geführt wurde, aber doch schwerer Verdacht und moralische Überzeugung von der Schuld

[1]) Motive. Übersetzung von Bittl 183.

des Einzelnen vorhanden war, wurde wenigstens durch Versagen solcher Begünstigungen und Auszeichnungen, die einem andern Unbescholtenen gewährt wurden, eine sittliche Rüge geübt, die in einer Zeit, welche auf solche Äußerlichkeiten einen großen Wert legte, sehr viel bedeutete"[1]). Eine ähnliche Stellung wird durch die Einführung der bedingten Verurteilung auch bei uns dem unsittlichen Lebenswandel eingeräumt werden. In beiden Fällen wird antisozialen Dispositionen ohne deutliches tatsächliches Substrat Einfluß auf die Strafbildung oder Strafverbüßung eingeräumt. Denn suspicio vehemens ist kein weniger flüssiger Begriff als etwa unsittlicher Lebenswandel. Beide Auffassungen erhalten ihre Bestimmtheit erst durch eine Verurteilung, die hier vorausgegangen, aber aufgeschoben, dort nachgefolgt ist. Die gleichen Erwägungen sind es übrigens, die in der Regel das Strafmaß des Richters bestimmen, wenn er Vorleben und Leumund berücksichtigt. Es ist nicht mehr Verbrechensmehrheit, um die es sich handelt, sondern Mehrheit der Symptome, die sich gar nicht an eine bestimmte Tatbestandsverwirklichung in jedem Falle anschließen, sondern im Zusammenhang mit einer einzelnen Straftat eine Doppelwirkung entfalten.

Viertes Kapitel.

Biosoziale Auslese.

§ 24.

Mit dem Ausdruck biosoziale Auslese soll folgendes gesagt sein:

Dem sozialen Ausleseprozeß, den die Gesellschaft vornimmt, geht eine biologische Schädigung voraus, und zwar verändert diese biologische Schädigung das körperliche Substrat rechtlichen Fühlens und Handelns in deutlicher Weise derart, daß gewisse Reize der gesellschaftlichen Außenwelt mit kriminellen Äußerungen beantwortet werden.

Ein sehr berechtigter Einwand stellt sich sofort dieser Einteilung entgegen. Ist nicht jeder gesellschaftliche Selektionsvorgang ein biosozialer Ausleseprozeß? Sind nicht die im Gehirn den sozialen psychischen Funktionen eingeräumten Felder in dauernder Abhängigkeit von ihren körperlichen Brüdern, die nur bei der Arbeitsteilung des Zellstaates andere Aufgaben übernommen haben, von Herz, Lunge, Verdauungstrakt, Blutdrüsen, von andern Teilen des Gehirns?

[1]) Lochner, Zur Sittengeschichte von Nürnberg in der zweiten Hälfte des 16. Jahrhunderts. Zeitschr. f. deutsche Kulturgeschichte 1856, 226.

Ich glaube, daß es auf diese Frage keine andere Antwort als ja geben kann, ich glaube aber auch, daß unsere unvollkommenen Kenntnisse dieser Zusammenhänge meine Einteilung, die erst einmal die deutlichen Verbindungslinien hervorhebt und zu der im Lauf der Zeit immer mehr Konnexe hinzutreten werden, nicht nur rechtfertigt, sondern bis auf weiteres verlangt. Denn die ersten Schritte wollen auf sicherem und geradem Wege gegangen sein, wenn wir Gegner überzeugen und zukünftigen Forschungen ein Sprungbrett bauen wollen.

Wir kennen eine Anzahl von Einflüssen physikalischer oder chemischer Natur, die in unbestreitbaren und engen Beziehungen zu kriminellen Ausschlägen der menschlichen Psyche stehen. Es sind dies die Einflüsse von Licht und Temperatur, die Wirkungen von Nervengiften, des Opiums, Morphiums, des Kokains und des Äthers, vor allem aber des Alkohols. Schließlich ist die erst ganz neuerdings untersuchte Bedeutung der Geburtsreihenfolge hier kurz zu erwähnen. Die Phänomene der Vererbung schließe ich aus.

Ich glaube auch nicht mit Unrecht diese Einflüsse von der Bedeutung der minderwertigen Anlage für die Kriminalität getrennt zu haben, obwohl selbst hier Einschränkungen zu machen wären. Denn die genannten physikalischen und chemischen Noxen haben zur Vorbedingung ihrer Wirksamkeit eine geminderte Widerstandskraft des Individuums, die bisweilen in deutliche Formen der Minderwertigkeit hinüberspielt, bisweilen dagegen nur durch die abnorme Reaktion auf Temperatur, Luftdruck, Feuchtigkeit, Licht und toxische Einflüsse das Manko der Vitalität verrät. Überhaupt treten wir hier an Phänomene heran, die sehr zusammengesetzt, in verwirrender Weise kombiniert und einfachen kausalen Erklärungen schwer zugänglich sind. So können sich zu gewissen Schwächen der physiologischen Reaktion Einflüsse der Temperatur gesellen, Schwankungen der sozialen Lage machen sich bemerkbar, denen wiederum ein Konnex mit der körperlichen Konstitution meist zukommt, schließlich drängen diese Momente verbündet zum Alkoholgenuß und führen als Wirkungssumme eine kriminelle Handlung herbei. Wenn also die Darstellung sich einfacher Schemata bedient, die ätiologischen Momente zerlegt vorführt, so müssen wir der unzähligen Komplikationen der Wirklichkeit uns immer bewußt bleiben.

Einflüsse der Temperatur und des Lichts gehören zu den Bedingungen der Kriminalität, die uns die Statistik mit größter Sicherheit vorzeigt, ohne daß es möglich wäre, diese Erkenntnis in präventiver Hinsicht fruchtbar machen zu können. Die Medizin, die sich ebenso regelmäßig vor an- und absteigenden Monatskurven sieht, steht ihnen mit nicht geringerer Ohnmacht gegenüber. Dabei ist zu bemerken, daß die Temperatureinflüsse sich auf den Kulturmenschen in nur sehr abgeschwächter Weise geltend machen. Denn der Kulturmensch hat sich in Wohnung und Kleidung, durch chemische Prozesse wie Heizung und Beleuchtung ein künstliches Klima geschaffen. Dabei konnte das äußerst empfindliche nervöse Zentralorgan nicht in ebenso vollkommener Weise geschützt werden wie der übrige Organismus. Temperatur- und Lichtschwankungen machen sich darum auch weniger durch die Mortalitätsstatistik als durch abnorme psychische Reaktionen bemerkbar, durch Psychosen, Selbstmord, Verbrechen, Prostitution.

Wie wir uns die Einwirkung von Wärme, Luftdruck und Licht auf das Nervensystem vorzustellen haben, darüber hat die Zukunft uns noch beinahe alles zu sagen. Immerhin lassen sich einige Vermutungen äußern. Wie alle Säugetiere und wie die Vögel ist der Mensch ein poikilothermes Tier; die in Muskeln und Drüsen gebildeten Wärmemengen unterstehen der Regulierung und Verteilung eines nervösen Mechanismus, dessen Überlastung sich auch auf die höherstehenden Bezirke der Großhirnrinde erstrecken muß. Störungen der Wärmeregulatoren machen sich zusammen mit psychischen Symptomen bei der physiologischen Ermüdung deutlich bemerkbar. Gewisse als Fiebermittel verwendete Stoffe wirken auf das Wärmezentrum und stören gleichzeitig die psychischen Prozesse. Schon der Sprachgebrauch verbindet mit dem Begriff der Wärme einen reicheren Ablauf psychischen Lebens, mit Kälte Hemmungen des Vorstellungsablaufes, beides Erscheinungen, die sich zu pathologischen Extremen steigern können. Aber selbst rein mechanisch können durch den Einfluß der Temperatur sich Veränderungen der Nervenelemente ergeben, als deren funktionelles Korrelat genau wie bei mechanischem Druck etwa durch ein Sarkom erhebliche psychische Störungen auftreten.

Fragt man nach einer kausalen Erklärung für diesen deutlichen Zusammenhang zwischen Kriminalität und kosmischen Einflüssen, vor allem der Temperatursteigerung, so darf man nicht vergessen, daß eine Summe von Momenten das klare Bild trübt. Starke wirtschaftliche Faktoren lassen alle Eigentumsdelikte nach der kalten Jahreszeit hin gravitieren ebenso wie den Selbstmord aus Nahrungssorgen und gewisse Typen von tödlichen Unfällen. Vor allem die Großstädte werden deshalb erhebliche Kurvenschwankungen zeigen. Nur wenn man diese Punkte im Auge behält, wird man den bedeutenden Einfluß der Jahreszeit würdigen können.

Viele Erklärungen sind gegeben worden. Früher, als man spekulativ vorging und nicht die Statistik zu Hilfe rufen konnte, nahm man an, daß die Kriminalität in der kalten Jahreszeit am stärksten sein müsse. Osiander gibt noch mit großer Bestimmtheit an, daß der November am meisten Selbstmorde aufweise. Wir wissen heute, daß gerade das Gegenteil der Fall ist, daß nicht die trübsten, sondern die hellsten und wärmsten Monate die meisten Menschen „freiwillig“ aus dem Leben scheiden sehen. Man mußte also nach anderen Erklärungen suchen. Groß[1]) hat für die Sittlichkeitsdelikte die Vermehrung der Gelegenheit angegeben, Aschaffenburg hat auf physiologische Wellenbewegungen in den Sexualfunktionen des Menschen hingewiesen, die ja bei der Frau sehr deutlich sind, solche psychische Periodizität aber nur mit Vorsicht auf die andern Sommerdelikte wie Körperverletzung, Nötigung, Bedrohung, Beleidigung, Hausfriedensbruch und Widerstand gegen die Staatsgewalt ausdehnen wollen. Durkheim[2]) andererseits hat an der Hand der Feststellung, daß eine Übereinstimmung zwischen Tageslänge und Selbstmordhäufigkeit besteht, den Einfluß kosmischer Faktoren geleugnet, aber die größere Intensität der menschlichen Beziehungen infolge längerer Tageshelle verantwortlich gemacht. Jacquart[3]) hat sich ihm angeschlossen.

Die Zusammenhänge von Kriminalität und Jahreszeit lassen sich, glaube ich nur verstehen, wenn man auf allgemeine physiologische Erfahrungen zurückgeht. Dabei sind die Eigentumsverbrechen, die zum großen Teil ökonomischen Faktoren zur Last zu legen sind, mit Vorsicht zu behandeln. Weiter möchte ich den verwickelten Komplex von Einflüssen, den wir nach äußerlichen und groben Gesichtspunkten unter der Bezeichnung kosmische zusammengefaßt haben, nur auf seine thermische und seine Lichtkomponente hin untersuchen.

Wir wissen, daß eine Temperatur von gewisser Höhe auf die Assimilation der Pflanzen, die Atmung und das Wachstum, dessen Unterbegriff die Fortpflanzung ist, von entscheidender Bedeutung ist. Diese reinen Wechselwirkungen werden bei den poikilothermen Tieren dadurch verdunkelt, daß die Tiere durch nervöse Apparate, von denen schon die Rede war, der Zunahme der Außentemperatur eine Reduktion des Stoffwechsels entgegensetzen. Dies ist eine Wirkung; viel wichtiger ist aber eine andere. „Am unmittelbarsten aber machen sich die erregenden Wirkungen steigender Temperatur am Energieumsatz bemerkbar, insbesondere bei der Bewegung[4]).“ Hier haben wir den Zusammenhang mit unserem Problem. Durch die steigende Temperatur wird die Erregbarkeit des Muskels erhöht, und zwar steigert sich die Expansionsphase der Bewegung bis zu einem bestimmten Punkte stärker als die Kontraktionsphase. Weiter

---

[1]) Hans Groß in seinem Archiv Bd. 12, 370.
[2]) Durkheim, Le Suicide 1897, 83ff.
[3]) Jacquart, Le Suicide, Bruxelles 1908, 99ff.
[4]) Verworn, Allgem. Physiologie. Jena 1909, 460.

aber lehrt die allgemeine Physiologie, daß genau wie hohe Kältegrade auch hohe Wärmegrade die Lebensäußerungen allmählich verflachen und in Lähmungserscheinungen überleiten. Diese Tatsache hilft uns verstehen, warum die Gewaltkriminalität im Vorsommer einen steilen Anstieg zeigt, nun aber nicht der Temperaturerhöhung entsprechend immer höher klettert, sondern mit gewissen Schwankungen gegen das Jahresende hin abfällt.

Die Wirkungen des Lichts sind ebenfalls erregender Natur, vor allem wirken die roten Lichtstrahlen in diesem Sinne, während die ultravioletten hemmen. Die tägliche Periodizität im Wachstum der Pflanzen ist auf diese Lichteinflüsse zurückzuführen und erst ganz kürzlich bei Pène[1]) auf die Bedeutung dieser äußersten Strahlen des Spektrums für die Entstehung kalorischer Geistesstörungen hingewiesen. Eine Untersuchung der Relationen von Kriminalität und Tageszeit würde zu interessanten Ergebnissen führen; wir wissen, daß die frühen Morgenstunden den Selbstmord begünstigen. Luftdruck[2]), Feuchtigkeitsgehalt der Luft und elektrische atmosphärische Spannung sind ebenfalls ohne Zweifel von Einfluß auf die Lebensprozesse der Zelle. Die Art und die Stärke ihrer Einwirkung auf ein so kompliziertes soziales Phänomen wie die Kriminalität ist vorläufig ganz ungeklärt.

In der gemäßigten Zone zeigen sich geistige grobe Störungen durch Hyperthermie nur unter Ausnahmebedingungen etwa bei Dauermärschen in der Armee oder bei den Heizern der Ozeandampfer. Seitdem wir aber Kolonialbesitz unser eigen nennen, haben wir auch beim Einzelindividuum unzweifelhafte psychotische Veränderungen unter dem Einfluß sehr starker Wärmetemperaturen kennen gelernt, während der Miniaturtropenkoller, der jährlich Tausende unter dem Drucke hoher Temperaturen kriminell werden läßt, sich erst als Massenerscheinung statistisch hat erfassen lassen. Daher kommt es, daß die Franzosen sich mit diesen Fragen viel mehr beschäftigt haben und einen eigenen Ausdruck für die Erscheinungen besitzen, die sie an den Offizieren und Beamten ihres großen Kolonialreiches häufig beobachten; sie sprechen von einer Neuropathie coloniale, jenem seltsamen Zustand der Erregung, der besonders bei langanhaltender feuchter Wärme oder beim Wehen der warmen Winde die meisten Europäer befällt.

---

[1]) Pène, Contribution à l'étude des troubles par insolotion. Thèse de Toulouse. Toulouse 1913, 57.

[2]) Giordano berichtet, daß Stiere, die die Spanier nach Paz (Bolivia 3730 m) brachten, um sie zum Stiergefecht zu benutzen, sich dort vollkommen feige und harmlos zeigten. Lombroso, Der politische Verbrecher. Hamburg 1891, 55.

Die Hauptsymptome dieser Neuropathie coloniale sind außerordentliche Reizbarkeit, die ruhige Menschen zu überraschenden Handlungen maßloser Impulsivität hinreißt, Schwäche der aktiven Willenstriebe und der inhibitorischen Willensfunktionen und Zerfahrenheit der Gedankengänge. Dazu treten pathologische Angstanfälle, Verfolgungsideen und schwere depressive Zustände. Selbstmord kann der Ausgang dieser krankhaften Anwandlungen sein, die ähnlich wie beim chronischen Alkoholismus oft zu lebhaften Eifersuchtsvorstellungen und anderen affektiven Perversionen führen. Alkoholismus und luetische Infektion sind eine besonders günstige Basis für diesen morbiden Einfluß von Temperatur, Luftdruck, Licht und Feuchtigkeitsgehalt der Luft auf disponierte Individuen.

Wir brauchen diese deutlichen Krankheitsbilder nur zu verkleinern und zu vereinfachen, um die Feststellungen der Kriminalstatistik in einen erklärbaren Zusammenhang von meteorologischen Reizen und Suszeptibilität des Zentralnervensystems hineinstellen zu können. Die selektive Einwirkung des Strafrechts erstreckt sich also auf die Temperaturintoleranten genau wie es bestimmte Krankheitsprozesse gibt, die in gewissen Jahreszeiten ihr Verbreitungsoptimum haben und wie sich Selbstmorde, Unglücksfälle, Psychosenausbrüche, ja selbst der Tabakkonsum[1]) den meteorologischen Faktoren unterwerfen[2]).

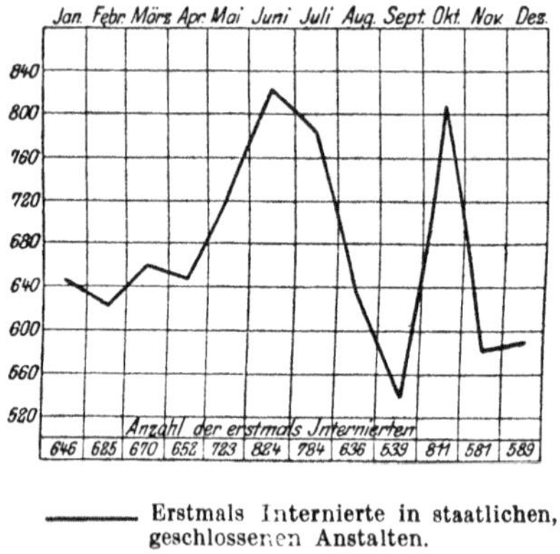

Fig. 9. Psychose und Jahreszeit. Baden 1904—1910. Nach den statistischen Mitteilungen für das Großherzogtum Baden. Bd. VI, 1913, 150.

[1]) S. Fig. 9 und 10. — Zu Fig. 10 bemerke ich, daß ich die Ansicht v. Mayrs (ebendort), die Kurve des Tabakkonsums brächte hauptsächlich ökonomische Schwankungen zum Ausdruck, nicht teile. Im Gegenteil. Es muß höchst verwunderlich erscheinen, daß in einem Agrarstaat, wie Österreich, der Konsum im Sommer so ansteigt. Die Bauern pflegen bei der Arbeit doch nicht zu rauchen. Dagegen ist der Sprung im Dezember sicher auf die Feste und die Weihnachtsgeschenke zurückzuführen. — Interessant ist die Haltung, die man vor 250 Jahren in Deutschland dem Tabak gegenüber einnahm. Durch herzogliche Verordnung vom 15. Mai 1652 wurde das „Tabaktrinken" in Württemberg als gesundheitsschädlich und wegen der Feuersgefahr verboten. Zeitschrift für Deutsche Kulturgeschichte 1857, 420/421. Man sieht aus der Figur, daß zwischen Tabakkonsum und Kriminalität lose Zusammenhänge doch nicht ganz fehlen.

[2]) Mir ist von berufsmäßigen Bettlern mitgeteilt worden, daß sie trotz geringeren Mangels in den heißen Monaten immer mehr Gaben erhielten.

Vielleicht ist hier die Bemerkung von Interesse, daß die in Deutschland in die warme Jahreszeit fallenden Gerichtsferien nicht ohne Nutzen auch entgegen § 202 GVG. auf die Strafsachen erstreckt werden könnten, soweit nicht durch Verlängerung der Untersuchungshaft dem Angeschuldigten ein Nachteil zugefügt würde. Denn es findet eine Häufung von widrigen Umständen zu Ungunsten eines Teiles der Angeklagten statt, gegen die zwischen dem 15. Juli und dem 15. September verhandelt wird. Erst wird ein gewisser Prozentsatz unter dem Einfluß seiner Temperaturintoleranz kriminell und dann wird er dem Urteil von Richtern unterworfen, die nicht selten auch meteorologischen Einflüssen zugänglich sind und infolge ihrer größeren Reizbarkeit meist härter verurteilen werden.

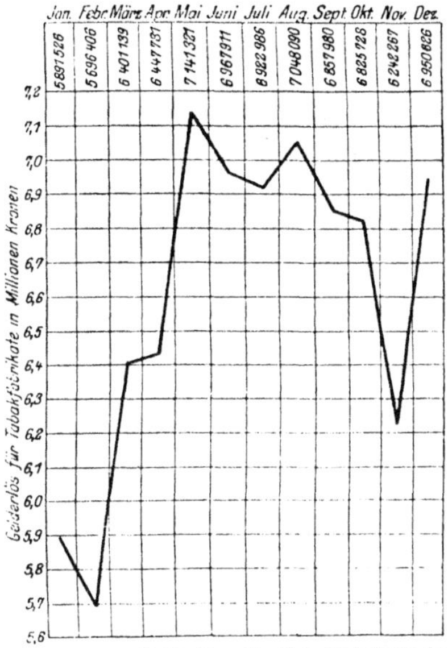

——— Gelderlös für Tabakfabrikate in Kronen.

Fig. 10. Tabakverbrauch und Jahreszeit. Österreich, Jahresdurchschnitt 1884 bis 1893. Nach den Mitteilungen des K. K. Finanzministeriums. Bd. I, 1895, zit. im Allgem. Statistischen Archiv, herausgegeben von G. v. Mayr. Bd. IV, 1896, 611.

Vor allem sollten die Gerichte, die als letzte Instanz die Tatfrage zu prüfen haben, nicht während der ganz heißen Jahreszeit tagen. Aber dies sind Fragen, die ich nur im Vorbeigehen erwähnen kann, da ich vorläufig die Besprechung der Subjekte des strafrechtlichen selektiven Mechanismus in meine Untersuchung nicht aufgenommen habe.

§ 25.

In enger Verbindung mit meteorologischen Faktoren steht jener Hauptthebel biosozialer Auslese, der Alkoholismus. Um statistische Angaben über die Beziehungen von Alkohol und Verbrechen zu erhalten, müssen wir die Grenzen Deutschlands überschreiten. Nur Bayern bringt verdienstvollerweise alljährlich einige Daten. Wir müssen Frankreich, Belgien, vor allem aber England heranziehen, alles Staaten, die in schwerer öffentlicher Betrunkenheit eine Übertretung erblicken und bestrafen, während es in Deutschland noch gebildete Männer, Akademiker, Offiziere und Kaufleute gibt, die mit diesen Zuständen der Geistesstörung den Begriff von etwas Ehrenhaftem und Männlichen verbinden.

Der außergewöhnliche Witterungszustand des Jahres 1911 hat in England Gelegenheit gegeben, den Beziehungen zwischen Wetter und Alkoholgenuß statistisch nachzugehen. Zwei Theorien stehen sich hier gegenüber. Entweder bewirkt Hitze und Sonnenschein erhöhten Alkoholgenuß, oder das schöne Wetter begünstigt den Aufenthalt im Freien, die frische Luft und die kräftige Bewegung, das erhöhte Gesundheitsgefühl hält vom übermäßigen Konsum alkoholhaltiger Getränke zurück. In dem einen Falle würde also mehr, in dem andern weniger getrunken. Zwei Jahre mit ganz verschiedenem Witterungscharakter haben in England Gelegenheit geboten, diese Frage näher zu prüfen.

Das Wetter im Jahre 1911 zeigte eine abnorm hohe Temperatur von Mai bis Oktober, vor allem im Juli und August. Abgesehen vom Juni blieben die Niederschläge hinter dem Durchschnitt vom April bis Oktober zurück; besonders stark war die Trockenheit vom Juli bis September. Im allgemeinen sprechen die Zahlen der englischen Statistik mehr für die Theorie, daß schönes Wetter durch den gesunden Aufenthalt in frischer Luft den Alkoholverbrauch mindert. Denn trotz großer Hitze pflegt in England in den Ferienmonaten August und September die Zahl der Verurteilungen wegen Trunkenheit abzusteigen. Andererseits stimmen die sehr geringen Zahlen des November weniger mit dieser Theorie als einer auf bekannten meteorologischen Einflüssen beruhenden, in der ganzen Kriminalstatistik ausgeprägten verminderten Reizbarkeit der menschlichen nervösen Konstitution überein. Auch in der belgischen Kriminalstatistik und in den Daten des Berliner Polizeipräsidiums zeigt sich dieser Abfall im November.

Gegen die landläufige Annahme, daß schönes Wetter einen besonders belebenden Einfluß auf den Genuß alkoholhaltiger Getränke ausübt, sprechen auch die Erfahrungen des Jahres 1912. Dieses Jahr zeigte durchaus veränderte meteorologische Bedingungen. Von März bis Oktober (mit Ausnahme des April) überstieg die Niederschlagsmenge erheblich den Durchschnitt. August und September waren normal kühl, die Sonnenscheinmenge in Juni und August weit unter dem Jahresmittel. Mit der Exaktheit eines Experiments stellten sich also in diesem Jahre gegenteilige Witterungsbilder dar. Trotzdem ändern sich die Kurven der Verurteilungen wegen Trunkenheit nur unerheblich[1]).

Einen sehr viel stärkeren Einfluß äußern soziale Massenerscheinungen wie Streiks und Lock Outs auf den Alkoholismus, und hier müssen wir auf die Frage zurückkommen, die trotz aller so

[1]) Licensing Statistics. London 1913; siehe dort Diagramme V, VI und VII.

zahlreichen Untersuchungen über die Zusammenhänge von Alkohol und Verbrechen kaum je gestellt worden ist. Zugegeben, daß eine Menge Verbrechen unter dem Einfluß von Alkohol zustande kommen, warum genießen die Menschen und zwar gerade eine bestimmte Sorte von Menschen Alkohol?

Die übliche Antwort, die auch der deutsche Vorentwurf nahelegt, wenn er von selbstverschuldeter Trunkenheit spricht und die im Alkoholismus ohne weiteres ein Laster erblickt, macht sich die Arbeit leicht. Diese Anschauung gelangt auch schnell zu einer Entscheidung, welche Reaktionsmittel das Strafrecht gegen solche lasterhaften Individuen anzuwenden habe. Natürlich ist das, wonach sie in erster Linie greift, die Strafe.

Trotzdem muß gerade das Fiasko der Strafe, die sich als meist ungeeignete Reaktion auf alkoholkranke Rechtsbrecher darstellt, gegen die Auffassung der Trunksucht als eines Lasters Bedenken erregen; obwohl die Statistik ausdrücklich betont, daß sie unvollkommen ist und obwohl der Metropolitain Police district nicht enthalten ist, waren von den 116994 in England im Jahre 1911 wegen Trunkenheit verurteilten Personen 34,09 % (1912 von 109344 30,10 %) schon einmal wegen dieser Übertretung bestraft.

	1911	1912
1—5 mal waren vorbestraft . .	27398	28251
6—50 mal waren " . .	12201	13128
51—100 mal " " . .	250	252
100 und mehr " " . .	36	32

Von den Männern waren 1912 35,82 % wegen Trunkenheit vorbestraft (36,40 % im Jahre 1911), von den Frauen 52,07 gegen 51,96 % im Jahre 1911[1]). Durch eine dreimalige Bestrafung binnen Jahresfrist qualifizierten sich als Habitual Drunkards im Sinne des Habitual Drunkards Act 1879 Section 3 im Jahre 1912 2062 Männer und 1082 Frauen, zusammen also 3144 Personen gegen 2832 im Vorjahre (1840 Männer und 992 Frauen).

Weitere Beweise liefert die belgische Kriminalstatistik. Hier sehen wir, daß nahezu die Hälfte aller Vorbestraften entweder früher eine Verurteilung wegen ärgerniserregender oder gefährlicher Trunkenheit (Gesetz v. 16. August 1887, Art. 1, 2 und 3) erlitten oder die Tat im Zustande der Trunkenheit begangen hat. Die erstbestraften zeigen auffallende abweichende Ziffern, wie aus folgender Zusammenstellung hervorgeht:

---

[1]) Licensing Statistics, England and Wales. London 1912 und 1913, S. 8—9.

Auf 100 Straftaten kamen Trinker oder Betrunkene

	bei den nicht vorbestraften	bei den vorbestraften Männern:[1])
1907	11,72%	44,51%
1908	12,24%	43,85%
1909	12,02%	43,97%
1910	11,59%	44,46%
1911	11,42%	45,17%
1912	11,74%	44,16%

Nimmt man aber die Personen hinzu, die eine strafbare Handlung in betrunkenem Zustande begangen haben und betrachtet man die einzelnen Delikte, so ergeben sich Zahlen von außerordentlicher Eindringlichkeit[2]).

Von 100 wegen der nachgenannten Delikte verurteilten Vorbestraften waren schon einmal wegen Trunkenheit bestraft oder begingen die strafbare Handlung in angetrunkenem Zustande:

Verbrechen und Vergehen gegen die Sicherheit des Staates .	66,67
„ „ „ „ „ öffentliche Ordnung . .	62,02
Sachbeschädigung	62,24
Nötigung und Hausfriedensbruch	55,56

Diese Feststellungen leiten zu der anfangs gestellten Frage nach den Ursachen der Trunksucht zurück. Sie geben uns gleichzeitig eine Andeutung, wo man diese Ursachen zu suchen habe. Neuere Forschungen, die erst dadurch ermöglicht wurden, daß in den englischen Trinkerheilanstalten eine größere Zahl von Alkoholkranken zur Beobachtung kam, haben das Ergebnis gebracht, das Dr. Carswell (Glasgow) in den Satz zusammengefaßt hat: Trunksucht ist mehr ein Ereignis im psychischen Leben des geistig Minderwertigen als die Ursache seines geistigen Zustandes[3]). Dem gleichen Resultat nähern sich die Feststellungen von Dr. Fleck[4]). Von 771 Trinkern, die in das Brentry Certified Reformatory eingeliefert wurden und an denen genaue Untersuchungen vorgenommen wurden, waren nur 30% „of fair mental capacity, and capable but for their drunken habits, of earning their own living“. Über die restlichen 70% äußert sich der Arzt in folgender Weise:

„Ich kann mir nicht die Möglichkeit vorstellen, daß sie jemals genügend Selbstbeherrschung erlangen werden, nicht mehr zu trinken

---

[1]) Belg. Krim.-Stat. 1912, XXXVI und 1913, XXVIII.

[2]) Belg. Krim.-Stat. 1913, XXXI.

[3]) Report of the Royal Commission on the Care and Controll of the Feeble-Minded Bd. 8, S. 135. London 1908.

[4]) Ebenda S. 136, 137.

und sich selbst zu unterhalten". Dr. Winder von der staatlichen Trinkerverwahrungsstätte in Aylesbury meint, „daß sicherlich nicht mehr als 2 bis 3 % der Insassen vollkommen geistig intakt seien. Von 167, die seit dem Jahre 1901 eingeliefert wurden, waren 10 certifiably insane, und 25 % der Gesamtzahl waren unbestreitbar und unzweifelhaft geistig Minderwertige, zum größten Teil schwer Imbezille und geisteskrank in jeder Beziehung, nur ohne augenblickliche Wahnideen." „Wenn aber", so fährt Dr. Winder fort (Report of the Royal Commission S. 137), „der Begriff der geistigen Minderwertigkeit eine weitere Ausdehnung erfährt und dadurch alle die Individuen umfassen kann, die abnorm erregbar, Anfällen überstarker Stimmungsschwankungen unterworfen, moralisch pervers, ohne zusammenhängenden Ideengang, von schwacher Überlegungskraft und nicht imstande sind, Kenntnisse über die elementarsten Dinge hinaus zu erwerben, dann könnten beinahe alle, sicherlich aber 70 % zu den Minderwertigen gerechnet werden. Sie sind geistig so schwach, daß sie nicht fähig sind, ihren Unterhalt unter gleichen Bedingungen wie ihre normalen Mitmenschen zu erwerben."

Zu den Antecendentien, vielleicht auch zu den Ursachen der „selbsverschuldeten" Trunksucht können wir also rechnen: Physische und psychische Traumen, schwere erschöpfende Krankheiten wie Syphilis, Typhus, Dysenterie, schwere Ernährungsstörungen von längerer Dauer, gewisse physiologische Lebensperioden wie Pubertät, Schwangerschaft, Laktation, Menopause und Senium[1]). Alle diese genannten Attacken können aber auf den Organismus nur dann ihre Wirkung entfalten, wenn eine angeborene mehr oder weniger defekte psychische Anlage besteht, die wir als vererbbar annehmen müssen. Dieser Defekt kann sich in anderer Weise äußern als in Trunksucht. er kann als Prostitution oder Verbrechen auftreten, und wir haben gesehen, wie er sich nach den Feststellungen der belgischen Kriminalstatistik nach beiden Richtungen, als Alkoholismus und als Kriminalität geäußert hat.

Andere Beobachtungen bestätigen die Annahme, daß kaum ein Fall von Trunksucht sich ohne angeborene oder erworbene psychoneurotische Disposition entwickelt. Man hat, und zwar wiederum in

---

[1]) I. W. Astley Cooper, Pathological Inebriety, its causes and treatment. London 1913, 12ff.

Es ist bemerkenswert, daß wir einen nicht geringen Teil dieser Faktoren bei den Versuchen wiedertreffen, ätiologische Momente der Geisteskrankheiten zu bestimmen und ihrem Stärkeverhältnis nach geordnet darzustellen. Ich gebe einige Zahlen, die die letzte englische Irrenstatistik (Engl. Irr. Stat. 1913, I. 19—29) veröffentlicht hat. Die englische Zusammenstellung betrifft ein Material von 6049 Männern und 6414 Frauen, die in den Jahren 1907—1910 in englische Anstalten eingeliefert wurden. Sie spricht vorsichtigerweise nicht

England, festgestellt, daß während großer Arbeiterbewegungen die Zahl der Festnahmen wegen Trunkenheit erheblich abfiel. Auf den ersten Blick könnte man an Geldmangel denken; auch die mehr andern Dingen zugewandte Aufmerksamkeit der Polizei käme in Frage. Aber Geldmangel erklärt nicht größere Alkoholabstinenz, denn auch in ruhigen Zeiten sind es gerade Leute, die ihr Geld besser zu nahrhaften Eßwaren verwenden sollten, die Alkohol zu sich nehmen. Die Erklärung muß tiefer blicken. Zu den Eigentümlichkeiten des geborenen Trinkers, wenn man so sagen darf, gehört eine geminderte Widerstandskraft gegenüber physischen und psychischen Schmerzen. Diese Überempfindlichkeit sucht nach einem Betäubungsmittel. Der peinigenden Gewißheit der Gegenwart sucht der Psychoneurot durch eine Dissoziation der psychischen Zusammenhänge zu entfliehen. Im Alkohol bietet sich ein billiges und rasches Narkotikum. Diese Flucht aus der Gegenwart kann auch auf anderem Wege geschehen. Sexuelle Exzesse, Selbstmord, gewisse faszinierende Genüsse des Machtgefühls und der Eigenbedeutung, wie sie für den modernen Arbeiter im Streik das graue Einerlei der mechanischen Arbeit durchbrechen, schließlich auch fesselnde und ablenkende Anregungen der Phantasie, die zur Zeit der römischen Kaiser in den großen Kampfspielen und heute in den Lichtspielen dem einfachen Menschen geboten werden. Es steht fest, daß durch die Kinematographentheater mit ihren billigen Preisen, durch die aufregenden Sportsfeste, denen Tausende als Zuschauer in frischer Luft beiwohnen, der Alkoholkonsum erheblich zurückgedrängt ist. Mit diesen Formen, „nicht den Ärger hinunterzuspülen", sondern die Sorge des Tages durch Phantasiegenüsse zurückzudrängen, sind auch jene Schädigungen vermindert, die ich sekundären Alkoholismus nennen möchte, der stundenlange Aufent-

von Ursachen, sondern von ätiologischen Faktoren, die in vielen Fällen erst durch ihr Zusammentreten zu einer Kausalität anwachsen.

	Männer %	Frauen %
Erbliche Belastung	22,7	28,4
Dauernde psychische Beanspruchung	21,5	22,9
Alkohol	26,3	10,4
Senilität	11,4	11,8
Syphilis	12,6	1,8
Klimakterium	—	10,3
Pubertät	4,9	5,3
Puerperium	—	6,1
Epilepsie	7,2	5,6
Plötzliche psychische Beanspruchung	3,9	6,5
Mangel und Elend	2,4	2,3
Influenza	3,4	3,2
Unfälle	5,1	1,1
Verletzungen des Gehirns	3,2	2,2
Kongenitale geistige Schwäche	3,1	3,4

halt in heißer und durch Tabakrauch verdorbener Luft, das Zusammensein einer großen Anzahl erregter, reizbarer, von Natur suggestibler und durch den Alkohol noch suggestibler gewordenen Individuen[1]). Daß bei der geringsten Kleinigkeit kriminelle Handlungen geschehen müssen, darf bei dieser Häufung von ungünstigen Momenten nicht verwundern. Da der Sonntag für ein längeres Zusammensein die meiste Zeit bietet, ereignen sich die meisten kriminellen Exzesse unter Alkoholeinfluß in der Sonnabendnacht und am Sonntag; unter Alkoholnachwirkung geschehen dann am Montag die meisten Unglücksfälle und Selbstmorde. Das vollständige Branntweinverbot, das von Sonnabend 1 Uhr nachmittags bis Montag 8 Uhr früh in Norwegen eingeführt ist, entspricht einer durchaus richtigen kriminalpolitischen Überlegung[2]).

Daß die Behandlung trunksüchtiger Rechtsbrecher von unserm Standpunkt aus einen andern Weg als den der Bestrafung einzuschlagen habe, bedarf nicht weiterer Begründung. Zwar mag eine Freiheitsstrafe in bestimmten Fällen angehender Trunksucht ihre Wirkung nicht verfehlen, die große Mehrzahl der Fälle aber wird ein Eingehen auf den kausalen Faktor, den Zustand geistiger Minderwertigkeit verlangen, dessen Symptom der Alkoholismus ist. Sonst bleibt vom selektiven Standpunkt nur volle Strafe übrig, die der schweren Gefahr zu entsprechen hat, die der Trinker für die Allgemeinheit darstellt. Damit wäre wenigstens dem Sicherungszweck und der Ausscheidung des Alkoholkranken aus dem Fortpflanzungsprozeß genügt. Gemilderte Strafe ist Unfug, denn sie schwächt nur den willensschwachen Trinker, kürzt die Zeit der erzwungenen Abstinenz ab und läßt den geschlechtlich Erregten auf die Rasse wieder nach kurzer Zeit erholt und verhältnismäßig gekräftigt los. Der Umstand, daß die Alkoholiker in nüchternem Zustande gutmütige, weichliche, energielose Menschen sind[3]), kann uns nicht über die klare Erkenntnis hinwegtäuschen, daß jeder Zufall verhängnisvoll werden kann, und noch mehr als der Zufall eine unerschütterte krank-

---

[1]) Von kulturellen Nachteilen gar nicht zu reden, daß ganze Bevölkerungsschichten nur noch in Stammtischen denken.

[2]) Siehe Zahlen bei Scharffenberg. Der Einfluß des Alkoholverbots . . . Basel 1912, 10 bis 12.

[3]) Der Alkohol macht nicht erst schlecht, er demaskiert nur. Beim chronischen Alkoholismus treten deutlich die Typen des Willensschwachen und des Gewalttätigen heraus. Aber wenn er auch nicht die letzte Ursache ist, sondern nur wie ein Katalysator wirkt, so kommt doch durch seine Entfernung eine große Menge krimineller Reaktionen nicht zustande, ein Erfolg, der für den Kriminalpolitiker genügt. Diese Gedankengänge hat die wissenschaftliche Betrachtung einzuschlagen; bei populären Darstellungen wirken sie störend und verwirrend.

hafte Anlage nur des auslösenden Momentes harrt, um in Gestalt von rohen und sinnlosen Handlungen über den sozialen Frieden herzufallen. Entweder wir schlagen dem chronischen Alkoholiker durch langdauernde Freiheitsstrafen eine solche Wunde, daß er in Freiheit kurz darauf widerstandslos von den natürlichen Ausleseprozessen zermalmt wird, oder wir bemühen uns nach dem Maß unserer wissenschaftlichen Kenntnisse, die Alkoholkranken, soweit nicht bei unheilbaren eine reine Sicherungsbehandlung in Frage kommt, durch sorgfältiges Eingehen auf ihren psychopathischen Grundzustand, durch regelmäßiges Leben, Arbeitstherapie, frische Luft und psychische Friktionslosigkeit, vor allem aber durch sehr frühzeitige Behandlung und eine Behandlung, die keinesfalls zu kurz bemessen sein darf, zu heilen. Von größter Bedeutung wäre nach Ablauf der Internierungszeit oder bei bedingter Entlassung eine Art Nachbehandlung in Freiheit, Schutzaufsicht, Überführung in ein abstinentes gesellschaftliches Milieu und dann natürlich alle die sozialen Maßnahmen, die ich hier nur andeuten kann, Höchststeuern auf alkoholische Getränke, Suche der Wissenschaft nach einem wohlschmeckenden und billigen alkoholfreien Getränk, Verbot der Lohnzahlung in alkoholischen Naturalien, Sonntagsverbot für Schnaps und dergleichen leicht erreichbare Maßregeln mehr.

Neben den Alkohol sind in neuerer Zeit andere Nervengifte getreten, die für den Kriminalisten von Bedeutung sind. Ich nenne von diesen Giften nur das Morphium, das Kokain, das Opium und den Äther. Andere, wie das Paraldehyd und der indische Hanf, der für Europa ohne Wichtigkeit ist, können übergangen werden. Das Kokain scheint dazu berufen, alle übrigen toxischen Mittel zu verdrängen. Anders als der stark riechende Äther, als die auffälligen Prozeduren des Opiumrauchens und der Morphiumeinspritzung, bedarf der Kokaingenuß keinerlei Maßnahmen, die in der Öffentlichkeit Aufsehen erregen könnten. Wie eine gewöhnliche Prise Tabak kann er durch die Nasenschleimhaut aufgenommen werden. Das Kokain hat aber weiter die kriminalistisch außerordentlich bedeutsame Eigenschaft, psychomotorisch erregend zu wirken, schreckhafte Halluzinationen, Gehörstäuschungen und Gesichtstäuschungen aggressiver Art hervorzurufen, und dadurch die Gefahr deliranter krimineller Gegenhandlungen sehr nahe zu legen[1]). In dieser vehementen antisozialen Tendenz ähnelt es sehr der Haschischreaktion.

Ganz entgegengesetzte Wirkungen entfaltet das Opium. Es ist das Gift des stillen einsamen Genusses. Die Delirien, die es erzeugt, ergreifen nur die Sphäre der Vorstellungen, die motorischen Verbindungen sind zertrennt, der Wille zu einem weichlichen Allesverstehen-

---

[1]) Kokablätter zu kauen war im alten Peru verboten. Dieses Reizmittel hatte sich der Inka vorbehalten. Brehm, 89.

können ausgehöhlt. Weil die Opiumsüchtigen nur in ganz seltenen Fällen reizbar und heftig werden, kommen keine Körperverletzungen oder Sittlichkeitsvergehen vor, höchstens homosexuelle Akte. Trotzdem in Frankreich, in dem in den letzten Jahren sehr viel Opium geraucht wird, die Opiumhöhlen gewöhnlich von besseren Demimondänen aufgemacht werden, nennt Abadie[1]) den Opiumgenuß une fumerie chaste, da das Opium gewöhnlich den Mann impotent und die Frau frigide macht. Vom Standpunkt der Rassenhygiene ist diese Erscheinung sehr wichtig. Kriminell wird der Opiumkranke erst unter den drängenden Erscheinungen der Abstinenz. Durch Diebstahl, Unterschlagung, Betrug und Urkundenfälschung sucht er zu seinem geliebten Gift zu gelangen. Auch stellen sich bei kurzdauernder Abstinenz qualvolle Angstzustände ein; Entlastung sucht der Kranke dann häufig im Selbstmord.

Auch bei Morphinisten ist die sexuelle Libido erloschen. Die intellektuelle Sphäre bleibt von schweren Störungen frei, während die ethischen Funktionen aufs tiefste untergraben werden. Wichtig ist, daß alle Toxikomanen nicht eher ruhen, bis sie Anhänger gewonnen haben. Die Vorliebe von Prostituierten und Degenerierten für diese Nervengifte zeigt, daß die Giftsucht auf der breiten Basis der psychopathischen Anlage erwächst; diese Vermutung wird bestätigt durch die häufige Kombination von Alkoholismus, Kokainismus und Opiumgenuß.

In hohem Grade kennzeichnend für die Natur der Prozesse, den ich bio-soziale Auslese nenne, ist die kombinierte Wirkung körperlichen und psychischen Niedergangs mit einem rapiden wirtschaftlichen und sozialen Verfall, der seinerseits die gesundheitliche Widerstandsfähigkeit des Toxikomanen angreifen muß. Vorgänge, die sich sonst auf Generationen verteilen und infolgedessen dem bloßen Auge einer Zeitepoche kaum sichtbar sind, laufen hier mit unabwendbarer Schnelligkeit ab. Unter den Alkoholikern, die in der Münchener psychiatrischen Klinik im Jahre 1905 aufgenommen wurden, befanden sich nach Lichtenbergs Zusammenstellung drei Studierende, sechs verbummelte Studenten, ein Professor (Künstler), ein Ingenieur, ein heruntergekommener Rechtspraktikant, ein pensionierter Oberamtsrichter, ein katholischer Pfarrer und ein praktischer Arzt. Weiter ein alter Major außer Diensten und ein älterer Leutnant a. D., dazu als Verpflegter aus dem Armenetat der Heimatgemeinde ein durch langes Abenteuerleben ganz heruntergekommener ehemaliger Offizier von altem Adel, der sich im Kriege ausgezeichnet hatte[2]).

---

[1]) J. Abadie, Les fumeurs d'opium. Archives d'anthropologie criminelle, Bd. 28, 1913, 639ff.

[2]) Kräpelin, Vocke, Lichtenberg, Der Alkoholismus in München. 1907, 28ff.

Noch deutlicher tritt der wirtschaftliche Niedergang aus dem Bericht der Münchener Trinkerfürsorgestelle (Dr. Casella) zutage. Folgende Berufsänderungen mit absteigender Tendenz wurden im Jahre 1911 beobachtet:

Je 1 Bäcker, Buchbinder, Metzger, Landwirt, Maurer, Bankbeamter wurden Tagelöhner.

1 Wagner wurde Schleifer,
1 Geschäftsführer wurde Oberkellner,
1 Student „ Arbeiter,
1 Polier „ Hilfsarbeiter,
1 Friseur „ Arbeiter,
1 Schreiner „ Ausgeher, dann Musiker,
1 Gärtner „ Fuhrwerksbesitzer, dann Fuhrmann,
1 Metzger „ Schenkkellner, dann Händler,
1 Telegraphist „ Kaufmann, dann Bahnbediensteter, dann Taglöhner.

Treten zu dieser immer anschwellenden Last von Schädlichkeiten und der stets abnehmenden körperlichen und moralischen Widerstandskraft eines solchen Individuums noch eine oder mehrere strafrechtliche Verurteilungen, so kann man sich von der Schärfe der vereinigten Ausleseprozesse eine Vorstellung machen.

Theoretisch möchte ich — ich wiederhole es — nicht für zulässig halten, den Alkoholismus, den Hauptvertreter der strafrechtlich bedeutsamen Genußintoxikationen, als eine Ursache der Kriminalität zu betrachten. Alkoholismus bedeutet nur eine Schallverstärkung krimineller Tendenzen, und die Wissenschaft hat sich die Frage vorzulegen: warum trinken gewisse Menschen exzessiv und warum werden gerade diese Menschen kriminell, während andere harmlos und sozial bleiben?

Ganz anders für praktische Zwecke. Unter diesem Gesichtspunkt der Hinderung schwerer Schädlingshandlungen reicht unsere heutige Kenntnis der Zusammenhänge von Alkohol und Verbrechen aus. Nehmen wir das Zwischenglied des Alkoholismus aus der langen Entwicklungslinie von der Minderwertigkeit zur Kriminalität heraus, so treffen wir dadurch in wirkungsvoller Weise die heftigsten und gröbsten Erscheinungsformen antisozialer Veranlagung und haben ohne allzu große Mühe dem äußeren Frieden der Gesellschaft eine Provinz gewonnen.

Schließlich muß noch eine interessante Erscheinung gestreift werden, die erst ganz vor kurzem Gegenstand exakter Untersuchungen geworden ist. Pearson ist durch seine Beobachtungen an den Insassen des Crossley Sanatorium in Frodsham zu dem Ergebnis gekommen, daß die Erst- und die Zweitgeborenen offenbar mehr

Chancen haben, tuberkulös zu werden als die späteren Kinder. Eine Untersuchung Herons an geisteskranken und kriminellen Familien kam zu ähnlichen Resultaten. Schuster[1]) hat zwar im Anschluß an Einwände, die Ploetz geltend gemacht hat, die Ergebnisse Pearsons nicht für einwandfrei erklärt, ganz neuerdings aber ist Goring[2]) in seiner großen kriminalstatistischen Studie auf die Frage der Geburtsreihenfolge zurückgekommen und hat folgendes festgestellt:

Die Erst- und die Zweitgeborenen haben zweifellos eine stärkere Tendenz kriminell zu werden. Die Frage, ob dieses Phänomen nicht vielleicht eher auf Einflüsse exogener Natur, etwa die größere Verwöhnung einziger Kinder, den Mangel erziehlicher Gemeinschaft mit einer Mehrzahl von Geschwistern zurückzuführen sei, glaubt Goring verneinen zu können. Gerade die Gegenüberstellung mit den von Heron an Geisteskranken gewonnenen Resultaten leitet zu der Anschauung, daß die stärkere Kriminalität erst- und zweitgeborener Kinder in einer intensiveren Belastung mit konstitutioneller krimineller Anlage ihre Ursachen habe.

Ich möchte zu dieser Frage, die ja noch fern von vollkommen sicherer Lösung ist, die Vermutung aussprechen, daß außer den von Ploetz angegebenen störenden Momenten eine schwächliche oder krankhafte Veranlagung der Eltern einmal entweder zu einer starken Mortalität nachgeborener Kinder führt oder nur zur Erzeugung von ein oder zwei Kindern ausreicht und daß der gleiche konstitutionelle Defekt, der die Zahl der überlebenden oder geborenen Kinder beherrscht, das Individuum der Tuberkulose, dem Irrsinn und der Kriminalität in die Arme treibt.

Fünftes Kapitel.

Störungen des strafrechtlichen Selektivprozesses.

A. Die biologisch Vollwertigen.

§ 26.

Wir haben den Ausleseprozeß, den nach unserer Auffassung die strafgerichtliche Tätigkeit des Staates durchzuführen hat, inhaltlich dahin bezeichnet, daß das Strafrecht die Aufgabe hat, den gemeinschaftsfähigen Typus des Menschen zu erhalten und festzulegen. Im großen und ganzen strebt das Strafrecht schon in seiner jetzigen Gestalt unbewußt und mit Vordergrundsvorstellungen beschattet diesem Ziele zu. Daß in vieler Beziehung die Arbeit des Strafrechts aber eine grobe und unvollkommene ist, habe ich mich zu zeigen bemüht.

---

[1]) Schuster, Eugenics. London 1913, 202.

[2]) Goring, The English Conviet, a Statistical Study. London 1913, 277ff.

Betrafen die bisherigen Untersuchungen den Charakter der Zielvorstellung, die wir dem Strafrecht substituierten, so müssen wir unsere Aufmerksamkeit auch auf die äußere Technik dieses Ausleseprozesses richten. Denn die soziale Eignung eines Individuums unterliegt der Beurteilung menschlicher, unvollkommener Wesen, die zum Schutze gegen ihre eigene Übermacht Regeln und Schranken ersonnen haben. Jeder genau formulierte Paragraph des Strafgesetzbuchs bedeutet eine solche Selbstbegrenzung. Die Strafprozeßordnung dient dem gleichen Zwecke. Schließlich ist Voraussetzung für jede strafrechtliche Aktion nicht wie bei dem persönlich gedachten natürlichen Ausleseprozeß die bloße Existenz, sondern die Kenntnis und die Ergreifung des minderwertigen Individuums.

Der soziale Auslesemechanismus hat so viele Reibungen zu überwinden, daß er niemals ganz exakt arbeiten kann. Diese Auslesestörungen können sich in zweierlei Art äußern: Einmal mag der Unsoziale aus den verschiedensten Gründen den selektiven Einflüssen nicht unterliegen, auf der anderen Seite stehen die weit selteneren Fälle, daß Naturen, die den sozialen Typus zum Ausdruck bringen, irrtümlicherweise den lebensmindernden Agentien der Gesellschaft unterworfen werden.

Die erste Möglichkeit sei zuerst untersucht.

Entgegen der populären Zuversicht, daß die große Mehrzahl der Verbrechen entdeckt und bestraft werde, daß „die Sonne es an den Tag bringe“, muß die Wissenschaft einen sehr pessimistischen Standpunkt einnehmen. Es gibt kaum Untersuchungen über diese Frage; und die jungen Studenten, die eine strafrechtliche Vorlesung hören, ferner die Kriminalanthropologen und Biometriker, die Zuchthausinsassen und freie Bevölkerung vergleichen, werden kaum ahnen, in welchen gewaltigen Massen die wirkliche Kriminalität Tag für Tag die Maschen des Gesetzes durchbricht. Richtiger könnte man allerdings die schwere Kriminalität allein in Betracht ziehen. Denn kriminell ist jeder Mensch einmal in seinem Leben geworden, mag dies auch auf den ersten Blick wunderlich erscheinen. Ich möchte das Individuum sehen, das nicht einmal eine Beleidigung oder eine leichte Körperverletzung begangen hat, Delikte, die in der Kriminalstatistik dem Diebstahl und dem Betrug gleichgestellt erscheinen.

An ganz verschiedenen Punkten besteht die Möglichkeit, den Fangarmen des Gesetzes zu entgehen. Da sind die unentdeckten Verbrecher, die gefährlichste Klasse, weil hier die energischen, nüchternen, intelligenten Berufsverbrecher von Tat zu Tat schreiten. Dann kommen die nicht angezeigten und alle die Kriminellen, denen es bei Antragvergehen gelingt, den Antrag durch irgend ein Mittel zu verhindern. Weiter die Kriminellen, die zwar bekannt und zur Anzeige gebracht sind, die aber schlau genug sind, um eine Einstellung des Verfahrens durch Staatsanwalt oder Gericht aus tatsächlichen oder Rechtsgründen durchzusetzen. Und schließlich am besten bekannt und statistisch darstellbar die Freigesprochenen, die Besitzer von sicheren Alibis und schwurfesten Zeugen, die Männer mit dem harmlosen Gesicht und einem Benehmen, das guten Eindruck macht; die Individuen, deren Handlungen sich auf Grund der neuesten Reichsgerichtsentscheidungen gerade auf der Grenze des Strafbaren bewegen, bei denen der Vorsitzende bedauert, sie auf Grund des formellen Rechts freisprechen zu müssen, die Kriminellen mit dem guten Leumund und der glänzenden Verteidigung.

§ 27.

Aus zwei Komponenten setzt sich die Entdeckung oder das Unbekanntbleiben eines Verbrechers zusammen. In erster Linie kommt die körperliche Geschicklichkeit und die Intelligenz der Kriminellen in Betracht, Eigenschaften, deren Folge in der Regel eine gewisse Beliebtheit in dem Lebenskreise des Individuums ist, die keinen Verdacht aufkommen läßt; zweitens ist die Entdeckung in hohem Grade von der Tüchtigkeit und der technischen Ausbildung der Polizei abhängig. Der unentdeckte Verbrecher wird also, von Zufällen abgesehen, zwar einen sozial niedrig stehenden, biologisch aber in gewisser Weise hochwertigen Typus darstellen. In ihm verkörpert sich der Durchbruch seiner physiologischen Tüchtigkeit durch das künstliche System sozialer Auslesemechanismen.

Dem primitiven Recht war diese Erscheinung nicht fremd. Die Abgabe zum Tode Verurteilter an die Fechterschulen im alten Rom führte zweifellos bei tapferem Verhalten in der Arena häufig zur Begnadigung durch den Kaiser; die Gottesurteile des Mittelalters vereinten Sieg und Unschuld in der überlegenen körperlichen Konstitution, ja im England des 13. Jahrhunderts wurde der gerichtliche Zweikampf auch zur Entscheidung zivilrechtlicher Streitigkeiten angewandt[1]). Auch im alten Indien gab es das Gottesurteil. Unschuldig war, wer Feuer in die Hand nehmen konnte, ohne sich zu verbrennen. Oder es wurde die Wasserprobe angewandt. Ein Mann wurde so lange untergetaucht, bis ein anderer einen beim Niedertauchen abgeschossenen Pfeil zurückgebracht hatte. War der Angeklagte nicht unterdessen an die Oberfläche gekommen, so war er unschuldig[2]). Im Hintergrunde stand und steht heute noch die Anschauung, daß die Gottheit dem Unschuldigen den Sieg verleiht. Selbst das geltende

[1]) Pike I, 204.
[2]) Thonissen I, 32.

Recht zeigt durch die unentschlossene Haltung gegenüber dem Zweikampf ähnliche Tendenzen. Auch gibt es Gesetzesbestimmungen, die nur die Torheit der an Imbezillität streifenden Unvorsichtigkeit bedrohen wie die Erregung öffentlichen Ärgernisses (StGB. § 183). Die Freisprechung einer schönen Frau vor den Schwurgerichten romanischer Länder mag diese kurze Übersicht schließen.

Wenn wir zu dem Ausgangspunkt unserer Untersuchung zurückkehren und die Frage weiter verfolgen, wie groß die Zahl der Kriminellen sei, die unentdeckt bleiben, so liefern die deutschen Statistiken wenig Material. Ich stelle hier die Zahlen der Personen zusammen, die nach den Ergebnissen der Sanitätsstatistik durch Mord oder Totschlag gestorben und weiterhin der Personen, die nach dem Ausweis der Kriminalstatistik wegen Mordes oder Totschlags im gleichen Jahre abgeurteilt worden sind. Zu bemerken ist, daß sich der zeitliche Rahmen nicht ganz deckt, da die begangene Tat und die Aburteilung nicht immer in das gleiche Jahr zu fallen braucht.

	Bayern[1] [2] 1910	Preußen[3] [4] 1910
Todesfälle	156	780
Abgeurteilt	32	174

Diese Zahlen erscheinen um so bedenklicher, wenn man in Erwägung zieht, daß die Kriminalstatistik auch die Versuchshandlungen und die Teilnahmehandlungen als Mord oder Totschlag in Ansatz bringt, wenn man die hohe Zahl der Todesfälle mit zweifelhaften Umständen berücksichtigt[5], wenn man weiter daran denkt, daß der gesamte Scharfsinn der Polizei und das hilfreiche Interesse des Publikums sich solchen Fällen zuzuwenden pflegt. Andererseits sind die Fälle des eingestellten Verfahrens einbegriffen, die aber bei diesen Delikten selten sind.

Die belgische, französische, österreichische und englische Kriminalstatistik erlauben uns der Frage des unbekannten Täters weiter nachzugehen. In Frankreich[6] waren die Täter zur Kenntnis der Staats anwaltschaft gebrachter strafrechtlicher Handlungen unbekannt:

1906	106177	1909	100396
1907	108124	1910	99934
1908	103227		

[1] Bayer. Stat. Jahrb. 1911, 54.

[2] Bayer. Just.-Stat. 1911, XXXI.

[3] Preuss. Stat. Jahrb. 1913, 76.

[4] Preuss. Stat. Jahrb. 1913, 514.

[5] Ich habe berechnet, daß in Berlin nach den Jahresangaben des Leichenkommissariats im Durchschnitt des Jahrfünfts 1907—1911 auf das Jahr 288 plötzliche Todesfälle mit unbekannter Ursache kommen. Berl. Stat. Jahrb. 1913, 717.

[6] Franz. Krim.-Stat. 1912, L.

Für den Durchschnitt des Jahrfünfts 1906—1910 ergibt sich also ein Jahresmittel von 103572 Tätern strafbarer Handlungen (Verbrechen oder Vergehen), die unbekannt geblieben sind. Diese ungeheuerliche Zahl scheint dem Ausspruch Lombrosos[1]) eine tatsächliche Unterlage zu bieten: Lüge ist der absolute Glaube an eine Gerechtigkeit, die mit enormem Kostenaufwand nicht mehr als ein Fünftel der Schuldigen trifft, zum großen Teil Imbezille, während die andern, oft bewundert und anerkannt, frei unter den Unschuldigen, die ihnen zum Opfer fallen sollen, umhergehen. Dieses Fünftel kann für Italien keine allzu schiefe Schätzung sein, denn auch Garofalo[2]) hat 20 Jahre später die Zahl der Schuldigen, die unbekannt bleiben, auf 60 % geschätzt. Dabei kann ich aus eigener Beobachtung bestätigen, daß die französische Polizei vor allem in den großen Städten, der unsrigen mindestens gleichwertig ist, ja daß die neugeschaffenen Brigades mobiles eine geradezu mustergültige Einrichtung darstellen. Aus den genannten Zahlen ergibt sich auch eine erhebliche und ununterbrochene Besserung der trostlosen Verhältnisse.

Interessant sind die Delikte, deren Urheber das große Kontingent der Unbekannten liefern. An der Spitze steht Diebstahl mit 77640 Fällen. Die Verbrecher gegen das Eigentum haben hauptsächlich die schnellen Verkehrsmittel einschließlich des Automobils in ihren Dienst gestellt. Danach kommen Einbrüche (4207), dann Brandstiftungen (2422) und Delikte gegen die Eisenbahnpolizei (1712). Sehr hoch ist die Zahl der unbekannten Kindsmörderinnen (1910 221 von 538 Anzeigen). Sehr günstig stehen die Sittlichkeitsdelikte, ein neuer indirekter Beweis für die geistige und körperliche Minderwertigkeit der Sittlichkeitsverbrecher.

In Belgien[3]) hat die Zahl der unbekannten Verbrecher in folgender Weise zugenommen:

Jahresdurchschnitte.

Periode	Verbrechen	Vergehen	Zusammen
1868—1870	1149	2911	4060
1871—1875	1371	3700	5071
1876—1880	1485	6243	7728
1881—1885	2059	8178	10237
1886—1890	2756	11485	14241
1891—1895	3796	15413	19209
1896—1900	5370	19619	24989
1901—1905	6621	23321	29933
1906—1909	7260	28862	36122
1911	9073	32069	41142

[1]) Der politische Verbrecher. Übersetzt von Kurella. Hamburg 1891, 20.
[2]) Criminologie. Paris 1905, 226.
[3]) Nach Jacquart, La criminalité Belge. Louvain 1912, Tableau I.

Auch die belgische Kriminalität zählt bei der Brandstiftung und dem schweren Diebstahl die meisten unentdeckten Kriminellen. Dazu treten noch hohe Ziffern für Abtreibung und Totschlag[1]). Jedenfalls haben sich die Verhältnisse in Belgien sehr bedenklich gestaltet; nach Jacquarts Berechnung standen sich vor 40 Jahren ungeahndete und bestrafte Verbrechen wie 100 zu 424 gegenüber; jetzt hat sich das Verhältnis so ungünstig verschoben, daß auf 100 unbestrafte 107 bestrafte Verbrechen kommen. Die Chancen dessen, der ein Verbrechen im engeren Sinne begeht, nicht entdeckt zu werden, haben sich also erheblich verbessert. Solange solche Verhältnisse bestehen, ist es natürlich sinnlos, die abschreckende Kraft der Strafe durch Verschärfungen steigern zu wollen, wie dies der deutsche Vorentwurf gegenüber gewohnheitsmäßigen Verbrechern in Vorschlag bringt; denn eine Strafe, die nicht verhängt werden kann, mag noch so scharf sein, eine Wirkung kommt ihr nicht zu.

Auch die englische Kriminalstatistik besitzt eine Abteilung für statistische Angaben der Polizei, aus der wir erfahren, daß der weitaus größte Teil der Verbrecher gegen die Person auch festgenommen werden konnte, während bei Eigentumsverbrechen unter Anwendung von Gewalt nur ungefähr ein Drittel der Verbrecher der Polizei in die Hände fiel. Es geht daraus hervor, daß wir uns hier auf dem Gebiet des Berufsverbrechers befinden, und daß die meisten Einbrecher eine ganze Anzahl von Verbrechen begehen, ehe sie unschädlich gemacht werden können[2]). Sehr interessante Angaben macht auch die irländische Kriminalstatistik[3]): Zur Anzeige kamen 888 Einbrüche; 510 Personen konnten festgenommen werden, von denen aber 158 im Vorverfahren wieder freigelassen werden mußten. Vor den Richter konnten also nur 362 Einbrecher gestellt werden. Auf 216 Brandstiftungen kamen 36 Festnahmen, von denen 10 nicht aufrecht erhalten werden konnten, auf 349 Fälle von Sachbeschädigung 98 Festnahmen, die durch 12 Einstellungen zu mindern waren[4]).

Wenden wir uns noch kurz den wirtschaftlichen Schädigungen zu, die durch die mangelhafte Repression nicht ausgeglichen werden können, so müssen wir uns wieder an das Ausland wenden, um sichere Zahlen zu erhalten. Die Polizeiverwaltungen von Berlin, Hamburg und München haben mir mitgeteilt, daß sie die Statistiken über den Wert des Gutes, das durch strafbare Handlungen abhanden kommt und etwa durch die Bemühungen der Polizei wiedererlangt

[1]) Belg. Krim.-Stat. 1912, 16.

[2]) Engl. Krim.-Stat. 1912 und 1913, 13.

[3]) Irl. Krim.-Stat. 1913, 62—64.

[4]) Wenig bekannt ist, daß zu den erfolgreichsten Kriminellen die Jugendlichen gehören.

wird, nicht führen. Man kann sich des Eindruckes nicht erwehren, daß diese Statistiken auch geführt werden würden, wenn sie Gelegenheit hätten, von einer besonders erfolgreichen Tätigkeit zu berichten.

Wir wissen[1]), daß im Jahre 1910 in London (im Metropolitan Police District) Eigentumsverluste in der Höhe von 164989 Pfund (4,299,780 M.) durch strafbare Handlungen, die zur Kenntnis der Polizei kamen, herbeigeführt worden sind. Von dieser Summe gelang es der Polizei, wieder 57654 Pfund (1,153,080 M.) herbeizuschaffen, das sind 35 %. Bei 2000 Einbrüchen wurden 16893 Pfund erbeutet, wiedergewonnen wurden 1536. Hier tritt das Mißverhältnis besonders scharf hervor. Bei jedem Einbruch wurden nämlich im Durchschnitt 169 Mark erbeutet; aber nur 15,49 wurden wiedergewonnen, also nicht einmal der zehnte Teil. In Dublin[2]) geraten täglich durchschnittlich 2310 M. durch strafbare Handlungen in Verlust. Im Jahre 1912 gelang es der Polizei, 33,8 % wiederzuholen (gegen 32,9 % im Jahre 1911).

§ 28.

Neben dem unbekannten und dem Verbrecher, gegen den aus tatsächlichen oder rechtlichen Gründen das Verfahren von der Staatsanwaltschaft eingestellt werden mußte, steht eine Klasse von Verbrechern, die wir in der Kriminalstatistik vergeblich suchen. Sind gegen die unbekannte Kriminalität tatsächliche Anhaltspunkte in Gestalt von materiellen Unrechtshandlungen vorhanden, so gilt das gleiche für den nicht angezeigten Verbrecher, nur daß sich Angaben darüber im Notizbuch eines Schutzmanns oder den Akten der Staatsanwaltschaft nicht finden und daß keine feste juristische Qualifikation vorliegt. Wir müssen in unserer persönlichen Erfahrung und den Feststellungen, die bei anderer Gelegenheit in Krankenhäusern und Irrenanstalten gemacht werden, dieser Art von Kriminalität nachgehen.

In erster Linie stehen hier die strafbaren Handlungen, die in der Stille der Häuslichkeit von Ehemännern an ihren Frauen und umgekehrt, vor allem aber von den Eltern an ihren Kindern begangen werden. Es gibt eine richtige Hauskriminalität, die vorwiegend unter dem Einfluß des Alkohols zustande kommt. Neben Körperverletzungen, deren leichtere Formen das Recht in Gestalt des Züchtigungsrechtes den Eltern als eine Befugnis zugewiesen hat und deren richtige Abstufung es einem Gefühl überließ, das häufig krankhaft verändert ist, finden sich die verschiedensten Formen der Krimi-

[1]) Report of the Howard Association 1912, 69.
[2]) Dublin, Pol. Stat. 1913, VI.

nalität, so häufig Eigentumsdelikte, wenn die Kinder Vermögen besitzen, das die Eltern zu verwalten haben. Gegen diese Form der Unterschlagung kann das Vormundschaftsgericht wenig ausrichten. Mit dem Abscheu, den jede Mitteilung eines Falles von Blutschande in der Öffentlichkeit erregt, steht die große Häufigkeit dieses Delikts in den niederen Volksschichten nicht im Einklang; diese Verbrechen kommen aber nur zur Kenntnis der Gerichte, wenn die Verwandten in Streit geraten, oder eine Geburt die Folge des strafbaren Umganges ist. Wie außerordentlich häufig in der Ehe Nötigungen und Beleidigungen sind, die außerhalb dieses Verhältnisses mit Bestimmtheit zu einer Klage führen würden, bedarf keiner besonderen Betonung.

Die Familie stellt, wie wir gesehen haben, noch ein Stückchen Wildnis inmitten unserer von Gesetzen besäten Kultur dar. Es erinnert aber ebenso an primitive Verhältnisse, die wir im allgemeinen längst hinter uns gelassen zu haben glauben, wenn in einer nicht geringen Anzahl von Fällen die Anzeige einer strafbaren Handlung unterbleibt, weil der Geschädigte sich durch die Anzeige größeren Gefahren auszusetzen glaubt. Ich kenne selbst Teile des oberbayerischen Gebirges, wo Zivilklagen wegen offenbar begründeter Schuldansprüche unterblieben sind, da die ganz ernsthaft gefürchtete Antwort der Ausbruch eines Brandes im Hause des Klägers — während einer Gewitternacht natürlich — gewesen wäre. In den meisten ländlichen Gegenden Deutschlands sind Individuen nicht selten, die, solange sie sich nicht ganz grober Delikte schuldig machen, eine Art Immunität genießen. Das sind die Menschen, mit denen man nicht gern Streit anfängt, weil „nichts Gutes dabei rauskommt“. Die Bauern fürchten mit Recht oder Unrecht die Rache solcher Desperados, wie die am bösartigsten aussehenden Bettler in einsamen Gegenden am besten behandelt werden und die besten Geschäfte machen.

Manchmal spielt auch Angst vor der wirtschaftlichen Überlegenheit, vor einem Geheimnisverrat auf der Gegenseite (bei Dienstboten), seltener Mitleid die Rolle. Bei weitem die größte Bedeutung kommt aber der Furcht vor dem Anzuzeigenden[1]) zu. Ist diese

[1]) Solche Verhältnisse kommen auch heute noch vor, wenn die Drohung auf der Seite des Schuldigen auch legalere und vorsichtigere Formen angenommen hat und sich mehr an den Intellekt, als an die nackte Furcht des Verletzten wendet. Und da man den unerfreulichen Zuständen, die hinter uns liegen, immer lieber Glauben schenkt als der unvollkommenen Gegenwart — jeder Trinker gibt zu, daß er früher viel getrunken hat, nicht aber, daß er jetzt trinkt — so will ich auf das erste Drittel des 19. Jahrhunderts zurückgehen. Pfaff berichtet in einer Arbeit: Landstreicher und Bettler in Schwaben (Zeitschr. f. Deutsche Kulturgeschichte, 1857, 444): „Doch zogen noch vor etlich und dreißig Jahren auf der Alb und im Schwarzwald die letzten Überbleibsel

Überlegenheit nicht gerade eine künstliche, wie beim Militär, wo das Beschwerderecht durch die Besorgnis vor dem erregten Vorgesetzten und Strafandrohungen bei unrichtiger Beschwerdeführung oft paralysiert wird, so hat die Furcht meist eine körperliche Überlegenheit auf der Gegenseite zur Grundlage. Hier ist es wiederum, daß wir auf eine Erschwerung des sozialen Ausleseprozesses stoßen und zwar überwiegend einer bestimmten Klasse von Individuen gegenüber. Die Überlegenheit der physischen Kräfte und des Willens führt die sozial Minderwertigen siegreich durch die Ergreifungsversuche der Strafrechtsmechanismen hindurch. Auch die Gottheit des Strafrechts ist oft bei den stärkeren Bataillonen.

Eine dritte Klasse von nicht zur Anzeige Gebrachten werden wir im nächsten Kapitel kennen lernen. Das sind die wohlhabenden Kriminellen, die durch Geld eine Anzeige verhindern und gegen die der Staat besonders bei Antragsvergehen machtlos ist. Ein solches Individuum kann immer wieder Delikte begehen, ohne daß es je rückfällig wird. Über jede strafbare Handlung hilft sie in Gestalt des Schweigegeldes, das sie freiwillig bezahlen, oder nachfolgender Erpressungen, eine Art selbstauferlegter Geldstrafe hinweg.

§ 29.

Ein gewisser Prozentsatz der freigesprochenen Angeklagten ist sicherlich schuldlos, ein gewisser Teil aber wird wegen mangelnder Beweise freigesprochen, und wenn die Kriminalstatistik die Verurteilungen von Personen aufzeigte, die einmal früher freigesprochen sind, so würden, glaube ich, recht erhebliche Zahlen zum Vorschein kommen. Entgegen der landläufigen Meinung ist die Zahl der Freigesprochenen eine außerordentlich große. Wenn man die Kriminalstatistiken verschiedener Länder sehr sorgfältig prüft, so gelangt man zu erstaunlichen Ergebnissen.

---

der Jauner, der Freimenschen oder Freileute herum, Landstreicher, die sich mit dem Korb- und Zäunemachen abgaben und zu 10—12, große und oft schöne Leute, die Weiber in besonders auffallender Tracht von Hof zu Hof wanderten. Dem einsamen Hofbauern preßten sie durch die Drohung, ihm das Haus über dem Kopf anzuzünden, Mehl, Milch, Schmalz und andere Lebensmittel ab, die sie bei ihnen selbst verzehrten oder sich aufs freie Feld bringen ließen. Hier wurden dann Hunde und Dachse gebraten, es wurde geschmaust und gezecht und andern sinnlichen Gelüsten gefrönt. Die vereinzelten Bewohner jener Gegenden aber hatten solche Furcht vor diesen Leuten, daß sie nicht so kühn waren, den Besuch der Obrigkeit zu melden oder auch nur zu gestehen . . . So erhielt sich diese eigentümliche und merkwürdige Menschenrasse, obwohl von der bürgerlichen Gesellschaft ausgestoßen und verfolgt, viele Jahre lang.“

Von 1000 im Durchschnitt der Jahre 1906—1910 im Deutschen Reich anhängig gewordenen Anklagesachen[1]) hatten 304 Übertretungen und 580 Vergehen zum Gegenstand, die von den Schöffengerichten abgeurteilt wurden. Von 1000 Anklagesachen kamen also 884 vor den Schöffengerichten zur Verhandlung. Von je 1000 von den Schöffengerichten Abgeurteilten wurden aber im Durchschnitt der Jahre 1906/10 freigesprochen[2]) 230[3]). Rechnet man also wegen der in der Anmerkung betonten Fehlerquellen nur 880 Verhandlungssachen und 20 % Freisprechungen, so ergeben sich auf 1000 Anklagesachen schon 176 Freisprechungen allein in Amtsgerichtssachen.

Faßt man die schwerere Kriminalität ins Auge, so hatten im Jahresdurchschnitt des gleichen Zeitraums von 1000 im Reich anhängig gewordenen Anklagesachen 39 vor den Strafkammern abgeurteilte Vergehen und 71 ebendort verhandelte Fälle von Verbrechen zum Gegenstand. Von 1000 anhängig gewordenen Anklagesachen wurden also 110 vor den Strafkammern verhandelt. Die Strafkammern sprachen aber in 14 % aller Fälle frei. Auf 1000 vor den Strafgerichten überhaupt anhängig gewordene Anklagesachen kommen also 15,4 Freisprechungen durch die Strafkammern.

Die ganz schwere Kriminalität, die Schwurgerichtssachen, umfassen nur 6 von 1000 Anklagesachen. Da die Schwurgerichte in 21 % aller Fälle freisprachen, entfallen auf 1000 Anklagesachen nur 1,2 Freisprechungen durch das Schwurgericht. Durch das größere Interesse, das Schwurgerichtssachen in der Regel erregen, wird eine Überschätzung ihres Einflusses für die Repression und ihrer Entscheidungen herbeigeführt, die, wie wir sehen, ihnen durchaus nicht zukommt, da vor ihnen ungefähr nur der 13. Teil aller Verbrechen und der 166. Teil aller Anklagesachen zur Aburteilung gelangt. Fassen wir zusammen:

Auf 1000 vor den Strafgerichten des Deutschen Reiches anhängig gewordenen Strafsachen führten zu einer Freisprechung:

Durch die Schöffengerichte (einschließlich § 211 StPO.) . .	176,0
Durch die Strafkammern	15,4
Durch die Schwurgerichte	1,2
Durch alle Strafgerichte	192,6

Wenn wir erwägen, daß die Staatsanwaltschaft beinahe die Hälfte aller Anzeigen zurückweist oder das Verfahren auf Grund von § 169

[1]) Deutsch. Just.-Stat. 1913, 206.

[2]) Die Freisprechungen der Amtsgerichte, die auf Grund von § 211 StPO. ohne Zuziehung von Schöffen verhandelten und die nur die geringe Freisprechungsziffer von 6 % aufwiesen, sind hierbei außer Ansatz geblieben.

[3]) Deutsch. Just.-Stat. 1913, 216.

StPO. einstellt, so können wir uns vorstellen, wie wenige Anzeigen ihre Erledigung durch eine Verurteilung finden. Dabei ist der Beschlüsse der Strafkammer auf Nichteröffnung des Hauptverfahrens nicht gedacht und der Ergebnisse der Berufungs- und Revisionsinstanz keine Erwähnung getan. Merkwürdig ist hier die Übereinstimmung mit den präzisen Angaben der französischen Statistik, die an Stelle meiner groben Rechnungen mit genauen Zahlen operieren kann.

Die französische Kriminalstatistik (S. LI) gibt eine Aufstellung der Verbrechen und Vergehen, die aus den verschiedensten Gründen nicht haben verfolgt werden können. Von 1000 Verbrechen und Vergehen, die zur Kenntnis der Staatsanwaltschaft kamen, wurden 6 von den Schwurgerichten und 351 von den Strafkammern abgeurteilt. 644 Fälle wurden nicht verfolgt[1]).

Von den Schwurgerichten wurden in 32 % aller Fälle Freisprechungen ausgesprochen und zwar bei Verbrechen gegen das Eigentum in 25 %, bei Delikten gegen die Person in 37 %.

Delikte von großer Freispruchhäufigkeit sind:[2])

Kindstötung	57	vom Hundert.
Bankerott	47	„ „
Schwere Körperverletzung	45	„ „
Abtreibung	44	„ „
Brandstiftung	42	„ „
Totschlag	37	„ „

Vor allem die südlichen Schwurgerichte sprechen sehr oft frei. Die entsprechenden Zahlen sind: Korsika 50, Süd-Pyrenäen 50, Lot 75. Die gleiche Erscheinung, daß nämlich ländliche und kultur-

[1]) Alle Zahlen beziehen sich auf die Jahresdurchschnitte des Zeitraums 1906—10.

[2]) Man könnte die Verbrechen oder Vergehen, bei denen wir sehr häufig auf Freisprechung treffen, in solche einteilen, die eine Entscheidung über die Tatfrage sehr erschweren, wie Mord, Brandstiftung, Kindstötung, Sachbeschädigung. Wichtiger für die Formulierung der Tatbestände, und in dieser Hinsicht leider niemals an der Hand der Statistik untersucht, sind die Delikte, zu deren Tatbestandsmerkmalen komplizierte und dabei elastische juristische Begriffsbildungen gehören, wie Hausfriedensbruch, Freiheitsberaubung, Nötigung, Bedrohung, Unterschlagung, Betrug, Begünstigung, Hehlerei. Alle diese Delikte zeigen in Deutschland hohe Freispruchsziffern. Dagegen zeigen andere Delikte hauptsächlich durch Erleichterung des Beweises sehr wenige Freisprüche. Das sind Widerstand gegen die Staatsgewalt, Religions-, Personenstandsdelikte, Diebstahl, Urkundenfälschung, von den Sittlichkeitsdelikten Blutschande, offenbar, weil sie nur dann zur Anzeige kommen, wenn durch Briefe oder eine Geburt kein Zweifel möglich oder durch Rache eines Beteiligten der Beweis ganz sicher gestellt ist.

ferne Provinzen zu Freisprechungen neigen, ist auch bei Österreich[1]) zu beobachten. Bemerkenswert ist noch, daß außer der hohen Freispruchsziffer in 95 % aller Fälle die französischen Schwurgerichte bei Bankerott mildernde Umstände zuerkannt haben. Ich glaube, daß sich hier der Einfluß hochdotierter hervorragender Verteidiger in unverkennbarer Weise zeigt, besonders wenn man bedenkt, daß die Zahlen der Durchschnitte eines Zeitraumes von 5 Jahren geben. (Stat. S. XVIII).

Die Strafkammern sprachen nur in 9 % aller Fälle frei. Wir können also zusammenfassen:

Von 1000 in Frankreich während des Zeitraums 1906/1910 zur Anzeige gebrachten Verbrechen oder Vergehen wurden

Nicht verfolgt	644,0
Durch Freisprechung vor den Schwurgerichten erledigt	2,0
Durch Freispruch vor den Strafkammern erledigt	31,5

Von 1000 in Frankreich zur Anzeige gebrachten Verbrechen und Vergehen wurden also nur rund 323 durch eine Verurteilung erledigt.

In allen Kulturländern klettern die Freispruchsziffern bedrohlich in die Höhe. In Österreich wurden im Jahre 1875 12,7 % der Abgeurteilten von den Erkenntnissenaten der Gerichtshöfe freigesprochen. Die letzte Kriminalstatistik, die das Jahr 1909 umfaßt, nennt uns 16,8 %. Die gleiche Erscheinung treffen wir bei den Schwurgerichten Österreichs. Von 22,8 im Jahre 1875 sind die Freispruchziffern auf 30,6 % im Jahre 1909 gestiegen. Nur Irland zeigt scheinbar ein günstigeres Verhältnis:

Assizes and Quater Sessions	Courts of Summary Jurisdiction
1902 26,8 % Freisprüche	1902 14,1 % Freisprüche
1912 21,6 % „	1912 14,7 % „

Hier spielen aber ganz andere Gründe mit. Das Vereinigte Königreich hat bekanntlich die Möglichkeit, in minder wichtigen Strafsachen zwar einen Schuldspruch zu fällen, ohne indessen eine

[1]) Während im Jahre 1909 in Wien und Niederösterreich auf 100 Abgeurteilte 12,8 Freigesprochene trafen, waren die entsprechenden Zahlen für Dalmatien 29,1, also über doppelt so viel. In Wien wurden von den Geschworenengerichten 1906—1909 freigesprochen 18,8; in Graz 19,1; in Prag 34,4; in Lemberg 44,8; in Ragusa 52,2; in Cattaro aber 77,8.

Merkwürdigerweise finden sich auch diese Unterschiede bei den Urteilen der Berufsrichter. Von den Gerichtshöfen wurden 1909 freigesprochen: Ober-Österreich 9,0 %, Böhmen 16,6 %, Ostgalizien 22,5 %, Dalmatien 28 %. Österr. Krim.-Stat. 1912, XXI ff.

Strafe zu verhängen. Nur die Kosten werden auferlegt, vielleicht auch Friedensbürgschaft aufgegeben. Es ist klar, daß derartige gesetzliche Einrichtungen in unsicheren Fällen oder in Schwurgerichtssachen, wenn die Geschworenen eine allzu strenge Strafe nur durch eine Freisprechung umgehen können, eine formelle Verurteilung an die Stelle eines Freispruchs setzen müssen.

Was haben wir aus den langen Zahlenreihen für die Zwecke unserer Untersuchung zu entnehmen?

Wenn wir nicht vermuten wollen, daß die Vorerhebungen im Laufe der Jahre in Deutschland, Österreich und Frankreich immer nachlässiger geführt werden, und daß die Hilfsbeamten der Staatsanwaltschaft immer ungeschickter an die Beschaffung schlüssiger Beweise herantreten, so müssen wir für die überwiegende Anzahl der Freisprechungen annehmen, daß die Fähigkeit der Kriminellen, sich in tatsächlicher und rechtlicher Beziehung zu verteidigen, stärker gewachsen ist als die Überführungsfähigkeit der Gerichte und ihrer Hilfsorgane. Auch hier sehen wir, daß der intelligente, vorsichtige, und in manchen Fällen auch der gut aussehende Kriminelle [1]), die Bemühungen der Rechtsordnung vereitelt. Seine biologische Anpassung rettet ihn vor den Auslesewirkungen der Gesellschaft.

Diese Beobachtungen eines der erfahrensten Kriminalisten, den wir überhaupt haben, werden durch die Zahlen der französischen Kriminalstatistik bestätigt. Von je 100 Männern oder Frauen, die im Jahre 1910 von den Schwurgerichten abgeurteilt wurden, wurden freigesprochen:

Männer 33 Frauen 62

Von je 100 Analphabeten oder höher Gebildeten wurden im Jahre 1910 von den Schwurgerichten freigesprochen:

Analphabeten 30 Gebildete 51

---

[1]) „In der Tat sind gefährliche Kriminelle um so gefährlicher, als sie gesund sind und gut aussehen. Denn ich muß erklären, daß Gesundheit und Schönheit, die wegen ernsthafter und wiederholter Verbrechen angeklagt ist, viel leichter davonkommt, als Schwäche und Häßlichkeit. Ich habe oft stupide, halb schwachsinnige und abstoßend aussehende Verbrecher getroffen, die sehr viel strenger verurteilt wurden als gerissene, gefährliche Halunken mit einnehmendem Äußeren.“ Holmes, Psychology and Crime. London 1913, 37.

Unter erfahrenen Verbrechern ist die Möglichkeit, aus der Strafanstalt in Zuchthaustracht dem Schwurgericht vorgeführt zu werden, gefürchtet, weil sie genau wissen, wie abstoßend Kleidung und Haartracht des Zuchthäuslers auf das Laiengefühl des Geschworenen wirkt.

Wenn im Mittelalter ein Mensch zum Tode wegen Hexerei verurteilt war, so machte man seine „Toilette“. Um ihn möglichst abschreckend aussehen zu lassen, riß man ihm Augenbrauen und Nägel aus (de Fleury, Introduction à la Médecine de l'esprit. II. Aufl., Paris 1897, 62). Man stellte also künstlich körperliche Degenerationsmerkmale her, um die Abneigung des Publikums zu wecken und jede Regung des Mitleids zu ersticken.

Dabei ist zu bemerken, daß nach den Fesstellungen der französischen Kriminalstatistik die Gebildeten relativ krimineller sind als die ganz Ungebildeten. Es kamen im Jahre 1910 auf je 100000 Analphabeten oder solche Personen, die lesen und schreiben konnten, von den Schwurgerichten abgeurteilte Personen:

	Männer:	Frauen:
Analphabeten	14,0	2,5
Personen, die lesen und schreiben konnten . .	17,6	3,2

(Franz. Krim.-Stat. 1912, XVI.)

Gegen die neuen Methoden strafrechtlichen Vorgehens wie die bedingte Strafaussetzung oder Verurteilung, die Ausdehnung der bedingten Entlassung und die Wiedereinsetzung ist häufig der Einwand erhoben worden, sie privilegierten den Heuchler, belohnten die geschickte Unaufrichtigkeit und gäben kein sicheres Kriterium der Besserung. Diese Bedenken sind zu einem kleinen Teil nicht unbegründet; denn die Milde des Strafrechts wird leicht einem Menschen zugute kommen, der sich nur äußerlich zusammennimmt, wie ja jetzt schon in den Strafanstalten die Heuchler die erreichbaren Vergünstigungen am leichtesten erlangen.

Andererseits sind die Besorgnisse, großen Mengen gefährlicher Individuen möchte es gelingen, durch simuliertes Wohlverhalten der Strafe teilweise zu entgehen oder die Strafanstalt vorzeitig zu verlassen, ohne Anlaß. Einmal kann für die Gesellschaft der Charakter und die Gefährlichkeit eines Kriminellen dann ganz gleichgültig sein, wenn er sein Lebenlang Wohlverhalten simuliert. Solche Fälle kommen vor, wenn ein starker Intellekt aus Utilitätsrücksichten kriminelle Tendenzen nicht aktiv werden läßt. Es gibt eine nicht so geringe Anzahl von Menschen in hohen sozialen Stellungen, die moralisch Idioten sind, diese Minderwertigkeit aber geschickt durch intellektuelle Leistungen verdecken, und nur manchmal den Untergebenen, der Frau, den Kindern gegenüber ihre Brutalität ausgeben. Bisweilen suchen diese Menschen instinktiv nach einem legalen Betätigungsfeld ihrer Anlage, sie werden dann Schlächter, Schutzmann, Lehrer, Chirurg oder Offizier, und von außen gesehen erscheint leicht als weitgehender Pflichteifer, was kaum gebändigte Triebhaftigkeit ist.

Die Erfahrung lehrt aber, daß trotz aller intellektuellen Hemmungen, trotz einer günstigen Milieustellung, die einen weiten Spielraum der Betätigung gestattet, wirklich Kriminelle selten ihre Rolle bis zu Ende durchspielen können. Selbst unter so bestimmten Umständen wie einer Verurteilung mit Strafaufschub, unter den einfachen Umständen weiter einer Bewährungsfrist von wenigen Jahren, wird von den Personen, die eine neue Straftat begehen, weitaus der größte Teil unmittelbar wieder rückfällig.

In Frankreich[1]), das seit dem Gesetz vom 26. März 1891 (loi Bérenger) in dieser Frage eine reiche Erfahrung besitzt, wurden von den

im	Jahre	1902	bedingt	Verurteilten	8,9 %
„	„	1903	„	„	9,3 %
„	„	1904	„	„	9,2 %

in den nächsten 5 Jahren rückfällig[2]). Von den im Jahre 1904 bedingt Verurteilten und Rückfälligen gerieten beinahe 60 % in kürzester Zeit wieder auf die Bahn des Verbrechens (844 fast unmittelbar darauf und 1174 im Jahre 1905). Von den restlichen 40 % wurden wieder kriminell:

638 (18 %)	im	Jahre	1906
436	„	„	1907
288	„	„	1908
129	„	„	1909

Aber selbst angenommen, es gelänge einer gewissen Anzahl von Kriminellen, durch musterhaftes Verhalten in der Anstalt ihre vorzeitige Entlassung zu erreichen und die Beamten zu täuschen, so werden wir damit nur wieder auf das ausgebreitete Phänomen treffen, dem wir in den verschiedensten Gestaltungen nachgegangen sind. Wie im Leben draußen, wie im Zimmer des Untersuchungsrichters und im Sitzungssaal des Gerichts gelingt es dem biologisch ausgezeichneten Typus leichter, dem selektiven Apparat des Strafrechtes an einer schwachen Stelle zu entgehen. Der hochintelligente Psychopath, der seine Defekte erfolgreich verbirgt und die Kriminalität um eines Messers Schneide streift, genießt die gleichen Vorteile einer Gehirnanlage, in der ein gütiges Geschick dem Manko ein rettendes Plus entgegengestellt hat. Mit solchen Fehlern muß das Strafrecht rechnen, es kann froh sein, wenn es mit keinen schlimmeren Irrtümern sein Gewissen zu belasten braucht.

Dieser Durchbruch der biologisch Vollwertigen — biologisch

---

[1]) Franz. Krim.-Stat. 1911. XLIII.

[2]) In Frankreich ist das Verhältnis sehr günstig, da 90 % der bedingt Verurteilten der Strafe entgehen. In Bayern z. B. erledigte sich die bedingte Begnadigung nur in 72,5 % durch endgültige Begnadigung, 24,2 % durch Vollstreckung der Strafe und 3,3 % durch Tod oder auf andere Weise. Bayr. Just.-Stat. 1913, XLII. Sehr viel günstiger steht auch Belgien mit den Erfolgen der bedingten Verurteilung da. Von den durch die Strafkammern bedingt Verurteilten erlitten eine erneute Verurteilung innerhalb der Bewährungsfrist (Belg. Krim.-Stat. 1913, XX):

1908	13,07 %	1911	11,58 %
1909	11,64 %	1912	11,18 %
1910	10,08 %		

als Gegensatz von moralisch genommen, den wir vorläufig noch aufrecht erhalten wollen — erschwert die reine Erfassung der Frage, ob Defekte der Intelligenz, wie sie sich aus dem Grade der Bildung oder nach feineren Prüfungsmethoden ergeben, wirklich von dem außerordentlich starken Einfluß auf die Kriminalität sind, der aus den Statistiken hervorzugehen scheint.

Drei Möglichkeiten bieten sich an. Einmal kann der Intelligenzdefekt nur ein Index allgemeiner geistiger Schwäche sein. Er drängt sich nur mit größerer Deutlichkeit unserer Beobachtung auf, während die moralische Minderleistung entweder nicht erkannt oder als gewollte Schlechtigkeit der nüchternen Beurteilung entzogen wird.

Weiter ist es möglich, daß nicht die wirklichen Kriminellen allgemein mit erheblichen Intelligenzdefekten belastet sind (Fig. 11 und 12), sondern daß nur die unintelligenten unter ihnen ergriffen, entdeckt und verurteilt werden können. Dieser Anschauung neige ich stark zu. Es läßt sich aber nicht verkennen, daß auch ihr Bedenken entgegenstehen. Betrachtet man Fig. 11, die wir der großen kriminalstatistischen Untersuchung von Goring verdanken, so sieht man deutlich, daß alle gewaltsamen Zerstörungsdelikte, an Gegenständen und an Menschen, in die Domäne der geistig Minderwertigen fallen. Nun ist aber bekannt, daß Imbezille und Idioten, also im klinischen Sinne Geisteskranke, im strafrechtlichen Sinne Unzurechnungsfähige, diesen Deliktsformen zuneigen. Unzüchtige Handlungen an Kindern sind beispielsweise das typische Delikt von Imbezillen und Greisen, die auf Gewalt gegenüber der Schwäche des Kindes zurückfallen, wenn ihre magere oder erlöschende Sexualität sie vor der erwachsenen Weiblichkeit im Stiche läßt. Andererseits wissen wir, daß bei Brandstiftungen die Zahl der unentdeckten Täter sehr hoch ist. Finden sich also

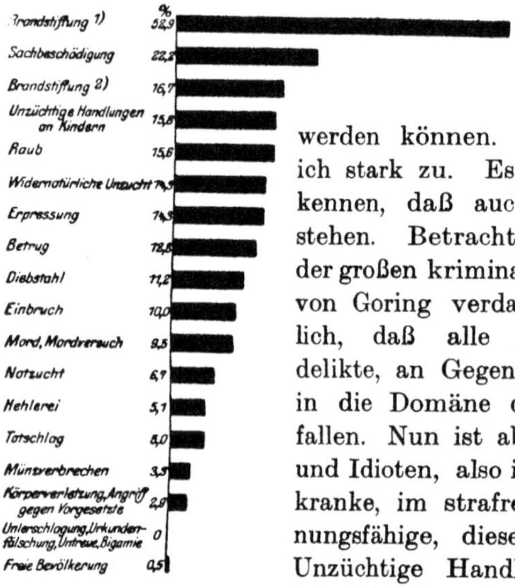

Fig. 11.

Anteil der geistig Minderwertigen an den einzelnen Straftaten. Aus Charles Goring, The English Convict. London 1913, 258. Untersuchungsmaterial: 948 Insassen des Zuchthauses Parkhurst.

[1]) Firing of stack: § 308 StGB.
[2]) Arson: § 306 StGB.

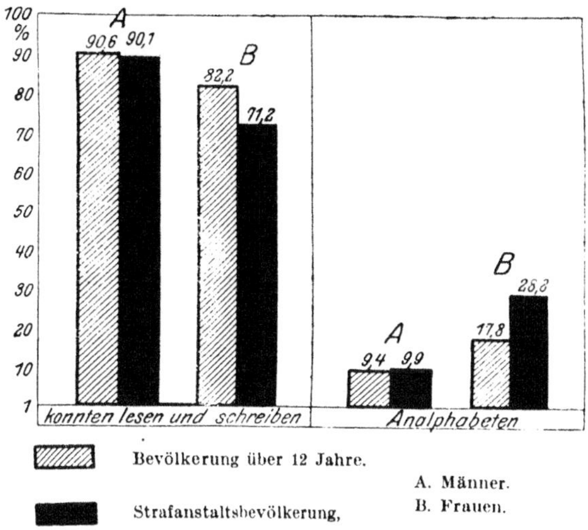

Fig. 12.
Grad der Intelligenz unter Kriminellen und Nichtbestraften. Berechnet auf je 100. Irland 1912. Nach den Zahlenangaben in Irl. Krim.-Stat. 1913, XIX.

bei beiden Formen der Brandstiftung so hohe Anteile geistiger Minderwertigkeit, so müssen wir schließen, daß nur die geistesschwachen unter den Brandstiftern der Polizei und den Gerichten in die Hände gefallen sind.

Die dritte Auffassung, daß die Schulbildung den Menschen bessere, hat ihre Blüte in der Zeit der Aufklärung gehabt. Solange unsere Gesetze und Gesetzgeber glauben, daß ein falsch orientierter Wille seine Richtung nur durch den Mangel an Einsicht in die Strafbarkeit der Handlung erhalte, wird sie die herrschende bleiben. Einen Bruchteil von Berechtigung bewahrt sich diese Ansicht dadurch, daß die Menschen mit mangelhafter Schulbildung in einem Kulturstaate leicht in die wirtschaftlich tief stehenden Stufen herabsteigen, von den Wellenschlägen der wirtschaftlichen Schwankungen erfaßt und dann kriminell werden. Ein unmittelbarer Zusammenhang zwischen Schulbildung und Kriminalität besteht nicht, ebensowenig wie zwischen Konfession und Verbrechen. Nur auf Umwegen können wir lockere Verbindungen knüpfen. Wie gering der Einfluß der Schule im Grunde ist, ergibt sich daraus, daß mit der Zunahme der Schulbildung in Mitteleuropa der Anstieg des Alkoholismus Hand in Hand gegangen ist.

Mit den Feststellungen auf S. 158, daß in französischen Schwurgerichtssachen die Gebildeteren stärker beteiligt waren als die Analphabeten, scheint Fig. XII (Irland) im Widerspruch zu stehen. Bedenkt man aber, daß Analphabeten leichter vor Gericht kommen als Gebildetere, daß dort nur die schwere Kriminalität, hier die gesamte Erscheinungswelt des Verbrechens untersucht ist, betrachtet man schließlich nicht die Gesamtsumme der Kriminalität, sondern die Einzeldelikte, so bietet sich auch hier die Erscheinung, die Irland so auffällig darstellt. In Frankreich sind Analphabeten beteiligt ausschließlich an folgenden Delikten: Totschlag, Mord, unzüchtige Handlungen an Kindern, schwerer Diebstahl und Brandstiftung. Wie sehr die geistige Minderwertigkeit auf die Freispruchschancen einwirkt, ergeben folgende Zahlen [1]): Wegen Brandstiftung bewohnter Häuser wurden 1910 von französischen Schwurgerichten

	Analphabeten	Personen, die lesen und schreiben konnten
Abgeurteilt	12	88
Verurteilt	8	39
Freigesprochen . . .	4	49

Jacquart hat nach Bonger die Behauptung aufgestellt, mit der zunehmenden Bildung nähmen die Roheitsverbrechen ab. Die Beobachtungen, daß die belgischen Bezirke mit starker Kriminalität gegen die Personen auch die meisten Analphabeten aufweisen, stützen seine Mutmaßung. Ich glaube, daß wir diese Frage erst dann exakt entscheiden können, wenn wir genauere Prüfungsmethoden der Intelligenz als Schulbildung zur Anwendung bringen.

Überhaupt ist es nicht richtig, wenn die Milieutheoretiker, die Euthenisten nach dem amerikanischen Fachausdruck, von der zunehmenden Bildung eine erhebliche Abnahme der Kriminalität erwarten. Es muß ein Unterschied gemacht werden zwischen den Individuen, denen eine ausreichende Erziehung intellektueller Art angeboten wurde und den Individuen, die sich diese dargereichten Bildungsmöglichkeiten haben geistig aneignen können. Der Unterricht ist immer mehr verbessert, und es ist in Deutschland z. B. nicht mehr gut möglich, bei dem Hochstande unserer Volksbildung als Psychometer die Fähigkeit des Lesens und Schreibens in Gebrauch zu nehmen. Diese Maßstäbe sind für unsern allgemeinen Bildungsstand viel zu grobe geworden. Nimmt man schärfere Kriterien, wie sie der Schule unschwer zur Verfügung stehen, so stellt sich heraus, daß diese Analphabeten der Gesamtansprüche im Wachsen sind. Solche einzelnen statistischen Beobachtungen würden mit den Befürchtungen der Rassenhygieniker im Einklang stehen, daß die Minderbegabten sich stärker vermehren als die Hochbefähigten und daraus eine Rassenverschlechterung hervorgehe. So haben sich in der Periode 1901/05 bis zum Zeitraum 1911/12 die vollbefähigten Münchner Schulkinder um 23,5 %, die nicht befähigten aber um 40,8 % vermehrt [1]).

Die gleiche Erscheinung zeigt sich in der Schweiz [2]).

	In Schweizer Schulen eingetretene Kinder	Mit Gebrechen behaftet
1901	51 949	5 746
1910	66 351	7 544

[1]) Münch. Stat. 1913, 67. Dazwischen ist allerdings die Klasse der bedingt Befähigten allmählich stark zusammengeschrumpft. Man darf aber annehmen, daß sie sich ungefähr gleichmäßig nach beiden Seiten verteilt haben.

[2]) Schweiz. Stat. Jahrb. 1912, 189.

	Schweizer Bevölkerung	Anstalten für Schwachsinnige	Irrenanstalten
1905	3516124	962	7954
1910	3735049	1391	8916

Natürlich ist die Beachtung, die man in neuer Zeit den schwachbegabten Schülern schenkt, von erheblichem Einfluß, andererseits ist die Beachtung durch das massenhafte Auftreten Schwachbegabter erst wachgerufen und zu pädagogischen Sondermaßnahmen gedrängt worden.

In Preußen gab es in Klassen für Schwachbegabte:

	1901	1906	1911
Knaben	3166	6921	14843
Mädchen . . .	2592	5462	11571
Zusammen	5758	12383	26414

Wir sind auf den Rückgang der Mortalität und die Zunahme der Lebensdauer stolz. Die ärztliche Wissenschaft hat mit erstaunlichem Erfolge in den Gang der Natur eingegriffen. Aber die Natur hat ihre Rache bereit; auch sie ist mit langem Leben der Menschen einverstanden. Aber nur mit dem Leben derer, die zu leben verdienen. Und so scheint in den Ländern des alten Europa eine trübe Flut von Minderwertigkeit bis an den Hals der Kultur zu steigen.

Die Eusymbiotik muß deshalb schwanken, welcher Fehler der schwerere sei, wenn ein biologisch Vollwertiger ihren suchenden Armen entgeht, oder wenn ein biologisch Minderwertiger beim Zugreifen des Strafrechts rücksichtslos zermalmt wird, obwohl seine soziale Anlage vielleicht gar nicht so schwere Defekte zeigt. Einer wissenschaftlichen Anschauung erscheinen diese Fehlleistungen deshalb weniger bedenklich, weil sie nicht auf Zufall und Unsinnigkeit zurückführen, sondern einer alles Naturgeschehen durchziehenden Gesetzmäßigkeit angehören. Auf die Verfeinerungen des selektiven Prozesses werden höhere Typen der Kriminalität antworten, jeder wissenschaftliche Ausbau der Verbrechensbekämpfung wird immer tiefere Lücken in die Reihen der körperlich und geistig minderwertigen Kriminellen reißen.

Damit ist nicht gesagt, daß wir einen Augenblick noch bei den alten und stumpfen Methoden bleiben sollten, oder auch nur bleiben könnten, da jetzt schon das Verbrechen teilweise auf einer höheren technischen Stufe steht als der Gesellschaftsschutz. Nur dürfen wir nicht vergessen, daß für unsere Einwirkung Grenzen existieren, die in uns selbst liegen, daß Menschen gegen Menschen stehen und daß mehr als ihre Ausrüstung mit Recht und Gesetz über Sieg oder Niederlage die Qualität der Menschen entscheidet, die für oder gegen die Gesellschaft streiten.

B. Die biologisch Minderwertigen.

§ 30.

In den weitesten Zusammenhang organischen Geschehens hineingestellt bedeutete das Strafrecht für uns ein Mittel der Gesellschaft, den sozial Niedrigstehenden durch künstliche Erschwerung der Daseinsbedingungen aus dem Lebensprozeß und der Fortpflanzung auszuscheiden. Wir haben gesehen, daß das Strafrecht mit der Ausdehnung seines Wirkungskreises und dem Fortschritt der Kultur von ganz eindeutigen, rohen und starken Wirkungen zu Bemühungen herabgestiegen ist, die soziale Eignung eines Menschen nicht der Beurteilung einer einzelnen Handlung zu unterstellen und sofort vernichtend zu reagieren, sondern seine Entscheidungen vorläufig, bedingt, reparabel zu gestalten. Für eine oberflächliche Betrachtung schien neben die eliminatorische Funktion des Strafrechts der Besserungszweck getreten zu sein. Dabei ist die Besserung der Kriminellen, unter die wir früher die Abschreckungswirkung eingeordnet haben, nur eine Verfeinerung, eine kriminalpolitisch außerordentlich wichtige Vertiefung des sozialen Ausleseprozesses.

Dann waren wir zu der Betrachtung der Auslesestörungen übergegangen und hatten gesehen, daß Lebens- und Gesellschaftsauslese nicht immer wie zwei Siebe übereinandergelegt sind, die schließlich nur den gesunden und sozialen Menschen übrig lassen. Infolge mannigfacher Schwächen und Fehler des strafrechtlichen Ausleseapparats gelingt es einer gewissen Anzahl körperlich oder intellektuell tüchtiger Individuen gerade infolge ihrer körperlichen Kraft und Gewandtheit, ihrer Schlauheit und Vorsicht, nicht entdeckt, nicht angezeigt, nicht angeklagt, nicht verurteilt zu werden. Die Annahme ist also nicht ohne Berechtigung, daß in unsern Zuchthäusern und Gefängnissen nur das Proletariat des Verbrechertums sitzt. Die Aristokratie der Kriminellen wird von der sozialen Auslese nur unvollkommen getroffen, und wenn auch vom Rassenstandpunkt der Umstand, daß die in gewissem Sinne Tüchtigsten strafrechtlich „überleben", beruhigen könnte, so muß doch die einfache Überlegung, daß hier die gefährlichsten Elemente sich erhalten und fortsetzen, den Kriminalpolitiker ernsthaft beunruhigen.

Abgesehen aber von den zahlreichen inhaltlichen Mängeln des strafrechtlichen Auslesesystemes, die der erste Teil des Buches gestreift hat, und die mit dem Fortschritt unserer wissenschaftlichen Erkenntnis ohne große Mühe werden geändert werden können, abgesehen von dem Durchbruch der Vollwertigen durch die strafrechtlichen Ausleseversuche, trifft unsere Überlegung auf andere selektive Störungen, die viel schwieriger sich werden beseitigen lassen, weil sie auf fundamentalen Phänomenen des Gesellschaftslebens beruhen.

Jede Stelle meines Buches verrät fast die Auffassung, daß ich in der Unfähigkeit sozialer Einordnung gröberer Natur eine Spielart psychischer Organisation erblicke, von der sich die Entwicklung der kultivierten Menschheit zu entfernen sucht. Da das Gemeinschaftsleben für den Kulturmenschen ebenso Lebensbedingung geworden ist wie Sauerstoffzufuhr und Nahrungsaufnahme, muß er naturgemäß bestrebt sein, die solcher Lebensbedingung dienenden Funktionen zu erhalten und zu entwickeln. Die organische Grundlage dieser lebenswichtigen Funktion ist aber das Gehirn, und funktionellen Abweichungen müssen Verschiedenheiten des Organs entsprechen, die wir je nach dem Grade der Abweichung an der Erhaltung des Lebens gemessen, abnorm oder krankhaft nennen. Der Kulturkreis entscheidet also über diese so viel umstrittene Frage geradeso wie Veränderungen der Respirationsorgane bei den im Wasser lebenden Tieren ganz normal, bei den Landtieren anormal und krankhaft sein können. Der Unterschied, der diesen Vergleich als unrichtig erscheinen lassen möchte, besteht nur darin, daß wir Veränderungen der Respirationsorgane erkennen können, Abweichungen in den Teilen des Gehirns, die vorwiegend der Funktion des moralischen Sinnes dienen, indirekt aus den Handlungen des Individuums erschließen müssen. Jedenfalls ist in der Regel der Kriminelle eine Abweichung von der Norm; in erster Linie der Träger eines Defektes des Zentralnervensystems, oft auch körperlicher Defekte[1]). Dieser Defekt kann in einem Übermaß moralischer Anschauung bestehen, fällt aber damit aus dem Herrschaftsgebiete des Strafrechts heraus[2]). Schließlich kann auch

[1]) Treffend und klar äußert sich z. B. der letzte preußische Strafanstaltsbericht über die Konnexe von Verbrechen und Tuberkulose: „Daß unter den Gefangenen sich eine verhältnismäßig größere Anzahl von Tuberkulösen befindet als unter der freien Bevölkerung ist richtig. Die Ursache liegt nicht darin, daß sie die Krankheit im Gefängnis erworben haben, sondern darin, daß die Tuberkulösen mehr als die Gesunden zur Verletzung der Rechtsordnung neigen. Durch die Tuberkulose werden die körperlichen und geistigen Kräfte des Erkrankten stark gemindert; er ist kein vollwertiger Arbeiter, dadurch wird sein Verdienst geschmälert und die materielle Not führt zu Eigentumsverbrechen; der Tuberkulöse ist reizbarer als der Gesunde und daher leichter zur Verletzung der öffentlichen Ordnung und der Person geneigt; mit der Krankheit ist eine Steigerung des Geschlechtstriebes verbunden, die Anlaß zu Verbrechen gegen die Sittlichkeit wird; das sind aber gerade die Straftaten, welche mit ihren großen Zahlen die Kriminalstatistik füllen. Neben diesen Antrieben zum Rechtsbruch steht aber eine durch die Krankheit geminderte Willensenergie und Widerstandskraft. Das Gefängnis, vorausgesetzt, daß es gut verwaltet wird, ist nicht Ursache der Tuberkulose, sondern die Tuberkulose ist eine der mannigfachen Ursachen zum Rechtsbruch . . .“ Preuß. Gef.-Stat. 1913, XLIV.

[2]) Ich gehe auf die verlockende Frage der Kriminalität aus Altruismus nicht ein, über die Vallon und Perrin neuerdings in Lacassagnes Archiven Bd. 28 (1913), 81—110 und 161—189 eine sehr interessante Arbeit veröffentlicht haben.

das Verbrechen eine normale Reaktion auf Reize der Außenwelt sein, die mit den stärksten Trieben des Menschen in unlöslichem Widerspruch stehen. Streng juristisch mag der Begriff des Notstandes diese Fälle nicht ganz decken, für die soziologische Betrachtungsweise sind diese Handlungen zwar nicht die eines Heiligen, aber doch eines Normalmenschen.

Soziale Auslese bedeutet eine künstliche Minderung der Lebensinteressen des Kriminellen auf die verschiedenste Weise. Direkte Folge ist die Herstellung von künstlichen Umweltschädlichkeiten durch Tötung, Sterilisierung, Freiheitsberaubung, Vermögensminderung. Die indirekten Mittel sind im Strafgesetzbuch nicht genannt. Der Verlust der bürgerlichen Ehrenrechte deutet an, in welcher Richtung wir diese Nachteile zu suchen haben. Der Vorbestrafte gleicht einer Maschine, zwischen deren Räderwerk man Sand geworfen hat. Ist sie sehr gut gebaut, so wird es ihr allmählich gelingen, die alte Leistungsfähigkeit wieder zu erreichen. Ist sie mangelhaft konstruiert, so wird sie allmählich immer mehr stocken und bald still stehen müssen. Zu dieser niemals oder selten abgesessenen Verachtung der öffentlichen Meinung gesellen sich klare Vorschriften des Zivilrechts, die durch Aufstellung strenger Haftungsbestimmungen jeden Dienstvertrag erschweren oder verhindern[1]), den Bestraften in gefährliche, gesundheitsschädliche und schlechtbezahlte Stellungen hineindrängen und dadurch seiner geringen Widerstandsfähigkeit neuen Anreiz zum Verbrechen bieten.

Müssen aber die dargestellten strafrechtlichen und moralischen Folgeerscheinungen des Verbrechens einen Durchschnittsmenschen tief schädigend treffen, so können diese Wirkungen sich aufheben, ja umkehren, wenn der Kriminelle in der Freiheit Lebensbedingungen unterliegt, die weit schlechter als das unmodernste Zuchthaus sind; wenn er weiter von vornherein den Äußerungen moralischer Verachtung nicht unterliegt, da sein sozialer Kreis von diesen Vorurteilen nicht getroffen wird, und wenn ihn der Ausschluß von gut bezahlten Anstellungsverhältnissen nicht berührt, da er seinen Lebensunterhalt ohne vertragsmäßige Bindung zu verdienen pflegt. Solche Individuen erfahren durch Freiheitsstrafen eine erhebliche Verbesserung ihrer Lebensbedingungen, und wenn auch der berühmte Mann, der die Fensterscheibe einwirft und sich dann verhaften läßt, selten vorkommt, wenn diese Kriminellen das Gefängnis nicht suchen, so fürchten sie es nicht im geringsten.

Denn das Gefängnis schützt diese Leute für eine beliebig lange Zeit vor Kälte und dem Hunger, vor ihren eigenen selbstschädlichen

[1]) Häufig kann man auch von psychisch Kranken die Klage hören, daß sie nach dem Aufenthalt in einer Irrenanstalt keine Anstellung mehr finden.

Trieben, Einflüsse, denen sie im freien Leben draußen oft erliegen würden. Die soziale Selektion greift hier in das rettungslos sich vollziehende Wirken der Lebensauslese ein und schützt lebensunfähige Individuen vor dem Aussterben. So kommt es, daß bei den großen Wellenschlägen der Lebensauslese, beim Beginn der kalten Jahreszeit, beim Anbruch einer großen wirtschaftlichen Depression die Strafanstalten sich füllen und die Lebensuntüchtigkeit wärmen und ernähren[1]). An und für sich wäre dieser Zustand human und zu ertragen. Die schwere Gefahr liegt darin, daß die lebensschwachen Individuen nur für ein paar Monate oder Wochen sich von den Strafanstalten beherbergen lassen und dann frisch gestärkt in die Freiheit hinausgehen, ihr Schädlingsdasein fortsetzen und womöglich noch ihr verdorbenes Keimplasma an die Zukunft weitergeben.

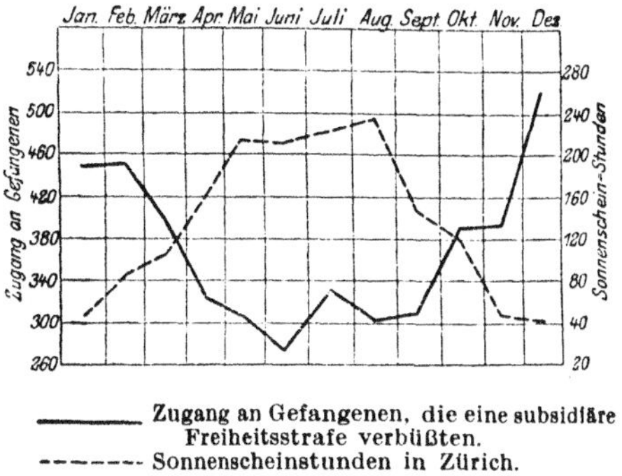

Fig. 13. Abgesessene Geldstrafen und Sonnenscheinstunden. Schweiz 1907—1910. Berechnet nach den Angaben der Statistischen Jahrbücher für die Schweiz für 1908—1911. Bern 1909—1912.

Mit klaren und scharfen Worten hat sich Mary Gordon, der Lady Inspector der englischen Strafanstalten für Frauen über dieses Problem geäußert[2]):

Scharen von Männern und Frauen, die ins Gefängnis geschickt werden, sind zwar nicht im klinischen Sinne imbezill oder geisteskrank, haben aber aufs deutlichste durch die scheinbar „gewollte“ Elendigkeit ihres Daseins, durch ihre Lebensgeschichten und ihre Straflisten gezeigt, wes Geistes Kind sie sind. Die Überlegung muß sehr zu denken geben, daß sie in Wirklichkeit nur bestraft sind, weil sie „halb gebacken“ zur Welt gekommen sind, unvollkommene Spielarten der Menschheit, mit ungenügendem normalen Instinkt und einer geistigen Ausrüstung, die nicht ausreicht, sie vor andern und sich selbst zu schützen.

Gefängnisstrafen für kleine Delikte verlängern aller Wahrscheinlichkeit nach ihr Dasein und stärken, wie ich glaube, ihre Fähigkeiten, Unrecht zu tun. Sie haben keinen Einfluß auf ihr Verhalten und schützen die Gesellschaft nicht vor ihnen. Ihre Verbrechen,

---

[1]) Siehe Fig. 13.

[2]) Engl. Gef.-Stat. 1912, I, 36/37.

die immer sinnloser und impulsiver und deshalb, je mehr sie altern, um so gefährlicher werden, sind nur Symptome ihres Zustandes. Die Befürchtung ist ohne Berechtigung, daß diese Leute zu Unrecht ihrer Freiheit beraubt würden, wenn man sie in mehr dauerhafter und systematischer Weise behandelte als durch wiederholte kurzfristige Freiheitsstrafen."

Ähnlich äußert sich der Pfarrer des großen Londoner Holloway-Gefängnisses für Frauen[1]):

„Der Unfug der kurzfristigen Freiheitsstrafen geht ungekürzt weiter. Es gibt eine Anzahl Frauen, die Holloway als eine Art Unterkunft betrachten, die mehr Annehmlichkeiten bietet, als man sie sonst erhalten kann. Diese Rückfälligen kommen vergnügt und unbekümmert ihre 7 bis 14 Tage absitzen, und oft höre ich die Bemerkung, wenn sie längere Zeit abwesend waren: „Ich fühle mich gar nicht mehr hier zu Hause."

In dem gleichen Holloway Gefängnis war es, wo eine Wärterin zu Thomas Holmes, auf die Frage, ob die Insassen nicht tief unglücklich seien[2]), antwortete:

„Wir sind froh, sie immer wieder kommen zu sehen, denn wir wissen, daß sie bei uns viel besser aufgehoben sind als in der Freiheit. Sie verlassen uns sauber und ordentlich und in viel besserem Gesundheitsstande als bei ihrem Eintritt. Es scheint grausam, sie wieder gehen und in Schmutz und Elend leben zu lassen, und wenn es auch keine erfreuliche Pflicht ist, sie sauber zu machen, wenn sie zu uns kommen, so hilft uns der Gedanke, daß wenigstens für kurze Zeit für diese Frauen gesorgt ist. Denn das Gefängnis, das Gefängnis allein ist es, das sie am Leben erhält"[3]).

Ein etwas vergröbertes und deshalb um so deutlicheres Bild dieser Verhältnisse gibt uns der folgende Bericht aus indischen Strafanstalten[4]):

„Unbestreitbar ist die Nahrung der Eingeborenen in den bengalischen Strafanstalten besser als die Durchschnittsnahrung des freien Arbeiters draußen. Dies ist nicht anders möglich aus dem einfachen Grunde, weil die Menschlichkeit allein die Lieferung einer besseren Nahrung verlangt, als sie die des gewöhnlichen Landmanns in Indien

---

[1]) Engl. Gef.-Stat. 1913, I, 9.

[2]) Thomas Holmes, Londons Underworld. London 1912, 108/109.

[3]) Von den Frauen waren 933 mehr als zehnmal bestraft. — Von 8586 in irische Zuchthäuser und Gefängnisse im Jahre 1912 eingelieferten weiblichen Gefangenen waren vorbestraft 89,3%, mehr als 20mal vorbestraft 34,8% (von den Männern nur 17%) Irl. Krim.-Stat. 1913, 7. In den englischen, schottischen und irischen Statistiken werden die Vorbestrafungen wegen Übertretungen statistisch mit verwertet, wodurch sich die ungewöhnlich hohen Zahlen teilweise erklären.

[4]) Howard Report 1912, 52.

ist. Dieser Umstand hat den Nachteil, daß er aus dem Gefängnis etwas Erstrebenswertes[1]), besonders in Zeiten der Teuerung, macht. Weiter aber muß es gewisse Klassen von Gefangenen mit dem freien Leben und seinen Bedingungen unzufrieden machen. Menschen, die sich daran gewöhnt haben, täglich drei gute Mahlzeiten zu bekommen, sind nicht sehr willig, wenn sie in die Freiheit zurückkehren, zu 12 Stunden Arbeit, mit einer, höchstens zwei kargen Mahlzeiten und keiner Mittagsrast. Jedenfalls haben diese Beobachtungen sich den Mitarbeitern der Gesellschaft für entlassene Sträflinge aufgedrängt."

Ich habe diese Dinge mit solcher Ausführlichkeit wiedergegeben, weil erst mit dem Vordringen neuen strafrechtlichen Denkens das Problem Schärfe und Dringlichkeit angenommen hat. Denn wenn man nur vergelten und wehtun wollte, so konnte man sich mit den kurzen Strafen zufrieden geben. Strafe war die Freiheitsberaubung für diese Menschen immer, die, wenn ich so sagen darf, ein viel stärkeres mechanisches Freiheitsbedürfnis haben als der gebildete Mensch, dem auch in der Gefangenschaft die Phantasie nach Wunsch einen weiten Bewegungsspielraum bietet. Für den Komfort aber, der sie ernährt, erwärmt und vor Krankheit beschützt, haben die meisten dieser Kriminellen nur ein augenblickliches Interesse, kein starkes und dauerndes Verständnis.

Ihre ganze Lebensführung beweist das; ja sie scheinen beinahe absichtlich jede Gelegenheit zu meiden, das Niveau ihrer

[1]) Wir wissen, daß zu den Lebensverhältnissen, die für einzelne Naturen besondere Schwierigkeiten bieten, die Militärzeit gehört und daß diese Lebensperiode mit der Exaktheit eines Experimentes zu allerlei abnormen Reaktionen Anlaß gibt, wie Selbstverstümmlungen, Desertion, Selbstmord. Entgegen einer ganz allgemeinen Anschauung ist die Selbstmordrate in allen Heeren sehr hoch; nur wird gewöhnlich der Fehler begangen, sie mit der ganzen Selbstmordhäufigkeit und nicht jener der entsprechenden Altersklasse in Beziehung zu setzen. Jacquart (Suicide 90) berichtet, daß in Deutschland auf 100000 Zivilisten der Altersklasse 20—25 36 Selbstmorde, auf 100000 Soldaten aber 67 Selbstmorde treffen.

Aber auch eine echte Kriminalität, nicht nur Selbstverstümmlung und Desertion treten als Fluchtreaktionen gegenüber einer unerträglichen Lebenslage auf und wirken wie ein Sinnbild der Verbrechensgenese überhaupt.

Im letzten englischen Gefängnisbericht macht einer der Inspektoren auf auf die immer zunehmende Praxis junger Soldaten aufmerksam, absichtlich ein Verbrechen zu begehen, um ihre Entlassung zu erlangen und ihrer Dienstpflicht sich zu entziehen. Aus dem Gefängnis in Winchester, das in der Nähe des großen Truppenübungsplatzes Salisbury Plain liegt, wird weiter berichtet:

„Von einer Gefängnisbevölkerung von 300 Personen waren 60 frühere Soldaten und 90% von ihnen gaben zu, daß sie mit voller Absichtlichkeit das Verbrechen begangen hätten, um aus der Armee entlassen zu werden." Engl. Gef.-Stat. 1913, I. 26.

Lebensführung zu erhöhen. Die Prostituierten sind ein sehr deutliches Beispiel für diese völlige Verkennung aller wirklichen Lebenswerte; ein unbegreiflicher Leichtsinn gegenüber Infektionen, Putzsucht, törichte Schlemmerei und Alkoholismus an Stelle gesunder Kleidung und vernünftiger Ernährung, ein vollständiger Mangel an Voraussicht und Augenmaß charakterisiert diese Personen, unter denen der Schwachsinn sehr häufig ist. Wenn der Staat also nur darauf ausgeht, durch die Strafe Schmerzempfindungen zu wecken, so erreicht er diesen Zweck, soweit diese Individuen überhaupt noch Schmerz und nicht nur Wut und Haß empfinden können. Essen, Wärme und Sauberkeit ziehen die Kriminellen nicht an, wie manche Menschen zu glauben scheinen, sie schrecken aber natürlich auch nicht ab.

Man ist deshalb auf den Gedanken gekommen, diese durch unseren Kulturzustand gegebenen günstigen Behandlungsbedingungen teils durch Schmälerung der Kost, teils durch Roheiten, wie Entziehung des Bettlagers, Entziehung der Arbeit, Verdunklung der Zelle usw. zu verschärfen. Wie immer taucht die Prügelstrafe auf.

Solche verrohende Mittel, die durch die Praxis der Gerichte bald wieder würden abgeschafft werden, lehnen wir ab, denn wenn die gewöhnlichen Strafmittel nicht ausreichen, so werden auch Verschärfungen wenig helfen. Es ist seltsam, daß bei der Frage der Strafschärfung gegenüber dem niederen Volk die „Free-Willists“, wie die Amerikaner sagen, immer zu individualisieren beginnen.

Das Problem kann aber für das Sicherheitsrecht der Zukunft nicht in die Frage zusammengedrängt werden, wie machen wir Gefühlsarmen die Strafe fühlbar, sondern es ist zu fragen: Wie können wir auch unter diesen Schwierigkeiten den selektiven Wirkungen des Strafrechts Geltung verschaffen? Die kurze Strafe versagt offenbar, ja sie hält die Arbeit der natürlichen Auslese auf, die durch Hunger, Kälte, Krankheit und Schmutz im freien Leben bald ihr Werk vollendet haben würde. Wir wähnen zu strafen, aber wir belohnen[1]), weil das, was uns Lebensminderung und Schmerzzufügung

[1]) Etwas anders liegt der Fall bei Jugendlichen. Denn da die Kriminalität der Jugendlichen in der Hauptsache der Ausdruck ungehemmter Expansivität ist, die normalerweise mit zunehmendem Alter allmählich zerbröckelt, da weiter im allgemeinen die kriminellen Jugendlichen in körperlicher Entwicklung weit hinter den Nicht-Straffälligen zurückstehen, so können wir erwarten, daß mit der körperlichen Kräftigung auch ätiologische Faktoren ihrer Kriminalität getroffen werden. Deshalb ist es nicht „Humanitätsduselei“ nach einem törichten und scheußlichen Wort, sondern ein sehr rationelles Vorgehen, wenn z. B. in England die Insassen der Borstalanstalten infolge guter Pflege sehr viel mehr an Gewicht und Brustumfang zunehmen als die Kinder in der freien Bevölkerung. Interessante Zahlen darüber im Engl. Gef.-Stat. 1912, II. 169.

dünkt, für die betroffenen Individuen eine höhere Daseinsstufe — nicht ihrem Gefühl nach, aber wissenschaftlich feststellbar — bedeutet. In den bayerischen Zuchthäusern ist jetzt schon die Tuberkulosesterblichkeit geringer als unter der freien Bevölkerung.

Geht der Gefangene mit nachhaltigen und sicheren Entschlüssen der Besserung aus der Strafanstalt heraus, so kann man nur begrüßen, wenn er gesunder und kräftiger die Anstalt verläßt, ja bisweilen wird er gebessert sein, weil er gesund geworden ist[1]). Doppelt bedenklich aber ist dieser Vorgang dann, wenn ein Unverbesserlicher sich den Stürmen des Lebens, dem Winter, den großen Wirtschaftskrisen, der Arbeitslosigkeit und dem nahenden Alter auf Kosten des Staates entzieht und dann neuen Mutes bettelt oder stiehlt, Zeit und Geld von Polizei und Gericht auf das reichlichste in Anspruch nimmt und zuguterletzt noch Kinder erzeugt. Das Strafrecht fällt der Lebensauslese in die Arme und versagt selbst in selektiver Hinsicht. Erst mit der unbestimmten Verurteilung werden diese Verhältnisse sich bessern, ganz werden sie sich nie aus der Welt schaffen lassen.

C. Besitz und Auslese.

§ 31.

Im Leben der Gesellschaft sinken die an körperlichen und intellektuellen Kräften Minderbegabten von Stufe zu Stufe. Sind auch die moralischen Anlagen verkümmert, so beschleunigt im allgemeinen der Staat diesen Niedergang durch künstliche Mittel. In den Niederungen der sozialen Schichtung herrschen einfachere gesellschaftliche Verhältnisse, denen sich auch der psychisch Minderwertige leichter anpassen kann, während die Lebensauslese eine schärfere ist. Verbrechen, Irrsinn, Selbstmord, Prostitution, unheilbare Armut besitzen deshalb im gewissen Grade eine gemeinsame Ätiologie. Sie sind Formen der Nicht-Anpassung an ein schwieriges natürliches und dazu tausendmal komplizierteres soziales Milieu. Primitive Völker in warmen Zonen kennen kaum Verbrechen, wenig Geisteskrankheit, Selbstmord, Prostitution und Armut, weil ihre gesellschaftlichen Formen viel zu lockere sind, um derartige Grenzüberschreitungen sicht-

[1]) Ein Arzt berichtet, daß bei monatlicher Wägung von 184 (weiblichen) Häftlingen mit mehr als dreimonatlicher Strafe 59 eine Zunahme, 19 eine Abnahme des Körpergewichts erfuhren. Die höchste Zunahme betrug 6, die größte Abnahme 3 kg. In einer Weiberanstalt ist es ein häufiges Vorkommnis, daß den in schlechtem Ernährungszustand eingelieferten Sträflingen bei der Entlassung ihre von draußen mitgebrachten Kleider weiter gemacht werden müssen, so erheblich hat sich ihr Ernährungszustand gebessert. Preuß. Gef.-Stat. 1913, CXXIV.

bar werden zu lassen. In alten hochentwickelten Kulturländern wie in China finden wir dagegen neben anderen sozialen Abnormitäten extreme Not der Besitzlosen, die zu Tausenden periodenweise bei großen Überschwemmungen und Hungersnöten hingerafft werden. Armut ist keine Schande, gewiß nicht, aber dann dürfen wir die vergeblichen und qualvollen Anpassungsversuche von Kriminellen und Prostituierten an Verhältnisse, denen ihre körperlichen und geistigen Kräfte nicht gewachsen sind, ebensowenig mit moralischen Akzenten versehen.

Fraglos sind Einschränkungen zu machen[1]). Kürzere Perioden der Mittellosigkeit können von Zufällen verursacht sein. Frauen und Kinder können in die mißlichen Verhältnisse des Vaters mit hineingerissen werden, und mit Armut können die Verhältnisse der arbeitenden Klassen, z. B. in Deutschland und Frankreich, nicht gemeint sein, die für den Lebensunterhalt völlig ausreichen und nur keinen Anteil an den unnötigen und unvernünftigen Vergnügungen der Reichen gewähren. In diesem Sinne gibt es sicher nicht viel mehr Arme, als es Kriminelle gibt, in einigen Ländern, wie England und den Vereinigten Staaten von Nordamerika, vielleicht etwas mehr. Und wenn wir überlegen, wird uns praktisch der Unterschied zwischen einem Armen, der täglich zwei Mark Unterstützung erhält und einem Menschen, der täglich zwei Mark stiehlt, nicht allzu groß vorkommen.

Läßt sich bis zu einem gewissen Grade zwischen erheblichem Elend und biologischem Anlagedefekt ein Zusammenhang feststellen, so darf man doch einen Konnex nicht zwischen Reichtum und Tüchtigkeit vermuten. Wohl kann und muß der Ersterwerber eines Vermögens hervorragende Eigenschaften besessen haben, dann aber stellen sich die Erbverhältnisse hindernd in den Weg, von dem einen Elternteil können verdorbene Keimanlagen hinzutreten, und der reiche Mann kann ein Degenerierter, ein Psychopath, ein potentieller oder aktiver Krimineller sein.

Wir müssen hier auf eine schwere Störung im Ausleseprozeß des Strafrechts treffen. Denn das Strafrecht besitzt unter seinen Strafmitteln eine Maßregel, die in der Einziehung einer bestimmten Summe Geldes durch den Staat besteht. Die Geldstrafe trifft eigentlich keinen Menschen. Den Reichen berührt sie in der jetzigen Höhe nicht als schmerzlicher Verlust, weil aus „Gerechtigkeitsgründen" die gleichen Maßstäbe für arm und reich gelten, und der Arme

[1]) Achille Loria hat, wie Myers vor ihm, nachzuweisen versucht, daß die psycho-physiologische und die ökonomische Elite sich nicht decken (Problems in Eugenics. London 1912, 181). Unzweifelhaft hat er recht, eine solche Untersuchung hätte aber nur dann volle Bedeutung, wenn man von der ererbten Vermögensmasse abstrahieren könnte, was in Europa bei einem umfangreichen Material kaum möglich sein wird.

kann sie nicht bezahlen, weil er sie sofort bezahlen soll, und nicht sofort oder nicht in Geld bezahlen kann. Es ist, als ob man den Menschen als Strafe aufgebe, eine bestimmte Last zu heben. Der Kräftige hebt sie mühelos und ohne sie als Strafe zu empfinden, und der Schwache kann die Last nicht heben. Darum kommt er ins Gefängnis. Die Umwandlung der Geldstrafe nennt Kräpelin[1]) eine eminente Immoralität, und diese Einrichtung ist mehr als das — eine eminente gesetzliche Torheit.

Wie Holmes berechnet hat, wurden vom Dezember 1900 bis 31. Dezember 1910 in England und Wales 958875 Personen in Umwandlung einer Geldstrafe ins Gefängnis geschickt. Holmes schätzt die Anzahl der Personen, die wieder die Tore des Gefängnisses durchschritten, denen also in stupider und unnötiger Weise die Scheu vor dem unbekannten Schrecklichen, dem Gefängnis, genommen wurde, auf 400000 Personen während der genannten 10 Jahre. Von diesen bezahlten 1911 12003 die Geldstrafen ganz oder teilweise nach ihrer Aufnahme ins Gefängnis, sie hätten also bei Gewährung einer kurzen Zahlungsfrist niemals eingesperrt zu werden brauchen (Howard Report 66). Die folgende Tabelle zeigt die Verhältniszahlen der Personen, die zu einer Geldstrafe verurteilt wurden und die die subsidiäre Freiheitsstrafe verbüßten[2]).

England:

Jahr	Anzahl der Personen, die zu einer Geldstrafe verurteilt wurden	Davon saßen die Geldstrafe ab	%
1893	422 369	79 836	18,90
1903	551 232	103 412	18,76
1905	535 208	106 361	19,87
1910	440 006	85 366	19,40
1911	446 657	81 047	18,15

Dabei machen sich örtliche und zeitliche Schwankungen deutlich bemerkbar[3]).

Gefängnis	Anzahl der Personen, die die subs. Freiheitsstrafe verbüßt und Verhältnis zu den übrigen Gefangenen in %	Es zahlten nach Einlieferung in %
Birmingham . . .	68	35
Holloway	73	18
Liverpool	72	21
Newcastle	70	26
Gloucester	23	8
Winchester . . .	28	4

1) Kräpelin, Abschaffung des Strafmaßes 52.
2) Engl. Krim.-Stat. 1913, 14.
3) Engl. Gef.-Stat. 1913, I, 11.

Sehr interessant sind die Kurven von Fig. 13 (S. 167), die ich nach den Angaben des schweizerischen statistischen Jahrbuchs für den Durchschnitt von vier Jahren berechnet habe. Sie müssen um so mehr Eindruck machen, als die meteorologischen Daten aus naheliegenden Gründen nur einer zentral gelegenen Beobachtungsstation, Zürich, entnommen werden konnten, und wenn man in Erwägung zieht, daß gerade die kleine Kriminalität im Sommer an dem allgemeinen Anstieg teilzuhaben pflegt, während im Winter die Eigentumsvergehen anzuschwellen pflegen, die nicht mit Geldstrafe geahndet werden. Die fast genau übereinstimmende Gegensätzlichkeit von verbüßter Geldstrafe und Sonnenscheinstunden spricht beredt von der Funktion der Strafanstalt als Wärmehalle.

In Österreich kann bei besonders rücksichtswürdigen Umständen Arrest I. Grades in eine den Vermögensumständen des zu Bestrafenden angemessene Geldstrafe umgewandelt werden (§ 261 StGB.). Ich erblicke darin eine billigenswerte Einrichtung, die vor allem bei Beleidigungen in immer steigendem Maße Anwendung gefunden hat. Die Anwendung des außerordentlichen Milderungsrechts ist aber wiederum an eine gewisse Höhe des Vermögensstandes gebunden, während dies die rücksichtswürdigen Umstände nicht sind, und führt so leicht zu Mißgriffen des Strafrechts. Wie viel von den im Jahre 1909 wegen Vergehen und Übertretungen verhängten 184513 Geldstrafen umgewandelt worden sind, läßt sich aus der Statistik nicht ersehen[1] [2].

In Deutschland ist die Bewegung gegen die Umwandlung der Geldstrafen noch nicht zu der Stärke angeschwollen wie in England. Der DVE. will die Vermögensverhältnisse des Verurteilten bei der Bemessung der Geldstrafe in Betracht gezogen wissen. Spätere Zeiten werden sich wundern, daß ein so selbstverständlicher Grundsatz als Neuerung in dem Vorentwurf eines deutschen Strafgesetzbuches mit Betonung angeführt werden mußte. Weiterhin will der DVE. dem Verurteilten Zahlungsfristen bewilligen, Teilzahlungen und die Tilgung durch freie Arbeit gestatten. Diese Reformen sind billigenswert, ein Punkt scheint aber gar nicht zur Diskussion gekommen zu sein, der, wie ich glaube, einen schweren Fehler des Gesetzes darstellt. Der Richter setzt nämlich jetzt gleichzeitig mit der Geldstrafe in ganz mechanischer Weise auf Grund des

---

[1]) Österr. Krim.-Stat. 1912. LXXXIX.

[2]) In Frankreich wurden Geldstrafen bezahlt:

1896—1900	32%
1900—1905	28%
1910	32%

Franz. Krim.-Stat. 1912. LXIV.

§ 28 StGB die Höhe der subsidiären Freiheitsstrafe fest. Warum der Verurteilte nicht bezahlen kann, bleibt ganz außer Betracht. Will man endlich die Vermögensverhältnisse berücksichtigen, so muß man auch die Verhältnisse betrachten, die zur Nichtbezahlung führen. Im voraus die Höhe der Haft- oder Gefängnisstrafe zu bestimmen, ist darum durchaus ungehörig. Schon Schwarze[1]), einer der Redaktoren des StGB., hat sich scharf gegen diese Praxis ausgesprochen.

Für die Umwandlung der uneinbringlichen Geldstrafe in eine Freiheitsstrafe führen die erläuternden Bemerkungen zum DVE.[2]) an, sie sei unentbehrlich. Fehlte sie, so würde nicht nur der Strafschutz gegen den vollständig Armen in zahlreichen Fällen versagen, sondern die in Aussicht stehende tatsächliche Straflosigkeit könnte sogar als Anreiz zur Begehung strafbarer Handlungen wirken.... Die Unzulässigkeit einer Ersatzstrafe würde auch in zahlreichen Fällen zu ungunsten des Täters ausschlagen. Denn der Richter würde da, wo das Gesetz neben der Geldstrafe alternativ eine Freiheitsstrafe androht, beim Urteil sich mehr auf die Wahl des letzteren hingedrängt sehen, sobald er vermutete, daß eine Geldstrafe nicht eingehen dürfte, und schon der Gesetzgeber würde sich genötigt sehen, für Tatbestände, bei denen an sich die Geldstrafe allein ausreichen würde, auch Freiheitsstrafe anzudrohen.“ Ich hoffe, daß es in Deutschland keinen Richter gibt, der sich beim Urteil auf die Wahl der Freiheitsstrafe hingedrängt sehen würde, weil er vermutet, daß die Geldstrafe nicht eingehen dürfte und ich glaube, daß diese Bemerkung des DVE. vor dem Urteil naher und späterer Zeiten nicht sehr ehrenvoll bestehen wird.

Aber der Gesetzgeber braucht gar nicht von dem so gepriesenen und vom Vorentwurf hochgehaltenen Grundsatz der gerechten Vergeltung so schroff abzuweichen und eine Strafe, die „an sich genügen würde,“ durch eine andere zu ersetzen. Der Schweizer Vorentwurf von 1908 zeigt den Weg, den einzig gangbaren Weg, den der deutsche Vorentwurf absichtlich vermeidet, um den Teufel eines „Freibriefs an ganze Bevölkerungsklassen für alle mit Geldstrafe allein bedrohten Delikte“ (S. 121) recht schwarz an die Wand malen zu können.

Nach dem Schweizer Entwurf, Art. 36, der trotz eines Angriffs von orthodoxer Seite von der zweiten Expertenkommission aufrecht erhalten worden ist (Protokolle 284—293[3]), ist das Hauptgewicht auf die Einbringlichkeit der Geldbuße gelegt. Der Richter kann dem Unbemittelten gestatten, die Buße nach und nach zu be-

[1]) Kommentar z. StGB. 1872, 114.

[2]) S. 121.

[3]) Die Genfer Gautier und Lachenal verteidigen den Vorentwurf erfolgreich gegen Thormann und Gabuzzi.

zahlen, wobei der Betrag nach den Verhältnissen des Verurteilten zu bestimmen ist, er kann gestatten, daß die Buße durch freie Arbeit für Staat und Gemeinde allmählich abverdient werde; der Richter kann auch noch die dreimonatliche Frist der Zahlung verlängern. Mittellose und Arbeitsunfähige werden der Armenpolizei überwiesen. Nur wer aus Arbeitsscheu oder Liederlichkeit eine Buße nicht bezahlt, wird nach Art. 287 mit Haft bestraft. Wiederholt sich dieser Vorgang innerhalb Jahresfrist, so kann der Richter den Schuldigen an Stelle der Haft in eine Arbeitserziehungsanstalt einweisen. Ebnet so das Gesetz dem armen, aber willigen Täter einen gangbaren Weg, so fällt die vom DVE. übernommene Bemerkung von dem Freibrief für ganze Bevölkerungsklassen in sich zusammen. Denn auch unter den jetzigen traurigen Verhältnissen ist es doch nur ungefähr ein Fünftel der zu Geldstrafe Verurteilten, die eine Freiheitsstrafe auf sich nehmen, nicht, weil sie nicht alle die Geldstrafe bezahlen könnten, sondern wie meine Schweizer Tabelle zeigt, aus ganz anderen Gründen.

Treten aber die vom Schweizer Entwurf vorgeschlagenen Bestimmungen in Kraft, so wird sich ein wichtiger, der bisherigen Diskussion fremd gebliebener Vorteil zeigen. Die Freiheitsstrafen werden endlich den indifferenten und beinahe farblosen Akzent verlieren, den sie unter der Herrschaft der subsidiären Freiheitsstrafe angenommen haben. Denn die Freiheitsstrafe wird von jetzt an bedeuten, daß ein ernsthafteres Delikt begangen worden ist, sie werden an abschreckender Kraft gewinnen, und vor allem wird Tausenden dadurch eine Bekanntschaft mit der Strafanstalt erspart bleiben, die allzu leicht den Beginn einer kriminellen Karriere bedeutet. Nicht ganze Bevölkerungsklassen werden einen Freibrief erhalten, sondern nur die Mittellosen und Arbeitsunfähigen werden nicht mehr mit einer bösartigen Ironie des Gesetzes aufgefordert werden, etwas zu bezahlen, was sie nicht besitzen und auch nicht verdienen können. Sie werden dafür von der Armenbehörde in Verwahrung genommen und dadurch außerstande gesetzt, Delikte zu begehen, die sie nach Verbüßung der subsidiären Freiheitsstrafe doch sofort wieder begehen würden. Vom Standpunkt feinerer Differenzierung des Strafrechts, in die, wie wir sahen, sich die alten groben Ausleseprozesse der Gesellschaft zugespitzt haben, kann die Umwandlung von Geldstrafen nur als ein schwerer und an antiselektorischen Wirkungen reicher Fehler angesehen werden.

Die Vermögensverhältnisse greifen noch in anderer Weise störend in die Ausleseversuche des Strafrechts ein. Der bestochene Richter ist in Kulturländern eine wohl kaum aufzufindende Erscheinung, aber noch Garofalo berichtet von Geschworenen, deren

Taxe bekannt war, und erzählt einen Fall aus dem Ort Potenza, wo man am 16. Dezember 1879 die Freisprechung einer ehebrecherischen Frau und ihres Geliebten erwartete, die den Mann erdrosselt und das Verbrechen gestanden hatten. Eine Festlichkeit war in einer Kneipe vorbereitet, und am Abend konnte man dort die Angeklagten, die Zeugen und die Geschworenen tafeln sehen[1]. Ich glaube auch, daß die Behauptung nicht auf begründeten Widerspruch treffen wird, wenn ich sage, daß Reichtum im allgemeinen ein Gegenmittel gegen Verdachtsmomente ist, daß der Reiche in ganz anderer Weise alle Hilfsmittel des Verkehrs zur Flucht benutzen kann und daß er vor allem die Mittel besitzt, zu seiner Verteidigung die intelligentesten und geschicktesten Anwälte heranzuziehen. Wir sahen, daß nach der französischen Kriminalstatistik die Freispruchsziffer der Schwurgerichte bei Bankerott, aber auch ihre Zuerkennung mildernder Umstände ganz abnorm hoch war, und wir führten diese auffällige Erscheinung auf die Wirksamkeit hervorragender Anwälte zurück. Es gibt sicher eine größere Anzahl von Fällen, in denen Geld die Aussage belastender Zeugen entweder in einer gewissen Richtung umwendet oder diesen Zeugen die Möglichkeit gibt, zu erkranken, das Ausland zur Wiederherstellung ihrer angegriffenen Gesundheit aufzusuchen und dem Gericht unerreichbar zu sein. Vorkommnisse der letzten Zeit haben erwiesen, daß sehr reiche Leute mit Erfolg versucht haben, die Ermittelungen der Kriminalpolizei bis zu einer staatsanwaltlichen Einstellung des Verfahrens sich verdünnen zu lassen. Man hat gravierende Aktenstücke in den Zimmern des Untersuchungsrichters vermißt und andere Dinge mehr, die kein Mensch umsonst tut. Die Presse hat bei Prozessen gegen große Kapitalsassoziationen während der Verhandlung die heftigsten Angriffe gegen Staatsanwalt und Richter veröffentlicht. Man hat es im Jahre 1913 in Deutschland öffentlich gewagt, die Unterdrückung eines Strafverfahrens zu verlangen, weil die Feststellungen der Industrie schweren Schaden bringen könnten, und das Schlimmste, nur ganz leise ist hier und dort Widerspruch laut geworden[2]. Daß es nicht selten wohlhabenden Geisteskranken gelingt, durch Bestechung der Wärter aus Irrenanstalten zu ent-

---

[1] Garofalo, Criminologie 392 nach Turiello.

[2] Dieser Fall hat recht deutlich gezeigt, wie kurz und schwächlich die Anhänger der Abschreckung denken. Gegen Sittlichkeitsverbrecher und Brandstifter soll mit den schwersten Strafen vorgegangen werden, um andere Minderwertige abzuschrecken. Wenn aber kühl berechnende Leiter großer industrieller Werke in Betracht kommen, deren Intellekt abschreckenden Wirkungen sehr wohl zugänglich ist, wenn endlich einmal vernünftigerweise abgeschreckt werden kann, wird der Grundsatz nicht angewandt.

fliehen, hat erst vor kurzem der Fall des Mörders und Millionärs Thaw im Staate New York erwiesen[1]).

Diese Vorgänge sind aber alle mehr einzelne Geschehnisse, keine Massenerscheinungen. Sehr viel zahlreicher sind die Fälle, in denen reiche Verbrecher durch Geldgeschenke die Verletzten oder bei Kindern deren gesetzliche Vertreter von einer Anzeige zurückhalten oder bei einem Antragsvergehen die Antragstellung verhindern. Bestehen gegen das Antragsrecht schon an und für sich zahlreiche Bedenken, so muß der Umstand, daß im allgemeinen kleine Leute einer für sie fruchtlosen Verurteilung ein Geldgeschenk des reichen Täters vorziehen werden, auch vom selektiven Standpunkt Widerspruch herausfordern. Nun ist ja jedes nicht öffentlich geschehene Delikt infolge seiner Abhängigkeit von der Anzeige des Verletzten ein Antragsdelikt, es ist dies aber ein Übelstand, der sich nicht ändern läßt, während das neue Strafrecht, das bei geringen und belanglosen Delikten keine Verfolgung eintreten lassen wird, damit ein Hauptargument für die Beibehaltung des Antragsrechtes hinwegnimmt. Das Antragsrecht geht noch auf die Familiengruppierung der primitiven Kulturen zurück. Jetzt sind wir so weit, daß die ganze Nation ein Interesse daran hat, einen Kriminellen, der eine ernsthafte Unrechtshandlung begeht, zur Verantwortung zur ziehen. Da unsre höchsten Gerichte sogar den im Wege eines Vertrages eintretenden Verzicht auf das Antragsrecht für rechtswirksam erklärt haben, ja erklärt haben, es würde gegen die guten Sitten verstoßen, wenn sie entgegen der Vertragsverpflichtung dem Beleidigten die Berechtigung zur weiteren Verfolgung der Privatklage zuerkennen würden, hat der Wohlhabende sogar ein Mittel, den Verletzten gegen eine vernünftige Sinnesänderung zu binden.

Eine ganze Reihe von Bestimmungen der Strafprozeßordnung bevorzugen den wohlhabenden Angeklagten. Ein Angeschuldigter, dessen Verhaftung lediglich wegen Fluchtverdachts angeordnet ist, kann gegen Sicherheitsleistung mit der Untersuchungshaft verschont werden (§ 117 StPO.). Der Arme, dessen ganzes Kapital in irgend einem Arbeitsverhältnis besteht, wird gezwungen, dieses zu unterbrechen und die Haft anzutreten, obwohl für ihn die Möglichkeiten zur Flucht sehr viel geringer sind als für den Wohlhabenden.

---

[1]) Es kann nicht achtlos übergangen werden, daß ein so hervorragender Mann wie Alfred Russel Wallace noch im Jahre 1913 schrieb: In our criminal as well as our civil law and procedure there is equal injustice. When the poor man is accused of the slightest offence and brought before a magistrate by the police, he is even though perfectly honest and respectable, arrested from the very first as if he were guilty, often refused communication with his friends; and when the accusation is serious, he is remanded to prison again and again till evidence has been hunted up, or even manufactured, against him. Social Environment and Moral Progress. London 1913, 64.

Der Entwurf einer Strafprozeßordnung vom Jahre1908 hat in § 118 diese Bestimmung aufrecht erhalten. Man denke an den Fall, daß ein Betrüger sich große Summen angeeignet hat und nun einen mehr oder weniger großen Bruchteil diese Geldes dazu verwendet, um die Untersuchungshaft abzuwenden und das Weite zu suchen. In der Begründung zum Entwurf von 1908 ist gesagt, daß bei Bemessung der Sicherheit in erster Linie die Vermögensverhältnisse in Betracht zu ziehen sind. Diese Regel ist vernünftig, könnte auch schon für das geltende Gesetz Anwendung finden, aber die Gerichte neigen dazu, viel eher für einen reichen Mann 50000 Mark als ausreichende Sicherheit gelten zu lassen, als für den sehr armen 50 Mark, obgleich unter Umständen die kleine Summe den Minderbemittelten mehr an der Flucht hindert als die große den Wohlhabenden. Erfreulicherweise macht der Entwurf von 1908 auch in § 122 den Versuch, der Verhängung der Untersuchungshaft durch Aufenthaltsbeschränkungen und sonstige Auflagen vorzubeugen. Wenn wir später sehen, in wie zahlreichen Fällen die Untersuchungshaft verhängt wird, ohne daß sich eine Verurteilung rechtfertigt, so muß dieser Versuch einer anderweitigen Regelung als eine dringende Notwendigkeit bezeichnet werden.

Dann kommt die große Frage des Verteidigers. Abgesehen von Jugendlichen unter 16 Jahren und Taubstummen, können bei allen Vergehen, ja selbst bei den Verbrechen, die sich nur durch das Moment des Rückfalls (nicht des festgestellten, sondern des von der Anklage behaupteten Rückfalls) als solche qualifizieren, Personen zu einer Geld- oder Haftstrafe, zu einer Gefängnisstrafe bis zu 5 Jahren bei Rückfall z. B. bei schwerem Diebstahl § 242, 244 mit Zuchthaus nicht unter 2 Jahren bestraft werden, ohne verteidigt worden zu sein. Weiterhin hat das Gericht nur das Recht, wenn der notwendige Verteidiger ausbleibt und nicht durch einen sogleich vom Vorsitzenden bestellten (§ 145) ersetzt wird, eine Aussetzung der Verhandlung zu beschliessen. Man kann sich denken, wie häufig unsere überlasteten Gerichte von dieser Befugnis Gebrauch machen werden, die ihnen eine Wiederholung der Verhandlung in Aussicht stellt, und wie eingehend und aktenkundig die Verteidigung durch einen schnell herbeigerufenen Anwalt oder einen Referendar oder etwa durch einen Justizbeamten (§ 144, 2) ausfallen wird.

Unmittelbar geladene Zeugen und Sachverständige sind nach § 219, 2 nur dann zum Erscheinen verpflichtet, wenn ihnen bei der Ladung die gesetzliche Entschädigung für Reisekosten und Versäumnis bar dargeboten oder deren Hinterlegung bei dem Gerichtsschreiber nachgewiesen wird. Diese Aufwendungen werden auf Antrag nur dann durch die Staatskasse erstattet, wenn die geladenen Personen zur Aufklärung der Sache dienlich waren.

Wie wichtig die Anwesenheit eines Verteidigers werden kann,[1]) ist aus den Bestimmungen des § 264 ersichtlich. Dieser Paragraph handelt von einer Veränderung der Anklage gegenüber den rechtlichen Gesichtspunkten, die in dem Beschluß auf Eröffnung des Hauptverfahrens niedergelegt sind und auf die sich der Angeklagte infolgedessen hat vorbereiten können. Die Hauptverhandlung ist nur dann auszusetzen, wenn der Angeklagte auf die Veränderung des rechtlichen Gesichtspunktes hingewiesen und ihm Gelegenheit zur Verteidigung gegeben ist, und er dann einen Antrag auf Aussetzung stellt. Man kann sich leicht denken, wie sich ein ungebildeter Angeklagter auf die veränderten rechtlichen Gesichtspunkte verteidigen wird. Das Gericht hat nur dann von Amts wegen die Verhandlung auszusetzen. wenn dies infolge der veränderten Sachlage zur genügenden Vorbereitung der Anklage oder der Verteidigung angemessen erscheint. Die Gerichte werden nicht immer mit dem Angeklagten über die Notwendigkeit, sich der veränderten Sachlage gegenüber neu auf seine Verteidigung vorzubereiten, übereinstimmen. Der Entwurf von 1908 ändert in § 250 an dieser Sachlage nichts Wesentliches; er vergißt ebenso wie das geltende Gesetz die Verpflichtung des Vorsitzenden, den Angeklagten nicht nur auf die veränderte rechtliche Lage, sondern auch auf sein Antragsrecht aufmerksam zu machen. Dies allein der Auffassung eines nobile officium zu überlassen, ist nicht angängig.

Bei Ausbleiben des Angeklagten kann zur Hauptverhandlung geschritten werden, wenn die den Gegenstand der Untersuchung bildende Tat nur mit Geldstrafe, Haft oder Einziehung bedroht ist. Hier können sich die Folgen der Armut summieren. Erst wird eine ausgebliebene Person, die nicht verteidigt ist, zu einer Geldstrafe verurteilt und dann wird wieder infolge der Armut die Geldstrafe in Gefängnis umgewandelt. Dieser Rechtszustand ist nicht haltbar. (§ 231 StPO.)

Bleibt der Angeklagte (§ 452 StGB.) ohne genügende Entschuldigung, in der Hauptverhandlung aus, oder was dem gleichgestellt ist, wird er auch nicht durch einen Verteidiger vertreten, so wird der Ein-

---

[1]) Schon im Anfange des 19. Jahrhunderts wurde man aufmerksam, daß man mehr für die Überführung des Schuldigen als den Schutz eines Unschuldigen getan hatte und daß die Praxis ein größerer Feind der Verteidigung ist als das Gesetz: „Die Praxis hatte überall in Deutschland eine seltsame Theorie, wodurch das Recht der Verteidigung auf eine höchst willkürliche Weise beschränkt wurde, adoptiert, so daß selbst die Terroristen unter den Kriminalisten sich gedrungen fühlten, sie zu bekämpfen. Man wollte das Recht der Verteidigung bei schweren und Ausnahmeverbrechen nicht zulassen und verlangte, obgleich die Carolina bestimmte, daß der Beweis der Unschuld, wenn der Inkulpat arm, auf des Gerichtsherrn Kosten geführt werden sollte, wohl gar, ehe man dem Angeklagten jenen Beweis gestattete, daß er Kaution leiste dem Ankläger wegen Schaden und Kosten. Beilageheft zum Archiv f. Kriminalrecht 1838. 35.

spruch gegen einen amtsrichterlichen Strafbefehl ohne jede Beweisaufnahme durch Urteil verworfen. Nach einer Bemerkung der Motive, die nicht recht ernst genommen werden kann, greift die Annahme Platz, daß der Angeklagte den Einspruch nur deshalb erhoben hat, weil er die Strafvollstreckung aufschieben will. Die ganze Entscheidung des Gerichts ist hier auf die genügende Entschuldigung abgestellt, und wer das niedere Volk nur ein wenig kennt, wird wissen, daß es eine Menge von Beschäftigungen gibt, die dem Bauern oder dem Industriearbeiter als wichtige Pflicht und genügende Entschuldigung vorkommen werden, während der Richter, der aus ganz anderen Kreisen stammt, sie nicht gelten läßt. Das Gericht muß den Einspruch verwerfen, auch wenn es der Meinung ist, daß die gedachten Tatsachen nicht unter das angewandte Strafgesetz fallen oder die Strafverfolgung unzulässig ist. Die Berufung ist möglich, darf sich aber nur auf die Behauptung stützen, daß der Anspruch formell zu Unrecht verworfen sei. Die zustandekommende Geldstrafe wird bei Unbemittelten in Freiheitsstrafe umgewandelt.

Von Jahr zu Jahr hat diese Rechtsprechung zugenommen. Auf 1000 Urteile der Schöffengerichte in Verfahren bei amtsrichterlichen Strafbefehlen trafen im Reich solche, durch die der Einspruch ohne Beweisaufnahme verworfen wurde.[1])

1881/85	1891/95	1901/05	1910	1911
60	71	139	180	177

Die Zunahme beträgt absolut nahezu 200 Proz. Natürlich fallen den Verurteilten noch die Kosten zur Last.

Auch im Strafvollzug ist den Vermögensverhältnissen nicht jeder Einfluß genommen. Ausnahmsweise wird Gefängnissträflingen Selbstbeschäftigung gestattet. Die Gestattung kann von der Zahlung einer Entschädigung abhängig gemacht werden. (Grundsätze, die beim Vollzug gerichtlich erkannter Freiheitsstrafen zur Anwendung kommen. Bundesratsbeschluß vom 28. Oktober 1897. § 17.)

Man mag meine starke Stellungnahme zugunsten der Minderbemittelten bei einem Kriminalisten, der so deutlich rassenhygienischen Gedankengängen zuneigt, erstaunlich und auch vielleicht ohne Konsequenz finden. Aber trotz weiter Ausblicke hierhin und dorthin hat dieses Buch Objekte des Strafrechtes zur Betrachtung, Eusymbiotik, wie ich es nannte, nicht Eugenik zum Thema. Die Grenzen zwischen beiden Gebieten sind flüssig, gewiß, in der Zukunft wird es möglicherweise gelingen, sie zu verschmelzen. Aber gerade die Frage des Besitzes erlaubt keine reine Lösung, ob wir uns rassenschädlichen

---

[1]) Deutsche Just.-Stat. 1913, 222.

oder lebensfähigen Elementen gegenüberfinden; jedenfalls nicht im Rahmen weniger Jahre.

Das Recht kennt nicht nur die Wahrheit, es kennt auch noch eine materielle Wahrheit. Das Strafrecht, das den Unbemittelten dauernd und deutlich härter behandelt als die antisozialen Elemente der reichen Klassen und das nicht jede mögliche Anstrengung macht, solche Verschiedenheiten zu vermeiden und auszugleichen, handelt gesellschaftsfeindlich. Denn der Reiche lebt infolge besserer Kleidung und Wohnung mitten unter uns in wärmeren Zonen, infolge reichlicher Nahrung in gesünderen und reicheren Ländern. In den höchsten sozialen Schichten ist deshalb die natürliche Auslese durch die Abstumpfung der selektiven Einflüsse geringer; und leichter nimmt die Degeneration überhand genau wie auf dem anderen Pol des Gesellschaftsglobus in einsamen bäuerlichen Gegenden, wo nicht der scharfe Wind des industriellen und kulturellen Lebens mit seinen tausend Gefahren alle Schwächlichkeiten der psychischen Anpassung vom Baume des Lebens schüttelt. Unter den Bauern finden wir deshalb am meisten Imbezille, unter den höheren Ständen die meisten Geisteskranken. Dazu kommt, daß in den höchsten Kreisen jener stärkste Reiz der Kriminalität, Mangel an Geld und den damit erkauften Freuden des Magens, der Sinne und des Sexualappetits nicht besteht. Wird deshalb einmal ein Mitglied der höheren Stände kriminell, so ist die Annahme wohl berechtigt, daß es sich um ein gefährliches und schwer degeneriertes Subjekt handelt. Es muß so sein, denn seine Anlage hat auf einen ganz geringen kriminellen Reiz mit einer strafbaren Handlung geantwortet. Genau so dürfen wir ein Maximum an Lebensunfähigkeit bei dem Menschen annehmen, der unter den denkbar günstigsten Verhältnissen der Umwelt, der Nahrung, Wohnung und Kleidung den Attacken einer Krankheit erliegt. So komme ich zu dem Satz: Die kriminelle oder eie krankhafte Anlage ist indirekt proportional der Stärke des kriminogenen oder des pathogenen Anlasses.

Wir sind immer noch von der alten tiefen Lehre Benthams ein gutes Stück weit entfernt: daß jedes Verbrechen ein Doppelschaden für die Gesellschaft sei, erstens einmal ein Nachteil durch die strafbare Handlung, dann aber ein anderer böser Nachteil durch die Bestrafung eines Menschen, der ebensogut wie alle anderen ein Mitglied der Gesellschaft ist. Das Verbrechen kann niemals ausgeglichen werden, wie heute noch einzelne behaupten, das Verbrechen endet immer mit einem Minus für den Staat, gleichgültig ob der angerichtete Schaden wieder gut gemacht wird oder nicht, gleichgültig, ob der Täter zur Bestrafung gelangt oder entrinnt. Aus diesem sehr einfachen Grunde ist Vorbeugen so sehr viel rationeller als Bestrafen, wenn jeder vorbeugender Maßregel auch die Trägheit und Torheit des großen Haufens entgegensteht, die sich dann erst zu einer energischen Aktivität aufrafft, sobald ein angerichteter Schaden auf das Reaktionsgefühl stimulierend wirkt. Daher die lebhafte Abneigung, arbeitsunfähige Schwachsinnige, deren größte Gefahr darin besteht, daß sie erwachsene Sexualwesen mit Kindergehirnen sind, dauernd zu internieren und in einer Art väterlich-überwachter Freiheit zum Aussterben zu bringen. Hier wächst der „geborene Verbrecher" heran, wenn wir darunter Anlagen verstehen, die in einem Kulturstaate nur durch Bettel und Verbrechen existenzfähig sind. Diese Klasse von Menschen sind die geborenen Prostituierten und die geborenen Armen.

Das geltende Strafrecht wirft zwei Klassen von Menschen durcheinander. Ohne nach den Ursachen zu fragen, gibt sie dem rein äußerlichen Umstand augenblicklichen Besitzes eine viel zu weitgehende Bedeutung. Das Strafrecht bedenkt nicht, daß heutzutage sauber und gesund sein, Geld kostet, daß Kinder haben Geld kostet, seitdem durch die Schutzgesetze die jugendliche Arbeitskraft ihren materiellen Wert für die Eltern eingebüßt hat, daß Krankheit und Sterben Summen erfordert, die einem gewöhnlichen Arbeiter für Wochen die Nahrung schmälern können. Und trotzdem nimmt das Strafrecht diesen äußerlichen und vernunftlosen Maßstab und legt ihn einer Reihe schwerwiegender Maßnahmen zu Grunde. Der Unbemittelte, den seine mangelhafte Bildung schon an und für sich gegenüber dem Reichen benachteiligt, wird ohne Verteidigung gelassen, weil er sie nicht bezahlen kann, trotzdem schon Bentham vor 150 Jahren den Plan einer amtlichen Verteidigungsbehörde für Arme angeregt hat.[1]) Und wird der Unbemittelte verurteilt, vielleicht weil der Fall sehr milde liegt, nur zu einer Geldstrafe verurteilt, so wird diese milde Strafe in eine härtere umgewandelt, die ihn aus seiner Arbeit herausreißt und seiner Familie entzieht, nur weil er gerade kein Geld oder keinen Freund besitzt, der ihm etwas leiht.

Wie eine der letzten französischen Kriminalstatistiken festgestellt hat, nimmt die Zahl der Freisprechungen vor den Schwurgerichten nach drei Richtungen hin deutlich zu. Erstens werden mehr Frauen freigesprochen als Männer, dann mehr alte Leute als Jugendliche und schließlich außerordentlich mehr Gebildete als Analphabeten, wie man aus der folgenden Tabelle unschwer erkennen kann,[2]) die ich zu einem Teil schon erwähnt habe.

		Freigespr.	Zuchthaus	Gefängnis
Angeklagte 1910	Analphabeten	30%	33%	37%
	Imstande zu lesen und zu schreiben	38%	28%	34%
	Höhere Bildung	51%	18%	31%

[1]) Bentham. Works. Edition Bowring. Edinbourgh 1837—1844. Bd. IV. 354ff.

[2]) Franz. Krim.-Stat. 1912, XX.

Die Richter aller Länder werden niemals zugeben, daß das Aussehen eines Menschen irgend welchen Einfluß auf ihr Urteil gehabt hat, obgleich man bei Zeitungsberichten über irgend einen Kriminalfall immer beobachten kann, daß die Berichterstatter bei der Beschreibung des Angeklagten sich für ihn entscheiden oder gegen ihn aussprechen. „Il n'avait pas fait mauvais impression, ce Mallet; son calme, son air doux, ses traits émaciés, son visage attristé ne le rendaient pas trop antipathique.

Les jurés se sont laissé toucher, et ils l'ont acquitté.[1]) Dieses Individuum sollte einer Übertretung wegen festgenommen werden und hatte dabei auf einen Schutzmann geschossen.

Früher konnte die Behauptung, die Richter ließen sich bisweilen durch Aussehen und Auftreten der Angeklagten in ihrem Urteil beeinflussen, einen Vorwurf bedeuten. Heute haben sich die Verhältnisse geändert. Die moderne Strafrechtsschule verlangt ja eine Würdigung der ganzen Persönlichkeit. Damit hat sich aber eine Welt neuer Fehlermöglichkeiten eröffnet; denn der Richter kennt zwar die theoretische Forderung, er solle die Gemeingefährlichkeit eines Individuums hinter Fragmenten seiner Reaktionsweise, den strafbaren Handlungen herauslesen. Von den Richtern ist aber mit wenigen Ausnahmen keiner imstande, diese neue komplizierte Aufgabe wirklich auszuführen. Man wende nicht „den alten Praktiker" ein, der „erfahrenen" Richter und dergleichen. Einmal wird eine in die Irre gehende Praxis dadurch nicht besser, daß man sie 20 Jahre betreibt und dann übersteigen die Anforderungen, die an die psychologische Fähigkeit und Schulung des Richters gestellt werden, Menschenkraft. Bisweilen in einer Viertelstunde vor dem Schöffengerichte, vor den Strafkammern und Schwurgerichten im Höchstfalle in wenigen Stunden sollen die Richter zwei überaus schwierigen Aufgaben nachkommen. Erstens einmal die Tatfrage lösen, die in Schöffengerichtssachen ebenso verwickelt sein kann wie bei Schwurgerichtssachen, dann aber den Grad der „Schuld" feststellen, das Innerste des Menschen aufdecken. Dem Psychiater billigt das Gesetz 6 Wochen Zeit zu, in nächster und persönlicher Untersuchung für die Frage eine Antwort zu suchen, ob dieses oder jenes Individuum psychisch krank sei. Die hundertmal schwerere Frage, warum ein Mensch so gehandelt habe und was zu geschehen sei, seinem Willen eine neue Richtung zu geben oder seine Kräfte unschädlich zu machen, wird nach den Akten und dem Eindruck weniger Stunden, der durch die Ausnahmesituation nie ein klares Spiegelbild geben wird. gelöst.

Der Richter wird auch niemals bewußt sein Urteil von dem Aus-

---

[1]) Figaro vom 29. November 1912.

sehen eines Menschen beeinflussen lassen. Und doch wird er bei der Entscheidung der subjektiven Schuld, ja soll er den Menschen sich ansehen, dessen Äusseres am leichtesten zu erkennen ist.

Die Auslesestörungen, die auf Reichtum und Armut zurückführen, sind in weit höherem Maße als die zuvor besprochenen einer Reform zugänglich. Und da sie neben der kriminalpolitischen Bedeutung die Grundlagen einer gesunden staatlichen Entwicklung zu erschüttern imstande sind, da die höheren Klassen, wollen sie herrschend bleiben, alles Interesse haben, sich ungeeigneter und sozial minderwertiger Mitglieder rücksichtslos zu entledigen, so bleibt hier dem Strafrecht der Zukunft ein weites Feld segensreicher Betätigung.

D. Justizfehler.

§ 32.

Die moralischen Anschauungen sind einem verhältnismäßig raschen Wandel unterworfen, mit neuen Menschen werden sie geboren und bemächtigen sich lautlos der Herrschaft. Das Gesetz ist seiner Natur nach härteren Gefüges und langsamerer Bewegung. Es hat sich deshalb die Meinung gebildet, alte Gesetze seien die besten, weil sie die Probe der Zeit überstanden haben. Ich weiß nicht, ob sich je der innere Widerspruch zwischen der starren, haftenden Struktur eines Gesetzes und der hastigen, sich überstürzenden Flucht der sozialen Umwälzungen wird lösen lassen, und ich glaube, daß mit dem Fortschritt der Kultur, die so eng mit jeder technischen Neuerung verbunden ist, die Gesetzgebung nicht genug Atem haben wird, all diesen verwirrenden Änderungen zu folgen. Keine andere Lösung wird sich bieten als Ergänzung und Ersatz des Gesetzes durch den Richterspruch innerhalb eines gewissen dauerhaften Rahmens.

Solange aber diese Zeit noch nicht angebrochen ist, solange wir uns noch vor der Willkür der Richter mehr fürchten als vor der Willkür veralteter Gesetze, wird sich eine Erscheinung wiederholen, die, in der Gegenwart nicht allzu auffällig, den Betrachter der Vergangenheit immer von neuem beschäftigt. Wir sehen, daß der Stifter unserer Religion im ordentlichen Gerichtsverfahren auf Grund der bestehenden Gesetze zum Tode verurteilt und hingerichtet worden ist, wir sehen in schwarzen Scharen die Männer aus der Vergangenheit aufsteigen, die unserer höchsten Kultur die Bahn gebrochen haben und die doch mit dem Strafrecht in Konflikt gerieten: Sokrates, Protagoras, Savonarola, Huß, Kolumbus, Galilei und Tausende andere mehr.

Das Strafrecht kann mancherlei zu seiner Verteidigung anführen. Das Strafrecht ist nicht eines der Mittel der Gesellschaft, Höchstleistungen zu produzieren. Es hat ein gegebenes Menschenmaterial vor sich liegen, dessen Qualität sich mit ganz wenigen Ausnahmen (Blutschandeverbot) seiner Beeinflussung in positivem Sinne entzieht. Nur die Minima sozialer Anlagen kann das Strafrecht kupieren, die Maxima muß es dem Spiel der Natur und anderen Einflüssen überlassen. Nur eine Seite der menschlichen psychischen Funktionen will das Recht höher und höher heben, indem es mit seinen Mitteln einer Vertiefung des Niveaus entgegenarbeitet. Sozial hochstehende Menschen können sehr wohl kulturell wertlos, geistige Größen tief unmoralisch sein.

Soziale Veranlagung bedeutet die Fähigkeit der menschlichen Symbiose. Schon in diesem Wort Zusammenleben liegt die Andeutung dafür, daß nicht eine Ausnahmeeigenschaft, sondern psychische Massenqualitäten für das Strafrecht in Betracht kommen müssen. Will die Gesellschaft existieren und sich gegen ihre Feinde mit Erfolg in die Zukunft hinüberwehren, so muß die große Mehrzahl eine gewisse Durchschnittshöhe der Eigenschaften erreicht haben, die ein ruhiges Zusammenleben gewährleisten. Etwas ganz anderes ist der sogenannte Fortschritt der Menschheit. Die geistige Entwicklung hat wohl die soziale beeinflußt, aber ihre Wege waren und sind ganz andere. Darum ist der Indellekt so oft mit der Ordnung zusammengestoßen, die Bewegung mit der Dauer, das Individuum mit der Kollektivität. Der Erkenntnis sozialer Bedürfnisse stellte sich die durchschnittliche Intelligenz der Majorität, der Beharrungstrieb verkörpert im Gesetz und in einem mehr oder weniger interessierten Teil der Gesellschaft entgegen. Diese Auslesestörungen werden sich niemals vermeiden lassen, ja es will scheinen, als hätten diese Justizfehler stets die seltsame Kraft gehabt, wie ein Gift auf die herrschenden Gesetze, wie feuriger Wein auf die Kräfte des Fortschritts zu wirken.

Ähnliche Verhältnisse finden sich bei der Domestikation der Tiere vor. Oft sind die feurigsten und schönsten Pferde für Menschenzwecke ganz unbrauchbar und Keller betont (29), daß die Intelligenz zu züchtender Tiere weder zu hoch noch zu niedrig sein dürfe. Steht sie zu hoch, dann ist die Gefahr da, daß ein solches Tier das Dienstverhältnis zu oft durchbricht. „Es ist gewiß bemerkenswert,“ so fährt er fort, „daß die dem Menschen am nächsten verwandten Affen niemals eine domestizierte Art zu liefern vermochten, trotzdem sie sich unschwer zähmen lassen. Ihre geistige Selbständigkeit ist eben zu groß. Die intelligente Katze steht schon an der oberen Grenze und dokumentiert ja nur zu leicht ihre Unabhängigkeit, wenn diese eingeschränkt werden soll.“

Darwin hat die Erfahrungen, die wir mit den verschwundenen Kulturen Zentral- und Südamerikas gemacht haben, sicherlich gekannt und an sie bei den folgenden Bemerkungen gedacht: Mitglieder einer hochentwickelten Gruppe können, wie dies sicherlich vorgekommen ist, sich einfacheren Lebensbedingungen anpassen. Und in diesem Falle hat die natürliche Auslese die Tendenz, die Organisation zu vereinfachen und herabzustimmen. Denn komplizierte Mechanismen würden für einfache Handlungen nutzlos und unvorteilhaft sein.[1])

Wir können deshalb unvollkommene strafrechtliche Bildungen als ein Symptom dafür betrachten, daß die sozialen Zustände zu locker und zu unentwickelt sind, um eine bessere Regelung zu erfordern. Wirkt auch wiederum ein neues Strafrecht belebend auf die sozialen Beziehungen ein, so müssen wir doch das größere kausale Gewicht auf der andern Seite erblicken. Die hervorragendsten Köpfe der Menschheit werden der eingetretenen Umwälzungen, der neu heranwachsenden sozialen Bedürfnisse eher wahr als die große Menge, die kaum auf dem geistigen Niveau der alten Zustände steht. Da aber jede Neuerung schon von seiten einer Menge von Menschen auf Widerstand stößt, weil sie eine Neuerung ist, setzen sich die geistigen Führer stets einem gewissen Risiko aus, unter dem oder jenem Vorwande strafrechtlichen Wirkungen unterworfen zu werden.[2])

Dem selbständig denkenden Menschen muß eine Erscheinung stets von neuem weitgreifende Überlegungen aufdrängen. Wir stehen im allgemeinen der Vergangenheit mit einer Art überlegenen Stolzes gegenüber und keiner zweifelt, daß wir, von geringen Ausnahmen abgesehen, vorwärts gekommen sind. Wir lächeln über die Hexenverbrennungen, wir verabscheuen die Folter und andere wichtige strafrechtliche Einrichtungen der Vergangenheit. Dagegen hält ein großer Teil von uns — und darunter sind wissenschaftliche Namen von gutem Klange — an der Vollkommenheit der bestehenden Einrichtungen fest, erklärt jede Neuerung für gefährlich und verderblich und bekämpft Reformvorschläge mit heiligem Eifer. Alle diese Menschen würden sich schämen, die Tortur oder die Todesstrafe bei Begnadigungsgesuchen in alten und abgedroschenen Dingen (Preußen, Kgl. Verordnung von 1737) zu verteidigen. Sie geben aber den letzten Rest ihres Wissens und ihrer geistigen Kraft zum Schutz der kurzfristigen Freiheitsstrafe, der geschärften Zuchthausstrafe für Unverbesserliche, zur Verteidigung der Altersgrenze von 12 Jahren bei jugendlichen Kriminellen her. Und doch müssen diese Menschen sich sagen, daß auch unsere Zeit einmal Vergangenheit sein und einer geläuterten Erkenntnis lächerlich und traurig erscheinen wird.

Neben dieser Diskrepanz zwischen Ordnungsprinzip und dem

---

[1]) Animals and Plants S. 8.

[2]) Hier berühren sich die beiden Extreme der Entwicklung. Sowohl das Genie, wie der Tor, der Abergläubische werden vom Strafrecht erfaßt. Das Strafrecht schützt die gegenwärtige Kulturform, nicht die verlassene oder die heraufkommende Entwicklungsstufe.

Pioniertum der Kultur könnte man auf eine weitere Auslesestörung hinweisen, die im modernen Recht zwar nicht mehr wie in den primitiven Gesetzgebungen seine Begründung findet, in der richterlichen Bewegungsfreiheit sich aber nicht selten noch zeigt. Evans (185) hat beobachtet, daß in den niederen Schweizer Gerichtshöfen der Fremde von den Richtern gegenüber dem Einheimischen benachteiligt wird. Ich weiß nicht, auf welche Tatsachen sich diese Beobachtung stützt, ich habe aber auch bei Münchener Schöffengerichten und den Londoner Police Courts die Beobachtung machen können, daß Ausländer, z. B. russische Studenten, bisweilen außerordentlich scharf angefaßt wurden. Das Urteil hat sich hier offenbar von uralten Gefühlen unmerklich beeinflussen lassen, die im Fremden nur etwas im Rechtsfrieden Geduldetes sehen und seine Übergriffe als eine besonders schwere Ausschreitung empfinden.

Noch auf einen Punkt muß hingewiesen werden, den ich zu den Justizfehlern rechne, also Mißgriffen, die in der menschlichen Natur der Richter und der unvollkommenen Struktur des Gesetzes ihre Begründung finden, ohne wie die Justizirrtümer in gewissem Grade vermeidbar zu sein. Wenn wir uns eine Reihe von verhängten Strafen durchsehen, so dürfen wir annehmen, daß die Strafhöhe die verschiedensten Variationen zeigt. Denn da die Strafe nach der immer noch herrschenden Anschauung dem Grade der Schuld proportional sein soll, da die verschiedensten Grade von Schuld im Leben vorkommen, so müßten wir dies auch in den Strafrahmen erkennen können. Merkwürdigerweise ist dies nicht der Fall, sondern es bricht eine uralte Gewohnheit durch, die von den Kinderspielen und den Preisen der Warenhäuser sich bis in die Praxis unserer höchsten Gerichte erstreckt. Ge-

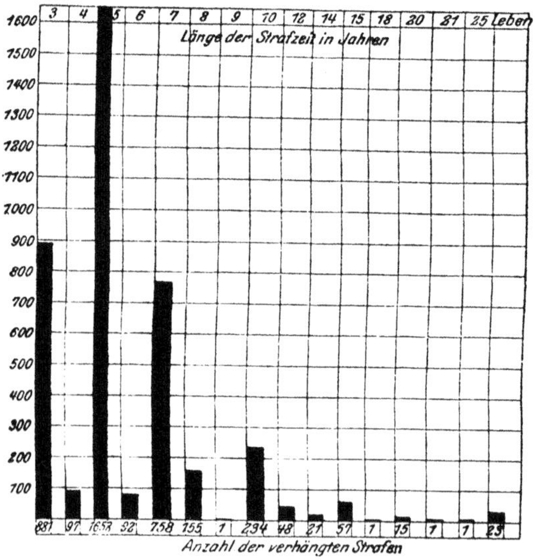

Fig. 14. Zahlenrhythmus der von schottischen Gerichten während der Jahre 1878—1912 verhängten Zuchthausstrafen. Berechnet nach den Angaben des Annual Report of the Prison Commissioners for Scotland for the year 1912. London 1913, 28.

wisse Zahlen werden bevorzugt, ja es gibt ganze Gesetzgebungen, die eine proportionierte Strafe für manche Fälle ausschließen wie das englische Recht, das nur Gefängnis bis zu zwei Jahren und nur Zuchthaus von drei Jahren an kennt, also die Leute, für deren Schuld gerade eine $2^1/_2$ jährige Strafe die „gerechte“ Ausgleichung wäre, nicht verurteilen kann, ohne gegen die Gerechtigkeit zu verstoßen. Solche Zahlen sind 3, 8, 14 Tage, 1, 3, 6, Monate Gefängnis, 1, 2, 3, 5, 10, 15 Jahre Zuchthaus. Wenn im deutschen Recht diese Zahlen nicht so sehr deutlich zum Vorschein kommen, so liegt es daran, daß bei uns häufig Gesamt- und Zusatzstrafen die Harmonie stören. Ich habe nach den Angaben der schottischen Kriminalstatistik die Zuchthausstrafen der letzten 25 Jahre für Männer und Weiber zusammengerechnet und graphisch dargestellt. (Fig. 14.) In der graphischen Fixierung tritt der Zahlenrhythmus auf das unzweideutigste hervor[1]; wenn er bei den höheren Zuchthausstrafen nicht so auffällt, so muß bedacht werden, daß die hohen Strafen an und für sich immer mehr zusammensinken. Interessant mag noch die Beobachtung sein, daß unter ähnlichen Zuchthausstrafen der letzten 25 Jahre sich nicht eine einzige 13 jährige Zuchthausstrafe befand. Auch der Aberglauben, der bei den Kriminellen keine geringe Rolle spielt, ist aus dem Beratungszimmer des Richters nicht ganz verschwunden.

E. Justizirrtümer.

§ 33.

Irren ist menschlich; mit diesem Wort pflegen wir den Riß zwischen bösem Willen und den Mängeln der Vorstellung zu betonen, die eine moralische Mißbilligung leise oder gar nicht berührt. Seltsam ist die Behandlung, die das Recht dem Irrtum angedeihen läßt. Ein Irrtum über Rechtsnormen des Strafrechts ist für das Strafrecht unbeachtlich. Die Handlung gilt als gewollt. Das Zivilrecht aber betrachtet Rechtsgeschäfte, deren Zustandekommen auf einem wesentlichen Irrtum beruht, als nicht gewollt und anfechtbar. Daß ein Richter niemals irre, wird präsumiert. Es wird diese Annahme auf das deutlichste

[1] Auch bei der Festsetzung der Bewährungsfrist zeigt sich diese eigentümliche Erscheinung. Obschon kein Grund ersichtlich ist, warum bei bestimmten Individuen nicht schon nach 2 oder 4 Jahren die Strafvollstreckung endgültig wegfallen kann, sehen wir den Zahlenrhythmus obsiegen. In Belgien betrug die Bewährungsfrist der bedingt Verurteilten:

	6 Monate	1 Jahr	2 Jahre	3 Jahre	4 Jahre	5 Jahre
1911	—	3	38	629	9	897
1912	—	2	43	639	16	900
Zusammen	—	5	81	1268	25	1797

Belg. Krim.-Stat. 1912 und 1913, 128.

in der Rechtsregel des deutschen Rechts zum Ausdruck gebracht, daß Tatsachen, die in den Verhandlungen der Strafkammern oder Schwurgerichte festgestellt worden sind, sich jeder Nachprüfung durch die Revisionsinstanz entziehen. Das Gesetz glaubt also, daß tatsächliche Irrtümer bei den Feststellungen der Strafkammern und Schwurgerichte gar nicht oder selten unterlaufen, obwohl gerade diese Gerichte die schwere Kriminalität zur Aburteilung erhalten und die Urteilsfähigkeit der Schwurgerichte kaum noch eine divergierende Ansicht zu ihren Gunsten ins Feld führen kann.

Ihren eigenen Irrtümern gegenüber befindet sich die Rechtspflege in einer merkwürdigen Stellung. Einerseits darf sie als oberste Hüterin sozialen Friedens selbst nicht unsozial sein, sie müßte die erste sein, die einen Irrtum freimütig anerkennt und wieder gut zu machen sucht, andererseits zwingt sie ein starkes Autoritätsbedürfnis zu einer Zurückhaltung, die bisweilen zu weit getrieben wird. Unser Recht kennt die Urteilspublikation auf Kosten der verurteilten Partei, unser Recht kennt nicht die von Amts wegen erfolgende Publikation aller der Fälle, in denen im Wiederaufnahmeverfahren der Verurteilte freigesprochen wird oder sang- und klanglos der Verurteilte aus der Haft entlassen wird, weil unterdessen ein anderer Täter sich fand oder die Zeugen den Meineid eingestanden[1]).

Vom Standpunkt der gefühlsmäßigen Betrachtung, die das Volk zur Anwendung bringt, erhebt sich ein Justizirrtum an Bedeutung weit über die Nichtentdeckung eines Verbrechers oder die Nichtbestrafung eines bekannten, aber einflußreichen Kriminellen. Für die populäre Richtung, die den Abschreckungsgesichtspunkt über Gebühr in den Vordergrund stellt, ist diese Schätzungsweise eigentlich nicht gerechtfertigt; denn selbst der unschuldig Verurteilte trägt zur Wahrung der gesetzlichen Autorität bei, der unschuldig Verurteilte ist vielleicht in anderer Beziehung gar kein Unschuldiger (wie denn sehr häufig Menschen mit schlechtem Leumund unschuldig verurteilt werden) und schließlich können wir von einer nicht geringen Zahl unschuldig Verurteilter das Gegenteil dessen annehmen, womit wir die Freisprechung vieler Krimineller oder die Einstellung des Verfahrens gegen sie begründeten: dort stehen die intellektuell Über-

[1]) „Unter den mitgeteilten Kriminalfällen verdient der eines wegen Zuhälterei zu 9 Monaten Gefängnis und Arbeitshaus verurteilten Schneiders, der stets seine Unschuld beteuert hatte, besonderes Interesse. Bei einer Strafverbüßung gestand die Dirne dem sie ermahnenden Arbeitsleiter, daß sie einen Meineid geleistet habe; der Bestrafte wurde daraufhin entlassen und gegen die Dirne ein Meineidsverfahren eingeleitet. Ähnliche Fälle dürften nicht ganz selten sein." Ein anderer Bericht betont, daß ein nicht geringer Teil der Zuhälter die Verführten seien und im Falle der versuchten Auflösung des Verhältnisses von den Dirnen denunziert werden. Preuß. Gef.-Stat. 1913, XCIX.

legenen, hier die geistig weniger entwickelten Kriminellen. Vom Standpunkt reiner Theorie muß deshalb die Verurteilung Unschuldiger als nicht so schädlich angesehen werden als das Versagen des Strafrechts gegenüber intelligenten und körperlich gewandten Kriminellen, die sich seinen selektiven Wirkungen zu entziehen wissen. Denn ein fehlerhaftes Unterdrücken der Mittelmäßigkeit ist für die Zwecke der sozialen Auslese weniger bedenklich als ein fehlerhaftes Übriglassen der intellektuell oder körperlich hochstehenden und deshalb doppelt gefährlichen Unterwertigkeit, die von diesen Punkten aus sich immer weiter erhält und fortpflanzt.

Unserem Gefühle widerstrebt dieser Gedankengang. In dubio pro reo. Es liegt in der Tat ein erregender Widerspruch zwischen der Rechtsprechung, die vor nicht langer Zeit noch eine Aufgabe des Himmels zu vollbringen vorgab, und den Eingriffen in die Rechtsgüter der Bürger, die sich nicht durch die antisoziale Natur dieses Menschen rechtfertigen lassen. Die moralische Entrüstung, die wir für den Kriminellen übrig haben, wenden wir gegen die Gerichte, die in irgend einer Weise fahrlässig und daher nach der geltenden Ansicht „schuldhaft“ gehandelt haben. Dabei ist es gewiß, daß viel mehr Unheil als durch Irrtümer der Justiz angerichtet wird, den chronischen Irrtümern des Gesetzes zur Last gelegt werden muß.

Abgesehen von einer nicht ganz sicheren Kasuistik,[1]) wie sie z. B. von Sello zusammengestellt worden ist und stets ihre Leser findet, lassen sich die Justizirrtümer nicht leicht exakt erfassen. Meist erregen auch nur die unschuldig zum Tode oder zu schweren Zuchthausstrafen Verurteilten besonderes Aufsehen. Auf die kleinen Justizirrtümer lernt man erst achten, wenn man Geisteskranke und Anormale so außerordentlich häufig von dem Unrecht sprechen hört, das ihnen geschehen ist. Ich brauche nicht zu betonen, daß natürlich diesen Klagen gegenüber größte Vorsicht angebracht ist. Aber selbst wenn man ganz skeptisch ist und auf das sorgsamste die Akten nachprüft, so kommt man nicht selten auf einen Punkt, der einem gerichtlichen Irrtum sehr ähnlich sieht. Diese Leute querulieren nicht nur, weil sie geisteskrank sind (was ja häufig der Fall ist), sondern sie erzählen freimütig mit groben und bösen Worten von den Dingen, die ein Gesunder verschweigt, weil er weiß, daß man besser von einer Verurteilung nicht spricht, selbst wenn man unschuldig verurteilt ist. Ich bin sicher, daß diese auf den ersten Blick paradox erscheinende Ansicht von der Erfahrung einer großen Anzahl von Psychiatern gestützt wird.

[1]) Ich stehe auf dem Standpunkt, daß die Verurteilung eines Geisteskranken, der die strafbare Handlung wirklich begangen hat, nicht zu den Justizirrtümern, sondern zu den Behandlungsfehlern gehört, die unsere Strafrechtspflege täglich zu Tausenden begeht und begehen muß, solange wir nicht die unbestimmte Verurteilung haben.

Wir haben aber eine andere Methode, die uns eine Schätzung der Häufigkeit von Justizirrtümern in sicherer Weise gestattet. Ich meine die Urteile, die in der Berufungs- und Revisionsinstanz aufgehoben worden sind. Diese kassierten Urteile der Vorinstanzen sind ja bedingte Justizirrtümer, bedingt durch Einlegung eines Berufungs- oder Revisionsantrages durch den Verurteilten oder die Staatsanwaltschaft, und das Gesetz präsumiert durch die Einrichtung von Rechtsmittelinstanzen die Möglichkeit eines Justizirrtums.

Wenn wir uns die Erfolge der Rechtsmittelinstanzen in Deutschland näher betrachten, so müssen wir stets die gesetzlichen Bestimmungen unser Urteil begleiten lassen. Wenn wir z. B. sehen, daß die Anzahl der erfolgreichen Berufungen sehr viel höher ist, als die Zahl der Aufhebung von Strafkammer- oder Schwurgerichtsurteilen durch die Revisionsinstanz, so muß bedacht werden, daß bei den Berufungen die gesamte Tatfrage einer erneuten Prüfung unterliegt, während die Revision nur die unrichtige oder Nichtanwendung des Gesetzes zu rügen vermag. Man kann darüber streiten, welcher Punkt leichter Irrtümern unterworfen ist, die Tat- oder die Rechtsfrage,[1]) jedenfalls werden die Richter mehr darauf vorbereitet, keine Rechtsirrtümer zu begehen, als einen Tatbestand richtig zu erforschen. Diese Erforschung des Tatbestandes ist ja auch leichter einer Vereinfachung durch ein Geständnis zugänglich, und diese Erleichterung ihrer Aufgabe pflegen die Richter in Gestalt von mildernden Umständen zu belohnen[2]). Das Geständnis und die Reue wirken abschwächend auf das Reaktionsbedürfnis, kennzeichnen aber höchstens die Vorstellungs-, nie die Willensseite des Menschen. Zu den Justizirrtümen zähle ich nicht — ich wiederhole es — die Verurteilung eines Geisteskranken zu einer Freiheitsstrafe. Dieser Vorgang ist ein Mißgriff in der Handhabung der selektiven Mittel, ebenso wie dies eine kurze Freiheitsstrafe für einen fixierten Verbrecher oder eine Geldstrafe in ernsthaften Dingen für einen reichen Mann ist. Ein Justizirrtum ist also nicht, wenn auch der Vorgang höchst unerfreulich bleibt, den Heimann (Allg. Zeitschr. für Psychiatrie Bd. 60, 448) berichtet: Ein Kranker hatte nicht weniger

---

[1]) Für entschuldbar hält das geltende Recht nur einen Irrtum über die Tatfrage und tatsachenähnliche außerstrafrechtliche Rechtsverhältnisse. Die Zulassung der Revision nur der Rechtsfrage gegenüber ist also logisch konsequent. Für den Angeklagten ist aber die Tatfrage meist sehr viel wichtiger.

[2]) Von den in preußische Zuchthäuser während der Berichtsjahre 1910 und 1911 Eingelieferten waren

	Männer	Frauen
geständig	69,7 %	66,2 %
nicht geständig	30,3 %	33,7 %

Preuß. Gef.-Stat. 1912 und 1913, 132.

als 15 Gefängnisstrafen verbüßt. Ein anderer war wegen Mordes zum Tode verurteilt, zu lebenslänglichem Zuchthaus begnadigt und nach einigen Jahren, nachdem er als geisteskrank erkannt war, in eine Irrenanstalt überführt worden. Der Arzt derselben bezeichnete ihn als Mikrozephalen und „von Geburt an blödsinnig". Häufig suchen übrigens in diesen Fällen besonders in ländlichen Gegenden die Bewohner der Ortschaft durch ihr gefärbtes Zeugnis eine Verurteilung von Ortseinwohnern zweifelhaften Geisteszustandes zu erreichen, die als Objekte der Armenirrenpflege ihnen zur Last fallen würden.[1])

Unser Recht kennt drei Wege, richterliche Handlungen im Strafverfahren anzufechten: die Beschwerde, die Berufung und die Revision. Gegen ein geschlossenes und rechtskräftiges Verfahren kann unter Umständen mit dem Wiederaufnahmeverfahren angegangen werden;

---

[1]) Einen besonders rohen, psychologisch aber um so interessanteren Versuch, aus finanziellen Gründen die Irrenfürsorge durch Freiheitsstrafe ersetzen zu lassen, der sogar seinen Weg in ein führendes Parteiblatt Bayerns gefunden hat, möchte ich hier anführen: Bayr. Kurier vom 15. April 1913, Nr. 105:

Staatliche Lumpenzucht.

Aus Kleukheim schreibt man uns:

Er möchte wieder in die Irrenanstalt, um der Arbeit und der Strafe zu entgehen: ein Früchterl schlimmster Sorte namens Wunner, der vor 7 Jahren innerhalb eines Vierteljahres sein elterliches Erbteil von über 4000 verpulvert hat. Im vorigen Jahr ist es ihm gelungen, die ärztlichen Autoritäten von seiner „Geistesgestörtheit" zu überzeugen mit der Folge, daß er straflos blieb für seine Vergehen und statt seiner die Heimatgemeinde gestraft wurde mit einer gesalzenen Rechnung von der Irrenanstalt. Seit seiner Entlassung glaubt Wunner nun einen Freibrief für jeden Unfug und jede Drangsalierung der Einwohnerschaft zu haben. „Eines Tages brennt ganz Kleukheim — stellt er wiederholt in Aussicht —; dafür werde ich nicht einmal 3 Tage eingesperrt; ich bin ja geisteskrank", so fügt er mit gutem Humor und guter Verulkung der irrenärztlichen „Sachverständigen" hinzu. Den Anfang zur Ausführung seiner Drohung machte er am 12. d. M. früh. Mit Zündhölzern, die er sich am Freitagabend vom Nachbar geben ließ, zündete er Samstag früh 4 Uhr sein Bett im Gemeindehaus an und lief gegen Prächting zu unter dem Geschrei: „Verbrennen wollen sie mich, die Kleukheimer Lumpen; mein Bett haben sie angezündet." Denselben „Pflanz" machte er bei der Verhaftung auch der Gendarmerie vor. Der alarmierten Gemeinde gelang es, das Feuer zu löschen. Die Gemeinde hat die Kosten, die Mitbewohner des Hauses und der gefährdete Nachbar den furchtbaren Schrecken und der Staat? Nun, der Vater Staat erhebt vom geplagten Bauern zu seiner „Sicherheit" eine horrende Vermögensabgabe. „Staatliche Lumpenzucht", so nennen das unsere Bauern und drohen, ihrem Unwillen das nächste Mal mit dem roten Stimmzettel Ausdruck zu geben. Zwar nennt sich Wunner selbst einen Sozialdemokraten und ist es auch. Aber die Bauern sagen, wir haben kein Interesse an Staat und Obrigkeit, wenn sie uns — trotz aller Anzeigen und Bitten keinen Schutz gewähren, bloß Steuern und Plackereien auferlegen und sozialistische Lumpenzucht treiben, indem sie verkommene Existenzen gewähren lassen, statt ihnen mit der Strenge des Gesetzes die Gewissenlosigkeit auszutreiben.

haben diese Rechtsbehelfe Erfolg, so kann von der Feststellung bedingter Justizirrtümer gesprochen werden. Schließlich bedeutet in manchen Fällen die Verhängung der Untersuchungshaft gegen Personen, deren Unschuld sich im Vorverfahren oder der Hauptverhandlung herausstellt, einen selektiven Mißgriff und in unserem Sinne einen Justizirrtum.

Aus der deutschen Justizstatistik können wir in gewissem Sinne den Umfang der richterlichen Fehlhandlungen in Deutschland erkennen.

Die Zahl der anhängig gewordenen Beschwerden hat in Strafsachen in folgendem Maße zugenommen.[1])

	1881/85 (fehlen Celle und Nürnberg für ein Jahr)	1912
bei Landgerichten	6860	26574
bei den Oberlandesgerichten	3149 (m. Oberst-L.-G. München)	10549

Die Beschwerden bei den Landgerichten haben also um beinahe das Dreifache, die bei den Oberlandesgerichten über das Doppelte zugenommen. Diese Steigerung ist ganz außerordentlich. Auch der Ausweg, sie beruhe auf einer Vermehrung der anhängig gewordenen Strafsachen, ist uns abgeschnitten. Denn deren Zunahme betrug gegenüber dem Jahre 1881 im Jahre 1911[2]).

	bei Übertretungen	bei Vergehen	bei Verbrechen	Zusammen
in Proz.	— 35,7	+ 50,0	+ 57,6	+ 8,4

Die Steigerung in der Anzahl der Beschwerden kann also nur zu einem Bruchteil der Zunahme der Anklagesachen zu Last gelegt werden. Man muß sie vielmehr auf das verschwindende Rechtsvertrauen der Bevölkerung zurückführen, die richterlichen Beschlüssen gegenüber ihrem Argwohn legalen Ausdruck gibt.

Aber das wäre nur ein Moment, das die Psychologie der rechtsnehmenden Bevölkerung beträfe; wichtig ist für uns zu erfahren, wie viel Beschwerden durch Entscheidung der Beschwerdeinstanz für begründet erklärt wurden. Merkwürdigerweise läßt die deutsche Justizstatistik nicht erkennen, wieviel Beschwerden von den Landgerichten für begründet angesehen wurden. Wir erfahren nur näheres über die Entscheidungen der Oberlandesgerichte[3]). Die Statistik hat die Zahl der für begründet erklärten Beschwerden auf das Hundert berechnet. Begründet waren im Jahre 1881 von 100 Be-

[1]) Deutsche Just.-Stat. 1913, 231.
[2]) Deutsche Just.-Stat. 1913, 202.
[3]) Deutsche Just.-Stat. 1913, 231.

schwerden 26, im Jahre 1911 von 100 nur 10. Dies erweckt leicht den Anschein, als ob die Zahl der begründeten Beschwerden überhaupt abgenommen habe. Ich habe deshalb vorher die gewaltige Zunahme in der Zahl der anhängig gewordenen Beschwerden betont und gezeigt, daß diese über das Dreifache in den letzten 30 Jahren zugenommen hat. Ziehen wir diesen Umstand in Betracht, so sehen wir, daß die Zahl der bei den Oberlandesgerichten für begründet erklärten Beschwerden im Jahre 1881 ungefähr 800, im Jahre 1911 aber ungegefähr 1000 betrug.

Die Berufungen sind eigentlich das deutlichste Thermometer der richterlichen Irrtümer, denn sie erlauben, wie schon bemerkt wurde, eine Nachprüfung von Tat- und Rechtsfrage. Sie werden auch einen Rückschluß darauf erlauben, wieviel Irrtümer bei der Feststellung des Tatbestandes bei Strafkammersachen und Schwurgerichtssachen Rechtskraft erlangen und damit — vom Wiederaufnahmeverfahren abgesehen — irreparabel werden. Beginnen wir wieder zuerst damit, festzustellen, wie oft Berufung eingelegt wird. Im Reiche ergingen gegenüber je 1000 Urteilen der Vorinstanz Urteile auf Berufungen[1])

1881/85	1911
61	112

Es lauteten nun von je 1000 der Berufungsinstanz auf Aufhebung des ersten Urteils[2])

1881/85	1911
405	400

Wir sehen, daß die Zahl der erfolgreichen Berufungen ungefähr konstant geblieben ist, nachdem sie im Zeitraum 1906/10 einen Höhepunkt von 412 erreicht hatte; wir haben aber auch nicht vergessen, daß sich im gleichen Zeitraum die Zahl der eingelegten Berufungen ungefähr verdoppelt hatte. Die Rechtssprechung der Schöffengerichte ist also offenbar fehlerhafter geworden; auf 100 Urteile kommen schon ungefähr 5 in der Berufungsinstanz festgestellte bedingte Justizirrtümer wie ich es nannte. Wie würden diese Zahlen aussehen, wenn nicht nur auf 11 Proz. Urteile der Vorinstanz Berufungsurteile ergingen, sondern die restlichen 89 Proz. auch zur Nachprüfung der Strafkammern kämen?

Dieses ziemlich trübe Bild scheint sich aufzuhellen, wenn wir zu den erfolgreichen Revisionen übergehen. Aber dieser Gedankengang muß sogleich vor der Erwägung zum Stillstand kommen, daß die tatsächlichen Feststellungen nicht dem Urteil der Revisionsinstanz

---

1) Deutsche Just.-Stat. 1913, 227.
2) Deutsche Just.-Stat. 1913, 228.
3) Deutsche Just.-Stat. 1913, 227.

unterliegen, Korrekturen also nicht sehr gründlich ausfallen können, weil der korrigable Teil sehr eingeschränkt ist.

Im Reiche ergingen gegenüber je 1000 Urteilen der Vorinstanz Urteile auf Revisionen

	1881/85	1911
gegen Urteile I. Instanz	40	64
„ „ der Berufungsinstanz	40	92

Unter 1000 Urteilen ergingen Urteile, durch die in der Revisionsinstanz das frühere Urteil aufgehoben wurde, bei Revisionen gegen Urteile

	1881/85	1911
I. Instanz	234	141
der Berufungsinstanz	217	191

Die Zahl der erfolgreichen Revisionen gegen Urteile der Strafkammern in I. Instanz und der Schwurgerichte hat also absolut abgenommen, die Zahl der erfolgreichen Revisionen gegen Urteile der Berufungsinstanz hat zugenommen, denn die geringe Abnahme des Verhältnissatzes der erfolgreichen Revisionen (von 21 Proz. auf 19 Proz.) wird durch die erhebliche Zunahme der Urteile mehr als ausgeglichen.

Die Wiederaufnahme eines durch rechtskräftiges Urteil geschlossenen Verfahrens gilt als der typische rechtliche Ausdruck eines korrigierten Justizirrtums. Gleichgültig ist für unsere Betrachtung, ob die Wiederaufnahme des Verfahrens zu gunsten oder ungunsten des Angeklagten erfolgt.

Im Reiche betrug die Zahl der beendeten Wiederaufnahmeverfahren zu ungunsten des Verurteilten

1881/1885	1911
315	453

Eine Zunahme läßt sich erkennen, wenn diese auch im letzten Jahre der Statistik nicht sehr bedeutend war. Im Durchschnitt der Jahre 1906/10 wurden 517 Wiederaufnahmeverfahren zu gunsten des Verurteilten beendet; hier würde sich eine absolute Zunahme von 66 Proz. ergeben.

Die Zahl der zu ungunsten des Angeklagten beendeten Wiederaufnahmeverfahren ist von 90 im Jahresmittel der Periode 1881/85 auf 53 im Jahre 1911 gesunken (1906/10 72)[1]).

Es ist bekannt, daß die Wiederaufnahme des Verfahrens mit großen Schwierigkeiten verknüpft ist; für Hingerichtete ist dieser Abschnitt der Strafprozeßordnung aus tatsächlichen Gründen überhaupt aufgehoben, rechtlich aber zulässig, ebenso für Verstorbene. Trotzdem wird bei beinahe einem halben tausend Menschen in Deutschland jährlich ein Justizirrtum festgestellt; dazu kommt noch die unbestimmbare Anzahl der Personen,

---

[1]) Deutsche Just.-Stat. 1913, 233.

deren Unschuld sich, wie in dem erwähnten Fall, einwandfrei herausstellt, und die einfach aus der Strafe entlassen werden. Wie genau es mit der Einleitung des Wiederaufnahmeverfahrens, also der Zulassung des Antrages auf Wiederaufnahme des Verfahrens, genommen wird, läßt sich aus dem Umstand einwandfrei erkennen, daß im Jahre 1911 von den in schöffengerichtlichen Sachen eingeleiteten Wiederaufnahmeverfahren nur 13,5 Proz., von den in land- und schwurgerichtlichen Sachen eingeleiteten Wiederaufnahmeverfahren sogar nur 12,8 Proz. durch Aufrechterhaltung des Urteils beendet wurden[1]). Der Maßstab ist ein so strenger, daß 90 Proz. aller eingeleiteten Wiederaufnahmeverfahren nahezu durch sofortige Freisprechung oder anderweitige Aufhebung des früheren Urteils beendet wurden.

Die Untersuchungshaft ist juristisch „ihrer Natur nach" keine Strafe[2]), diese rechtliche Auffassung hindert aber nicht, daß die Untersuchungshaft auf viele Menschen als eine schwere gesundheitliche und moralische, oft auch wirtschaftliche Schädigung wirkt. Wir müssen also eine Untersuchungshaft, deren Verhängung sich im weiteren Lauf des Verfahrens als ungerechtfertigt herausstellt, zu den Justizirrtümern, zu den Auslesestörungen des Strafrechts zählen. Da aber nicht alle, ja wahrscheinlich kaum die Hälfte der Personen, die aus der Untersuchungshaft entlassen werden oder die nach längerer Untersuchungshaft in der Hauptverhandlung durch Freispruch die Freiheit erlangen, wirklich unschuldig sind, dürfen die Zahlen, die ich nennen werde, nicht ohne Vorbehalt als Irrtümer der Rechtsordnung gebucht werden.

Die Reichsstatistik zeigt die Zahl der Personen nicht an, die unschuldig (mit den erwähnten Einschränkungen) Untersuchungshaft erlitten haben. Dagegen habe ich für Sachsen folgende Zahlen finden können. (Sächs. Stat. Jahrb. 1913, 241). Auf je 100 Personen, die in Sachsen Untersuchungshaft erlitten, kamen solche Freigesprochene oder außer Verfolgung Gesetzte, bei denen eine Entschädigungspflicht der Staatskasse ausgesprochen wurde:

1905	4,8	1909	3,3
1906	4,3	1910	6,7
1907	6,7	1911	6,0
1908	5,2		

Man darf nicht vergessen, daß die geringen Zahlen nicht die Personen betreffen, die unschuldig Untersuchungshaft erlitten haben, sondern die Personen, denen eine Entschädigung aus der Staatskasse zugesprochen wurde.

---

[1]) Deutsche Just.-Stat. 1913, 234.

[2]) Genau wie die Ordnungsstrafe ihrer Natur nach keine Strafe ist, der Satz ne bis in idem nicht gilt und ein Mensch, der z. B. ein Tintenfaß in der Erregung auf dem Gerichtstisch zerschlägt, erst 3 Tage Haft wegen Ungebühr erhält und dann wegen Sachbeschädigung sich vor dem Schöffengericht zu verantworten hat.

Heben wir die erstgenannte Klasse heraus, so kommen wir zu recht erheblichen Zahlen.

In Österreich[1]) waren von der Gesamtzahl der Verhafteten im Jahre 1909 49,1 Proz. solche Verhaftete der staatsanwaltlichen Verfolgung im Vorverfahren, gegen die eine Anklage nicht eingebracht wurde. Der Zahl nach waren dies 21732 Personen oder 7,8 Proz. aller Beschuldigten. Davon verbüßten

	Zahl	Proz.
Haft bis zu 8 Tagen	13250	61,0
8 — 14 Tage	3 676	16,9
14 Tage bis 1 Monat	3 161	14,6
1 — 2 Monate	1 224	5,6
über zwei Monate	421	1,9

Dabei muß jedoch bemerkt werden, daß diese auffallend hohen Zahlen nicht ausschließlich auf unschuldige oder unüberführte Verhaftete kommen, sondern einzelne Fälle an die Bezirksgerichte zur Aburteilung überwiesen wurden.

In Frankreich betrug die durchschnittliche Zahl der Untersuchungsgefangenen im Zeitraum 1906/1910 85 917 Personen, deren Schicksal sich wie folgt entschied[2]):

Von der Staatsanwaltschaft in Freiheit gesetzt	11 047	13 Proz.
Einstweilig entlassen	6 313	7 Proz.
Einstellung des Verfahrens durch die Straf-K.	4 686	6 Proz.
Vor die Strafkammer verwiesen	61 171	71 Proz.
Vor die Ratskammer gebracht	2 700	3 Proz.

Unter den 9 515 Angeschuldigten, die in der Periode 1906-10 Einstellung des Verfahrens durch Staatsanwaltschaft oder Gericht erfuhren oder von den Strafkammern oder Schwurgerichten freigesprochen wurden, waren 7 781 weniger als einen Monat; 1 734 mehr als einen Monat in Untersuchungshaft. Von sämtlichen Untersuchungsgefangenen ließ sich die Inhaftnahme von 11 Proz nicht rechtfertigen oder aufrechterhalten.

Auch die bayerische Justizstatistik macht seit dem Jahre 1900 bemerkenswerte Angaben über die Dauer der Untersuchungshaft. Im Jahre 1912 war Untersuchungshaft über 34 304 Personen verhängt. Nur bei 7 434 Personen, also 21,7 Proz. war das Verfahren wegen eines Verbrechens oder Vergehens eingeleitet. Von diesen 7 434 Fällen wurden beendet[3])

durch Einstellung seitens des Staats- oder Amtsanwalts	148
„ „ „ „ Gerichts	233
„ Freisprechung	266
Zusammen	647 = 8,7 Proz.

[1]) Österr. Krim.-Stat. 1912, X.

[2]) Franz. Krim.-Stat. 1912, LIV.

[3]) Bayr. Just.-Stat. 1913, XXVII.

Abgesehen von den Übertretungen, die in 78,3% aller Fälle den Anlaß der Untersuchungshaft bildeten, wurde beinahe der zehnte Teil der Untersuchungsgefangenen wieder entlassen, oder freigesprochen. Ganz auffällig ist, daß bei den durch Urteil erledigten Sachen die Freigesprochenen anteilsmäßig länger in Untersuchungshaft saßen als die Verurteilten, wie aus folgenden Zahlen hervorgeht:

Die Haft dauerte länger als 3 Monate bei

1908	12,0 Proz. der Freigesprochenen		5,2 Proz. der verurteilten Pers.
1909	8,2 Proz. „ „		5,1 Proz. „ „ „
1910	16,9 Proz. „ „		5,5 Proz. „ „ „
1911	8,2 Proz. „ „		4,9 Proz. „ „ „
1912	13,2 Proz. „ „		5,6 Proz. „ „ „

Mehr als Vermutungen lassen sich über diese Erscheinung nicht äußern. Vielleicht und wahrscheinlich handelt es sich um Fälle mit schwieriger Beweisführung, die sowohl die Länge der Haft verschuldet, wie schließlich zu einer Freisprechung durch das nicht ganz überzeugte Gericht führt.

Dies ist ein flüchtiger Überblick über den Kreis der Personen, die unschuldig im Sinne der Nichtverurteilung eine längere Freiheitsentziehung zu verbüßen hatten und dadurch sicherlich in ihren Lebensbedingungen nicht gebessert wurden. Nimmt man noch alle die Personen hinzu, die polizeilich sistiert, aber nach kurzer Zeit wieder entlassen wurden, so würde sich herausstellen, daß ein nennenswerter Prozentsatz der Bevölkerung eine Freiheitsentziehung unschuldig oder jedenfalls unzweckmäßigerweise durch Gerichte und Polizei erfahren haben. Das Gebiet des Justizirrtums dehnt sich also über bedeutende Menschenmengen aus. Und weil er zu den Auslesestörungen gehört, die am ehesten noch vermieden werden könnten, muß er zu den unerfreulichsten Mißgriffen der sozialen Selektion gezählt werden.

Sechstes Kapitel.

Die strafrechtliche Auslesestreuung. Ehegatte und Kinder.

§ 34.

Die heterosexuellen Organismen weisen außer den Reproduktionsapparaten sekundäre Geschlechtsmerkmale, d. h. den verschiedenen Geschlechtern eigene Merkmale auf, die mit dem Fortpflanzungsgeschäft nicht in unmittelbarem Zusammenhange stehen. Vom Standpunkt der Lebensauslese müssen diese Charaktere: auffällige Farben und Formen, Gerüche und Geräusche, bisweilen wenig vorteilhaft erscheinen. Diesen

Gegensatz zu der Existenzfähigkeit des Einzelindividuums hat Darwin durch seine Theorie der geschlechtlichen Auslese überwinden wollen, von der Plate[1]) mit vollem Recht sagt, daß sich ihre Blößen ebenso leicht nachweisen lassen, wie es schwer ist, eine bessere Erklärung zu geben.

Von der großen Gruppe der sekundären Geschlechtsmerkmale ist nach Darwin eine Spielart durch Sexualselektion entstanden: Die Kampforgane, die sich nach zwei Richtungen unterscheiden lassen. Erstens Kampforgane um die Sexualbegierde des Weibchens; ihr Wirkungsweg sind die Sinne und ihre Wirkungsart Überwindung des psychischen Widerstandes. Zweitens Kampforgane gröberer Art, physische Waffen und Schutzmittel, durch die der Sexualkonkurrent verdrängt und das mechanische Widerstreben des Weibchens gebrochen wird. Diese Kampforgane äußern durch eine Art primitiver Assoziation ihre abschreckende präventive Wirkung gegenüber dem Feinde und ihre lockende Wirkung auf das Weibchen, treten also den Reizapparaten und ihrem Effekt zur Seite.

Der physische Kampf um das Weibchen, das Zufallen der Fortpflanzungsmöglichkeit an das stärkste Männchen hat wenig Widerstand erfahren; dagegen ist die Auswahl durch die Sinne des Weibchens, das psychische Erliegen gegenüber den männlichen Reizapparaten und männlichen Erregungsäußerungen starkem Widerspruch begegnet.

Die Frigidität des Weibchens ist aber eine sehr wertvolle, der Erzeugung einer gesunden Nachkommenschaft dienende Eigenheit, die das Weibchen vor schwächender sexualer Überbürdung schützt. Die sexuelle Reizschwelle ist erhöht, ihr Korrelat aber die Fähigkeit einzelner Männchen, durch Farben, Geräusche und Gerüche so stark geschlechtlich erregend zu wirken, daß das Weibchen sich zum Coitus herbeiläßt. Müssen wir von vornherein annehmen, daß die Weibchen nicht irgend welchen Eindrücken nachgeben, die wir Menschen ästhetisch nennen, sondern irgend welchen äußeren Merkmalen kraftvoller Sexualität, so hat diese Vermutung durch neuere Forschung sich immer mehr der Gewißheit genähert, daß nämlich gewisse sekundäre Geschlechtsmerkmale, wie z. B. die Behaarung, in Abhängigkeit von den Systemen der inneren Sekretion stehen, folglich auch in gewissem Grade die Stärke der Sexualität zum Ausdruck bringen.

Die Psychologie der Sprache ist nicht ohne Feinheit, wenn sie von einem verführerischen Manne spricht. Jeder wahre Mann ist ein Verführer und jede wahre Frau eine Verführte, nur ist sie durch die Übermacht ihrer eigenen Erregung herausgelockt aus ihrer natürlichen Zurückhaltung, geschlechtlichen Negation und Vorsicht. Ihre eigene Sexualität aber entzündet sich an der Geschlechtlichkeit des Mannes und zwar unter einer Auswahl von Männern an der stärksten Sexualität, die in den Bereich ihrer Sinne tritt.

---

[1]) Plate, Das Selektionsprinzip. Jena 1905, 200.

Dürfen wir deshalb die Darwinsche Hypothese verwenden, weil sich eine bessere nicht bietet, trotzdem wir die Möglichkeit beachtlicher Einwendungen zugestehen, so müssen wir die Theorie der geschlechtlichen Zuchtwahl erheblich modifizieren, wenn wir sie auf den Menschen und vor allem den Kulturmenschen anwenden wollen. In der Tierwelt war es einerseits die rohe Muskelkraft oder eine primitive Intelligenz, auf der andern Seite eine instinktiv gedachte Erregbarkeit gegenüber gewissen Reizen, die bestimmten Männchen die Vormachtstellung in sexualibus eroberte.

Beim Menschen handelt es sich nicht um den Sexualakt allein, sondern er, das Tier mit der geringen Zahl von Jungen, muß neben die Mechanik der Fortpflanzungsakte eine lange Aufzuchtperiode setzen, ohne die alle Fortpflanzung wertlos ist, weil sie frühzeitig abbricht und die Nachkommen nicht an die Periode ihrer Sexualreife heranführen kann. Die Auslese des Weibchens muß also mehr als eine bloß geschlechtliche sein; über körperliche und psychische rein intellektuelle Fähigkeiten hinaus muß der Mann als eine Art sekundärer psychischer Geschlechtscharaktere, dem Gemeinschaftsleben dienende psychische Qualitäten, moralische, soziale Eigenschaften besitzen. So tritt an die Stelle roter Kämme und intensiver Gerüche beim Menschen das verfeinerte Erfordernis der Gehirnanlage, wie sie sich zum Teil aus der „guten Familie", dem guten Vorleben, seiner Lebensstellung und anderen Kriterien mehr erschließen lassen.

Die geschlechtliche Auslese hat beim Menschen also äußerst verwickelte Formen angenommen. Denn die Frau läßt den Mann nicht nur für einen kurzen Sexualakt zu, sondern bindet sich an sein Geschick und seine Begierden für ein ganzes Leben. Weiter sagt der Frau ein starker Instinkt, daß für Kinderaufzucht und ihre eigene soziale Existenz, die gewöhnlich ganz von dem Manne abhängt, die Einfügung des Mannes in das Gesellschaftsleben von fundamentalster Bedeutung ist, genau wie seine Anpassungsfähigkeit an das natürliche Milieu, seine Gesundheit, seine Körperlichkeit und seine Intelligenz. Wenn Ammon[1]) behauptet, läge geschlechtliche Auslese beim Menschen vor, so richte sie sich wahrscheinlich auf ganz unbedeutende Dinge, so muß ich ihm widersprechen. Wohl ist die Frau durch das gerade vorliegende Männermaterial in ihrer Wahl gebunden. Innerhalb dieser Anzahl von Männern wird sie aber instinktiv den Mann aussuchen, der sie sexuell am meisten reizt und die stärkste soziale Verheißung ist. Sozialer Aufstieg oder Verharren auf einer gewissen sozialen oder wirtschaftlichen Höhenlage ist ohne bestimmte intellektuelle und moralische Eigenschaften schwerlich möglich. So gewinnt die Ausbildung der Psyche des Mannes eine indirekte, aber außerordentliche Bedeutung für die Brutpflege und die Lebenserhaltung von Frau und Kindern, und auf sie richtet sich neben der Körperlichkeit des Mannes die Sexualwahl der Frau.

---

[1]) Ammon, Die natürliche Auslese beim Menschen. Jena 1893, 101.

Denn die Frau wählt den Mann, auch wenn die Männer um sie werben. Der beste Beweis dafür ist der Schutz, den der Staat und die Moral der freien geschlechtlichen Entschließung der Frau angedeihen lassen. Gerade durch ihre frigide Passivität erhält die Frau die Möglichkeit einer verhältnismäßig ruhigen Auswahl, sie kann defilieren lassen und aussuchen.

Dies sind Normalverhältnisse, wie sie heute noch in der großen Masse der Bevölkerung vorherrschen. Sie haben in den oberen Klassen hauptsächlich eine mehr oder weniger starke Trübung erfahren und erscheinen durch die größere Sterblichkeit des Mannes und das so verursachte Überwiegen des weiblichen Geschlechts weiter kompliziert. Der Umstand, daß gesunde und lebenskräftige Mädchen unintelligente und moralisch angefaulte Greise heiraten, oder daß aus Mangel an Bewerbern ein Mädchen den ersten besten Mann nehmen muß, vermag an der Regel nichts zu ändern. Denn für die hübschen und gesunden Mädchen wird sich stets eine gewisse Auswahl von Bewerbern vorfinden.

Jedenfalls ist es wie in der Tierwelt, entgegen dem Augenschein, nicht das Männchen, das wählt. Der Mann ist aggressiv und aktiv. Sein Wunsch bedeutet aber, wie bei den meisten Tieren, noch keine Erfüllung, sondern nur ein Aufforderung, einen Antrag. Gerade die Strafgesetze der Kulturstaaten bringen dieses Verhältnis mit großer Deutlichkeit zum Ausdruck und setzen beim jugendlichen weiblichen Wesen niemals eine Zustimmung voraus, immer einen gewaltsamen Akt des Mannes. Einmal aus diesem Grunde, dann aber auch, weil die weibliche Kriminalität eine so geringe Rolle spielt, können wir bei den folgenden Überlegungen uns nur auf eine fehlerhafte geschlechtliche Auslese der Frau beschränken, wenn auch nicht außer Acht gelassen werden darf, daß unsere hochkultivierten Verhältnisse, besonders in den oberen Klassen, der Frau nur eine sehr geringe oder gar keine Möglichkeit der Wahl lassen und so das Heiratsangebot des Mannes tatsächlich — abgesehen von dem Fall der Absage durch die Frau — zu einer Wahl des Mannes gestalten.

Wie aber können wir Zusammenhänge zwischen der verfeinerten Sexualauslese der Kulturvölker und unserer Auffassung des Strafrechts als eines sozialen Auslesemechanismus herstellen?

Bei der Untersuchung dieser Frage eröffnet sich ein Gebiet, auf das sich bisher kein Kriminalist begeben hat. Die Strafe trifft den Täter einer strafbaren Handlung. Dieser Delinquent aber wird vom Staat ernährt und in verhältnismäßig gesunden und im Winter erwärmten Gebäuden verwahrt. Zu Hause aber sitzen die Frauen der Sträflinge und die Kinder. Sie hungern und frieren. Die Frau sucht bei längeren Freiheitsstrafen häufig eine neue geschlechtliche Union und die Kinder sind ohne Erziehung und Aufsicht. Und über alledem lastet der moralische Druck, daß der Vater in der Strafanstalt sitzt, der sich weit in die wirtschaftlichen Verhältnisse hinein erstreckt und den Armen durch Wegnahme des Kredits das Brot verteuert und sie von Wohnung zu Wohnung treibt.

Wir nennen diese Wirkungen ungerecht und suchen sie mit Hilfe der Armenfürsorge und der privaten Wohltätigkeit ein wenig abzuschwächen. In England gibt es sogar ein Heim für Frauen und Kinder von Strafgefangenen. Wir sagen, daß die Frau keine Schuld an der Verdorbenheit ihres Mannes trägt, ebensowenig wie die Frau eine Schuld trifft, deren Mann in schwerem Siechtum dahinwelkt, deren Mann arbeitsunfähig ist, deren Mann Selbstmord begeht oder von einem tödlichen Unglücksfall dahingerafft wird.

Trotzdem dürfen Zusammenhänge zwischen sexualer Auslese und all diesen Niedergangsphänomenen nicht geleugnet werden. Denn all diese Frauen hat ihr Instinkt nicht vor der Verbindung mit einem psychopathischen, unmoralischen, einem siechen, einem unvorsichtigen Mann gewarnt, soweit nicht Zufälle jede Voraussicht ausgeschlossen haben. Mit einer gewissen biologischen Berechtigung wird die Frau in die Verschlechterung der Lebensbedingungen des Mannes hineingezogen und geht, wenn sie sich nicht durch außerordentliche Tüchtigkeit und Lebenskraft herausarbeitet, mit ihm zu Grunde. Nach einem tiefen Gesetz, das ohne Mitleid die Geschicke der Menschen beherrscht, ist sie an das Geschick des Mannes gebunden, an das Geschick, das ihr höchster weiblicher Instinkt ihr zuerteilt hat.

Und die Kinder? Die Tausende von Kindern, die ohne von dem Tun ihres Vaters zu wissen oder ohne es zu verstehen, bitterlich unter seinem Schicksal zu leiden haben?

Auch sie trifft keine „Schuld", Aber wenn ihre Lebensbedingungen gemindert werden und der Kampf ums Dasein sich für sie verschärft, so muß die Erinnerung an die Tatsachen der Vererbung, soweit wir ihnen nähergekommen sind, unsere gefühlsmäßige Aufwallung dämpfen. Denn die hervorragenden unter den Nachkommen eines Kriminellen werden trotz aller entgegenstehender Hindernisse, trotz des Handicap den Weg zur wirtschaftlichen und sozialen Höhe finden. Soweit die Kinder eines Kriminellen aber diese Lebensenergie nicht besitzen, soweit sie die Reihen der Geisteskranken, Trinker, Verbrecher, Selbstmörder und wirtschaftlich Abhängigen vergrößern helfen, können wir annehmen, daß sie von väterlicher und vielleicht auch von mütterlicher Seite belastet sind. Goring[1]) hat kürzlich an einer Anzahl von englischen Zuchthausinsassen die kriminelle Belastung von elterlicher Seite festzustellen versucht und ist zu nachstehenden Resultaten gekommen.

Der kriminelle Elternteil	Erwartung nach Mendel	Kriminelle. Proz.
Beide	100	60,7
Einer	50	53,8
Keiner	25	47,3

[1]) Goring, The English Convict. London 1913, 348.

Diese Auslesewirkungen mitten in scheinbar zusammenhangslosen Phänomenen unseres kulturellen Lebens sind grobe und unsichere; ihr Nutzen übersteigt sicher aber den möglichen und den wirklichen Schaden. Denn vom Standpunkt der Eusymbiose ist der Täter nur ein Symptom seiner Keimbahn, und es ist nicht ungerechtfertigt, an ihr selektive Einflüsse anzusetzen. Versagt sie, so ist ihr frühes Ausscheiden aus dem Lebensprozeß der Rasse verdient und angebracht.

Diese theoretischen Erörterungen gewinnen leicht den Anschein reiner Spekulationen, denn unschwer lassen sich in den Erscheinungen des Lebens Einwände und Bedenken sammeln, leicht läßt sich beweisen, daß die geschlechtliche Auswahl der Frau sich nicht auf den beschriebenen einfachen Linien bewegt, sondern unter dem verschiebenden und verwirrenden Druck von tausend unklaren Einwirkungen des Gemeinschaftslebens vor sich gehe.

So wählt eine Anzahl Frauen ihren Mann nicht selbst, ihre Eltern suchen ihn für sie aus. Andere Frauen heiraten nicht aus sexualen Gründen, sondern rein um sich ökonomisch besser zu stellen. Nach der letzten Reichsstatistik[1]) hat es in Deutschland Tausende solcher Ehepaare gegeben. Und schließlich darf man bei der Frage einer gesunden Nachkommenschaft nicht allein die legitime Ehegemeinschaft in Betracht ziehen; in Deutschland werden jährlich etwa 180000 uneheliche Kinder geboren, die ebenso unter den sozialen Beschränkungen der Mutter oder des Vaters, der nicht Alimente mehr zahlen kann, zu leiden haben wie eheliche Nachkommen.

Auf alle diese Bedenken ließen sich Antworten geben: die nur ökonomisch Interessierten scheiden beim Problem der Nachkommenschaft von selbst aus, die Frauen, die sich ihre legitimen Geschlechtspartner durch die Eltern aussuchen lassen, verraten schon durch diese Nachgiebigkeit ein psychisches Manko und werden, wenn die Wahl der Eltern fehlerhaft ausfällt, den Eigenschaften der Erzeuger nicht allzu fern stehen. Die unehelichen Verhältnisse, die Folgen haben, sind doch schärfer von allen Formen der Prostitution zu trennen, als man im allgemeinen glaubt. Sie gehen oft in legitime Verbindungen über und nähern sich, selbst wenn sie zu keiner Heirat führen, durch die Sorge des Mannes für Frau und Kinder sehr häufig den Zwecken der Ehe. Jedenfalls sind sie beinahe ebenso häufig als die Ehen von einer nicht ganz sorglosen Auswahl durch das Mädchen

[1]) Es heirateten im Jahre 1911

55—60 Jahre alt	3662 Männer	1379 Frauen
60 bis darüber	4016 „	1041 „

Deutsch. Stat. Jahrb. 1913, 25.

Von den Frauen, die einen Mann von 55 Jahren und darüber heirateten, waren alle 2 17—18 Jahre, 2 18—19, 11 19—20, 14 20—21, 18 21—22, 34 22—23, 33 23—24, 35 24—25. Es entschlossen sich also 119 Mädchen unter 25 Jahren, Männer von 55 und darüber zu heiraten.

abhängig, das sich die Frage vorlegt, was wohl dieser oder jener Mann tun würde, wenn der Verkehr Folgen zeitigt. Läßt sich das Mädchen mit einem schlechten Kerl ein, der es bei Geburt eines Kindes rücksichtslos verläßt, so ist ihr Schicksal und das des Kindes nur die Folge einer fehlerhaften Auswahl. So ließe sich mancherlei zur Stütze unserer Theorie sagen, was sich teils von selbst tieferem Überlegen aufdrängt, teils nur angedeutet werden kann.

Strafrechtliche Bestimmungen vieler Völker zu allen Zeiten und in allen Teilen des Erdballs sind Inkarnationen meiner so grau erscheinenden Theorie. Das Urteil gegen Archeptolemos und Antiphon habe ich schon in einem der ersten Kapitel erwähnt. Das Strafrecht des alten Athens ließ aber eine Anzahl Strafmittel systematisch auf die Nachkommen übergehen[1]). Die Geldstrafe, die Hauptstrafe Athens, war vererblich und die Entsetzung aus allen bürgerlichen Rechten traf auch die Kinder. „Der Gedanke, die strafrechtliche Verantwortlichkeit auch auf die Kinder auszudehnen, widersprach nicht dem inneren Empfinden der Athener (Thonissen 153) Lysias findet nichts dabei, gegen die Angeklagten die Verbrechen ihrer Väter vorzubringen, und es ist nicht ohne tiefere Bedeutsamkeit, wenn die Richter glaubten, die Kinder der Kriminellen strafen zu können, weil nach ihrem Glauben die Götter dies ja auch täten. Bekannte Worte des alten Testaments würden diese Rechtfertigung auch dem Richter des 20. Jahrhunderts erlauben.

Bei den Assyrern wurde auch die Frau und die Kinder des Kriminellen ums Leben gebracht und die in Ägypten zur Arbeit in den Bergwerken verurteilten Verbrecher mußten in vielen Fällen ihre ganze Familie, Frauen und Kinder, zu dieser tödlichen Arbeit mitnehmen. (Thonissen I. 160).

Wer den regierenden Inka, die Coya oder den Kronprinzen ermordete, wurde geschleift, mit Pfeilen gespickt und dann gevierteilt, sein Haus zerstört und dem Erdboden gleichgemacht, seine Kinder und Kindeskinder sollten bis zum vierten Gliede zeitlebens verachtet und ehrlos sein und keinerlei Amt oder Stelle bei der Gemeinde oder im Heere verwalten (Brehm 204). In England wurde nach der normannischen Eroberung der Christ, der als Wucherer gestorben war, nach seinem Tode durch das Schwurgericht für schuldig erklärt, seine fahrende Habe dem König und seine Ländereien dem Gutsherrn zugesprochen. (Pike I 127.) Noch vor nicht langer Zeit wurde in England das Vermögen der nicht geisteskranken Selbstmörder konfisziert. Es versteht sich von selbst, daß diese Maßregeln Frau und Kinder auf das tiefste treffen mußten.

Das kanonische Recht kannte bei geschlechtlichen Verfehlungen als

[1]) Genau betrachtet ist zwar nicht die Geldstrafe, aber die wirtschaftliche Schädigung durch eine höhere Geldstrafe ebenso vererblich wie ein Vermögenszuwachs durch ehrliche Arbeit.

Bußübung Enthaltsamkeit von der Ehe (Katz 31). Vielleicht lag dieser Vorschrift ein sehr tiefer eugenischer und eusymbiotischer Gedanke zu Grunde. Die Bußübungen des kanonischen Rechts waren überhaupt im modernen Sinne „indeterminate sentences", da sie erst mit der Besserung aufhören sollten.

Im Schwabenspiegel heißt es über Gewaltverbrechen (Art. 290): Man soll alles töten, was in dem Hause gefunden wird, Leute und Vieh, Roß und Rinder, Hunde und Katzen, Gänse und Hühner.

Evans (180) berichtet folgendes Geschehnis. Als Tschech, der Bürgermeister von Storkow, am 26. Juni 1844 einen Mordversuch auf Friedrich Wilhelm IV. gemacht hatte, wurde er verurteilt und hingerichtet. Am Tage nach der Hinrichtung wurde seine einzige Tochter Elisabeth verhaftet und auf ihre Frage warum, wurde ihr zur Antwort: Nach preußischem Rechte können die Kinder einer wegen Hochverrats verurteilten Person und alle Mitglieder der Familie, vor allem, wenn sie gefährlich scheinen und den Ansichten des Vaters huldigen, für Lebzeiten festgehalten oder aus dem Lande verbannt werden. Evans berichtet, daß das Mädchen nach Westfalen gebracht und unter die Aufsicht eines sehr strengen Pfarrers gestellt wurde, bis es ihr gelang, nach Frankreich zu entfliehen.

Diese Bestimmungen des damaligen preußischen Rechts erinnern sehr an die Verordnung des Arcadius (397 v. Ch.). Nach dieser Verordnung sind die Söhne und mit einigen Milderungen auch die Töchter eines kapitalen Majestätsverbrechers von allem Kriegsdienst und von allen Ämtern, sowie von jedem Erwerb von Todes wegen ausgeschlossen. (Cod. Th. 9, 14, 3; Mommsen 594.)

Durch die Perduellio fiel im Augenblick der Tat das Vermögen des Landesfeindes an den Staat gleich wie wenn es im Krieg gewonnenes Feindesgut wäre. Danach sind alle von diesem Moment an von dem perduellis vorgenommenen vermögensrechtlichen Akte, insonderheit Schenkungen und Testament, nichtig; es kann der Staat jederzeit, auch wenn der perduellis vor Einleitung des Strafverfahrens gestorben ist, durch den Nachweis des Deliktes das betreffende Gut dem Inhaber, natürlich nicht mit der eigentlichen Strafklage, abfordern (Mommsen 592). Desgleichen war im römischen Recht die Erpressungsklage, die Entwendungsklage (Condictio furtiva) und die Bereicherung aus Verbrechen auch gegen Erben des toten Delinquenten zulässig (Mommsen 68).

In China werden nicht nur die schweren Kriminellen, sondern auch die nächsten Anverwandten hingerichtet. Hegar (Zur chinesischen, deutschen und amerikanischen Kriminalistik, Wiesbaden 1914, 1 und 2) teilt die seltsame Episode aus einem deutsch-chinesischen Gerichtshof mit, in dem die beisitzenden Mandarinen sich über die Begnadigung eines 90 Jahre alten Greises durch den deutschen Gerichtsherrn heftig entrüsteten. Der alte Mann war zu der tödlichen

Strafe von 100 Stockschlägen verurteilt worden, weil sein Enkel an der Ermordung eines deutschen Soldaten beteiligt gewesen war.

Das geltende Recht ist unter dem Einfluß des Prinzips der Vergeltung und der Sühne von dem entgegensten Gedanken beherrscht.[1]) Nur die Moral des Volkes trifft noch wie vor 1000 Jahren mit ihrer Verachtung und ihrem Mißtrauen Frau und Kinder von Kriminellen. Das Recht aber bestimmt, daß Geldstrafen, Buße und Prozeßkosten nicht vererblich sind, weil das Recht nur die Verschuldung des Einzelnen, den freien bösen Willen des Individuums in Betracht zieht.

Nun sind unsere Vererbungskenntnisse so unvollkommen und die strafrechtliche Denkweise unserer Zeit so individualistisch, daß nicht daran zu denken ist und vorläufig nicht daran gedacht werden kann, sichernde Maßnahmen oder ähnliche Schritte gegen die Nachkommen von Kriminellen zu ergreifen, ohne daß diese durch strafbare Handlungen deutliche Kennzeichen der moralischen Degeneration dargeboten haben. Möglich ist nur folgendes: Die Folgen wirtschaftlicher und sozialer Art, die sich aus der Freiheitsstrafe eines Mannes für Frau und Kinder ergeben, sind nur mit großer Vorsicht und Überlegung durch Unterstützung des Staates oder von seiten Privater auszulöschen. Gerade diese Verschlechterung der Lebensbedingungen bedeutet den besten Prüfstein, ob Frau oder Kinder sich im sozialen Leben aus eigener Kraft werden halten können oder ob sie so schwer belastet sind, daß ihre Fortpflanzung für die Rasse nicht wünschenswert erscheint.

Über die Fruchtbarkeit schwerer Krimineller hat Goring[2]) in letzter Zeit Untersuchungen angestellt und ist zu den folgenden Ergebnissen gelangt: Von 250000 Personen der allgemeinen Bevölkerung heiraten 621 Promille oder 155220; sie haben durchschnittlich 5,66 Nachkommen oder 877852. Von 250000 Zuchthäuslern heiraten 629 promille oder 157243; sie haben im Durchschnitt 3,50 Promille Nachkommen oder 550653.[3]). Der gewohnheitsmäßige Verbrecher ist folglich halb so fruchtbar wie der niemals vorbestrafte Kriminelle, der die gleichen Zahlen wie die freie Bevölkerung aufweist.

---

[1]) Die Rechte aller Kulturvölker gestatten nicht die Hinrichtung einer schwangeren Frau und bringen dadurch das berechtigte Interesse des Staates an jedem Stückchen Leben zum Ausdruck. Die Hinrichtung einer Schwangeren war schon im alten Ägypten, in Athen und in Rom verboten. Rationell ist die Vorschrift gewiß nicht. Man kann weder dem Kind zu dem Dasein, das es erwartet, noch dem Staat zu dem Zuwachs Glück wünschen. Sicherlich kann außerdem die fötale Entwicklung durch die Todeserwartung der Mutter auf nervössekretorischem Wege schwere Störungen erfahren.

[2]) Goring 289—337.

[3]) Innerhalb der Zuchthausbevölkerung ist nach Goring die Fruchtbarkeit sehr verschieden, ganz wie in der freien Bevölkerung und ihren einzelnen sozialen Schichten. Goring 335.

Die Fruchtbarkeit der Verbrecher zeigt keine große Verschiedenheit gegenüber der der freien Bevölkerung bis zum 40. Lebensjahre. Goring führt den jähen Abfall der Fruchtbarkeit nach dem 40. Lebensjahre darauf zurück, daß um diese Zeit die Strafgefangenen von ihren Frauen verlassen werden. Er führt keine überzeugenden Gründe an, warum dieses Nachlassen der Fertilität nicht auch auf organischen Ursachen, Folgeerscheinungen der Haftnoxen, beruhen könne. Wenn bei manchen Tieren das Genitalsystem so empfindlich ist, daß die geringste Störung ihrer Lebensweise sie unfruchtbar macht, z. B. wenn sie gefangen gehalten werden[1]), und wenn wir diese Erscheinungen bei Sohlengängern, Elefanten und Raubvögeln festgestellt haben[2]), wenn wir schließlich an die gewaltige Unterdrückung oder Pervertierung des Geschlechtslebens denken, die mit Notwendigkeit durch die Haft von längerer Dauer verursacht wird, so darf man die Schädigung durch die Gefangenschaft gewiß nicht ohne weiteres bei der Suche nach Ursachen für diese Fertilitätshemmung ausschließen.[3])

Weitere Angaben über den Kinderreichtum von Kriminellen besitzen wir aus der Schweiz.[4])

					Zahl der Kinder
Zahl der Gefangenen	11704	davon mit Kindern	3556	(30,4 Proz.)	11174
„ „ Männer	9982	„ „ „	2769	(27,7 „	8887
„ „ Frauen	1722	„ „ „	787	(45,7 „	2287

Davon hatten 3 Kinder	747
„ „ 4 „	653
„ „ 5 „	272
„ „ 6 „	201
„ „ 7 „	133
„ „ 8 „	85
„ „ 9 „	37
„ „ 10 „	28
„ „ 11 „	8
„ „ 12 „	12
„ „ 13 „	1
„ „ 14 „	2

[1]) Plate, Selektionsprinzip 42.

[2]) Gruber-Rüdin 119.

[3]) Leider liegen über einen so interessanten Punkt wie die Masturbation bei Gefangenen keine größeren Untersuchungen vor. Obgleich dieses Surrogat des Geschlechtsaktes auf den ersten Blick eine bedeutende Rolle spielen sollte, scheint dies nicht zuzutreffen, eher arbeitet die Phantasie mit sexualen Vorstellungen. (Brauthalluzinose usw.) So exzessive Masturbation, daß sie zur Kenntnis des Aufsichtspersonals und des Anstaltsarztes gelangt, scheinen nur bei geistigen Störungen vorzukommen. So berichtet Lumpp (Bl. für Gefängniskunde 1913, 121) über einen seltsamen Selbstmordversuch durch übermäßige Onanie und es ist

[Anm. 4 s. S. 209.]

Wir müssen aus dieser Statistik uns zu einer Einschränkung eines gewissen Laisser aller gegenüber Frauen und Kindern der Kriminellen drängen lassen. Wie die hohen Ziffern der Frauen zeigen, unterliegt es keinem Zweifel, daß eine Anzahl Frauen erst infolge der großen Kinderzahl Kriminelle werden. Die Kausalität ist hier umgewendet, und dieser verschiedenen Verursachung gemäß wird sich die strafrechtliche Reaktion ganz anders gegenüber diesen Frauen gestalten müssen, die aus mütterlichem Altruismus die Grenzen der Rechtsordnung überschreiten. In Peru galten bei Eigentumsdelikten aus Not ganz eigene Regeln. „Wer Lebensmittel, Kleider, Silber oder Gold gestohlen hatte, bei dem wurde durch sorgfältige Untersuchungen ermittelt, ob ihn Hunger oder Not zum Diebstahl gezwungen habe; war letzteres der Fall, so bestrafte man nicht den Täter, sondern den Beamten, der für des Diebes Notdurft zu sorgen hatte und dem die Pflicht oblag, hinreichende Lebensmittel zu liefern. Den Dieb versah man mit Kleidern und Speise, wies ihm eine Wohnung und ein Stück Land mit dem Bemerken an, daß er mit dem Tode bestraft würde, wenn er jetzt wieder stehlen sollte" (Brehm 206).

Die Frage der selektiven Streuung, wie ich es nannte, ist nicht nur auf die Formen der sozialen Auslese zu beziehen, die den Strafrechtler unmittelbar angehen. Der frühzeitige Tod des Vaters durch Unglücksfall oder Selbstmord, sein Ausscheiden als wirtschaftlicher Produzent durch Internierung in einer Irrenanstalt, alle diese Formen der sozialen Auslese (mögen sie auch nicht immer mit bewußter Absicht herbeigeführt sein, sondern den Einflüssen des Kulturlebens zur Last fallen), wirken selektiv oder können selektiv auf Frau und Nachkommenschaft wirken.

Über den Umfang dieser Auslesemechanismen haben wir durch die sächsische Statistik einige Klarheit. In Sachsen verunglückten 1910 832 Personen tödlich. Diese Personen hinterließen 1050 Kinder.[1]) Selbstmord begingen im gleichen Jahre in Sachsen 1573 Personen, die zusammen 2633 Kinder hinterließen, davon

773 Verheiratete	2042 Kinder	22 Geschiedene	27 Kinder
225 Verwitwete	550 „	33 Unbekannte	2 „
520 Ledige	12 „		

bemerkenswert, daß Lacassagne in seinem Aufsatz über die Kriminalität der Tiere (Revue scientifique 1883) eines Bären Erwähnung tut, der wegen übermäßiger Onanie einzugehen drohte und kastriert werden mußte. Die englische Irrenstatistik gibt Masturbation bei Männern in 224 Fällen, bei Frauen in 32 Fällen als ätiologischen Faktor der Geisteskrankheit (1907—1911) an, also bei den Männern die hohe Zahl von 2,2 Proz. aller Internierungen während der genannten 5 Jahre. Jedenfalls würden genaue Untersuchungen über die sexuellen Funktionen von Strafgefangenen nach Ablauf eines längeren Zeitraumes von höchstem Wert sein.

[4]) Schweiz. Krim.-Stat. 1900, 23.

[1]) Sächs. Stat. Jahrb. 1912, 65.

Am schwersten haben die unversorgten Frauen und Kinder unter den Wirkungen von Unglücksfällen, Selbstmorden, Anstaltsinternierungen und Gefangenschaft zu tragen; wir können ohne Furcht vor groben Fehlern annehmen, daß der weitaus größte Teil der Ausgeschalteten — abgesehen vielleicht von den Selbstmördern — wirtschaftlich sehr schlecht gestellte Familien hinterlassen und durch ihr Ausscheiden aus dem Leben oder dem Wirtschaftsleben sehr schwerwiegende selektive Einflüsse gegen ihre Nachkommenschaft entfesseln.

Auch hier müssen wir auf die engsten biologischen Zusammenhänge zurückkommen. Sehen wir uns die Ursachen der tödlichen Unglücksfälle an, so erkennen wir auf den ersten Blick, daß bei dem überwiegenden Teil nicht der Zufall, sondern die geistige oder körperliche Eignung des Verunglückten ausschlaggebend gewesen ist, mit Ausnahme der in sehr früher Jugend Verunglückten, die in der Regel den Rückschluß auf unvorsichtige oder lieblose Anlagen der Eltern gestatten. In Sachsen waren Ursachen der tödlichen Unglücksfälle 1910:

Ausübung des Berufs	216
Sport, Spiel, Bad	233
Fußverkehr auf der Straße	77
krankhafte Zustände	45
unbekannte Anlässe	148

Davon verunglückten 288 Personen vor dem 15. Lebensjahr.

Für den Selbstmord erscheint nach den längeren Ausführungen der vorhergehenden Kapitel der weitere Beweis eines Zusammenhanges mit körperlicher und geistiger Gesundheit überflüssig. Interessant und wenig beachtet aber sind die Verbindungen, die zwischen früher elterlicher Sterblichkeit und der Kriminalität der Kinder bestehen. Auf diesen Konnex ist man schon seit langem aufmerksam geworden, nur hat man sich darauf beschränkt, in der mangelhaften Erziehung den ätiologischen Faktor für die Kriminalität der Nachkommen zu sehen. Wie ich gleich zeigen werde, ist diese Erklärung oberflächlich und nur halb richtig.

Von 11704 während der Jahre 1892—1896 in der Schweiz inhaftierten Personen waren

verwaist	29,5 Proz.
Kinder geschiedener Eltern	1,9 „
Kinder von Trinkern	10,7 „
Kinder von Kriminellen	3,5 „
Angehörige von Familien, in denen Geistesstörungen vorgekommen waren	2,8 „
Summa:	40,4 Proz.

Nicht so sehr, weil die Kinder keine besonders gute Erziehung genossen haben, — viele haben in Anstalten und bei Fremden eine bessere Erziehung genossen, als es je im Vaterhause möglich gewesen wäre — sind diese Personen im späteren Leben kriminell geworden; sondern weil sie Kinder lebensunfähiger, siecher, degenerierter, alkoholkranker und psychisch defekter Eltern waren, sind diese Menschen im Leben außerstande gewesen, mit ihren gesunden und psychisch wohlausgestatteten Mitmenschen zu konkurrieren, und sind schließlich kriminell geworden.

Ich habe berechnet, daß von 1786 in den 5 Jahren 1906 bis 1910 in die Strafanstalt Moabit eingelieferten Zuchthausgefangenen 347 oder 19,5 Proz. Vater, Mutter oder beide Eltern vor dem 14. Lebensjahr verloren hatten und zwar waren frühzeitig gestorben:

der Vater	211mal	60,8 Proz.
die Mutter	126 „	36,3 „
beide Eltern	10 „	2,9 „

Von den 7844 im Jahre 1909 in Österreich wege Verbrechen verurteilten Jugendlichen waren vor dem 14. Lebensjahre 1811 oder 23,1 Proz. verwaist. Von den männlichen Jugendlichen waren

26,4 Proz.	vor dem	5. Lebensjahre	verwaist
35,3 „	„ „	10. „	„
38,3 „	„ „	14. „	„
53,4 „	väterlicherseits		„
35,4 „	mütterlicherseits		„
11,2 „	beiderseits		„

Von den weiblichen wegen Verbrechen verurteilten Jugendlichen waren

27,0 Proz.	vor dem	5. Lebensjahre	verwaist
34,1 „	„ „	10. „	„
38,9 „	„ „	14. „	„
46,1 „	väterlicherseits		„
36,8 „	mütterlicherseits		„
17,1 „	beiderseits		„

Von den im Jahre 1909 in Österreich nach § 269a StGB. verurteilten Unmündigen waren verwaist:

männlich.	19,5 Proz.
weiblich	25,0 „

Die verwaisten Jugendlichen und die verwaisten Unmündigen sind hinsichtlich des Diebstahls erheblich stärker belastet als hinsichtlich der Körperverletzung.[1]) Daß nicht mangelnde Erziehung der Nachkommen

[1]) Österr. Krim.-Stat. 1912, CXXXIII.

lebensschwacher Eltern die Hauptschuld an ihrem Kriminellwerden trägt, geht auch daraus hervor, daß Wien in der geographischen Verteilung der jugendlichen Waisen obenansteht (25,8 Proz.), die Karpathenländer mit 17,8 Proz. das Minimum aufweisen. In der Großstadt wird im allgemeinen für das verwaiste Kind sehr viel besser gesorgt als in unwirtlichen Gegenden. Was die Kinder kriminell werden läßt, und zwar in der Hauptsache zu Eigentumsdelikten führt, ist erstens einmal die minderwertige Konstitution, die schwächliche oder krankhafte Anlage, sodann die gesundheitlichen Schädlichkeiten der Großstadt oder der Industriebezirke, schließlich sekundäre Momente, die mangelnde Erziehung und Aufsicht. Deutlich überwiegt der belastende Einfluß des früh verstorbenen Vaters.[1]) Ich lasse vier Lebensbeschreibungen von Rückfälligen aus der letzten schottischen Kriminalstatistik folgen.

Fall I. Alter 19, Delikt Diebstahl im Rückfall. Strafe 2 Monate. 6 mal vorbestraft. Einbrüche. Irländer. Vater Arbeiter auf den Werften. Starb, als Gefangener 10 Jahre alt war. Trinker, Mutter trinkt. Beide Eltern römisch katholisch. Geht nicht in die Kirche. Die Mutter tat ihn mit 9 Jahren aus dem Hause; er wurde von der Armenverwaltung untergebracht (auf 5 Jahre) und ging regelmäßig zur Schule. Zwei jüngere Brüder und zwei jüngere Schwestern von ihm lebten ebendort. Solange Gefangener dort war, ging er jeden Sonntag zur Sonntagsschule und in die Kirche. Erziehung gut. Nach dem Verlassen der Schule ging er in eine Druckerei und arbeitete dort bis zu seinem 18. Lebensjahre für einen Lohn von 17 Sh. die Woche, bis er wegen Schlaffheit entlassen wurde. Unverheiratet. Fing mit 17 Jahren an zu stehlen. War arbeitslos, hörte wie andere junge Leute von Einbrüchen sprachen, er brach daraufhin in ein leerstehendes Haus ein und wurde am nächsten Tage gefaßt. Seit dieser Zeit 5 mal wegen Einbruchs bestraft. Dringt in leere Häuser bei Tage ein, indem er den Fenstergriff aufbricht. Nimmt alles, was ihm in die Finger kommt. Hat auch in Gesellschaft von anderen $1\frac{1}{2}$ Jahre getrunken. Will in der Richtung des Einbruchs weitermachen. Scheint intelligent und aktiv, ist wohlgebaut und entschlossen aussehend. Er hat alles Zeug zu einem gefährlichen Verbrecher.

Fall II. Alter 32. Delikt: Bettelei. Strafe 1 Monat. 26 mal vorbestraft. Trunkenheit oder Bettelei. Lebt bei seiner Mutter. Vater ein Fischer.

---

[1]) Ein reichliches und wertvolles Material aus amerikanischen Straferziehungsanstalten gibt Arthur Macdonald in Juvenile Crime and Reformation, Washington 1908.

Andere Störungen des Familienlebens wie Scheidung, Trennung, Eheverlassenheit der Mutter oder vollständiges Verschwinden beider Eltern führen nicht nur durch mangelhafte Erziehung, sondern, wie ich glaube, hauptsächlich durch die Vererbung der psychischen Defekte, die aus dem Verhalten eines Elternteils oder beider sprechen, zur Kriminalität.

Starb, als Gefangener 20 Jahre alt war Eltern gut beleumundet. Presbyterianer und regelmäßiger Kirchenbesucher. Gefangener ging bis zu seinem 14. Lebensjahre zur Schule. Erziehung mangelhaft. Nach Verlassen der Schule begann er Schalentiere und Köder für die Fischer zu sammeln und hilft ihnen bei ihren Netzen. Fing mit 20 Jahren an mit anderen Fischern zu trinken. Ist unverheiratet. Wird leicht betrunken. Die anderen Leute machen ihn absichtlich betrunken, um sich einen Spaß zu machen. Geschieht stets, wenn die Fischer um ihn viel Geld haben. Sagt, als er diesesmal verhaftet wurde, habe er nur einen Mann um Tabak gebeten. Obwohl groß und wettergebräunt, ist Gefangener geistig defekt und sieht aus wie ein Dorftrottel.

Fall III. Alter 26. Delikt: Trunkenheit. Strafe 105 Mark oder 40 Tage. 15 mal vorbestraft. Immer Trunkenheit. Vater war ein Kunsttischler, starb, als der Gefangene 10 Jahre alt war. Beide Eltern guter Leumund. Presbyterianer und Kirchengänger. Gefangener ging bis zu seinem 14. Lebensjahre in die Schule. Geht in die Kirche, wenn er sonst nichts zu tun hat. Erziehung gut. Nach Verlassen der Schule war er 2 Jahre ein Botenjunge. Dann wurde er und ist noch Austräger in einem Geschäft. Arbeitet ordentlich, gibt aber fast sein ganzes Geld für Trinken aus. Ist unverheiratet. Begann mit 17 Jahren zu trinken. Er bekam Verlangen danach, als er mit Bier geschäftlich zu tun hatte. Trinkt allein. Scheint intelligent, ist aber Epileptiker und hat häufig Anfälle.

Fall IV. Alter 29. Delikt: Ruhestörung. Strafe 2 Monate. 15 Vorstrafen. Ruhestörung und Trunkenheit. Vater, ein Minenarbeiter, starb, als Gefangener 24 Jahre alt war. Beide gut beleumundet. Presbyterianer, aber nicht regelmäßiger Kirchenbesucher. Gefangener ging bis zu seinem 15. Lebensjahre in die Schule. Nach Verlassen der Schule arbeitete er in einer Schlächterei (3 Jahre lang), dann 5 Jahre als Friseur, dann als Heizer 4 Jahre. Arbeitet jetzt in einer Grube. Trinkt zu Zeiten unmäßig mit anderen Minenarbeitern. Unverheiratet. Seine erste Verurteilung fand 1907 wegen Ruhestörung statt. Gibt an, daß er mit 18 Jahren zu trinken anfing, nachdem er beim Zusammenbruch einer Tribüne auf einem Fußballplatz einen Schädelbruch erlitten habe.[1]) Wenige Züge machen ihn erregt. Hat vor dem Unfall niemals ein Glas berührt. Predigte früher Sonntags an den Straßenecken. Gefangener scheint geistig nicht normal.

Bei der Durchsicht der Statistiken fällt auf, daß ungewöhnlich viel verheiratete, verwitwete oder geschiedene Strafgefangene kinderlos sind. Leider muß man lange suchen, um diese Erscheinung in unzweideutigen Zahlen fixieren zu können, weil die Kriminalstatistiken in der Regel nur verheiratet oder ledig feststellen, ohne die Kinder zu erwähnen. Einige Gefängnisstatistiken machen aber nähere Angaben und ich habe nach der

---

[1]) Minderwertige Anlage (Stellungswechsel) und Trauma.

italienischen[1],) der französischen[2]) und der belgischen[3]) den Anteil der Verheirateten, Geschiedenen oder Verwitweten berechnet, die sich am 31. Dezember der Jahre 1911 (Italien), 1908 (Frankreich), und 1911 (Belgien) in den Strafanstalten befanden und entweder Kinder hatten oder kinderlos waren. Die österreichischen Angaben beziehen sich auf sämtliche Internierungen während der Jahre 1905—1909[4]).

Italien:	Gerichtsgefängnisse	Zuchthäuser
Von den Verheirateten waren kinderlos:	29 Proz.	33,1 Proz.
Von den Verwitweten waren kinderlos:	37,6 „	45,9 „

Frankreich:

Von den in den Zentralgefängnissen internierten	
verheirateten Männern waren kinderlos	29,0 Proz.
verheirateten Frauen waren kinderlos	30,5 „

Belgien:

Von den in den Strafanstalten internierten	
verheirateten Männern waren kinderlos	23,0 Proz.
verheirateten Frauen waren kinderlos	19,6 „
geschiedenen, verwitweten Männern waren kinderlos	30,9 „
geschiedenen, verwitweten Frauen waren kinderlos	33,3 „

Österreich:

Von den in den Strafanstalten im Zeitraum 1905—1909	
internierten verheirateten Männern waren kinderlos	23,9 Proz.
verwitweten Männern waren kinderlos	36,7 „
verheirateten Frauen waren kinderlos	37,6 „
verwitweten Frauen waren kinderlos	30,9 „

Die geringe Fruchtbarkeit der Kriminellen finden wir bei den Personen wieder, deren Ehe gerichtlich geschieden wird. Nach meiner Berechnung trafen in folgenden Zeitperioden auf 100 geschiedene Ehen solche, die kinderlos waren:

Belgien	1911—1912	31,25 Proz.	(Belg.Krim.-Stat.1912,313u.1913,322).
Bayern	1908—1912	42,37 „	(Bayr. Stat. Jahrb. 1913, 43/45).
Berlin	1907—1911	46,23 „	(Berl. Stat. Jahrb. 1913, 76 und 100).
Österreich	1911—1912	46,50 „	(Österr.Stat.Handb.1912u.1913,30/31).

Aus neuerer Zeit habe ich keine Angaben über die eheliche Fruchtbarkeit finden können; ich führe deshalb die mit Vorsicht zu verwen-

1) Ital. Gef.-Stat. 1913, 98/99.
2) Franz. Gef.-Stat. 1910, 50/51.
3) Belg. Krim.-Stat. 1912, 376.
4) Österr. Gef.-Stat. 1907—1911, S. 12.

denden Zahlen an, die Lucien March nach Kiaer gegeben hat. Auf 1000 Ehen von mehr als 25 Jahren Dauer trafen kinderlose in

Norwegen (1894)	115	
Oldenburg (1876—1885)	92	
Berlin 1885	112	
Kopenhagen (1880)	115	(Bericht über den XIV. Intern.
Rio de Janeiro (1890)	110	Kongreß für Hygiene und Demo-
Neu-Süd-Wales (1891)	46	graphie, Berlin 1908. III, 1193.)

Wenn wir auch annehmen, daß ein Teil der verheirateten Gefangenen nach der Entlassung noch Kinder produziert, so bleibt immer noch ein erheblicher Abstand zwischen der Fruchtbarkeit der Kriminellen (und Geschiedenen) und der der freien Bevölkerung bestehen.

Ich habe auf S. 207 die Zahlen genannt, die Goring für die durchschnittliche Fruchtbarkeit seiner Zuchthausgefangenen ermittelt hat.

Zerlegt man die Zuchthausbevölkerung, so ergibt sich, daß die angewandte Reproduktionskraft der Erstbestraften mit der freien Bevölkerung nahezu übereinstimmt, die der Betrüger und Gewaltverbrecher größer,[1]) die der Gewohnheitsverbrecher aber weniger als halb so tätig ist, als die der Erstbestraften und der freien Bevölkerung.

Unsere Zahlen aus Italien, Frankreich, Belgien und Österreich erfaßten nicht die Zahl der Kinder, die überhaupt einmal produziert worden waren, sondern nur die Nachkommenschaft, die an einem bestimmten Tage der Internierung noch existierte. Offenbar ist dieser Maßstab ein sehr viel sicherer, denn wir wissen, daß z. B. 1911 in Deutschland 240, 4 Promille der Gestorbenen im ersten Lebensjahre den mit untauglichen Mitteln unternommenen Versuch zu leben wieder aufgaben, als Keimbahnfortsetzungen praktisch also nicht in Betracht kommen. Goring hat diese Einschränkung zwar nicht rechnerisch verwertet, aber doch darauf hingewiesen, daß in England 15,6 Proz. aller Geborenen schon im ersten Lebensjahre starben, von den Kindern der Kriminellen aber 31,5 das zweite Lebensjahr nicht erreichten.

In Deutschland fehlt uns jeder Anhaltspunkt für die Fertilität der Kriminellen und die Zahl ihrer erfolgreich zur Aufzucht gebrachten Nachkommen. Einen Übergang ins Land der Kriminalität bilden nur die unehelichen Kinder. Darüber geben uns folgende Zahlen Aufschluß:[2])

---

[1]) Goring erklärt diesen Umstand bei den Betrügern, dahin, daß gerade die Anforderungen der Ehe sie zu kriminellen Handlungen drängen, bei den Gewaltverbrechen mit den Mißhandlungen, die gerade an der Frau begangen werden und deshalb ins Zuchthaus führen. Ich möchte diese Erklärungen nicht ganz für ausreichend halten.

[2]) Deutsch. Stat. Jahrb. 1913, 32.

Auf 100 Lebendgeborene trafen im 1. Lebensjahr Gestorbene.

Jahr:	überhaupt:	eheliche:	uneheliche:
1901	20,7	19,4	33,9
1902	18,3	17,3	29,3
1903	20,4	19,3	32,7
1904	19,6	18,6	31,4
1905	20,5	19,4	32,6
1906	18,5	17,5	29,4
1907	17,6	16,6	28,0
1908	17,0	16,8	28,5
1909	17,0	16,0	26,6
1910	16,2	15,2	25,7
1911	19,2[1]	18,2[1]	29,9[1]

Ganz deutlich tritt die höhere Säuglingssterblichkeit der unehelichen Kinder hervor, vor allem starben die unehelichen Kinder zu nahezu einem Drittel wieder im ersten Lebensjahre. Es geht nicht an, diese erhöhte Mortalität ausschließlich auf mangelnde Pflege und den Wunsch der unehelichen Mutter zurückzuführen, das Kind wieder los zu werden. Denn eine Anzahl ehelicher Kinder erscheinen ebenso unerwünscht und unterstehen durchaus nicht günstigeren Bedingungen der Aufzucht.

Für alle diese Zusammenhänge bietet sich uns eine Erklärung. Die gleichen Ursachen, die keine Kinder haben entstehen oder das Kind früh haben sterben lassen, nämlich organische Schwächezustände, Alkoholismus, Lues sind als Bedingung der Kriminalität im Spiel gewesen. An eine absichtliche Kinderbeschränkung ist ja in den Kreisen, aus denen die meisten verurteilten Kriminellen stammen, wenig zu denken; aus den Zahlen Gorings ging auch hervor, daß die Kriminellen mehr heiraten und — wie man beifügen kann — früher heiraten, als die entsprechende Anzahl von Männern der freien Bevölkerung. Bedenkt man, daß die wirtschaftliche Not, einer der Hauptanlässe der Eigentumsdelikte, im allgemeinen in kinderreichen Familien größer sein muß, als in kinderlosen, so verstärkt sich die Bedeutsamkeit der Erscheinung.

Dies sind die Ergebnisse unserer Untersuchung:

1) Der Kriminelle gehört zu einem nicht geringen Teil den von selbst aussterbenden Rassebestandteilen an. Auffällig viel verheiratete, verwitwete oder geschiedene Kriminelle sind kinderlos.
2) Er stammt zu einem erheblichen Prozentsatz von lebensschwachen, frühverstorbenen Eltern ab.
3) Die Insuffizienz, die aus einem kriminellen Leben spricht, ruht, wie das Schicksal des Keimplasma zeigt, auf der breiten Basis körperlicher Minderwertigkeit.

[1]) 1911 war ein Jahr mit einer längeren Hitzeperiode und hoher Mortalität.

Die Mitglieder des Familienverbandes, die von den Mächten der natürlichen Auslese nicht in der Entwicklung erstickt oder im Leben vernichtet sind, die Kinder und die Frau trifft die strafrechtliche Auslesestreuung mit wirtschaftlicher Not, seelischen Attacken und sozialer Minderung. Nur die ganz Lebensfähigen vermögen dieser Doppelbelastung standzuhalten und allen unverdienten Hemmnissen zum Trotz sich emporzuarbeiten. Die Frauen, deren ganze psychische Organisation nicht besser ist als ihr Liebesinstinkt, die Kinder, die nicht besser sind als ihr unterlegener Vater, werden in den alten und ewigen Kreislauf hineingerissen. Tausend Auslesewirkungen der Natur und der Gesellschaft unternagen ineinandergreifend die Stützen ihrer Existenz. Die Missetat, die aus der Mißbildung hervorgeht, wird an Kindern und Enkeln vergolten, nach den Gesetzen einer Gerechtigkeit, die in das Innere des Menschen, nicht auf die Handlungen sieht, die zur Kenntnis der Polizei kamen.

Alle Störungen der Auslese haben fehlerhafte Streuung zur Folge. Alle Fehler, die der strafrechtliche Ausleseprozeß nicht zu vermeiden versteht, werden so ins Unübersehbare vergrößert. Eine Justiztötung kann zehn Menschen ruinieren, ein unentdeckter Verbrecher, ein Bankier etwa, dessen Betrügereien eine zahlreiche minderwertige Nachkommenschaft füttern, gesund und mächtig machen, bedeutet eine immer anwachsende Gefahr für die Sicherheit der Gesellschaft. Der Gedanke, daß die Fehlauslese der Gesellschaft nicht beim Einzelmenschen haltmacht, nicht haltmachen kann, sondern wellenförmig weiterschreitet, hat bisher wenig Beachtung gefunden. Der Kriminalist darf diese Wirkungen nie unterschätzen, er muß sich stets bewußt sein, daß ebenso unverdient wie der Adel alle Strafe erblich ist.

Siebentes Kapitel.

Folgerungen.

§ 35.

Mit möglichster Knappheit habe ich meine Auffassung von der selektiven Funktion des Strafrechts dargelegt. In erster Linie sind die Mittel zu vervollkommnen, mit denen wir die soziale Eignung eines Menschen einwandfrei feststellen können; dann aber müssen die Ausleseprozesse, mit denen wir eine Selektion der sozial unbrauchbaren Individuen in die Wege leiten, nach Möglichkeit rationell gestaltet werden.

Die Zeit wird kommen, in der man auf den Hochschulen den Studenten das Lachen lehren wird, über die Methoden, mit denen wir den Phänomenen des Verbrechens zu Leibe gegangen sind. Ebenso wie wir jetzt lächeln, wenn wir hören, daß die alexandrinischen Alchimisten ein Experiment mit Fasten und Gebet einleiteten, so werden sich kommende Generationen wundern, wie es möglich war, die Mortalität so tief herabzudrücken, der Kriminalität, einem viel faßbareren Phänomen, aber so hilflos und verwirrt gegenüberzustehen.[1]) Der Gedanke, der uns heute befremdet, man könne Menschen züchten, wie wir andere tierische Wesen um bestimmter Nutzeigenschaften willen gezüchtet haben, wird groß werden, vertraut, fruchtbar. Denn spätere Zeiten werden klar sehen, daß es keine nützlicheren Tiere für uns gibt, als unsere Mitmenschen und keine nützlicheren Funktion für uns in ihnen, als das moralische Gefühl, das das Verhältnis ihrer Lebensäußerungen zu den Interessen eines jeden von uns lenkt und beherrscht. Bedacht, in voller Ruhe und im Einklang mit den besten wissenschaftlichen Prinzipien werden wir die Träger solcher Anlagen zu fördern, die unmoralische und asoziale Gehirnanlage aber zu unterdrücken suchen, wie es im Dunkel der Unwissenheit tastend unser Instinkt oft irrend jetzt schon tut.

Daß wir jetzt der Kriminalität so ohnmächtig und hilflos gegenüberstehen, hat gute Gründe. Denn wenn wir auch zu einer sehr komplizierten und hochentwickelten Systematik des Rechts gelangt sind, so sind doch gewisse Hauptdaten, die wir dauernd in Rechnung stellen, jeder wissenschaftlichen Begründung bar. Zu diesen Daten gehört vor allem der rechtbrechende Mensch, den wir erst in ganz neuer Zeit in den Kreis kausaler Betrachtungen zu ziehen angefangen haben. Wie wir die Geschehnisse der Natur mit der einfachen Antwort erklärten, Gott habe sie geschaffen, so beruhigten wir uns dem Kriminellen gegenüber mit der Begründung, er habe rechtswidrig gehandelt, weil er einen kriminellen Willen habe. Das Strafrecht operiert heute noch mit einer Fiktion des freien Willens, den die exakten Wissenschaften schon längst zu all den andern großen Irrtümern geworfen haben. Das Strafrecht legt seinen Regeln die Psycho-

[1]) Bayern.

Auf 100 000 Einwohner trafen Sterbefälle an:

	1886	1896	1906	1910
Tuberkulose	281,7	295,2	266,6	222,8
Diphtherie und Krupp	112,0	39,2	19,6	20,7
Typhus	18,0	5,7	2,7	1,7
Kindbettfieber	7,7	5,6	4,8	4,7

Deutsches Reich:

Auf 100 000 der strafmündigen Zivilbevölkerung trafen Verurteilungen wegen Verbrechen und Vergehen gegen Reichsgesetze:

	1886	1896	1906	1910
Verurteilte überhaupt	1020	1197	1229	1173
Jugendliche	565	701	764	659
Männer	1742	2079	2152	2043
Frauen	361	389	374	365

Wäre die Kriminalität im Deutschen Reiche in dem gleichen Maße gefallen wie die bayerische Mortalität an Typhus, so würden wir im Jahre 1910 ungefähr 32000 Verurteilte zu zählen haben an Stelle von 538225 Individuen, die in Wirklichkeit verurteilt worden sind.

logie längst vergangener Zeiten zu Grunde, ja der Zweifel ist erlaubt, ob das Strafrecht in seiner jetzigen Gestalt überhaupt eine Wissenschaft und nicht strafrechtliche Theologie ist.

Hier treffen wir auf einen Punkt, der bisher aus begreiflichen Gründen viel zu wenig Beachtung gefunden hat. Vergleicht man den allgemeinen Teil des Strafrechts, z. B. des deutschen Reichsstrafgesetzbuches mit einem Katechismus, gleichgültig welcher Konfession, so wird man zwischen ihren Prinzipien mehr Übereinstimmung finden als zwischen einem Strafgesetzbuch und einer wissenschaftlichen Kriminalpsychologie, etwa dem Werke von Hans Groß oder der Arbeit Aschaffenburgs. Und weiter muß es auffallen, daß bei allen Diskussionen über die Reform des Strafrechts sich zwei Lager bilden, die seltsamerweise mit dem politischen und religiösen Bekenntnis zusammenfallen. Die konservative und die religiöse Weltanschauung erwartet von der Beseitigung der Begriffe freier Wille und Schuld einen sozialen Kollaps, die liberale, religiös unausgesprochene und die sozialistische Richtung der politischen Anschauung steht auf dem entgegengesetzten Standpunkt. Jene fordern Todesstrafe, Prügel, Gefängnis für die Jugendlichen, klagen über Ausdehnung des Begriffs der Unzurechnungsfähigkeit. Diese sind reformfreundlich und suchen die unnötigen Härten des Strafrechts zu mildern. Alle diese Differenzen äußern sich gerade auf strafrechtlichem Gebiete, obgleich es sonst Fragen genug gibt, in denen gebildete Menschen aller Parteien und jeder religiösen Richtung einer Meinung sind.

Gerade die Einmischung religiöser Dogmen in eine Frage, die sich auf rein irdische Dinge bezieht, muß den naturwissenschaftlich gebildeten Kriminalisten in Erstaunen setzen. Dabei ist jene alte und feine Tradition der Kirche, praktische Sozialpolitik zu treiben, die Klassengegensätze zu glätten und zu überbrücken, eine stille und wirksame Form seelischer Schutzaufsicht zu treiben, mehr noch auf protestantischer als auf katholischer Seite, fast ganz verloren gegangen. Es ist dies um so bedauerlicher, als gerade der Geistlichkeit infolge ihrer Sonderstellung psychotherapeutische Behandlungsmöglichkeiten von größtem Werte zur Verfügung stehen.

In England liegen die Verhältnisse ja wesentlich anders. Bei uns aber kann es vorkommen, daß in amtlichen Statistiken berichtet wird, den Geistlichen sei es gelungen, die kirchliche Trauung von weiblichen Strafgefangenen nachzuholen, die „bloß“ bürgerlich getraut waren,[1]) als ob es nicht wichtigere Aufgaben für einen Seelsorger gäbe, als solche Äußerlichkeiten zu erreichen, die ja nur in dem Abwechslungsbedürfnis und der Berechnung der Gefangenen ihre Ursache haben. Seltsam muß es berühren, daß die Geistlichkeit so entschieden für rohe Strafmittel eintritt, wie jüngst die englischen Bischöfe für die Wiedereinführung der Prügelstrafe, daß die Person Gottes in kriminalpolitische Diskussionen hereingezogen und als unwiderlegbares Argument verwandt wird. „Es wäre also vom christlichen Standpunkt aus

[1]) Preuß. Gef.-Stat. 1913, CXXII.

eine Anklage gegen die Vorsehung, anzunehmen, ein sonst leiblich und geistig normaler Mensch könne ohne seine Schuld aller sittlichen Begriffe und Grundsätze entbehren und mithin jeden Kompaß für sein sittliches Verhalten ermangeln."

Diese Worte Kathreins[1]) tragen die Erörterung wissenschaftlicher Fragen auf ein Gebiet, auf das wir ihm nicht folgen können. Wenn jede Schuld, wie er sagt (87), Sünde und eine Beleidigung Gottes ist, so sind wir mit dieser Auffassung um Jahrhunderte zurückgeworfen.

Alte religiöse Anschauungen, die zum Teil von der Kirche selbst laut oder stillschweigend verlassen worden sind, helfen so eine jede wirkliche Reform selbst in den Köpfen der Menschen erschweren. Wir nähern uns wieder der Ansicht, daß es nützlich sei, unter gewissen Bedingungen — und wie ich hinzufügen möchte, unter gewissen Garantien — die Anklagepflicht der Staatsanwaltschaft einzuschränken. Gründe werden für und wider laut, und niemand käme ohne weiteres auf den Gedanken, daß auch hier religiöse Dinge einwirken könnten. Und doch sind solche Einflüsse von nicht geringer Zähigkeit im Spiel.

Vor nicht langer Zeit, im Jahre 1892, ist in Stuttgart in zweiter Auflage ein kleines Buch mit dem Titel: „Die Verwaltung des Exorzistats nach Maßgabe des römischen Benediktionales" erschienen. Der Verfasser Dr. Theobald Bischofberger beschreibt, wie er dämonische Kräfte aus Besessenen ausgetrieben habe, und gibt Regeln für die Anwendung des Exorzistats. Dieses steht in einem Buche, das ein Geistlicher vor 20 Jahren im Deutschen Reiche in zweiter Auflage erscheinen ließ:

Ursachen der dämonischen Heimsuchungen und Infestationen.

Wie alles zeitliche Übel seine Wurzel in der Sünde hat, so auch die dämonischen Infestationen... Sehr häufig liegt die Ursache einer Erscheinung in viel früherer Zeit. Es ist z. B. ein großes Unglück, wenn ein Haus auf einem Platz gebaut wird, auf dem in viel früherer Zeit ein Verbrechen verübt worden ist. Noch schlimmer ist es, wenn das Verbrechen nicht an den Tag gekommen und folglich nicht bestraft worden ist, solche Stätten bleiben jahrhundertelang die Tummelplätze der bösen Geister. Wird zufälligerweise ein Haus auf einer solchen Stätte erbaut, so werden die Bewohner deshalb wahrscheinlich manches zu leiden haben. — Das gleiche gilt von schon erbauten Häusern, wenn in denselben grobe Sünden und Laster: Mord, Abtreibung der Leibesfrucht, Gotteslästerung, Zauberei (d. h. abergläubische Übungen mit mehr oder weniger klarem Bewußtsein, daß diese Übungen Geheimnisse des Satans seien, wie das sogenannte Christophorusgebet), Bestialität usw. vollzogen worden sind. Ein viel späterer Besitzer kann möglicherweise noch die Folgen davon zu spüren bekommen." (33).

---

[1]) Grundbegriffe des Strafrechts. Freiburg 1905. 69.

Der uralte Aberglauben, daß die Seelen der Ermordeten nicht eher zur Ruhe kommen, als bis die Untat gerächt worden ist, feiert so in etwas ausgedehnterer Form gegenüber allen nicht durch Strafe entsühnten Delikten seine Auferstehung. Was haben aber solche Anschauungen mit der strafrechtlichen Frage, ob die Anklagepflicht der Staatsanwaltschaft in gewissen Fällen eingeschränkt werden dürfe, zu tun?

Das Problem, warum gewisse politische Parteien und die Vertreter der religiösen Dogmen sich so scharf gegen jede Reform des Strafrechts wenden, muß auf historischem Boden gesucht werden. Wir schreiben dem Strafrecht die Aufgabe zu, die Individuen mit ungenügenden sozialen Anlagen aus dem Lebensprozeß der Rasse sofort oder allmählich auszuscheiden. Der Typus, dem das moderne Strafrecht zustrebt, ist nicht der Mensch der blinden Unterordnung, des kritiklosen Glaubens, und eines demütigenden Abhängigkeitsgefühls.[1]) Mit all diesen Dingen hat das Strafrecht gar nichts zu tun. Zwar erkennen wir die tieferen Begründungen der sozialen Unterschiede an, die daraus sich ergebenden Verhältnisse der Unterordnung und der Führerschaft sind ganz natürliche und gesunde. Wir können aber nicht anerkennen, daß diese Unterschiede in verknöcherter Starrheit festgehalten werden, der Aufstieg durch unelastische Regeln erschwert und der Niedergang künstlich hintangehalten wird.

Die Verantwortung für diese gefahrvolle Gefäßverkalkung des sozialen Organismus hat nur zum Teil das Strafrecht zu tragen. Es kann aber nicht geleugnet werden, daß das Strafrecht noch lange nicht mit der genügenden Klarheit sein Ziel erkannt hat und dieses Ziel mit ausreichenden Mitteln erstrebt. Gleichgültig, welcher gesellschaftlichen Schicht die Menschen angehören, sind die Individuen in ihren Lebensbedingungen zu verkürzen, deren Eigenschaften in grober Form mit den Zwecken des Gemeinschaftslebens unvereinbar erscheinen. Das Strafrecht hat nicht danach zu fragen, ob ein Mensch reich oder arm, schön oder häßlich, intelligent oder dumm sei. Alle diese Dinge sind erst durch assoziative Verbindungen bisweilen mit der Kriminalität in Einklang oder in Gegensatz gebracht worden. Das Strafrecht geht nur die Fähigkeit des Menschen an, sich den Bedingungen des sozialen Lebens anzupassen. Alle andern Anomalien

---

[1]) „Dogs breed freely in captivity and in the enomous period of time that has elapsed since the first hunters adopted wild puppies there has been a constant selection by man, and every dog that showed any independence of spirit has been killd off. Man has tried to produce a purely subservient creature and has succeeded in his task . . the dog is an engaging companion, an animated toy more diverting than the cleverest piece of clockwork, but it is only our collossal vanity that makes us take credit of the affection and faithfullness of our own particular animal. The poor beast can not help it; all else has been bred out of it generations ago . . . . independence has been bred out of the race, by getting rid of the adults, which showed ‚vice' the name that we apply to qualities that do not suit us." Mitchell, Childhood of animals. 206 und 218.

müssen sonstigen selektiven Mechanismen überlassen bleiben, die wir ja im Laufe unserer Untersuchung mehrfach aufgezeigt haben.

Nach der Feststellung der leitenden Gesichtspunkte des Ausleseplanes kamen wir zur Prüfung der Auslesemittel. Das Hauptbedenken, das wir bei jedem Schritt geltend machen mußten, war die ungeheure Überschätzung der Strafwirkungen im Strafrecht der Gegenwart. Das Strafrecht hält den Kriminellen für einen normalen Menschen, der nur aus Schlechtigkeit seinen Willen zum Bösen bestimmt hat, obgleich er ebensogut hätte ein anständiger Mensch bleiben können, und baut auf diesem Universalmodell des Menschen eine Skala von Maßregeln auf, die beim normalen Menschen in der Regel determinierend wirken, genau wie man früher Tiere und Irre mit Strafe determinieren zu können geglaubt hat. Eine Durchbrechung erfährt dieses Prinzip nur bei der Frage der Unzurechnungsfähigkeit, und obschon man hier an einen Fortschritt denken könnte, — allein weil auch hier wieder je nach politischen und religiösen Lagern sich die Ansichten spalten — so hat man einen theoretisch richtigen Gedanken so lange gezerrt und gestoßen, bis er zwar in das System des Strafrechts hineinpaßte, praktisch aber eine überaus gefährliche Gestaltung angenommen hatte. Der Unzurechnungsfähige darf nicht bestraft werden. Da aber unser Kriminalrecht ein Strafrecht und nicht ein Sicherheitsrecht ist, keine andern Mittel kennt als Strafe, so mußte man den Unzurechnungsfähigen, wenn er nicht gerade gemeingefährlich war, freilassen oder wenigstens, sobald der Gesundheitszustand es erlaubte, aus der Irrenanstalt entlassen[1]). Man setzte einen gefährlichen Menschen in Freiheit und sprach die Teilnehmer mit einem geradezu kindisch hartnäckigen Festhalten an dem Wortlaut des Gesetzes frei.

Mit der Auffassung des Sicherheitsrechtes als eines selektiven Instruments der Gesellschaft muß ein jedes Mittel, das rationell wirkt, in das Kriminalrecht Aufnahme finden. Dabei soll nicht eine Brutalselektion, wie oberflächliche Beurteiler gemeint haben, ohne weiteres durch Todesstrafe und lebenslängliche Detention zur Anwendung kommen. Auch die Natur geht nicht mit diesen groben Mitteln allein vor, obgleich die starken Bewegungen optisch am besten sich bemerkbar machen. Im Gegenteil. Wie die Natur Wirkung auf Wirkung häuft, gesunden läßt oder von einer schwächenden Erkrankung zur andern weiterschreitend allmählich zum Exitus führt, so haben auch meine Untersuchungen zu dem Ergebnis geführt, daß wohl eine soziale restitutio statthaft. Die kleinen Freiheitsstrafen und die Geldstrafen des herrschenden Rechts stellen eine Verfeinerung des selektiven Prozesses dar; unsere Unsicherheit, Menschen zu erkennen und zu

---

[1]) Einmal kennen wir keinen Internierungszwang, wenn der Kriminelle geisteskrank, aber nicht gemeingefährlich ist, das andere Mal keinen Festhaltungszwang, wenn er noch gemeingefährlich, die Psychose oder ihre deutlichen Erscheinungen aber im Abklingen sind.

beurteilen, klammert sich erst einmal an Einzelsymptome, unterstellt Einzelhandlungen der Prüfung und kommt in vorläufigen, wieder gut zu machenden und reparablen Maßregeln zum Ausdruck.

Verschärft wird die Schwierigkeit durch den Umstand, daß zweifellos in nicht wenigen Fällen unsere sozialen Mißstände den Menschen in einen Konflikt mit den stärksten animalischen Trieben drängen wie Hunger, Elternliebe usw. und daß unter diesen Umständen auch für den normalen Menschen die Kriminalität bisweilen als eine ganz zweckmäßige Reaktion erscheinen muß.

Diese Richtung ist aber noch weiter zu verfolgen. Alle Mittel müssen in das Strafrecht Aufnahme finden, die dem Richter Gelegenheit geben, sich selbst zu revidieren. Ohne die bei weitem überragende Rolle der Anlage zu unterschätzen, müssen wir das Gewicht exogener Momente aufs sorgfältigste beachten. Wir wissen genau, daß der Ablauf chemischer Reaktionen je nach Druck oder Temperatur ein ganz verschiedener ist. Wir ziehen bei jedem Experiment, bei jeder Analyse oder Synthese dieses physikalische Milieu in Betracht. Beim Menschen aber verlangen wir, daß er niemals und unter keinen Umständen sich zu strafbaren Handlungen hinreißen lasse und stellen die drängendsten Umwelteinflüsse höchstens als mildernde Umstände in Rechnung. Wir bestrafen den Dieb, der aus Not stiehlt, ebenso wie die Diebe der besseren Klassen, die unter den lockeren Formen des Betrugs den Mitmenschen bestehlen und nur aus Gewinnsucht handeln. Wir bedenken nicht, daß gewisse Spielarten der Sittlichkeitsdelikte durch das Wohnungselend der niederen Klassen geradezu gezüchtet werden. Es kann ein Glück genannt werden, daß diese Handlungen nur zu einem winzigen Bruchteil an das Licht des Tages kommen.

Eine Hauptforderung und Konsequenz unserer Auffassung wird deshalb die unbestimmte Verurteilung und ihre jetzt schon einführbaren kriminalpolitischen Verwandten, die bedingte Verurteilung und die bedingte Entlassung, schließlich die Rehabilitation sein, die praktisch im Institute der Verjährung schon existiert. Damit wird endlich die Trennung zwischen Tat- und Behandlungsgericht (das die sogenannte Schuldfrage zu prüfen hat) gemacht werden können. Die Tatfrage wird durch die bisherigen Richter zu entscheiden sein; gleichzeitig werden sie das anzuwendende Strafgesetz bestimmen. Die Behandlung des Verurteilten werden nicht die Verwaltungsbehörden in die Hand zu nehmen haben, wie man jetzt gern erklärt, um diese Trennung als eine gefährliche hinzustellen, sondern ein Gerichtshof bestehend aus ordentlichen Richtern, Ärzten und Beamten der betreffenden Straf-, Heil- oder Sicherungsanstalt.

Die Verfeinerung der Auslese soll aber nicht nur in der Richtung einer Milderung der Strafen stattfinden, es sollen auch mehrfache und unzweideutige Erfahrungen über die soziale Mangelhaftigkeit eines Menschen zu effektiven Maßregeln, bei unverbesserlichen Kriminellen zu lebenslänglicher Detention führen. Man braucht vor diesem Wort nicht erschrecken, denn alle Kriminellen — seien sie auf ein Jahr oder auf 15 Jahre ins Zuchthaus geschickt — sind auf Lebenszeit verurteilt gewesen, wenn sie in der Strafanstalt sterben. Diese Unverbesserlichkeit nennt die Natur Lebensunfähigkeit; auch sie kennt dafür die Todesstrafe und vollzieht sie Tag für Tag an Tausenden.

Nun ist es wahr, und wer dies bestreiten wollte, würde wenig Verständnis für die Psychologie des Rechtsgefühls verraten, daß die neuen Behandlungsmethoden des Strafrechts dem Reaktionsbedürfnis des Geschädigten und der Allgemeinheit nur sehr wenig entgegenkommen werden. Gerade der einfache Mann fühlt sich am meisten gedrängt, seine Gefühle abzureagieren und ihm die bisweilen rationelle, oft wirkungslose Form der Gegenschädigung zu geben. Dieses Reaktionsbedürfnis bleibt unbefriedigt, wenn es sieht, daß jugendliche Kriminelle, die vielleicht Kinder geschändet, Häuser in Brand gesteckt oder gefährliche Körperverletzungen begangen haben, in großen, luftigen, gesunden Anstalten mit Spielplätzen und kinematographischen Vorführungen festgehalten und nicht schmerzhaft bestraft werden. Das Reaktionsbedürfnis kommt auch bei der bedingten Verurteilung, bei der bedingten Entlassung, bei der sichernden Verwahrung der gewohnheitsmäßigen Verbrecher zu kurz. Mit diesen gefühlsmäßigen Widerständen muß gerechnet werden, wenn es auch grundfalsch wäre, ihnen irgend einen Einfluß auf die Art der Maßregeln einzuräumen, die wir nach reiflicher Überlegung und bei genauer Kenntnis des Kriminellen für richtig angesehen haben.

Auf andere Weise aber läßt sich dies gefühlsmäßige Manko, das die große Menge zu einem nicht geringen Widerstreben gegen die moderne Bewegung im Strafrecht anstachelt, zu einem Teil wenigstens wieder ausgleichen. Die Entschädigungspflicht des Schuldigen muß in ganz anderer Weise betont werden als dies bisher geschehen ist und bei der Hartnäckigkeit, mit der alle Grenzen zwischen Zivil- und Strafrecht festgehalten wurden, nicht anders geschehen konnte. Der in Geld entschädigte Verletzte wird nicht mehr dem als Rechtsgefühl verkleideten Rachebedürfnis so weiten Spielraum geben. Vor allem wenn man außer der Besserung die bedingte Entlassung von der Entschädigung des Verletzten durch den Kriminellen abhängig machte, soweit er überhaupt arbeitsfähig ist, würde das primitive Gefühl in die überlegte Nüchternheit unserer Maßregeln nicht mehr hineinreden dürfen.

Das deutsche Zivilrecht trägt noch Reste einer wenig entwickelten Kultur mit sich herum, indem es mit geringen und unwichtigen Ausnahmen nur eine Ersatzpflicht für den Schaden festsetzt, der sich als Geldschaden darstellt. Diese Regelung führt zu Folgen, deren Gewicht nicht schwer genug eingeschätzt werden kann. All das schlaue und vorsichtige Unrecht, die verstohlene und heimliche Schlechtigkeit fällt, durch diese Löcher der Rechtsordnung kriechend, über den Frieden und die Sicherheit der Gesellschaft her. Mit der Freisprechung durch den Strafrichter, der Feststellung, daß nicht ganz grobe Verstöße gegen Moral und Strafrecht vorgekommen sind, ist in Deutschland alles für den Verletzten erledigt, höchstens eine magere Klage auf Unterlassung geblieben. Eine Züchtung von Querulanten, die schließlich mit maßlosen Beleidigungen die Gerichte verfolgen, die Ministerien heimsuchen, mit allen Mitteln ihrem Recht nachjagen, ist die Folge. Die hohe erzieherische Wirkung, die eine Verantwortlichkeit auch für dommage moral auf die Bevölkerung äußert, wird jeder kennen, der längere Zeit in Frankreich und England gewohnt hat.

Die Ersatzpflicht für seelischen Schaden schützt aber auch den Bürger gegen Exzesse der Staatsgewalt. Der militärische Befehlshaber ist in Deutschland durch die Zusammensetzung der Militärgerichte bei Konflikten zwischen Zivil- und Militärgewalt gegen eine strafrechtliche Verantwortlichkeit ziemlich geschützt. Auch der Polizeibeamte spielt im Strafprozeß infolge des besonderen Gewichts des Diensteides eine überragende Beweisrolle, die in der verschwindenden Zahl von Freisprechungen bei Widerstand gegen die Staatsgewalt statistisch zum Ausdruck kommt. Um auch das uniformierte Unrecht[1]), dem tatsächlich und vor allem beim Beweise so viel schwankende Formen der Rechtlichkeit zur Verfügung stehen, fassen zu können, wäre die Ersatzpflicht für seelischen Schaden von größter Bedeutung; denn viele Richter werden eine zivile Ersatzpflicht aussprechen, die mit einer strafrechtlichen Verurteilung an die Autorität der Staatsgewalt zu rühren Bedenken getragen hätten.

Überragend werden in den Vordergrund für die Kriminalpolitik nicht allein der Richter und die Beamten der Exekutive treten, sondern vor allem die Arbeit der Strafanstaltsbeamten, der Leiter von Sicherungsanstalten, Trinkerheilstätten und Kriminalabteilungen für gefährliche Geisteskranke. Es wird nicht nur mehr darauf ankommen, den Kriminellen festzuhalten, mehr oder weniger geeignet zu beschäftigen und durch Lehrer und Pfarrer auf Gemüt und Intelligenz Einwirkungsversuche zu machen. Nicht durch Worte soll der kriminelle Mensch von seiner defekten Anlage befreit werden; sondern die Gewohnheit soll seine Anomalien zu schienen versuchen und als unser größtes Hilfsmittel im Kampfe gegen die Degeneration muß die Arbeit in entsprechenden Dosen zur reichlichsten Anwendung gelangen.

— „Alle diese Sträflinge arbeiteten unter dem Stock, so ist es denn

---

[1]) In Österreich entfielen Freigesprochene auf 100 Abgeurteilte wegen folgender Übertretungen:

	1902—1905	1906—1910	1911
Beleidigung von Beamten oder Wachen	26,5	23,8	24,2
Übertretungen gegen die Pflichten eines öffentlichen Amts	56,9	59,6	57,4

Zahlenangaben im Österr. Stat. Handb. 1913, 377.

selbstverständlich, daß sie faul waren, liederlich und verderbt; selbst wenn sie's früher nicht gewesen waren, so wurden sie es hier im Ostrogg."[1])

Weiter urteilt dieser Praktiker der Strafvollstreckung (S. 28/29): „Daß das System der Gefängnisstrafe und der Zwangsarbeit keinen einzigen Verbrecher bessert, ist wohl selbstverständlich, sie „bestrafen" ihn nur und sichern die Gesellschaft vor weiteren Anschlägen des Bösewichts auf ihre Freiheit und ruhige Sicherheit. Im Verbrecher jedoch erweckt der Ostrogg und selbst die angestrengteste Arbeit nur Haß, Leidenschaft für verbotene Genüsse und unglaublichen Leichtsinn. Ich bin überzeugt, daß auch das berühmte Zellensystem nur ein falsches, trügerisches äußeres Ziel erreicht. Es saugt aus dem Menschen alle Lebenskraft, entnervt seinen Geist, schwächt und ängstigt ihn und präsentiert dann endlich die sittlich vertrocknete Mumie, den Halbwahnsinnigen, als Musterbild der Besserung und Reue."

Die Strafanstalten stellen ein solches Minimum an Versuchung dar, daß sie ungeeignet sind, den Sträfling praktisch zu erziehen. Wir müßten versuchen, Abbilder der Wirklichkeit, des freien Lebens, von Arbeit und Lohn, Umgang mit Menschen und Gütern innerhalb der Anstalt bei Besserungsfähigen herzustellen, eine Art abgeschlossener Freiheit zu geben, um an ihr den Menschen zum großen, freien Leben, nicht zum Anstaltsleben zu erziehen. Theoretisch, mit Bibelsprüchen und den besten Worten, kann man den meisten Kriminellen kein Gewissen, Analphabeten des Gefühls kein Ehrgefühl beibringen. Wie soll ein Mensch in Einzelhaft sozial werden. Hätten ein großer Teil der Gefangenen stets ein so kriminell reizloses Milieu gehabt, — ich meine — sie hätten nie Anlaß gehabt, den Mangel an stärkeren innerlichen Hemmungen zu bereuen.

Ich habe die Frage des Milieus niemals aufdringlich in den Vordergrund gestellt. Wer aber recht hinsieht, wird beobachtet haben, daß ich den Milieueinflüssen eine wichtige Rolle, wenn auch selten das Übergewicht eingeräumt habe. Im Grunde ist jede Kriminalität ein Produkt aus Anlage und Außenreiz, nur auf das Stärkeverhältnis beider Faktoren kommt es an.

Noch in anderer Hinsicht kommt dem Milieu für unsre Erkenntnis Bedeutung zu. Wir haben zahlreiche Lebenslagen angetroffen, in denen das Individuum ganz sozial und harmlos war. Änderten sich, verschärften sich die Existenzbedingungen nur um ein Geringes, so reagierte der Mensch plötzlich kriminell oder wenigstens sozial bedenklich. Hierher gehört jenes gewaltige Heer Jugendlicher, die beim Verlassen des schützenden Elternhauses und der aufsichtführenden Schule kriminell werden; dann die Frauen, die aus der Ruhe der Familie in eine ungünstige Ehe treten, der Mann, der Soldat wird, der vom Land in die Stadt kommt, die Frau, die verwitwet oder geschieden wird. Weiter alle Opfer wirtschaftlicher Krisen, die Ar-

[1]) Dostojewsky, Sämtliche Werke. Bd. XVII. Aus einem Totenhause. München 1912, 25.

beitslosen, die Ausgesperrten, die Streikenden. Schließlich, um nur ein paar Punkte erhöhter Beanspruchung auf rein psychischem Gebiet anzudeuten, alle die Personen, die bei starkem Kummer, Sorge, Haß oder Liebe, teils direkt, teils auf dem Umweg über Alkoholismus und andere Betäubungsprozesse zum Verbrechen greifen.

Im Grunde darf man hier von Milieueinflüssen nicht reden; denn ein bestimmtes Maß von psychischer Widerstandsfähigkeit müssen wir beim normalen Menschen erwarten, ebenso wie wir es normal nennen dürfen, wenn die Existenzbedingungen gewissen nicht allzu exzessiven Schwankungen, die Psyche bestimmter Beanspruchung auf Druck und Stoß unterworfen wird. Das Milieu spielt in diesen Fällen nur die Rolle eines Index für die Minderwertigkeit des Individuums, die sich hinter dem Gleichmaß günstiger Außenreize täuschend verbarg. Goddard[1]) hat gesagt, daß die Minderwertigen es sind, die ihr Milieu machen. Daran ist viel Richtiges. Jedenfalls macht das Milieu nur wenige kriminell, wohl aber klopft es wie der Quellensucher mit der Wünschelrute bei den meisten Menschen an und findet die Minderwertigen heraus, die dann je nach ihrer Anlage sich als geborene Bettler, Landstreicher, Prostituierte, Kriminelle, Selbstmörder oder Geisteskranke erweisen.

Sicherlich sind gewisse Änderungen eines Milieu von grober Schädlichkeit möglich und dringend erforderlich. Ob aber die Grundzüge unseres gesellschaftlichen Zusammenlebens tiefgreifenden Umwälzungen zugänglich sind oder überhaupt sein können, ist eine Frage, die mehr mit Vorsicht als mit Begeisterung beantwortet sein will.

Ein italienischer Psychiater, Morselli, hat in seinem hervorragenden Werke über den Selbstmord darauf hingewiesen, daß die ganze Darwinsche Theorie auf der Lehre eines Soziologen, von Malthus fußt, ja, daß die Malthusschen Anschauungen über das Gleichgewicht von Bevölkerung und Unterhaltsmitteln in Gestalt des Kampfes ums Dasein von Darwin präsumiert werden. Morselli erblickte im Selbstmord einen selektiven Mechanismus, der bei Verminderung der Subsistenzmittel eingreift und durch den Tod einer größeren Anzahl von Menschen den Ausgleich zwischen Konsumenten und Vorräten herstellt. Damit tritt ganz im Sinne von Malthus eine rasche Aufeinanderfolge von Wesen mit kurzer Lebensdauer ein; eine Generation muß vorzeitig ins Grab steigen, um Nahrungsspielraum für die folgende zu lassen. Ebenso wie die Konkurrenz um die Nahrungsmittel, wirkt, so möchte ich hinzufügen, der Kampf um die im Weibe verkörperte Fortpflanzungsmöglichkeit. Auch hier unterliegen die am wenigsten Angepaßten. Suchen sie den Kampf um die Frau mit unlautern Mitteln — mit Gewalt oder List — zu führen, so greift die Gesellschaft ein und verschärft künstlich die ungünstigen Existenzbedingungen, denen die minderwertigen Individuen sich mit den Mitteln ihrer Minderwertigkeit haben entziehen wollen.

---

[1]) Goddard, The Kallikak Family. New York 1913, 53.

Wenn wir an das rasche Ansteigen der Kriminalität und des Suizids in Jahren wirtschaftlicher Krisen denken, so erscheint die Idee Morsellis durchaus annehmbar und auch auf die Kriminalität ausdehnbar. Dabei darf aber nicht vergessen werden, daß die Zusammenhänge von Bevölkerungszunahme und Kriminalität sehr viel kompliziertere sein müssen, da unsere hochentwickelte Weltwirtschaft, die Systeme der sozialen Fürsorge, Auswanderungen und eine Menge anderer Faktoren das klare Bild verdunkeln.

Diese Fragen können nicht überdacht werden, ohne daß sogleich der Gedanke auftaucht, der in unserer Zeit der Bevölkerungsrückgänge so nahe liegt: Wenn die Kriminalität wirklich zum großen Teil ihren Charakter durch den Kampf eines Menschenzuviels um eine bestimmte Summe von Subsistenzmitteln und Fortpflanzungsmöglichkeiten erhält, warum nicht diesem Kampf ein Ende machen, indem wir das Plus an Menschen nicht zur Entstehung gelangen lassen? Die Geburten zu vermindern steht in unserer Macht, also auch die Ausrottung des Kampfes, in dem eine Menge von Kriminellen nur unterliegen, weil sie haben kämpfen müssen.[1])

Zwei Gründe stellen sich dieser utopischen Idee entgegen: Erstens einmal werden die Güter des Lebens nicht von einer höheren Macht weise und gerecht verteilt, so daß jeder Mensch gerade sein Auskommen hat, sondern je nach den Fähigkeiten, allerdings durch die Erbverhältnisse gestört, bemißt sich Überfluß auf der einen, Mangel auf der andern Seite. Selbst wenn also die Menge der materiellen und sexuellen Subsistenzmittel theoretisch für jeden Einzelnen ausreichend wäre, so würde sogleich der Kampf entbrennen. Allerdings würde dieser Kampf ums Dasein nicht die ungemein scharfen Formen annehmen können, die ihn in der modernen Gesellschaft kennzeichnen. Eine Minderung der Kriminalität also würde bei ausreichenden Subsistenzmitteln zu beobachten sein, niemals aber ein vollkommenes Sistieren.

Ein weiterer Grund aber muß den Gedanken einer Geburtenminderung zur Verringerung der Kriminalität als aussichtslos erscheinen lassen. Eine solche Minderung der Geburtenzahl läßt sich nur für kleine Gebiete, etwa einzelne staatliche Verbände durchführen. Die Erde ist aber noch von andern Kollektivorganismen bevölkert, die nicht nur im Innern einen tödlichen Kampf unter ihren Mitgliedern um den Platz an der Sonne ausfechten, sondern mit andern Staaten und Rassen die Menge der vorhandenen Subsistenzmittel zu teilen haben. So wird zwar eine Minderung der Geburten vielleicht eine Verringerung der Reibungsflächen nach innen zur Folge haben, gleichzeitig aber würde die Widerstandskraft für den großen Kampf mit den anderen kollektiven Konkurrenten immer mehr herabgesetzt werden. Die Folge würde eine rasche Aufzehrung durch Verbände

[1]) In der Tat ist der ungewöhnlich starke Rückgang der Kriminalität in den australischen Bundesstaaten mit einer steten Verringerung der Geburtenhäufigkeit zusammengefallen.

geringerer Kultur, aber stärkerer Geburtenhäufigkeit sein. Es ist also nichts nütze, sich Gedanken über eine Abschwächung des Kampfes ums Dasein durch Verminderung der Konkurrenten innerhalb eines staatlichen Verbandes zu machen. Niemals werden alle möglichen Konkurrenten sich darüber einigen, ihre höchsten und wertvollsten Potenzen des Friedens willen brach liegen zu lassen; und so wird der Kampf in ungeschwächter Stärke andauern. Alles, was wir tun können, ist, dafür sorgen, daß nicht Zufall, Torheit oder Aberglaube bestimme, wer Sieger oder Besiegter ist, sondern wirkliche Tüchtigkeit.

Ich habe mich oftmals mit großer Schärfe gegen die Lehren der klassischen Strafrechtsschule gewandt. Ich kenne aber zu viel von der Geschichte des Strafrechts, um nicht genau zu wissen, daß der Vergeltungsgedanke seinerzeit eine überaus segensreiche Wirkung entfaltet hat. Als gegen die Mitte und das Ende des 18. Jahrhunderts die Freiheitsstrafe in den Vordergrund der strafrechtlichen Reaktionsmittel trat, war in der Lehre von der gerechten Vergeltung, von der Proportionalität von Schuld und Strafe und dem minutiösen Aufbau der Tatbestände der beste Schutz gegen strafrechtliche Exzesse der Staatsgewalt und der Gerichte gegeben. In striktestem Formalismus lag nicht nur das Unglück vieler, sondern die Rettung einer weit größeren Anzahl von Angeklagten. Die sicheren Maßstäbe, die der Richter sogleich zur Hand hatte, mußten seine Unsicherheit gegenüber den Erscheinungen ersetzen, die er täglich vor Augen sah und mit sicherem Urteil zu entscheiden hatte.

Diese unbestritten kulturell höchst wertvolle Lebensepoche des Vergeltungsgedankens ist vorbei. Wir fangen an zu verstehen, warum Menschen Verbrechen begehen und wie wir auf diese Schädlingshandlungen reagieren müssen. Wir brauchen nicht mehr zu vergelten, weil wir ungefähr wissen, wann wir unschädlich zu machen, abzuschrecken, zu bessern haben. Das alles konnte man früher nur raten. Wenn man dafür vergalt, so lag darin kein geringer Fortschritt. In der Vergeltung lag die Loslösung von der politischen Macht, der Übergang zu unrationellen, aber sachlichen Gesichtspunkten.

Jetzt können wir weiter schreiten, weil unsere Augen freier sehen. Weil wir deutlich das Ziel vor uns erblicken, brauchen wir uns nicht mehr im Nebel tappend nach einem schlecht regulierten Kompaß zu richten.

Ich gehöre nicht zu den Optimisten, die da glauben, es werde das Verbrechen sich ganz auslöschen lassen, und in diesen goldenen Zeiten werde die Wissenschaft in einer Art Naturschutzpark einzelne Exemplare der ausgestorbenen henkelohrigen Rasse zu Untersuchungszwecken halten. Die Kriminellen sind ebenso wie die Geisteskranken, die Dauerarmen, die Prostituierten, die Selbstmörder und andere Formen niederer Menschlichkeit Stoffwechselprodukte der Kultur, mit der Intensität ihres Lebens aufs engste verbunden. Aber wie die Mortalität und der Irrsinn, so läßt sich die Kriminalität auf ein bestimmtes Maß herabdrücken. Man denke nur an die Erfolge, die von einem Kampf gegen den Alkoholismus zu erwarten sind. Die Kriminalität läßt sich quantitativ mindern und die Hauptsache: Wieviel Tausende von Hartbestraften sind harmlose, gutmütige, selbst nützliche Individuen, wieviel bösartige, gemeingefährliche, landschädliche Leute aber laufen in Freiheit, nicht nur auf Landstraßen und in den Bouillonkellern, auch in den Salons und der großen Welt herum, unsägliches Unglück um sich verbreitend, dem Psychologen wohl erkennbar, dem Gericht und der Kriminalstatistik, ja selbst dem moralischen Instinkt ihrer Umgebung fremd.

Wichtiger als eine zunehmende Verschärfung oder Milderung bisweilen ganz verfehlter gesetzter Ausleseprozesse, die dem Körper der Allgemeinheit immer mehr kostbares Blut entsaugen, ist eine rationelle Ausgestaltung der gesellschaftlichen Selektion. Ebenso notwendig wie die Feststellung, womit ein Mensch zu bestrafen sei, ist eine richtige Antwort auf die Frage, wen es zu strafen hat, welches der Menschentypus ist, den die Gesellschaft abstoßen will, wo man ihn findet, packt und festhält. Denn das beste Gesetz ist wie ein Ruf in dunkle Nacht, wenn es nicht gelingt, den Verbrecher physisch in unsere Hand zu bekommen. Die natürliche Auslese findet ihr Menschenmaterial von selbst, in breiten Strömen senden stille Faktoren der Auslese die Menschen vom Land in die Stadt, von Provinz zu Provinz, von alten zu neuen Kontinenten. Niemand vermag sich diesen Wirkungen zu entziehen, weil sie nichts anderes sind, als der Ausdruck menschlicher Leistungsfähigkeit. Die strafrechtliche Selektion steht vor einer doppelten Aufgabe, sie muß die Menschen erst suchen und ergreifen, ehe sie mit der Überlegung beginnen kann, was sie mit ihnen anfange.

Ein weiterer großer Unterschied tut sich zwischen der Wirksamkeit der natürlichen Auslese, wenn wir sie uns persönlich denken wollen, und den selektiven Maßnahmen der Gesellschaft auf, die im Strafrecht ihre schärfste Ausprägung erfahren haben. Der Staat mindert künstlich die Lebensbedingungen von Individuen, weil ihre Gehirnanlage nicht die Eigenschaften aufweist, die ein Zusammenleben gestatten und nützlich gestalten. Die Gesellschaft leitet diese mühsamen und schwierigen Prozesse nicht aus Spielerei oder einer reinen Gefühlsaufwallung folgend ein, sondern von der unbedingten Notwendigkeit getrieben, im Innern ein gewisses Maß von Frieden und Ordnung herzustellen, das eine erfolgreiche Abwehr kriegerischer oder wirtschaftlicher Art gegenüber den andern staatlichen Organismen erlaubt. Der Staat wendet also alle diese Bemühungen, den Fleiß und die Geldopfer auf, um seine eigene Leistungsfähigkeit zu steigern. Halten wir diesen Gedanken fest, so leuchtet es ein, daß ein übermäßiger Aufwand an Menschen, Arbeit und Geld zwar auf der einen Seite zu einem Plus, auf der andern aber zu einem Minus führen kann, daß die Gesamtkräfte des Staates bei diesem Versuch innerer Konsolidierung geschädigt und verzehrt werden.

Es geht nicht an, eine scharfe Trennung zu machen zwischen dieser und jener staatlichen Funktion. Alles hängt zusammen, wirkt aufeinander ein, läßt abhängen und hängt ab.

Neben dem kriminalpolitischen Defizit haben die herrschenden strafrechtlichen Methoden deshalb eine Fehlwirkung, die nicht unterschätzt werden darf. Ein jeder Gefangene kostet heute erheblich mehr als vor 25 Jahren,[1]) ein jeder Gefangene also, den die Freiheitsstrafe nicht bessert, hat die Allgemeinheit erstens durch eine strafbare Handlung verletzt, er ist weiter nicht gebessert, eher verrohter und geschickter geworden, er hat letztens aber auch die Allgemeinheit noch Summen gekostet, die gewöhnlich größer sind als das, was er durch strafbare Handlungen je erlangt hat. Der Verletzte ist bestraft, der Staat ist bestraft und der Kriminelle ist der gleiche geblieben.

Es ist vom volkswirtschaftlichen Standpunkt aus kein Unterschied, ob ich einen Menschen durch ein Geldgeschenk von 1000 M. von einem Raubmorde abhalte oder nach dem Morde durch Aussetzung einer Belohnung von 1000 M. die Ergreifung veranlasse, ob ein Mensch täglich dem Staate 50 Pfennig stiehlt oder 50 Pf. im Zuchthaus kostet. Höchstens daß der Gefangene selbst wohl im Zuchthaus weniger produktiv ist als in der Freiheit und daß die Summen für Beamte, Gebäude, Grundstücke usw. außer Ansatz bleiben. Die Kosten der Strafvollstreckung können ja glücklicherweise nicht in Freiheitsstrafe umgewandelt werden.

Voraussichtlich wird eine stärkere Betonung der selektiven Funktion des Strafrechts keine größeren Kosten verursachen. Denn wenn auch die Anstaltsbehandlung sehr viel teurer werden wird, so werden durch Wegfall unzähliger Festnahmen und Verhandlungen bedeutende Gerichts- und Polizeikosten, z. B. bei allen Rückfälligen, bei den Trinkern, bei den gemindert Zurechnungsfähigen gespart werden. Die bedingte Entlassung wird diese Kosten weiter verringern und vor allem die bedingte Verurteilung, die neue Behandlung nicht einkommender Geldstrafen werden den Strafvollzug erheblich verbilligen. Dann aber werden wir sparsam auch die teuerste effektive Maßregel nennen dürfen. Sparsam gegenüber dem Kriminellen, der gebessert oder unschädlich gemacht wird, sparsam aber auch gegenüber dem öffentlichen Rechtsbewußtsein und dem Vertrauen auf die Männer und die Maßregeln, die am Schutze und der Entwicklung der Gesellschaft arbeiten. Beide, Richter und Gesetz, arbeiten in dieser Hinsicht mit einem Defizit.

---

[1]) Auf einen Sträfling entfielen pro Tag in Heller, Österreich:

1882	41,4
1911	58,4.

Staatsaufwand für Gerichtsgefängnisse in Tausenden von Kronen:

1882	2425
1911	7998.

Österr. Stat. Handb. 1913, 379.

Die historische Betrachtung zeigt, daß es auch auf dem Gebiet der höchsten psychischen Qualitäten, der Funktionen, die unser Verhältnis zu den Mitmenschen regeln, eine Entwicklungsgeschichte gibt, und daß umgekehrt wie in der Erzählung des alten Testaments die Menschen nicht aus dem Paradies der Sündlosigkeit vertrieben worden sind, sondern daß sie immer näher an dieses Paradies heranwachsen, ohne es doch je zu erreichen. Gleichzeitig beobachten wir, daß die moralischen Defekte häufig mit Intelligenzmängeln verbunden sind und daß rein somatische Störungen, Schwächen und Erkrankungen von entscheidendem Einfluß auf unser soziales Gefühl werden können, sei es daß wir uns als körperliches Substrat einen abgegrenzten Rindenbezirk oder etwa nur das assoziative Resultat verschiedener anderer fest lokalisierter psychischer Funktionen denken. In diesem Sinne bedeutet die Auslese des Strafrechts ebensosehr die Auslese eines Nicht-Angepaßten, wie der Defekt eines Auges oder des Tastvermögens, der die Vernichtung eines sonst wohl organisierten Individuums herbeiführen kann und in der freien Natur auch muß.

Die Schärfe eines natürlichen Ausleseprozesses ist abhängig von der Komplikation des natürlichen Milieus. Bleibt das Milieu konstant, so tritt der Augenblick ein, in dem die Schneide der Auslese nur noch auf wenige entgegenstehende Objekte trifft, die Entwicklung stockt. Daß wir auf reinen Linien angelangt sind, kann bei der sozialen Auslese kaum je eintreten, denn die Notwendigkeiten des Gemeinschaftslebens sind einem so starken Wechsel unterworfen, die Menschen so komplizierte Heterozygoten, daß ein homozygotisches Vakuum auf die Bedenken des praktischen Kriminalpolitikers kein Recht hat. Aber damit rühren wir an die Grenzen der Selektion überhaupt.

Die Aufgabe des Strafrechts kann sich also nie erschöpfen. Immer werden die Veränderungen des wirtschaftlichen und sozialen Lebens neue Reizquellen eröffnen, denen dieses oder jenes nicht anpassungsfähige Individuum erliegen muß. Immer wird das Strafrecht eines Volkes etwas von seiner Vergangenheit und seiner Zukunft in sich tragen. Die Zukunft soll seine auslesende Hand rein und glücklich erhalten, von der Vergangenheit sollen sich seine Erfahrungen mit Menschen und Dingen belehren, nie beherrschen lassen.

---

[1]) Die Kosten einer modernen Behandlung betrugen z. B. in Schottland im Jahre 1912 jährlich:

für einen Gefangenen	501 M
Zuchthausinsassen	870 „
Geisteskranken Verbrecher	994 „
Trunksüchtigen Verbrecher	786 „
Insassen einer Borstalanstalt	1280 „

Schott. Gef.-Stat. 1913, 13.

Autorenregister.

Sachregister.

Verlag von Julius Springer in Berlin.

Der strafrechtliche Schutz des literarischen Eigentums.

Nach deutschem und österreichischem Rechte in rechtsvergleichender Darstellung.

Von Dr. **Hans von Hentig.**

1912. Preis M. 3,—.

Aus den Urteilen:

Börsenblatt für den deutschen Buchhandel. Nr. 138, 17. Juni 1912. Auf 100 Seiten ist hier in bewundernswert knapper und klarer Form die strafrechtliche Seite des Urheberschutzes abgehandelt. Es liegt in der Natur dieses strafrechtlichen Schutzes, daß zu seiner Erörterung die wesentlichen Grundlagen des Urheberrechts wenigstens kurz dargelegt werden müssen, wenn wir dem Verfasser, der Eigenes zu sagen weiß, folgen sollen. Diese Grundlagen, soweit sie eben für das Verständnis der späteren Ausführungen des Verfassers notwendig sind, in ganz vorzüglichem Überblick gegeben zu haben, ist die erste hervorstechende Eigenschaft des vorliegenden Buches. Dabei steht es auf beachtenswerter Höhe hinsichtlich des praktischen Verständnisses für literarische Dinge und vertritt überall einen wohltuend modernen und sachverständigen Standpunkt. Vielen der bahnbrechenden Gedanken Kohlers folgt der Verfasser — auch denen Osterrieths, Riezlers u. a. —, aber oft geht er auch eigene Wege, und hier, wie ich betonen muß, stets in einer gut begründeten und zustimmungswerten Weise ...

Zeitschrift für die gesamte Strafrechtswissenschaft. Bd. 34, Heft 3. Die interessante Arbeit deutet und regt mehr an, als sie ausführt. Scharfe theoretische Formulierungen findet man nicht, wohl aber mancherlei neue Gedanken über die einschlägigen Begriffe. Auf dem von dem Verfasser gestellten Acker sind die Früchte noch lange nicht vollreif. So werden auch seine Mittel zur Hebung ihrer Kultur beitragen. Die Erörterung über das Wesen des literarischen Eigentums gehört in ihrer Kürze und Klarheit zu dem besten, was darüber geschrieben ist. Der Verfasser stellt sich in diesem terminologischen Streite auf die Seite derer, die an dem Ausdruck „Eigentum" festhalten. Er begründet seinen Standpunkt nicht nur mit den — überwiegend schon bekannten — Analogien zum sonstigen Eigentumsbegriff, sondern auch mit dem moralischen Werte, der der Bezeichnung innewohnt. — Der Erörterung über das „Wesen" folgt die über den „Gegenstand" des literarischen Eigentums — wobei vielleicht ein Wort über Verbindung von Schrift- und Tonwerk angebracht gewesen wäre — die daran Berechtigten und die Schutzdauer. Bezüglich der letzteren scheint der Verfasser die jetzige Schutzfrist von 30 Jahren nach dem Tode für hinreichend zu erachten. Er weist dabei darauf hin, daß früher um die Schutzdauer ein erbitterter Kampf getobt hat, daß man ewiges Urheberrecht verlangte und sich in Ausnahmefällen mit der Expropriation hervorragender Werke helfen wollte. Er hätte dabei ergänzend bemerken können, daß sich zurzeit die umgekehrte Tendenz geltend macht, indem man für hervorragende Werke (Parsival!) eine Verlängerung der Schutzfrist fordert. Der nächste Abschnitt der Schrift beschäftigt sich mit den Deliktsmerkmalen. Dabei nimmt der Verfasser Gelegenheit, sich mit der Irrtumslehre im Strafrecht auseinanderzusetzen. Er billigt die Ergebnisse der von der Rechtsprechung vorgenommenen Teilung in strafrechtlichen und außerstrafrechtlichen Irrtum, wenn auch nicht überall ihre Begründung. Er hält es an sich für das beste, die Strafbarkeit des Irrtums ven seiner Entschuldbarkeit abhängig zu machen, glaubt es aber nicht wagen zu dürfen, dem Richter so viel Freiheit einzuräumen und kommt daher zu einer Vorsatzpräsumption. Er will das zwar nicht Wort haben; es kommt aber praktisch doch auf diese Präsumption hinaus, wenn er ausführt: „Der rechtswidrig nachdruckende Verleger, der sich der Strafverfolgung durch die Behauptung eines Irrtums über die Pflichten seines Gewerbes, dessen Rechte er mit großer Energie geltend zu machen pflegt, entziehen will, ohne den Irrtum durch überzeugende Gründe wahrscheinlich machen zu können, muß es sich gefallen lassen, daß die bloße Behauptung eines solchen Irrtums dem Gericht nach seiner freien, aus dem Inbegriff der Verhandlung geschöpften Überzeugung fehlenden Vorsatz nicht als Ergebnis der Beweisaufnahme erscheinen läßt." An Stelle der „Präsumption" ist hier nun die Verneinung der Glaubwürdigkeit des Verteidigungsvorbringens gesetzt. — Erörterungen über die Deliktsformen, Ort, Strafe, Antrag, Verjährung und Buße schließen die Schrift ab. Von besonderer Bedeutung ist dabei die Abhandlung über die Buße, die ihrem Charakter nach etwas anderes ist, und, wie mit Recht in einer beiläufigen Polemik gegen den Vorentwurf betont wird, bleiben soll, als lediglich die Entschädigung des materiellen Schadens. Diese Polemik, in der eine Lanze für das Vertrauen zum freien richterlichen Ermessen gebrochen wird, steht aber dadurch in einem gewissen Gegensatz zu den vorerwähnten, gegen die Ausdehnung richterlicher Freiheit gerichteten Ausführungen, die anläßlich der Erörterung des Irrtums im Strafrecht gemacht sind.

Deutsche Juristen-Zeitung. 1913, Nr. 10. Das Verdienst der kleinen Schrift, aus der ein kenntnisreicher und belesener Jurist spricht, liegt auf dem Gebiete der Rechtsvergleichung. Insbesondere österreichische, englische und französische Rechtsprechung und Literatur ist umsichtig und nutzbringend verwertet. Manchem der behandelten Probleme ist auch der jedem spitzfindigen Dogmatismus abholde, gesunder Interessenabwägung zugeneigte juristische Sinn des Verfassers zugute gekommen: so dem Problem der Schutzfähigkeit sittenwidriger Werke, der Gewerbsmäßigkeit, des Vorsatzes, des Irrtums...

GPSR Compliance

The European Union's (EU) General Product Safety Regulation (GPSR) is a set of rules that requires consumer products to be safe and our obligations to ensure this.

If you have any concerns about our products, you can contact us on ProductSafety@springernature.com

In case Publisher is established outside the EU, the EU authorized representative is:

Springer Nature Customer Service Center GmbH
Europaplatz 3
69115 Heidelberg, Germany

Batch number: 10844675

Printed by Printforce, the Netherlands